Politik und Wirtschaft

Kursthemen für die Sekundarstufe II

Band 4:

WIRTSCHAFTSPOLITIK

Stabilität als Ziel

Herausgegeben von Peter Jöckel und Dirk Lange

Erarbeitet von Michael Bauer, Peter Jöckel, Dirk Lange, Thomas Maurer, Jan Eike Thorweger

Cornelsen

Politik und Wirtschaft
Kursthemen für die Sekundarstufe II
Band 4: Wirtschaftspolitik – Stabilität als Ziel

Herausgegeben von Peter Jöckel und Prof. Dr. Dirk Lange

Erarbeitet von Michael Bauer, Peter Jöckel, Prof. Dr. Dirk Lange, Dr. Thomas Maurer, Jan Eike Thorweger

Redaktion:	Klaus Pflügner
Umschlaggestaltung:	Rosendahl Grafikdesign
Grafik:	Infotext, Berlin
Layout und technische Umsetzung:	Stephan Hilleckenbach, Berlin

www.cornelsen.de

1. Auflage, 1. Druck 2015

Alle Drucke dieser Auflage sind inhaltlich unverändert
und können im Unterricht nebeneinander verwendet werden.

Druck: Firmengruppe APPL, aprinta Druck, Wemding

ISBN 978-3-06-065153-5

PEFC
PEFC/04-32-0928

PEFC zertifiziert
Dieses Produkt stammt aus nachhaltig bewirtschafteten Wäldern und kontrollierten Quellen.

www.pefc.de

Liebe Lehrerinnen und Lehrer, liebe Schülerinnen und Schüler,

die Bände der Reihe „Kursthemen Politik und Wirtschaft" sind für die gymnasiale Oberstufe konzipiert und bieten umfassende Materialien zur Abiturvorbereitung. Die Bände „Gesellschaft", „Demokratie" und „Wirtschaftliche Ordnung" greifen die grundlegenden Problemstellungen der Bezugswissenschaften des Faches auf. Die Bände „Sozialpolitik", „Globalisierung", „Wirtschaftspolitik" und „Europa" gehen von diesen Grundlagen aus und behandeln zentrale Leitthemen, wie sie auch in den Lehrplänen ihren Niederschlag finden. Die drei erstgenannten Bände eignen sich daher insbesondere für die Einführungsphase der gymnasialen Oberstufe, die vier weiteren für die Qualifikationsphase.

Hilfestellung und Orientierung

In fast allen Bundesländern sind die Schülerinnen und Schüler der gymnasialen Oberstufe aufgrund der Schulzeitverkürzung jünger geworden. Die Bände der Reihe tragen diesem Umstand Rechnung und geben mit verschiedenen Mitteln Hilfestellung und Orientierung. Sie orientieren sich am Verfahren des kooperatives Lernens. Die Arbeitsanregungen sind differenziert und ermöglichen ein problemorientiertes und urteilsbildendes Vorgehen. Der Aufbau der Bände folgt dem Doppelseitenprinzip. Vielfach wird das zu behandelnde Thema auf zwei gegenüberliegenden Seiten abgehandelt. Ist es komplexer, so können auch zwei oder mehr Doppelseiten einem Thema gewidmet sein.

Förderung von selbstständiger Arbeit

Die Themen knüpfen an aktuelle politische, wirtschaftliche und gesellschaftliche Fragestellungen an und ermöglichen es, zum gegenwärtigen politischen Geschehen selbst Stellung zunehmen. Da jedes Thema in Zeiten raschen sozialen, politischen und ökonomischen Wandels ständig der Aktualisierung bedarf, werden vielfältige Möglichkeiten zur Weiterarbeit geboten. Hierbei hilft den Schülerinnen und Schülern ein ausführlicher Methodenanhang, den jeder Band enthält. Sie werden stets aufgefordert, sich selbstständig mit den Problemstellungen zu befassen und zur Bearbeitung eine passende Methode aus dem Methodenanhang auszuwählen und zu nutzen.

Fachspezifischer Kompetenzerwerb

Die Bände tragen zu einem fachspezifischen Kompetenzerwerb bei. Die gymnasiale Oberstufe soll die Voraussetzungen für ein wissenschaftliches Studium schaffen. Deshalb bieten die Bände der Reihe Materialien, die den Erwerb entsprechender Kompetenzen ermöglichen sollen. Jedem Kapitel ist ein „Kompetenzcheck" zugeordnet, der nach den Anforderungsbereichen (AFB) der Prüfungsanforderungen für das Fach Politik und Wirtschaft bzw. Sozialwissenschaften gegliedert ist. Damit können die Schülerinnen und Schüler überprüfen, ob sie sich anhand des jeweiligen Kapitels sozialwissenschaftliche Kompetenzen erworben haben.

Merkmale der Reihe

Kurz zusammengefasst zeichnen sich die Bände der Reihe „Kursthemen Politik und Wirtschaft" aus durch

- Einüben politischer Urteilsbildung
- Kompetenzorientierung
- Kontroversität
- Problemorientierung
- Methodenorientierung
- Handlungsorientierung

Herausgeber und Verlag

1 Herausforderungen für die Wirtschaftspolitik

2 Wirtschaftspolitische Konzepte und Theorien

3 Politik im „magischen Sechseck" – wirtschaftspolitische Handlungsfelder

4 Wirtschaftspolitik als internationale Zukunftsaufgabe

5 Methoden in den Sozialwissenschaften

1 Herausforderungen für die Wirtschaftspolitik

Der Markt ist die Grundlage des Wirtschaftssystems Marktwirtschaft. Schon die Klassiker der Ökonomie haben erkannt, dass der Staat die Rahmenbedingungen des funktionierenden Marktes zu sichern hat. Die sich seit Beginn des 19. Jahrhunderts rhythmisch wiederholenden und bis ins 20. Jahrhundert hinein andauernden Wirtschaftskrisen haben zudem verdeutlicht, dass Eingriffe des Staates in das Wirtschaftsgeschehen notwendig sind. In Deutschland wurde mit der Sozialen Marktwirtschaft nach dem Zweiten Weltkrieg ein Wirtschaftssystem etabliert, das staatliche Eingriffe, also wirtschaftspolitische Maßnahmen, in die Marktwirtschaft zur Bedingung hat. Als Wirtschaftspolitik werden in erster Linie alle staatlichen Aktivitäten und Maßnahmen verstanden, die den Wirtschaftsprozess ordnen und beeinflussen oder die direkt in die wirtschaftlichen Abläufe eingreifen.

Regelt der Markt alles? – Grenzen und Probleme des Marktes

Der Wirtschaftsliberalismus geht davon aus, dass der Wirtschaftsprozess dem freien Spiel der Kräfte überlassen bleiben müsse, um ein optimales Ergebnis für alle zu erzielen. Nach den Vorstellungen der liberalen Klassiker sorgen die Mechanismen des Marktes dafür, dass durch das Zusammenspiel des Eigennutzes aller Beteiligten ein größtmöglicher Gesamtnutzen entsteht. Grundsätzlich fußt jede Marktwirtschaft auf dieser Überzeugung. Allerdings haben sich aufgrund der Erfahrung von Jahrzehnten und Jahrhunderten in der Praxis der Marktwirtschaft viele Fragezeichen und Probleme ergeben.

M1 Markt und Preis

Der Markt regelt den Preis – Gebrauchtwagenmarkt in Berlin

In einer marktwirtschaftlichen Volkswirtschaft, auch in einer Sozialen Marktwirtschaft, ist der Markt das Koordinationsinstrument der ersten Wahl. Die Einzelnen koordinieren ihre Handlungen über Märkte, und nur wenn diese Koordination zu unerwünschten Ergebnissen führt, soll der Staat eingreifen: „So viel Markt wie möglich, so viel Staat wie nötig" (Karl Schiller, Bundeswirtschaftsminister 1966–1972, s. S. 51). Marktwirtschaftliche Koordination der einzelnen wirtschaftlichen Handlungen bedeutet, dass die jeweiligen Akteure, insbesondere die Firmen, miteinander im Wettbewerb stehen, dass sich aus Angebot und Nachfrage Marktpreise bilden und dass die Individuen ihr Handeln an diesen Marktpreisen ausrichten. Steigen zum Beispiel die Preise für Erdöl, so zeigt dies in einer Marktwirtschaft an, dass dieser Rohstoff knapper geworden ist, sei es, weil die Vorräte zurückgehen, sei es, weil der Verbrauch zugenommen hat. Marktwirtschaftliche Koordination bedeutet, dass in einem solchen Fall die Unternehmen und die Haushalte versuchen, Energie rationeller zu verwenden und auf Aktivitäten, die sehr verbrauchsintensiv sind, zu verzichten, und dass Unternehmen sich bemühen, Alternativen zum Öl zu entwickeln.

Der zentrale Koordinationsmechanismus, der auf Märkten den Ausgleich von Angebot und Nachfrage herbeiführt, ist also der Preismechanismus. Ihm kommt für das Verständnis von Märkten eine zentrale Rolle zu. Er vermittelt zwischen Anbietern und Nachfragern wichtige Informationen, die sie zur Koordinierung ihrer Wirtschaftspläne benötigen. Marktpreise sind dabei als Zusammenfassung verschiedenster Informationen, als „Informationsaggregate" anzusehen, in die wichtige Variablen wie Produktionskosten, Transportkosten, Verhandlungskosten, Marktmacht eingehen. Die Fähigkeit, Marktpreise korrekt auszuwerten, ist für das Funktionieren eines jeden Marktes unerlässlich. Müssen einzelne Wirtschaftssubjekte all diese Informationen getrennt voneinander einschätzen, so würde wahrscheinlich ihre Zeit nicht mehr dazu reichen, überhaupt einen Wirtschaftsplan aufzustellen. Es ist aber nicht notwendig, eine Vielzahl von Einzelinformationen auszuwerten, um die Knappheit eines Gutes beurteilen zu können: Marktpreise fassen alle Informationen in einer einzigen Größe zusammen. Ihre einfache Vergleichbarkeit ermöglicht es den Wirtschaftssubjekten, Trends auf Märkten zu erkennen und sich auf sie einzustellen.

Hans Jürgen Schlösser: Aufgaben und Grenzen von Markt und Staat, in: Staat und Wirtschaft. Informationen zur politischen Bildung 294 (Bundeszentrale für politische Bildung), Bonn 2009, S. 12

M2 Funktionen des Staates in der Marktwirtschaft

Das Individuum spielt eine Schlüsselrolle für das Funktionieren einer modernen Wirtschaft. Ebenso bedeutsam ist, wie gut es gelingt, auf der Grundlage individueller Entscheidungen die richtige Aufgabenverteilung zwischen Staat und Markt zu finden. Nach Auffassung des schottischen Ökonomen und Philosophen Adam Smith (1723–1790) hat das Streben nach individueller Bedürfnisbefriedigung den größten Nutzen für die Gesellschaft insgesamt dabei zur Folge. Er beschrieb diese Koordinationsleistung – vom individuellen Nutzenstreben zum sozialen Optimum – mit der Metapher von der „unsichtbaren Hand" des Marktes, die ein Eingreifen des Staates nicht nötig macht.

Solch eine idealisierte Wirtschaft mit perfekten Märkten existiert in der Realität jedoch nicht. Marktwirtschaften leiden vielmehr unter einer Reihe von Unzulänglichkeiten, die unter anderem zu Arbeitslosigkeit, einer Ungleichverteilung von Einkommen und zur Ausbeutung der natürlichen Ressourcen führen. Es gibt also eine Reihe von guten Argumenten für staatliche Eingriffe in das Wirtschaftsleben. Über den optimalen Umfang der Staatstätigkeit besteht jedoch Uneinigkeit. (...) So gesehen bedarf auch ein effizientes Marktsystem der Korrektur. Es geht darum, die Effizienz von Märkten und ethisch-moralische Normen gegeneinander abzuwägen und eine möglichst allgemein akzeptierte Entscheidung zu treffen. Dazu gehört aus Sicht der Volkswirtschaftslehre beispielsweise, sich mit den Kosten und Nutzen verschiedener Umverteilungs- und Transfersysteme zu befassen.

Die kurzfristigen Steuerungsaufgaben des Staates im Rahmen der Konjunkturpolitik sind in der Bundesrepublik Deutschland im Gesetz für Stabilität und Wachstum von 1967, dem „Stabilitätsgesetz", beschrieben und geregelt (*s. auch S. 20*). Es verpflichtet die Regierung darauf, gleichzeitig vier wirtschaftspolitische Ziele, das „magische Viereck", anzustreben: Preisniveaustabilität, hoher Beschäftigungsgrad, Wachstum und außenwirtschaftliches Gleichgewicht. Diese vier Ziele werden deshalb als „magisch" bezeichnet, weil sie nicht alle zugleich verwirklicht werden können. Zwischen den einzelnen Zielen bestehen vielmehr Konflikte und Wechselwirkungen, sodass sich wirtschaftspolitische Maßnahmen zur Erreichung eines Ziels negativ auf die Realisierung anderer Ziele auswirken können. Alle vier Ziele werden im Gesetz noch näher beschrieben, und es werden auch die prozesspolitischen Instrumente genannt, die dem Staat zur Verfügung stehen. Umstritten ist allerdings in diesem Zusammenhang, ob Wirkungsverzögerungen sowie Informations- und Wissensdefizite nicht dazu führen, dass der Staat mit seiner Politik eine Destabilisierung der Wirtschaft bewirkt, also das Gegenteil von dem, was er erreichen will.

Ein Bestreben der Wirtschaftsunternehmen, das staatlicherseits unterstützt wird, ist, dafür zu sorgen, dass die Produktionsfaktoren Arbeit, Boden und Kapital so produktiv wie möglich verwendet werden. Ziel ist letztendlich, jene Güter, welche den Wünschen der Verbraucher am besten entsprechen, an optimalen Standorten mit minimalen Kosten zu erzeugen. Diese Aufgabe der „Allokation" (Zuweisung) betrifft im Wesentlichen die drei Fragen

- Was soll produziert werden?
- Wie soll produziert werden?
- Wo soll produziert werden?

Während viele Allokationsaufgaben am besten durch den Markt erfüllt werden, versagt er bei öffentlichen Gütern. Ein wichtiges Beispiel für ein öffentliches Gut ist eine intakte Umwelt. Steuern, Subventionen, Ge- und Verbote gehören zu den staatlichen Instrumenten der Allokationspolitik. Ordnungspolitisch greift der Staat zum Schutz der natürlichen Umwelt ein, wenn er die Rahmenbedingungen für die Bildung von Märkten für Emissionsberechtigungen schafft. Dies ist der Weg, den die Umweltpolitik zur Verminderung der Kohlendioxid-Emissionen nach dem „Kyoto-Protokoll" eingeschlagen hat.

Der Staat beeinflusst die Allokation durch Strukturpolitik, wenn er einzelne Wirtschaftssektoren mit Subventionen unterstützt, um sie zu erhalten oder schneller zu entwickeln, als dies am Markt geschehen würde. Beispiele für Erhaltungssubventionen sind der Steinkohlenbergbau und die Landwirtschaft. (...)

Neben der Stabilisierung und der Allokation ist eine weitere Staatsaufgabe in der Sozialen Marktwirtschaft die Verteilung, um für mehr Gerechtigkeit zu sorgen. Die Einkommensverteilung, welche der Markt erzeugt hat, die „Primärverteilung", wird aus sozialpolitischen Gründen korrigiert, um eine gleichmäßigere Verteilung, die „Sekundärverteilung", zu erzeugen.

Hans-Jürgen Schlösser: Aufgaben und Grenzen von Markt und Staat, in: Staat und Wirtschaft. Informationen zur politischen Bildung 294 (Bundeszentrale), Bonn 2009, S. 12 f.

1 Analysieren Sie den Text M 1 in Bezug auf die dargestellten Funktionen des Marktes.

2 Analysieren Sie den Text M 2 in Bezug auf die dargestellten Funktionen des Staates in der Marktwirtschaft.

3 Erläutern Sie Grenzen, die der Struktur- und Verteilungspolitik in der Marktwirtschaft gesetzt sein sollten.

4 Diskutieren Sie, inwiefern es eine Richtschnur dafür geben sollte, wie stark sich der Staat in den Markt einbringt.

Markt oder Staat?

Soll oder muss der Staat tätig werden? Oder kann, soll oder muss er dem Markt die Regelung überlassen? Dies sind Fragen, die im marktwirtschaftlichen Wirtschaftssystem grundsätzlich, zumeist aber auch konkret beantwortet werden müssen. Es muss bedacht werden, inwieweit der Markt einen Wirtschaftsprozess hinreichend gut regelt bzw. inwieweit er hier versagt. Umgekehrt gilt auch für den Staat die Frage, ob er das Wirtschaftssystem fördert oder ob sein Versagen die Basis des Wirtschaftssystems schädigt.

M3 Marktversagen

Der Gewinn eines Unternehmens ist am größten, wenn so viel produziert wird, dass die Kosten einer zusätzlichen Gütereinheit (die **Grenzkosten**) gerade dem Erlös dieser zusätzlichen Gütereinheit entsprechen.

Der Begriff **Grenznutzen** geht davon aus, dass mit zunehmendem Verbrauch der Nutzen eines Gutes für das konsumierende Individuum abnimmt. Er bezeichnet den Nutzenzuwachs, der durch die jeweils letzte verbrauchte Einheit erzielt wurde. So kann man fragen, wie viel mehr an Genuss das zehnte gegenüber dem neunten Glas Wein bringt.

„Will man einem Papageien beibringen, ein Volkswirt zu sein, so lehrt man ihn einfach, die Worte ‚Angebot und Nachfrage' zu wiederholen." Dieser Witz übertreibt ein wenig die Bedeutung, die das Gesetz von Angebot und Nachfrage in den Wirtschaftswissenschaften hat.

Zwar ist das Gleichgewicht auf Wettbewerbsmärkten bei vollständiger Konkurrenz dadurch charakterisiert, dass sich Angebot und Nachfrage entsprechen. In der einfachen Modellwelt schafft der Preismechanismus den Ausgleich zwischen Angebot und Nachfrage und lenkt die Ressourcen der Gesellschaft in ihre optimale Verwendung. Allerdings gibt es mindestens zwei bedeutende Ausnahmen von dieser Regel. Im Fall des Marktversagens (externe Effekte) ist ein Eingriff des Staates nötig, um ein gesellschaftliches Optimum zu erreichen. Im Fall von Informationsasymmetrien ist der Markt nicht fähig, Angebot und Nachfrage auszugleichen.

Von positiven externen Effekten spricht man, wenn durch die Produktion in einem Betrieb oder den Verbrauch in einem Haushalt anderen Betrieben oder Haushalten Vorteile entstehen. Entstehen Nachteile, handelt es sich um negative externe Effekte (externe Kosten).

Der Preis eines Gutes soll die bei der Produktion entstandenen Kosten und den Nutzen aus dem Konsum des Gutes widerspiegeln. Genauer gesagt soll bei vollständiger Konkurrenz der Preis des Gutes den Grenzkosten der Produktion sowie dem Grenznutzen des Konsumenten entsprechen. Der Unternehmer kalkuliert jedoch nur mit den Kosten, die er selbst direkt zu tragen hat (betriebswirtschaftliche bzw. private Kosten). Die der Gesellschaft entstehenden sozialen Kosten, etwa in Form von Umweltschäden, tauchen in seinem Gewinnkalkül nicht auf. Aufgrund dessen ist der Preis zu niedrig, lenkt folglich die Ressourcen der Gesellschaft in eine nicht optimale Verwendung. Private und soziale Kosten ergeben zusammen die gesamtwirtschaftlichen Kosten.

Betrachten wir das Beispiel eines Kohlekraftwerks. Durch die Abgase entstehen der Gesellschaft Kosten: Die umliegende Natur wird geschädigt, Anwohner leiden unter Atemwegserkrankungen, Gebäude benötigen häufiger einen neuen Anstrich. Diese sozialen Kosten werden im Gewinnmaximierungsansatz des Unternehmens nicht berücksichtigt, da sie außerhalb seiner Grenzen anfallen. (…)

Auf der anderen Seite kann es auch sein, dass der Marktpreis die sozialen Nutzenelemente des Gutes nicht vollständig abbildet. Ein Beispiel hierfür bietet die Bienenzucht eines Imkers. Zwar erhöhen die Bienen den Ertrag der umliegenden Obstgärten, doch diesen zusätzlichen Nutzen kann sich der Imker nicht vergüten lassen.

Während staatliches Eingreifen im Imker-Beispiel wohl kaum gefordert wird, besteht dieser Bedarf allgemein bei anderen Externalitäten. Scheidet z. B. eine Verhandlungslösung zwischen Schädigern und Geschädigten aus, müssen die externen Kosten durch staatliche Intervention internalisiert werden. Der Staat erhebt z. B. einen Preis für die Umweltnutzung (Emissionssteuer) oder erlässt Auflagen

Patentschutz als staatliche Regulierung positiver externer Effekte? Aktivisten von Greenpeace protestieren hinter einem Gemüsestand vor dem Europäischen Patentamt in München gegen Patente auf Saatgut, 2010.

(Vorschriften zum Einbau von Abgasfiltern). Beides kann bewirken, dass der externe Effekt internalisiert wird: Ein Umweltschädiger übernimmt durch die Emissionssteuer oder die Ausgaben für Abgasfilter die von ihm verursachten sozialen Kosten. Ein Beispiel für die staatliche Regulierung positiver externer Effekte ist der Patentschutz.

Wenn Verkäufer und Käufer nicht über dieselben Informationen verfügen, die Informationen über das gehandelte Gut also asymmetrisch verteilt sind, kann es sein, dass Angebot und Nachfrage nicht zum Ausgleich kommen. Am Kreditmarkt bestehen z. B. Informationsasymmetrien, weil eine kreditgebende Bank keine vollständige Information über die Projekte der Unternehmen hat und deren Handlungen auch nicht vollständig überwachen kann. Im Modell des amerikanischen Ökonomen Joseph E. Stiglitz maximiert die Bank ihren Gewinn in Abhängigkeit von der Wahrscheinlichkeit, dass ihre Kunden einen Kredit nicht zurückzahlen können. Bietet die Bank nach diesem Kalkül Kredite an, kann es sein, dass ein Unternehmen leer ausgeht, obwohl es bereit ist, einen höheren Zinssatz zu zahlen.

Michael Bauer/Ute Gräber-Seißinger u. a.: Wirtschaft heute, Mannheim (Bibliographisches Institut) 2009, S. 96

Joseph Stiglitz (geb. 1943), US-amerikanischer Ökonom, Nobelpreisträger 2001

M4 Staatsversagen

Prinzipiell kann man vier Gründe unterscheiden, die von Regulierern vorgebracht werden, wenn sie einen Markteingriff mit Marktversagen begründen wollen:

- Die auf Märkten vorhandenen Informationen sind asymmetrisch unter den Marktteilnehmern verteilt. Dies ist deshalb ein Problem, weil das neoklassische Modell des Wettbewerbs auf der Idee eines perfekten Wettbewerbs basiert, die wiederum voraussetzt, dass alle marktrelevanten Informationen für alle Marktteilnehmer verfügbar sind. (...)
- Die Produktion von Gütern hat zuweilen Effekte auf Dritte, die „unentgeltlich" in den Genuss des Gutes gelangen bzw. unentgeltlich Kosten, die mit der Produktion des Gutes verbunden sind, zu tragen haben. Weder der „zusätzliche" Nutzen noch die zusätzlichen Kosten sind im Preis, zu dem das Gut angeboten wird, enthalten (= externe Effekte). (...)
- Bestimmte Güter (öffentliche Güter) werden nicht produziert, weil von ihrem Genuss niemand ausgeschlossen werden kann und ihr Konsum nicht rivalisierend ist. Die Problematik, die sich mit öffentlichen Gütern oder Kollektivgütern verbindet, besteht in der Regel darin, dass ihre Produktion daran scheitert, dass den exklusiven Kosten des Produzenten kein exklusiver Nutzen gegenübersteht, da niemand von der Nutzung des kollektiven Guts ausgeschlossen werden kann. Ein Beispiel für ein kollektives Gut, das in diesem Zusammenhang immer wieder genannt wird, ist die Grundlagenforschung. Weil die Ergebnisse der Grundlagenforschung für alle Interessenten offen sind, werden sich – nach Meinung der EU-Kommission – private Unternehmen nicht an der Grundlagenforschung beteiligen. Deshalb ist der Staat aufgerufen, Grundlagenforschung zu finanzieren und deshalb drückt die EU-Kommission, die ansonsten die Harmonisierung des gemeinsamen Marktes und den Wettbewerb auf demselben hochhält, ein Auge zu, wenn nationale Regierungen nationale Unternehmen mit Subventionen bedenken.
- Bestimmte gesellschaftliche Gruppen betreiben Rentseeking und verzerren auf diese Weise die Marktpreise. Das Problem, das sich mit rent seeking verbindet, haben Baumol und Blinder gut beschrieben: „An army of lawyers, expert witnesses, and business executives crowd our courtrooms and pile up enormous costs. (...) In general, any source of unusual profit, such as a monopoly, is a temptation for firms to waste economic resources in an effort to obtain control of that source of profits. This process, called ‚rent seeking' by economists (meaning that the firms hope to obtain earnings without contributing to production), has been judged by some observers to be a major source of inefficiency in our economy". Gordon Tullock, von dem das Konzept des rent seeking stammt, definiert rent seeking entsprechend als immer dann gegeben, wenn (staatliche) Maßnahmen „(have) a negative social impact".

http://sciencefiles.org/2012/02/17/staatsversagen-und-marktversagen (Zugriff: 10.11.2013)

Rentseeking: Verhalten von Marktakteuren, das zum Ziel hat, die Staatsgewalt unter Einsatz von Ressourcen (u .a. Geld) so zu beeinflussen, dass der Marktakteur zusätzliches Einkommen erwirtschaftet

Staatlich oder privat?

Entsprechend den Forderungen neoliberaler Ökonomen wurden in den letzten Jahrzehnten viele öffentliche Betriebe privatisiert: Öffentliches Eigentum wurde in privates umgewandelt und bisher staatliche Aktivitäten wurden in den privaten Sektor der Wirtschaft verlagert. In der weltweiten Finanz- und Bankenkrise seit 2008 wiederum bestanden die ersten Maßnahmen zur Konsolidierung des Bankensektors in umfangreichen Rückverstaatlichungen. Damit sollten mögliche Folgen der weltweiten Finanzkrise abgefedert werden: Privateigentum wurde wieder in Staatseigentum übertragen und private Aufgaben wurden in staatliche Verantwortung verlegt. Mittlerweile sind es längst nicht mehr nur Banken und Versicherungen, die in staatliches Eigentum übergehen. Sind Verstaatlichen oder Privatisierungen der Wirtschaft förderlich – oder beides?

M5 Der Preis der Privatisierung

Im August 2013 sind in **Mainz** wegen Personalproblemen im dortigen Stellwerk zahlreiche Züge ausgefallen. Der Regionalverkehr lief nur eingeschränkt, und Fernverkehrszüge wie der ICE wurden teils umgeleitet oder hielten an anderen Bahnhöfen

Ein paar abwesende Bahner, und in einer deutschen Landeshauptstadt (*Mainz*) rollt kaum noch ein Zug. So sensibel, so anfällig ist die Infrastruktur, auf die sich Deutschland Tag für Tag verlässt.

Große Netze, seien es solche für Strom, für Autos oder eben die Bahn, sind ein heikles Geschäft. Stets braucht es viel Kapital und langen Atem, sie aufzubauen. Stets verlangen sie nach Kontrolle und festen Vorgaben, damit sie nicht verfallen. Nie sind sie verzichtbar – weswegen der Staat einige selber betreibt, wie etwa das Fernstraßennetz; und andere nur unter strengen Regeln der Privatwirtschaft überlässt, wie die Leitungen für Strom und Gas.

Nirgends aber gibt es ein solches Mischmasch wie bei der Bahn: Da wird das Schienennetz mit Milliarden aus öffentlichen Haushalten finanziert und ausgebaut. Betrieben wird es aber von der Tochterfirma einer Aktiengesellschaft, die wiederum im Besitz des Staates liegt. Wenn die Dinge im deutschen Schienennetz nicht so funktionieren, wie sie sollen, dann auch wegen dieser Verschränkung von Verantwortlichkeiten.

Die Probleme reichen weiter als bis ins Stellwerk in Mainz. Wie jede andere Aktiengesellschaft wird auch die Bahn an Gewinnen und Dividenden gemessen, in diesem Fall von ihrem Alleinaktionär, dem Bund. Er setzt mittlerweile so fest auf die jährliche Bahndividende wie auf die übliche Ausschüttung der Bundesbank. Die Bahn wiederum holt sich ihre Gewinne von den Tochterfirmen, darunter auch: die Netztochter. Zweistellige Renditen schöpft der Bahnkonzern hier ab. Das sind Millionen, die irgendwo eingespart werden – und sei es am Personal im Stellwerk.

Ursprünglich hatte auch die schwarz-gelbe Koalition einmal erwogen, die Bereicherung der Konzernmutter an ihrer Netztochter zu beenden. Doch dann wurde aus dem Vorhaben ein Prüfauftrag, und der Prüfauftrag schließlich war ohne Folgen. So blieb alles beim Alten. Derzeit pocht einzig die EU-Kommission noch auf das Selbstverständliche: dass die Gewinne des Netzes, verdient mit Gleisen und Bahnhöfen, auch wieder in Gleise und Bahnhöfe investiert werden

Solange dies nicht passiert, kann die Deutsche Bahn aber selbst an ihren Konkurrenten ordentlich mitverdienen. Etwa im Regionalverkehr, den der Bund mit Milliarden subventioniert. Wo private Regionalbahnen den Zuschlag erhielten, kann die Bahn so zumindest über Schienennetz und Bahnhöfe noch einen Teil der Zuschüsse abgreifen. Im Fernverkehr hat es bislang nur ein einziges Unternehmen geschafft, der Bahn auf deren eigenen Gleisen Konkurrenz zu machen. So viel zum Wettbewerb auf Schienen.

Die Lage in Mainz ist damit nur ein kleiner Teil eines viel größeren Problems. Als die Bahn 1994 zu einem privatwirtschaftlichen Unternehmen wurde, sollte das vor allem die verknöcherten Staatsbahnen in Ost und West umkrempeln. Und tatsächlich hat sich seitdem vieles getan: Das Unternehmen Deutsche Bahn ist moderner geworden, effizienter, auch freundlicher. Aber der nächste Schritt dieser Reform steht seither aus: die Abtrennung des Netzes in eine von der Bahn unabhängige, staatliche Gesellschaft.

Die Bahn tut alles, um genau diese Reform zu verhindern, stets im innigen Verbund mit der Eisenbahngewerkschaft. Kein Wunder – wachsender Wettbewerb ist für einen Monopolisten immer schmerzhaft.

Michael Bauchmüller, Der Preis der Privatisierung, Deutschlandradio v. 17.8.2013, in: http://www.deutschlandfunk.de (Zugriff: 26.2.2014)

M6 Das Schienennetz – ein Kollektivgut?

Martin Hellwig, Direktor am Max-Planck-Institut zur Erforschung von Gemeinschaftsgütern: Die großen Netze bei Bahn, Telekommunikation und Energie dienen als Infrastruktur für vielfältige Dienstleistungen, die der gesamten Gemeinschaft zugutekommen. Diese Netze sind als natürliche Monopole anzusehen, sie sind so teuer, dass es nicht sinnvoll wäre, jeweils mehr als eines davon zu installieren. Das heißt nicht unbedingt, dass sie in staatlicher Hand liegen müssen. Das Telekommunikationsnetz beispielsweise trägt sich privatwirtschaftlich aufgrund dessen, was für die Nutzung des Netzes bezahlt wird. Beim Netz der Bahn ist das nicht der Fall, zumindest beim heutigen Umfang. Deshalb zahlt der Bund Jahr für Jahr zwei bis drei Milliarden Euro für Netzinvestitionen. Natürlich könnten wir auch sagen, das ist uns zu teuer, deshalb geben wir es auf. (...) Das Bahnnetz ist (*jedoch*) Bundesaufgabe, es muss dem Gemeinwohl dienen. Und wenn der Bund das finanziert, muss er auch das Sagen haben. In diesem Punkt bin ich vielleicht etwas naiv. (...)
Was mit den polizeilichen Funktionen, der Landesverteidigung und dem Gewaltmonopol des Staates zu tun hat, sollte auf keinen Fall privatisiert werden. Auch bei der Flugsicherung ist ein polizeiliches Element enthalten. Und wo es um Ausgleichs- und Normierungsfunktionen für die Gesellschaft geht, ist eine Privatisierung ebenfalls problematisch. Das betrifft den primären und sekundären Bildungssektor, auch das Gerichtswesen. (...) Beim tertiären Bildungssektor spielt dies eine geringere Rolle. Da ist der Bedarf an gemeinschaftlicher Normierung deutlich geringer. Da sehe ich das umgekehrte Problem: Zu viele Vorschriften und zu wenig Ressourcen, zu wenig Differenzierung in dem, was angeboten wird. Anders als in den USA mit ihrer Vielfalt an Institutionen, kleinen Colleges, privaten Forschungsuniversitäten und Staatsuniversitäten aller Art.
MaxPlanckForschung 4/2008, S. 35

M7 Das deutsche Schienennetz

Quelle: https://ews.tu-dort-mund.de/public/lecture/logedugate/public/FLOG/transport/schienengueterverkehr/bilder/fg_schiene_eisenbahnnetz.jpg

M8 Ansichten zur Privatisierung der Bahn

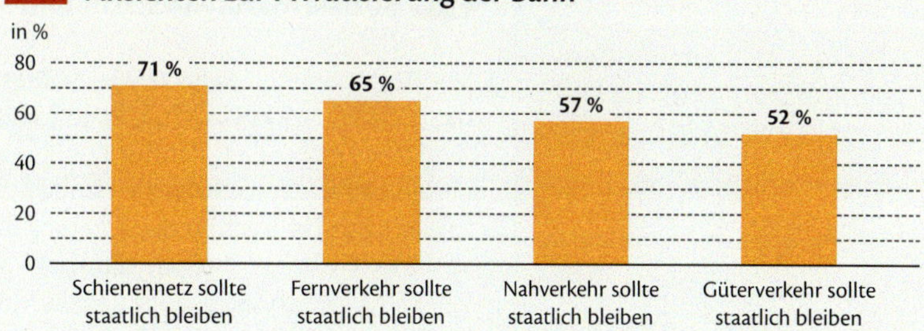

Quelle: http://de.statista.com/statistik/daten/studie/332/umfrage/ansichten-zur-privatisierung-der-bahn/

1 Recherchieren Sie zu den Hintergründen des Greenpeace-Protestes (s. Foto S. 10). Nehmen Sie Stellung zur Frage, ob der Protest legitim ist.

2 Analysieren Sie den Streit um die Privatisierung der Bahn und seinen vorläufigen Endpunkt.

3 Analysieren Sie die Auffassungen des Max-Planck-Instituts zur Einordnung der Schienennetze in die Gemeinschaftsgüter.

4 Nehmen Sie Stellung zu Hellwigs Ausführungen über die Grenzen der Privatisierung.

Wirtschaftspolitische Gestaltungserfordernisse

In der Bundesrepublik Deutschland hat sich nach 1945 ein Modell herausgebildet, das den Anspruch hat, den Eingriffs- und Gestaltungsaufgaben des Staates gerecht zu werden: die Soziale Marktwirtschaft. Die Prinzipien dieser Wirtschaftsform sind zwar im Grundgesetz verankert, die konkrete Aufgabenverteilung zwischen Markt und Staat wird jedoch je nach politischem und ökonomischem Standpunkt und von Bundesland zu Bundesland unterschiedlich beantwortet.

M 9 Strukturprinzipien des Grundgesetzes

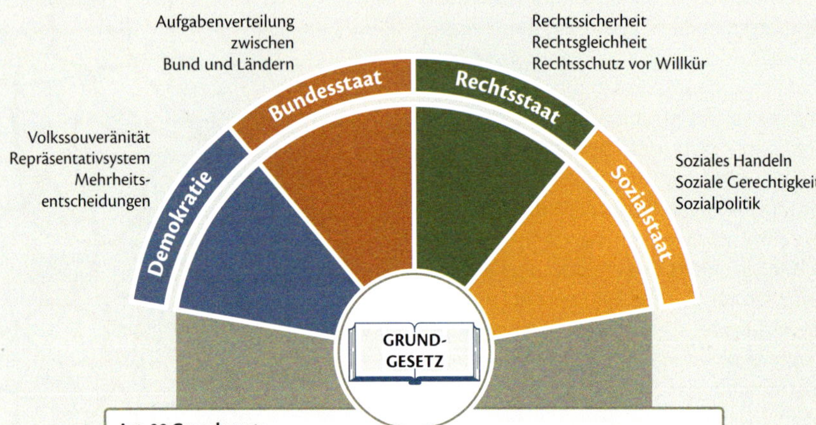

Art. 20 Grundgesetz

(1) Die Bundesrepublik Deutschland ist ein demokratischer und sozialer Bundesstaat.

(2) Alle Staatsgewalt geht vom Volke aus. Sie wird vom Volke in Wahlen und Abstimmungen und durch besondere Organe der Gesetzgebung, der vollziehenden Gewalt und der Rechtsprechung ausgeübt.

(3) Die Gesetzgebung ist an die verfassungsmäßige Ordnung, die vollziehende Gewalt und die Rechtsprechung sind an Gesetz und Recht gebunden.

Nach: http://www.bpb.de

M 10 Soziale Marktwirtschaft und Staat

Eine der wichtigsten Aufgaben des Staates in der Sozialen Marktwirtschaft ist die Schaffung eines rechtlichen Rahmens, innerhalb dessen sich das wirtschaftliche Handeln abspielen kann. Dazu gehört die Sicherung persönlicher Freiheitsrechte wie das Recht auf freie wirtschaftliche Betätigung und die Möglichkeit, ein selbstständiges Gewerbe gründen zu können, das Privateigentum an den Produktionsmitteln oder das Recht, Vereinigungen zur Wahrung wirtschaftlicher und sozialer Interessen zu bilden. Die Gewährleistung des marktwirtschaftlichen Wettbewerbs sowie dessen Erhaltung durch eine funktionsfähige Wettbewerbsordnung, die wettbewerbsbeschränkende Vorgänge auf den Märkten verhindert, sind ebenfalls von grundsätzlicher Bedeutung. Weitere Gestaltungsmerkmale der Sozialen Marktwirtschaft sind z. B. freie Preisbildung für Güter und Leistungen am Markt, Gewinnstreben als Leistungsanreiz, eine von staatlichen Weisungen unabhängige Zentralbank, das Recht von Arbeitgebern und Arbeitnehmern, über ihre jeweiligen Verbände die Arbeitsbedingungen und die Entlohnung ohne staatlichen Eingriff zu regeln (Tarifautonomie), eine aktive Wirtschafts-, Konjunktur- und Steuerpolitik des Staates sowie ein Netz von Sozialleistungen, das z. B. Alte, Kranke, Einkommensschwache oder Arbeitslose vor wirtschaftlicher Not schützt, wenn eine Eigenversorgung nicht möglich ist.

Der Anspruch der Sozialen Marktwirtschaft ist, die Vorteile einer freien Marktwirtschaft wie wirtschaftliche Leistungsfähigkeit oder hohe Güterversorgung zu verwirklichen, gleichzeitig aber deren Nachteile wie zerstörerischer Wettbewerb, Ballung wirtschaftlicher Macht oder unsoziale Auswirkungen von Marktprozessen (z. B. Arbeitslosigkeit) zu vermeiden. Die Zielsetzung der Sozialen Marktwirtschaft ist deshalb ein größtmöglicher Wohlstand bei bestmöglicher sozialer Absicherung. Der Staat verhält sich aus diesem Grund nicht passiv, sondern greift aktiv in das Wirtschaftsgeschehen z. B. durch konjunkturpolitische, wettbewerbspolitische und sozialpolitische Maßnahmen ein.

Die Soziale Marktwirtschaft hat sich seit ihrer Einführung nach 1948 in der Bundesrepublik Deutschland bewährt und zu einer bis dahin nicht gekannten Steigerung des Wohlstandes bei breiten Bevölkerungsschichten und zu einem hohen Maß an sozialer Sicherheit geführt. Allerdings waren Art und Umfang der staatlichen Eingriffe z. B. mit dem Hinweis auf den Wohlfahrtsstaat politisch immer wieder umstritten.

Duden Wirtschaft von A bis Z: Grundlagenwissen für Schule und Studium, Beruf und Alltag. 5. Aufl. Mannheim (Bibliographisches Institut) 2013, S. 45

M11 Grundrechte, Grundgesetz und Soziale Marktwirtschaft

Das deutsche Grundgesetz lässt formal jede Wirtschaftsordnung zu, sofern sie das Grundgesetz, insbesondere die Grundrechte beachtet. Die Grundrechte der Handlungsfreiheit, Gleichheit vor dem Gesetz, Vereinigungsfreiheit, Freizügigkeit, Berufsfreiheit und des mit voller Verfügungsmacht verbundenen Privateigentums auch an Produktionsmitteln sind mit einer voll entwickelten und dauerhaften Zentralverwaltungswirtschaft unvereinbar. Denn in ihr müssen wirtschaftliche Aufgaben und Rechte nach dem Zentralplan differenziert zugeteilt werden. Die Vereinigung zu unabhängigen wirtschaftlichen Interessengruppen einschließlich freier Gewerkschaften muss ebenso unterdrückt werden wie die freie Wahl von Wohnort und Beruf, wenn die Planerfüllung nicht gefährdet werden soll. Dieses System ist also mit politischer Diktatur verbunden und kennt deswegen im Regelfall auch keine Meinungsfreiheit. Nur in einer Marktwirtschaft können die freiheitsichernden Grundrechte gewährleistet sein. Deshalb ist das Grundgesetz nicht wirtschaftspolitisch neutral. Für die EU ist mit verfassungsähnlicher Wirkung eine „offene Marktwirtschaft mit freiem Wettbewerb" vorgeschrieben, sodass insoweit auch die formale Neutralität der Verfassung aufgehoben ist.

Das Grundgesetz schreibt zugleich einen sozialen Rechtsstaat (Art. 28 Abs. 1) vor, der (wegen Art. 20 Abs. 1) oft verkürzt als Sozialstaat bezeichnet wird. Darunter können staatliche Korrekturen der Rechte und Daten, unter denen sich der Marktprozess vollzieht, sowie sozialpolitische Bindungen und Umverteilungen von Einkommen und Vermögen verstanden werden. Das Grundgesetz enthält also die beiden Komponenten der Sozialen Marktwirtschaft, nämlich des freien und wettbewerblichen Marktes und der sozialen Sicherung. (...)

Der moderne Sozial- und Regulierungsstaat schützt aber zum Teil Privilegien, z. B. für Branchen (Landwirtschaft, Kohlenbergbau), Arbeitsplatz- und Wohnungsbesitzer, und gefährdet durch kurzlebige Maßnahmengesetze und nicht ordnungskonforme Interventionen Rechtsstaat und Marktwirtschaft. Soziale Grundrechte sind oft Ansprüche auf Ergebnisse und staatliche Leistungen, für die in einer Marktwirtschaft der Rechtsstaat nicht oder nur teilweise zuständig sein kann (Vollbeschäftigung, Arbeit, Bildung, Wohnung und Einkommen). Soziale Sicherheit für die einen wird dabei durch größere Unsicherheit für andere (z. B. Abgabepflichtige) erkauft.

Hans Willgerodt: Grundrechte, Grundgesetz und Soziale Marktwirtschaft, Konrad-Adenauer-Stiftung, 20.1.2014, in: http://www.kas.de/wf/de/71.10197 (Zugriff: 20.4.2014)

1 Analysieren Sie die Materialien **M 9** bis **M 11** im Hinblick auf Festlegungen im Grundgesetz zur Wirtschaftspolitik.

2 Erläutern Sie die Stellung des Staates in der Sozialen Marktwirtschaft.

3 Analysieren Sie das Material **M 12** im Hinblick auf die Aufgaben der Wirtschaftspolitik, die die Grundwerte betreffen.

4 Interpretieren Sie die Karikatur auf S. 17 und nehmen Sie zu ihrer Aussage Stellung.

M12 Wirtschaftspolitik als Sicherung der gesellschaftlichen Grundwerte

In freiheitlichen und demokratischen Gesellschaften schreibt der Staat den einzelnen Bürgerinnen und Bürgern keine individuellen Werte vor: Wie ein „richtiges" und „gutes" Leben zu gestalten ist, dürfen sie jeweils für sich selbst entscheiden. Stattdessen beschränkt sich die Politik auf Regeln und Grundwerte, zu denen in der Gesellschaft allgemeine Zustimmung herrscht. Jede Gesellschaft braucht eine derartige Übereinstimmung über Grundwerte, sonst verliert sie ihre Stabilität, und ohne einen solchen „Konsens" kann Politik das gesellschaftliche Zusammenleben nicht gestalten.
Für die Wirtschaftspolitik spielen folgende gesellschaftliche Grundwerte eine besondere Rolle:

- Freiheit,
- Gerechtigkeit,
- Sicherheit,
- Fortschritt. (...)

Freiheit
Freiheit bedeutet, dass der Einzelne sein Leben selbst gestalten, nach seinem Willen und in frei verantworteter, eigener Entscheidung nach Glück und Erfolg streben kann. Zur Freiheit gehören allerdings auch die Möglichkeit zu scheitern und die Pflicht, die Folgen des Scheiterns selbst zu tragen und zu verantworten, soweit der Einzelne dazu in der Lage ist. Da individuelles Handeln Konsequenzen für andere haben kann, beschränkt die Ausübung der Freiheit des einen möglicherweise die Freiheit von anderen. In allen Gesellschaften, für die Freiheit ein Grundwert ist, entstehen daraus immer wieder Interessengegensätze. Artikel 2 Grundgesetz (GG) lautet daher: „Jeder hat das Recht auf die freie Entfaltung seiner Persönlichkeit, soweit er nicht die Rechte anderer verletzt ..."
Eine Möglichkeit, solchen Verletzungen der Rechte anderer vorzubeugen, besteht darin, Persönlichkeits- und Eigentumsrechte festzulegen und abzugrenzen. Dazu gehören zum Beispiel das Recht darauf, nicht durch Umweltverschmutzung und Lärm gefährdet oder belästigt zu werden, das Recht, andere vom Gebrauch fremden Eigentums auszuschließen, aber auch das Recht auf Sozialleistungen und auf die Teilnahme an politischen Wahlen. Eigentumsrechte eröffnen somit Handlungsmöglichkeiten und schützen vor Übergriffen. Sie werden durch Gesetze und Rechtsprechung gestützt und gesichert, aber auch durch Sitten und Gewohnheiten. (...)

Gerechtigkeit
Jeder Einzelne hat sich in seinem Leben gewiss schon einmal ungerecht behandelt gefühlt, sei es in der Schule, von Freunden, am Arbeitsplatz, von den Eltern – besonders Geschwister kennen das Gefühl. Offensichtlich gibt es eine Neigung, also eine „Präferenz" für Fairness. Und Menschen sind auch dazu bereit, Opfer zu bringen, um Gerechtigkeit zu erlangen.
Die experimentelle Wirtschaftswissenschaft hat in den letzten Jahren gezeigt, dass Menschen durchaus ein niedrigeres Einkommen einem höheren Einkommen vorziehen, wenn sie dafür das Gefühl haben, gerecht behandelt zu werden. Es konnte nachgewiesen werden, dass Versuchspersonen, denen Geldzahlungen in Aussicht gestellt wurden, zufriedener waren, wenn die Verteilung der Gelder auf die verschiedenen Teilnehmer des Experiments aus ihrer Sicht gerecht erfolgte. Versuchspersonen, die höhere Zahlungen erhielten, sich aber gegenüber anderen Personen benachteiligt fühlten, waren dagegen trotzdem unzufrieden.
Ungerechtigkeit lässt aber nicht allein persönliche Verbitterung aufkommen, sondern sie führt auch dazu, dass die Gesellschaft insgesamt ihre Stabilität und ihren Zusammenhalt verliert. Daher gehört Gerechtigkeit zu den gesellschaftlichen Grundwerten, und die Wirtschaftspolitik soll nach Gerechtigkeit streben.
Gerechtigkeit hängt zugleich eng mit Gleichheit zusammen, Ungerechtigkeit beinhaltet immer Ungleichheit; Ungleichheit muss aber umgekehrt nicht immer Ungerechtigkeit bedeuten. Wie beim Grundwert Freiheit zwischen materialer und formaler Freiheit unterschieden wird, so lässt sich auch beim Grundwert Gerechtigkeit eine Unterscheidung treffen. (...)

Sicherheit
Sicherheit ist ein gesellschaftlicher Grundwert, denn ohne Sicherheit wäre die Gesellschaft ein „Kampf aller gegen alle". Die Gewährleistung von Sicherheit und Frieden ist daher eine vordringliche staatliche Aufgabe. Eine Bedrohung der Sicherheit geht von Konflikten aus. Extreme Beispiele sind Kriege zwischen Staaten, Bürgerkriege und Terrorismus.
In der Wirtschaftspolitik geht es indessen nicht um diese dramatischen Bedrohungen

der Sicherheit, sondern um die Konflikte des wirtschaftlichen Lebens. Nicht jeder kann sich durch die Bildung von eigenem Vermögen vor den Risiken von Krankheit, Alter oder Unglücksfällen schützen. Wenn der Staat solchen Schutz bereitstellt, kann er aber auch missbraucht werden. Manch einer mag zum Beispiel denken, er könne darauf verzichten, für seine eigene Alterssicherung zu sorgen, wenn andere im Notfall dafür aufkommen.

Wirtschaftliche Sicherheit bedeutet, dass der Einzelne nicht mit der Zerstörung seiner wirtschaftlichen Grundlagen rechnen muss und sicher in die Zukunft blicken kann, um sein Leben zu planen und zu gestalten. (...)

Vollkommene Sicherheit ließe sich nur in einer gänzlich starren, unbeweglichen Volkswirtschaft verwirklichen, denn jede neue Idee und jede Veränderung haben für irgendjemanden neue Unsicherheit zur Folge. Jedes neue Unternehmen, das in den Wettbewerb eintritt, bringt wirtschaftliche Unsicherheit für die bestehenden Unternehmen. Selbst das mittelalterliche Zunftsystem, das stark auf Sicherheit und den Ausschluss von Wettbewerbern ausgerichtet war, blieb nicht frei von wirtschaftlichen Konflikten.

Zwar kann Sicherheit erhöht werden, indem die Verhaltensspielräume für Einzelne und Gruppen eingeschränkt werden, aber dann gerät Sicherheit in Konflikt mit Freiheit. Auch die sozialistischen Volkswirtschaften, zum Beispiel die der Sowjetunion oder der DDR, die Sicherheit hoch und Freiheit niedrig bewertet haben, litten unter wirtschaftlichen Konflikten.

Fortschritt

In den vergangenen Jahrhunderten wuchs das menschliche Wissen über die Natur, die Technik, die eigene Spezies und die Gesellschaft und fand vielfältige Anwendung. Diese Vermehrung und Anwendung von Wissen bezeichnet man als Fortschritt. Er ist eine Voraussetzung für die Bekämpfung von Armut und Krankheit und hat zu mehr Freiheit, Gerechtigkeit und Sicherheit geführt. Deshalb kann Fortschritt selbst als ein gesellschaftlicher Grundwert angesehen werden, den die Wirtschaftspolitik daher anstreben sollte. (...)

Wirtschaftlich schlägt sich Fortschritt in Form neuer Produkte oder neuer Produktionsverfahren nieder. Solche Neuerungen – von „Pionieren" eingeführt – werden dann von anderen imitiert. So verändert der technische und organisatorische Fortschritt schließlich die gesamte Volkswirtschaft. Allerdings gewinnen dabei Einzelne und Gruppen, während andere Einbußen erleiden.

Wirtschaftlicher Fortschritt schafft neue Möglichkeiten, Einkommen zu erwerben. Aber er gefährdet die ökonomische Sicherheit derer, die negativ betroffen sind: Neue Produkte verdrängen die alten, und deren Produzenten verlieren Marktanteile. Durch neue Produktionsverfahren werden neue Berufe geschaffen, aber bestehende berufliche Fähigkeiten und die alten Maschinen werden wertlos.

Daher ist Fortschritt auch Anlass für Konflikte. Die Herkunft des Begriffs „Sabotage" erinnert daran: In der Frühzeit der Industrialisierung warfen französische Arbeiter ihre Holzschuhe, ihre sabots, in die neuen Maschinen, durch die sie ihre Arbeitsplätze gefährdet sahen, um so die Maschinen zu stoppen und zu beschädigen. Fortschritt als Prozess der ständigen Erschaffung von Neuem und der Zerstörung von Altem kann also in Konflikt mit dem Grundwert Sicherheit geraten. Dabei sind die Chancen und Lasten einer Anpassung an den Wandel meist ungleich verteilt. Daraus resultieren mögliche Konflikte mit Gerechtigkeitszielen. Alle gesellschaftlichen Grundwerte zu verwirklichen und auch die möglichen Konflikte zwischen ihnen zu lösen, ist eine äußerst schwierige Aufgabe der Wirtschaftspolitik.

Hans-Jürgen Schlösser: Wirtschaftspolitik und gesellschaftliche Grundwerte, in: Informationen zur politischen Bildung 294: Staat und Wirtschaft, Bonn (Bundeszentrale für politische Bildung) 2007, S. 4 ff.

"Und jetzt 'Einigkeit und Recht und Freiheit' singen!"

Zeichnung: Wiedenroth

M 13 Ordnungspolitik – Prozesspolitik

Wirtschaftspolitik bezeichnet alle Maßnahmen des Staates, die er zur Ordnung und Steuerung der Wirtschaft nach seinen Zielen einsetzt. Unterschieden werden zwei Bereiche staatlicher Wirtschaftspolitik: Ordnungspolitik und Prozesspolitik. Durch Ordnungspolitik wird die gewünschte Wirtschaftsordnung gestaltet. Hierfür sind die institutionellen Rahmenbedingungen für das individuelle, einzelwirtschaftliche Handeln so zu gestalten, dass ein gesamtwirtschaftlich integrierter Prozess zustande kommt und die wirtschaftlichen Ziele der Gesellschaft bestmöglich verwirklicht werden. Durch Prozesspolitik werden die wirtschaftlichen Prozesse selbst und seine Ergebnisse beeinflusst und gesteuert.

Die Existenz einer Wirtschaftsordnung ist Voraussetzung dafür, dass stark spezialisiertes, arbeitsteiliges Wirtschaften dauerhaft funktionieren kann. Dabei bestehen erhebliche ordnungspolitische Gestaltungsspielräume, die in den vergangenen Jahrzehnten in der Praxis – mit unterschiedlichen wirtschaftlichen Erfolgen – auch genutzt wurden (...). In dezentralen, wettbewerblichen Marktwirtschaften gilt der Primat der Ordnungspolitik: Die Wirtschaftsordnung soll so gestaltet werden, dass möglichst wenig prozesspolitische Maßnahmen nötig werden, um gesellschaftlich befriedigende wirtschaftliche Ergebnisse zu erhalten. Prozesspolitische Eingriffe in das Marktgeschehen sollten nur dann stattfinden, wenn die marktliche Selbststeuerung nicht oder nicht hinreichend funktioniert, der Wettbewerb zwischen Anbietern und Nachfragern also nicht die gesellschaftlich gewünschten Ergebnisse hat. Im Konzept der Sozialen Marktwirtschaft ist Prozesspolitik zur Korrektur der Marktergebnisse dann erforderlich, wenn diese nicht mit den sozialpolitischen Zielen der Gesellschaft übereinstimmen (z. B. Einkommensumverteilung zugunsten benachteiligter Personengruppen, Eingriffe in die Preisbildung bei Gesundheitsgütern, Sozialpolitik).

Aufgabe der Ordnungspolitik ist es, ein dauerhaftes System von – überwiegend rechtlich verankerten – Regeln zu schaffen, anzuwenden und im Wirtschaftsleben durchzusetzen, also im Wesentlichen einen funktionsfähigen Rechtsrahmen zu setzen. Gestaltungsbereiche der Ordnungspolitik sind die gewünschten Formen der Planung und Koordination des Wirtschaftsprozesses, die Eigentumsverfassung, Haushalts- und Unternehmensverfassung, Markt- und Finanzverfassung, Geldordnung sowie die immer wichtigere Außenwirtschaftsverfassung. In der Sozialen Marktwirtschaft ist zudem die Sozialverfassung sehr bedeutsam. Hauptträger der Ordnungspolitik ist die Legislative. Weil ordnungspolitische Aktivitäten die Qualität des Wirtschaftssystems verändern, sollten die einzelnen Maßnahmen langfristig angelegt sein, um als sichere Planungsgrundlage zu dienen. Häufige und kurzfristige Wechsel dieser für die Akteure in der Wirtschaft wichtigen Ausgangsbedingungen erschweren die Planung und verunsichern Investoren.

Prozesspolitik hingegen greift in die Wirtschaftsprozesse ein, die innerhalb der etablierten Wirtschaftsordnung ablaufen. Ansatzpunkte prozesspolitischer Maßnahmen können einzelne Güter- oder Faktormärkte sein, aber auch Branchen (z. B. Bergbau, Landwirtschaft) oder die gesamte Volkswirtschaft (z. B. Preisniveau, Beschäftigung, Einkommensverteilung). Hauptträger der Prozesspolitik ist die Exekutive (Regierungen, Behörden, Zentralbanken, Kartellämter etc.), die Prozesse oder Prozessergebnisse kurz- bis mittelfristig durch Marktpreisfixierungen, Steuersatzänderungen, Zinsvariationen oder Transferzahlungen zu beeinflussen sucht. Häufig resultieren allerdings aus diesen Prozessinterventionen Fehlallokationen und unerwünschte Prozessergebnisse, die dann neue Interventionen hervorrufen (Interventionsspiralen).

Beispiele konkreter ordnungspolitischer Maßnahmen sind die Schaffung einer autonomen, von politischen Entscheidungen weitgehend unabhängigen Zentralbank, die Einführung von Arbeitsschutzgesetzen, die Aufhebung eines Ladenschlussgesetzes oder die gesetzliche Verankerung einer ökologischen Steuerreform. Die Variation der Abschreibungsmöglichkeiten für Investitionen, die Genehmigung eines verkaufsoffenen Sonntags, die Veränderung von Hebesätzen der Gewerbesteuer oder ein vorübergehendes Fahrverbot bei Smog sind hingegen Beispiele für prozesspolitische Maßnahmen.

In der praktischen Wirtschaftspolitik sind Ordnungs- und Prozesspolitik nicht immer exakt voneinander zu trennen, weil wirtschafts- oder sozialpolitische Ziele sowohl durch das Setzen von Rahmenbedingungen als auch durch direkte Prozesseingriffe erreichbar sein können. Zu beachten bleibt jedoch, dass zunehmende Prozessaktivitäten des Staates häufig einhergehen mit einem Anstieg der Staatsquote und der bürokratischen Regulierung von wirtschaftlichen Entscheidungen und Handlungen. Hierdurch werden einzelwirtschaftliche Entscheidungsspielräume eingeschränkt, Innovationspotenziale begrenzt und die für funktionierende Marktwirtschaften typische Anpassungsflexibilität reduziert.

Hans Jörg Thieme: Ordnungspolitik – Prozesspolitik, Konrad-Adenauer-Stiftung o. J., in: http://www.kas.de (Zugriff: 28.2.2014)

M 14 Strukturpolitik

Die Strukturpolitik beeinflusst die Entwicklung der Wirtschaftsstruktur mit dem Ziel, Richtung und/oder Tempo des Strukturwandels zu verändern. Dabei kann es darum gehen, den marktgesteuerten Strukturwandel sozialverträglich abzufedern oder zu beschleunigen, um das Wachstum der Wirtschaft anzuregen.

Regionalpolitische Maßnahmen nehmen auf die regionale Wirtschaftsstruktur und den regionalen Strukturwandel Einfluss (Regionalpolitik); ein Beispiel sind die Transferleistungen an die neuen Bundesländer. Die Infrastrukturpolitik betrifft die Gesamtheit aller politischen Maßnahmen, die auf die angemessene Versorgung einer Volkswirtschaft mit Einrichtungen der Infrastruktur (Verkehrswege, Energieversorgung, Einrichtungen der Grundlagenforschung etc.) abzielen. Eine unternehmensgrößenbezogene Strukturpolitik versucht, eine ausgewogene Mischung aus klein-, mittel- und großbetrieblichen Strukturen herzustellen bzw. zu erhalten.

In der Strukturpolitik gilt der Grundsatz, dass der Marktmechanismus nicht aufgehoben werden soll; vielmehr sollen lediglich ungünstige Marktergebnisse korrigiert werden.

Michael Bauer/Ute Gräber-Seißinger u. a.: Wirtschaft heute, Mannheim (Bibliographisches Institut) 2009, S. 32

M 15 Erwerbstätige nach Wirtschaftszweigen

Anteile in Prozent, Arbeitsort in Deutschland (Inlandskonzept), 1991 bis 2012

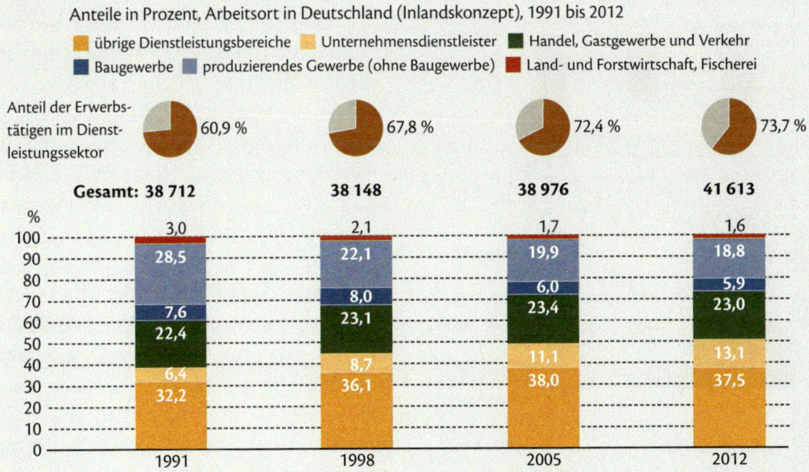

Quelle: Institut für Arbeitsmarkt und Berufsforschung (IAB): Daten zur kurzfristigen Entwicklung von Wirtschaft und Arbeitsmarkt 04/2013

1 Analysieren Sie **M 13** und **M 14** im Hinblick auf die Bereiche der Wirtschaftspolitik. Unterscheiden Sie zwischen Ordnungs-, Prozess- und Strukturpolitik. Nennen Sie begründet jeweils zwei Beispiele.

2 Analysieren Sie die Grafik **M 15** im Hinblick auf die deutlich werdenden Wandlungsprozesse in der Wirtschaftsstruktur.

3 Nehmen Sie Stellung zu den Anforderungen an die Politik, die sich aus dem Strukturwandel ergeben.

Zielgrößen der wirtschaftlichen Entwicklung

Um die Wirtschaft gezielt zu beeinflussen, braucht es besondere Begründungen. Die Klassiker der Ökonomie waren der Auffassung, dass der Markt in der Lage sei, aus sich selbst heraus die Wirtschaftsabläufe zu regeln. Er sollte sich nach ihrer Ansicht möglichst auf die Sicherung der Rahmenbedingungen beschränken. In der Sozialen Marktwirtschaft übernimmt der Staat jedoch wesentlich mehr Aufgaben. Nach wie vor ist es allerdings notwendig, staatliche Eingriffe in das Wirtschaftsleben zu begründen. In Deutschland sind die Ziele der staatlichen Wirtschaftspolitik gesetzlich definiert.

M 16 Gesamtwirtschaftliches Gleichgewicht als übergeordnetes Ziel

Die Wirtschaftspolitik in der Bundesrepublik Deutschland ist einem gesetzlich festgelegten Leitbild verpflichtet. Im „Gesetz zur Förderung der Stabilität und des Wachstums der Wirtschaft" (Stabilitätsgesetz) ist geregelt, dass alle wirtschaftspolitischen Maßnahmen grundsätzlich so auszugestalten sind, dass sie sich förderlich auf die Erreichung bzw. Sicherung eines gesamtwirtschaftlichen Gleichgewichts auswirken. Dieses gesamtwirtschaftliche Gleichgewicht umfasst dabei die folgenden vier Dimensionen:

- *Stabilität des Preisniveaus:* Anstieg des durchschnittlichen Preisniveaus (Inflationsrate) um weniger als 2 Prozent.
- *Hoher Beschäftigungsstand:* Möglichst geringe strukturelle (d.h. lang anhaltende und auf einem strukturellem Missverhältnis zwischen Arbeitsangebot und Arbeitsnachfrage beruhende) Arbeitslosigkeit.
- *Außenwirtschaftliches Gleichgewicht:* Exportüberschüsse sind nur so lange akzeptabel, wie diese über den Güterabsatz finanzierbar sind.
- *Angemessenes Wirtschaftswachstum:* Kontinuierliches Wirtschaftswachstum mit geringen konjunkturellen Schwankungen.

Die einzelnen Dimensionen des wirtschaftlichen Gleichgewichts stehen miteinander in Zusammenhang. Zum Teil bestehen hier auch Zielkonflikte (z. B. Wirtschaftswachstum und Stabilität des Preisniveaus). Deshalb wird eine vollständige und dauerhafte Erreichung des gesamtwirtschaftlichen Gleichgewichts als mit normalen wirtschaftspolitischen Mitteln kaum erreichbar angesehen. Die vier Dimensionen des gesamtwirtschaftlichen Gleichgewichts werden dementsprechend auch als „magisches Viereck" bezeichnet (*M 17*):

In jüngerer Zeit wurde verstärkt diskutiert, inwieweit eine Erweiterung der Dimensionen des gesamtwirtschaftlichen Gleichgewichts notwendig und sinnvoll sein könnte. Ein Erweiterungsvorschlag, der wichtige zusätzliche Leitaspekte für wirtschafts- und sozialpolitisches Handeln berücksichtigt, beinhaltet die Integration zweier zusätzlicher Dimensionen:

- *Soziales Gleichgewicht:* Abfederung von Marktergebnissen in sozialer Hinsicht, Verwirklichung einer gerechten Einkommens- und Vermögensverteilung.
- *Ökologisches Gleichgewicht:* Realisierung eines nachhaltigen und ressourcenschonenden Wirtschaftswachstums.

Dirk Lange u. a.: Grundwissen Wirtschaft. Sekundarstufe II, Berlin (Cornelsen) 2011, S. 94

M 17 Das magische Viereck der Wirtschaftspolitik

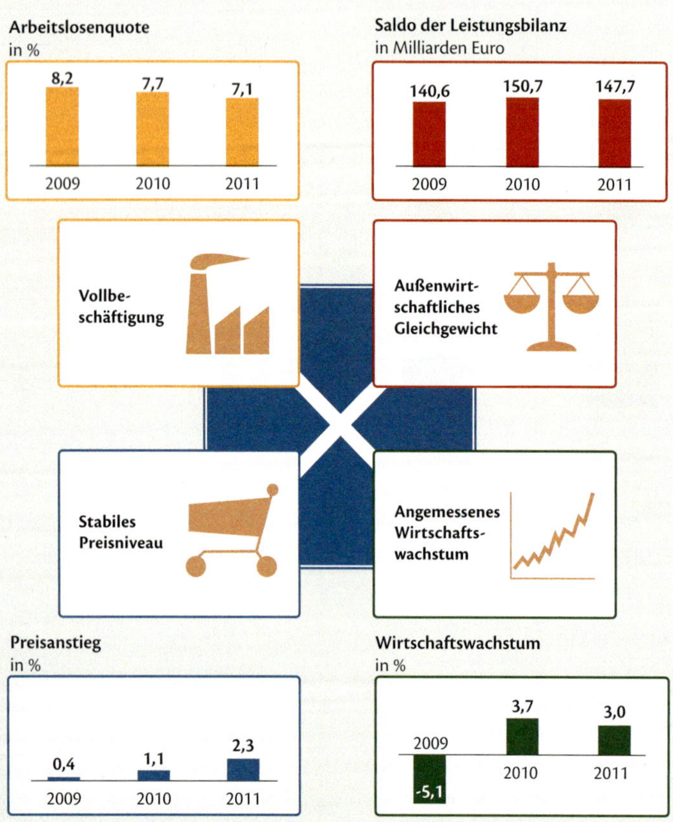

Quelle: Statistisches Bundesamt, Deutsche Bundesbank, Bundesagentur für Arbeit

M 18 Das „magische Viereck" – ein System von Zielkonflikten

Die vier Ziele (des magischen Vierecks) lauten: hoher Beschäftigungsstand (Vollbeschäftigung), stabiles Preisniveau, außenwirtschaftliches Gleichgewicht und stetiges und angemessenes Wirtschaftswachstum. In ihrer Gesamtheit werden sie als magisches Viereck bezeichnet. „Magisch" bedeutet, dass die einzelnen Ziele aufgrund der wechselseitigen Abhängigkeit der sie beeinflussenden Faktoren nicht gleichzeitig und vollständig zu erreichen sind; nur ein Zauberer wäre deshalb in der Lage, wirtschaftspolitische Zielkonflikte zu vermeiden.

Vollbeschäftigung bedeutet keineswegs eine Arbeitslosenquote von 0. Ein Mindestmaß an Arbeitslosigkeit etwa aufgrund saisonaler Effekte (Eisverkäufer) oder von Suchprozessen (Vergleich verschiedene Arbeitgeber) ist unvermeidlich. Angesichts der heutigen hohen strukturellen Arbeitslosigkeit, verbunden mit der Langzeitarbeitslosigkeit bestimmter Gruppen (z. B. Ungelernte), wird dieses Ziel aber eindeutig verfehlt.

Bewegungen der Preise für Güter und Dienstleistungen sind in einer funktionierenden Marktwirtschaft notwendig, um bei wechselnden Bedingungen das Gleichgewicht von Angebot und Nachfrage zu wahren. Das Ziel der Preisniveaustabilität bezieht sich daher nicht auf die Preise einzelner Güter, sondern auf das allgemeine Preisniveau, wie es anhand von Preisindizes für die private Lebenshaltung gemessen wird. Das Preisniveau kann fallen (Deflation) oder steigen (Inflation). In beiden Fällen ist das Stabilitätsziel verletzt. Allerdings bedeutet ein stabiles Preisniveau nicht immer eine Inflationsrate von null. Mit Verweis auch auf statistische Messprobleme wird meist schon eine Inflationsrate von weniger als 2 Prozent als Zielerfüllung gewertet.

Die Definition dieses Zieles dürfte die größten Probleme aufwerfen. Die Forderung etwa nach einem Ausgleich der Leistungsbilanz, d. h. nach der Gleichheit von Exporten und Importen, ist nicht generell sinnvoll. Eine Wirtschaft mit einem Leistungsbilanzüberschuss exportiert Kapital in die Welt. Es ist unter globalen Effizienzgesichtspunkten wünschenswert, dass hoch entwickelte Industrieländer über Leistungsbilanzüberschüsse Kapital exportieren und dass dieses Kapital in Entwicklungsländer fließt. Wichtig ist aber, dass die spiegelbildlichen Leistungsbilanzdefizite finanzierbar bleiben. Außenwirtschaftliches Gleichgewicht lässt sich daher mit einer langfristig tragbaren Leistungs- und Kapitalbilanz gleichsetzen.

Es ist unrealistisch, auch unter den günstigsten Voraussetzungen für Deutschland so hohe Wachstumsraten wie in den 1950er- und 1960er-Jahren zu erwarten. Gleichwohl versucht die Wirtschaftspolitik, durch Maßnahmen der Wachstumspolitik die Grundlagen für zukünftiges Wachstum zu verbessern und durch Maßnahmen der Konjunkturpolitik Schwankungen des Wachstums zu dämpfen. Mit der stärkeren Betonung der Umweltwirkungen des Wirtschaftens wird das Wachstumsziel weiter gefasst: Danach geht es vor allem um die Realisierung eines nachhaltigen Wachstums, das nicht durch Schadstoffbelastungen und Raubbau an endlichen Ressourcen wie Erdöl und Erdgas die Grundlage zukünftigen Wachstums vernichtet.

Michael Bauer/Ute Gräber-Seißinger u. a.: Wirtschaft heute, Mannheim (BI) 2009, S. 152

1 Analysieren Sie die Materialien dieser Doppelseite im Hinblick auf die Bedeutung der wirtschaftspolitischen Ziele des magischen Vierecks.

2 Erläutern Sie, inwiefern sich die Ziele im magischen Viereck widersprechen können. Erklären Sie, warum es sich hierbei um Zielkonflikte handelt (s. auch S. 110/111).

3 Erläutern Sie mittels der Materialien **M 19** und **M 20**, welche grundsätzlichen Mittel der Wirtschaftspolitik zur Verfügung stehen, um die Ziele des magischen Vierecks zu er-reichen.

4 Erläutern Sie an Beispielen, inwiefern die Mittel zur Zielerreichung widersprüchliche Wirkungen entfalten können.

5 Beurteilen Sie, ob das magische Viereck ausreicht, um die aus den Grundwerten ableitbaren Ziele der Wirtschaftspolitik für die heutige Zeit zu beschreiben.

M 19 Instrumente der Wirtschafts- und Sozialpolitik

Zieldimension	Politikfeld	Handlungsstrategien
Stabilität des Preisniveaus	Geldpolitik	Regulierung der Geldmenge bzw. des Geldumlaufs über Maßnahmen der Zentralbank
Hoher Beschäftigungsstand	Strukturpolitik, Arbeitsmarktpolitik	Förderung der Rahmenbedingungen bestimmter Wirtschaftszweige, Verbesserung der Arbeitsvermittlung, Förderung der Qualifikation von Erwerbssuchenden
Außenwirtschaftliches Gleichgewicht	Handelspolitik, Außenwirtschaftspolitik	Regelung von Marktzugängen, Erschließung internationaler Absatzmärkte
Stetiges und angemessenes Wirtschaftswachstum	Konjunkturpolitik, Wettbewerbspolitik	Konjunkturförderung, Sicherung marktwirtschaftlicher Rahmenbedingungen
Soziales Gleichgewicht	Sozialpolitik	Ausgleich von sozial unzureichenden Marktergebnissen
Ökologisches Gleichgewicht	Umweltpolitik	Verringerung bzw. Vermeidung umweltschädlicher Auswirkungen wirtschaftlichen Handelns

Dirk Lange u. a.: Grundwissen Wirtschaft. Sekundarstufe II, Berlin (Cornelsen) 2011, S. 95

M 20 Instrumente der Fiskalpolitik im Stabilitäts- und Wachstumsgesetz (StabG)

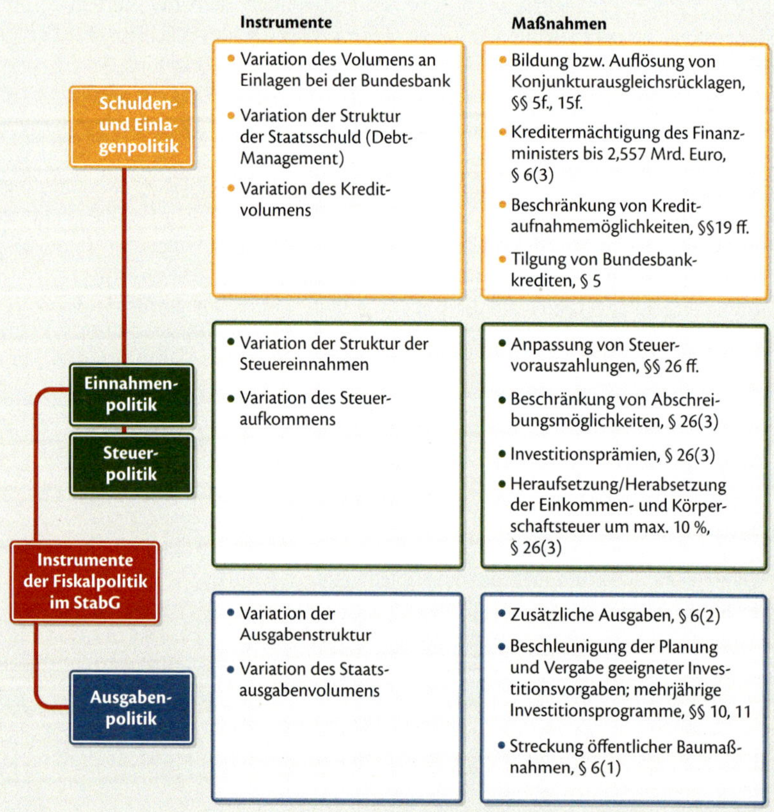

Nach: Michael Bauer/Ute Gräber-Seißinger u. a.: Wirtschaft heute, Mannheim (BI) 2009, S. 155

M21 Time Lags

Der Begriff Verzögerungseffekt oder Time Lag bezeichnet allgemein eine Verzögerung zwischen der Notwendigkeit einer Handlung, der daraufhin ergriffenen Maßnahme und der letztlichen Wirkung dessen. In der Wirtschaftspolitik steht er demnach für „den Zeitraum zwischen Auftreten einer Störung des Wirtschaftsablaufs und seiner Korrektur".

Er lässt sich differenzieren nach *Inside Lag* (Verzögerung innerhalb der Sphäre der Wirtschaftspolitik; also die Zeit, die vergeht, bis gehandelt wird) und *Outside Lag* (Verzögerung außerhalb dieser Sphäre; also die Zeit, die vergeht, bis die Handlung Wirkung zeigt), ferner nach seiner Ursache, u. a. als *Recognition Lag* (Erkenntnisverzögerung), *Decision-Lag* (Entscheidungsverzögerung), *Instrumental Lag* (Durchführungsverzögerung) und *Operational Lag* (Wirkungsverzögerung). (...)

Beispiele

Der Robertson-Lag beschreibt eine Verzögerung zwischen der Einkommensentwicklung und der davon abhängigen und zeitlich verzögert reagierenden Konsumnachfrage.

Beispiel in der Wirtschaft: Sinkende Nachfrage auf dem Gütermarkt führt zu einem sinkenden Angebot an Produkten. Die Arbeitslosenzahl würde steigen, da die Betriebe nicht mehr so viele Mitarbeiter brauchen würden, um die gesunkene Nachfrage zu befriedigen. Bei gleich bleibender Geldmenge würde es zu einem gesunkenen Bruttoinlandsprodukt führen.

Setzt die Regierung auf eine niedrige Arbeitslosenzahl und somit hohes BIP, muss sie intervenieren. Die Regierung würde beispielsweise eine Erhöhung der Nachfrage beschließen. Jetzt beginnt die Zeit der Umsetzung und das kann durch große bürokratische Vorgänge und/oder durch die Eigeninteressen der politischen Akteure verzögert werden (Prinzipal-Agent-Theorie). Diese Verzögerungen werden auch „Time lags" genannt.

Ein weiteres Beispiel in der Wirtschaft ist die Reaktion der Exporte bei Aufwertung der heimischen Währung. Bei einer Aufwertung der Währung sinken die Exporte erst nach ca. 6 oder 12 Monaten, da die Exportverträge in die Zukunft abgeschlossen werden und Käufer der Exporte in ihrem einheimischen Markt erst einen Ersatz finden müssen, was Zeit in Anspruch nehmen würde.

Verzögerungseffekte oder Timelags spielen eine wichtige Rolle (...) in der Konjunkturtheorie, im Spinnwebtheorem und dem damit beschriebenen Schweinezyklus.

Verzögerungseffekt, in: wikipedia.de (Zugriff: 6.7.2014)

Prinzipal-Agent-Theorie: Prinzipal bezeichnet den Auftraggeber und Agent den Beauftragten. Letzterer besitzt dabei normalerweise einen Wissensvorsprung (Informationsasymmetrie), der entweder zu Gunsten oder Ungunsten des Prinzipals eingesetzt werden kann

Schweinezyklus: Begriff aus der Agrarwissenschaft, der eine periodische Schwankung auf der Angebotsseite bezeichnet. Der Begriff ist mittlerweile in der Wirtschaftswissenschaft verbreitet

Spinnwebtheorem: Erklärungsansatz für den um das Marktgleichgewicht oszillierenden Marktpreis auf den Gütermärkten. Das Spinnwebtheorem wird als theoretische Erklärung für den sogenannten Schweinezyklus diskutiert, allgemeiner für wirtschaftliche Schwankungen aller Art

M 22 Das Problem der Zeitverzögerung (Lag-Problematik)

Das „Inside Lag" beschreibt die Verzögerungen, für welche die Träger der Fiskalpolitik die Verantwortung tragen.
Das „Outside Lag" hingegen wird durch die Reaktionsgeschwindigkeit der privatwirtschaftlichen Akteure auf veränderte fiskalpolitische Daten bestimmt. Das erhebliche Ausmaß dieser Verzögerungen insgesamt kann dazu führen, dass eine eigentlich antizyklisch motivierte Politik schließlich prozyklisch wirkt und die Wirtschaft destabilisiert.

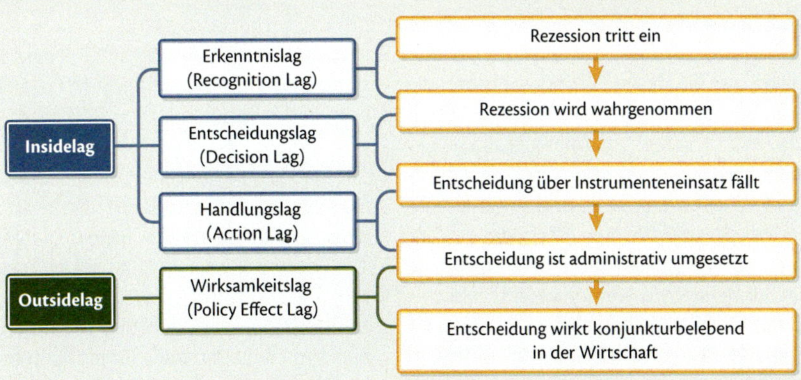

Nach: Wirtschaft heute, Bonn (Bundeszentrale für politische Bildung) 2009, S. 155

Wie soll man überprüfen, ob die Ziele erreicht wurden?

Wenn Ziele und Instrumente zur Verfügung stehen, muss es möglich sein zu überprüfen, ob die Ziele erreicht wurden. Auch zur Diagnose der wirtschaftlichen Lage müssen Mittel vorhanden sein, um die Notwendigkeit eventueller Eingriffe nachweisen und legitimieren zu können.

M 23 Methodik rationaler Wirtschaftspolitik

Die Zieldefinition allein reicht nicht aus, um rationale Wirtschaftspolitik zu betreiben. In einer Prognose muss jeweils ermittelt werden, inwieweit der Soll-Ist-Vergleich eine Zielverfehlung erwarten lässt. Ist eine Zielverfehlung zu erwarten, dann sind verschiedene Maßnahmen im Wege einer Ex-ante-Wirkungsanalyse (im Vorhinein) zu überprüfen im Hinblick darauf, ob sie eine Annäherung an das gesetzte Ziel erwarten lassen. Auf dieser Basis erfolgt dann die Wahl einer bestimmten Maßnahme. Nach Durchführung der Maßnahme ist im Rahmen einer Ex-post-Wirkungsanalyse (im Nachhinein) festzustellen, inwieweit die Maßnahme tatsächlich zum erhofften Ziel geführt hat.

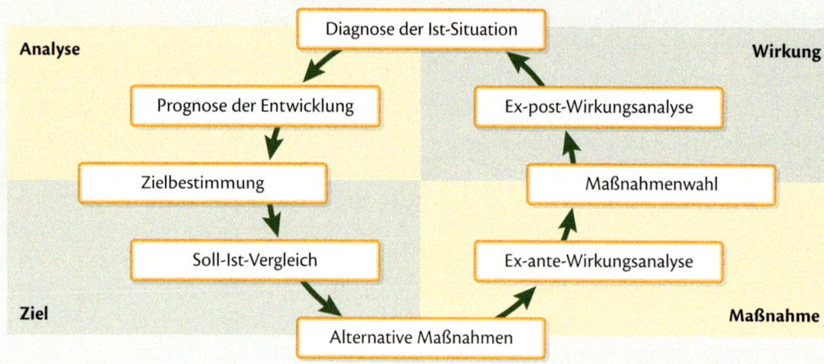

Nach: Michael Bauer/Ute Gräber-Seißinger u.a.: Wirtschaft heute, Mannheim (BI) 2009, S. 153

M24 Das Statistische Bundesamt

Aus dem Gesetz über die Statistik für Bundeszwecke (Bundesstatistikgesetz – BStatG) vom 22.1.1987:

§ 1 Statistik für Bundeszwecke
Die Statistik für Bundeszwecke (Bundesstatistik) hat im föderativ gegliederten Gesamtsystem der amtlichen Statistik die Aufgabe, laufend Daten über Massenerscheinungen zu erheben, zu sammeln, aufzubereiten, darzustellen und zu analysieren. Für sie gelten die Grundsätze der Neutralität, Objektivität und wissenschaftlichen Unabhängigkeit. Sie gewinnt die Daten unter Verwendung wissenschaftlicher Erkenntnisse und unter Einsatz der jeweils sachgerechten Methoden und Informationstechniken. Durch die Ergebnisse der Bundesstatistik werden gesellschaftliche, wirtschaftliche und ökologische Zusammenhänge für Bund, Länder einschließlich Gemeinden und Gemeindeverbände, Gesellschaft, Wissenschaft und Forschung aufgeschlüsselt. Die Bundesstatistik ist Voraussetzung für eine am Sozialstaatsprinzip ausgerichtete Politik. Die für die Bundesstatistik erhobenen Einzelangaben dienen ausschließlich den durch dieses Gesetz oder eine andere eine Bundesstatistik anordnende Rechtsvorschrift festgelegten Zwecken.

§ 2 Statistisches Bundesamt
(1) Das Statistische Bundesamt ist eine selbstständige Bundesoberbehörde im Geschäftsbereich des Bundesministers des Innern. (...)

§ 3 Aufgaben des Statistischen Bundesamtes
(1) Aufgabe des Statistischen Bundesamtes ist es, vorbehaltlich der Regelung in § 26 Abs. 1 oder sonstiger Rechtsvorschriften,
1. a) Statistiken für Bundeszwecke (Bundesstatistiken) methodisch und technisch im Benehmen mit den statistischen Ämtern der Länder vorzubereiten und weiterzuentwickeln,
b) auf die einheitliche und termingemäße

Durchführung der Erhebungs- und Aufbereitungsprogramme von Bundesstatistiken durch die Länder hinzuwirken,
c) die Ergebnisse der Bundesstatistiken in der erforderlichen sachlichen und regionalen Gliederung für den Bund zusammenzustellen sowie für allgemeine Zwecke zu veröffentlichen und darzustellen,
d) Einzelangaben nach Maßgabe dieses Gesetzes oder einer anderen Rechtsvorschrift für wissenschaftliche Zwecke bereitzustellen; die Zuständigkeit der Länder, diese Aufgabe ebenfalls wahrzunehmen, bleibt unberührt.
2. a) Bundesstatistiken zu erheben und aufzubereiten, wenn und soweit es in diesem oder einem sonstigen Bundesgesetz bestimmt ist oder die beteiligten Länder zustimmen, sowie
b) Zusatzaufbereitungen für Bundeszwecke und Sonderaufbereitungen durchzuführen, soweit die statistischen Ämter der Länder diese Aufbereitung nicht selbst durchführen (...),
4. Statistiken anderer Staaten, der Europäischen Union und internationaler Organisationen zusammenzustellen und ihre Ergebnisse für allgemeine Zwecke zu veröffentlichen und darzustellen, (...)
7. Volkswirtschaftliche Gesamtrechnungen und sonstige Gesamtsysteme statistischer Daten für Bundeszwecke aufzustellen sowie sie für allgemeine Zwecke zu veröffentlichen und darzustellen (...).
Bundesstatistikgesetz, nach: https://www.destatis.de (Zugriff: 30.5.2014)

Das Statistische Bundesamt in Wiesbaden, Aufnahme von 2009

M25 Der Sachverständigenrat

Ohne eine steuerfinanzierte Absicherung der wirtschaftswissenschaftlichen Politikberatung bestünde die Gefahr, dass die Berater in finanzielle Abhängigkeit von bestimmten Interessengruppen geraten. Die wirtschaftswissenschaftliche Forschung an den Universitäten ist zwar unabhängig, aber aufgrund ihrer Theorieorientierung oft nicht in der Lage, der Wirtschaftspolitik praxisorientierte Hilfestellung zu geben. (...) Nach dem Vorbild des US-amerikanischen „Council of Economic Advisors" wurde in Deutschland 1963 der Sachverständigenrat zur Begutachtung der gesamtwirtschaftlichen Entwicklung gegründet. Daneben verfügen einzelne Ministerien über wissenschaftliche Beiräte. Neben rein gewinnorientierten gibt es die gemeinnützigen unabhängigen Forschungsinstitute. Darüber hinaus leisten internationale Institutionen wie die OECD (Organisation für wirtschaftliche Zusammenarbeit und Entwicklung) und der Internationale Währungsfonds (IWF) wichtige Beiträge zur wirtschaftspolitischen Beratung der Mitgliedstaaten.
Die Mitglieder des Sachverständigenrats, die „Fünf Weisen", sind in der Regel Universitätsprofessoren, die diese Funktion nebenamtlich wahrnehmen. Sie werden auf Vorschlag der Bundesregierung nach Anhörung der aktiven Mitglieder des Rats auf fünf Jahre berufen. Der Rat soll in seinem Gutachten, das jährlich am 15. November erscheint, die gesamtwirtschaftliche Entwicklung analysieren. Außerdem soll er darlegen, wie die Ziele des magischen Vierecks erreicht werden können. Das Gremium darf dabei zwar keine Empfehlungen aussprechen; faktisch umgeht der Rat dieses Verbot aber dadurch, dass er für verschiedene Alternativen deutlich macht, welche aus seiner Sicht die beste ist.
Michael Bauer/Ute Gräber-Seißinger u. a.: Wirtschaft heute, Mannheim (BI) 2009, S. 150

1 Beschreiben Sie, wie geprüft werden kann, ob die wirtschaftspolitischen Ziele erreicht wurden. Nennen Sie Beispiele dafür.

2 Erläutern Sie, in welcher Weise in Deutschland versucht wird, der Wirtschaftspolitik eine rationale und wissenschaftliche Grundlage zu geben.

3 Nehmen Sie Stellung zu diesen Versuchen.

Weitere wirtschafts- und finanzpolitische Ziele

Allein aus der Analyse der wirtschaftlich relevanten Grundwerte der Gesellschaft wird deutlich, dass der Zielkatalog des Stabilitäts- und Wachstumsgesetzes von 1967 inzwischen ergänzungsbedürftig ist. Viele sprechen deshalb jetzt schon von einer Erweiterung des magischen Vierecks zu einem magischen Sechseck.

M 26 Das magische Sechseck

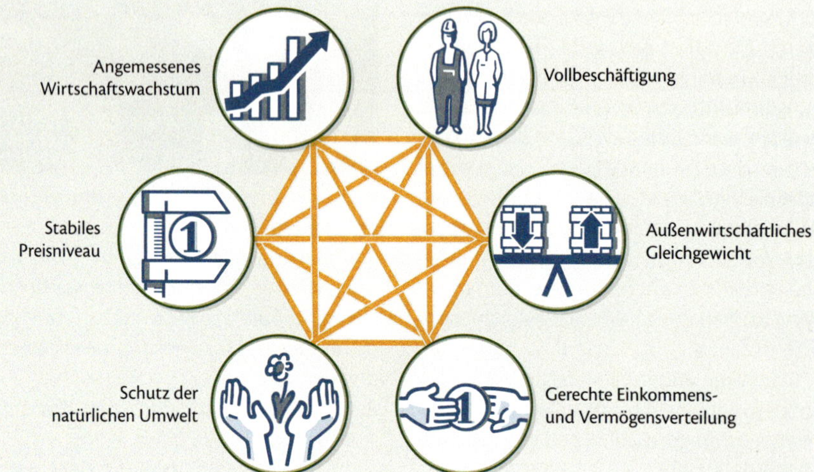

Quelle: Bergmoser + Höller Verlag

M 27 Staatsziel Umweltschutz

Von der Wirtschaft erhofften sich die Menschen vor allem Arbeit und Wohlstand. Übersehen wurde, bis in die 1970er-Jahre hinein, dass neben der Wertschöpfungskette auch eine Schadschöpfungskette existiert: Bei der Förderung von Rohstoffen dringen Unternehmen in ökologisch sensible Gebiete vor, der Transport von Gütern verschmutzt Meere, Land und Atmosphäre. In der Herstellung entweichen wieder umweltschädliche Substanzen, und es entstehen gigantische Mengen an Produktionsabfällen. Auch die produzierten Konsumgüter, die ebenfalls früher oder später im Müll landen, sind in ihrer chemischen Zusammensetzung für die Umwelt oft schwer verdaulich und finden den Weg in natürliche Stoffkreisläufe nur mühsam zurück.

Heute steht der Umweltpolitik eine ganze Reihe an politischen Maßnahmen zur Verfügung, um die Unternehmen dazu zu bringen, ihre Betriebsprozesse umweltfreundlicher zu gestalten. Mehr als 80 Prozent der Umweltschutzgesetzgebung werden mittlerweile in Brüssel gemacht. (...)

Relativ stark greift der Gesetzgeber in das unternehmerische Handeln ein, wenn er etwa bestimmte Grenzwerte festlegt oder Vorgaben macht, welche Standards ein Produktionsprozess einhalten soll. Dieses so genannte Ordnungsrecht ist nach wie vor das bevorzugte Instrument der Umweltpolitik. Ein Unternehmen muss eine Vielzahl an Ge- und Verboten im Umweltschutz einhalten. Das beginnt bereits vor dem eigentlichen Herstellungsprozess mit der Genehmigung: Das Bundesimmissionsschutzgesetz regelt, ob der Betrieb einer Anlage genehmigungspflichtig ist. In Deutschland betrifft dies rund 60 000 Industrieanlagen. Hinzu kommen Bestimmungen aus dem Wasserrecht, Bodenschutzrecht, Kreislaufwirtschafts- und Abfallrecht, Naturschutzrecht, Gentechnik- und Gefahrstoffrecht. Um nur einige zu nennen. (...) Das Ordnungsrecht garantiert gewisse Umweltstandards, die sich ohne dieses Instrumentarium nur schwer sichern ließen.

Veit Ebermann: Wirtschaftsdynamik in ökologische Bahnen lenken, Bundeszentrale für politische Bildung, 30.3.2009, in: http://www.bpb.de (Zugriff: 1.3.2014)

M28 Einkommens- und Vermögensverteilung in Deutschland

Die Ungleichverteilung von Einkommen und Vermögen kann zum Teil auf Unterschiede in der ökonomischen Leistung bzw. Leistungsfähigkeit zwischen den einzelnen Wirtschaftsakteuren zurückgeführt werden. Allerdings ist (in Bezug auf die BRD) auch feststellbar, dass in diesem Zusammenhang weitere, weit weniger objektive Einflussfaktoren wirksam werden: Entscheidend ist dabei die Frage der *Chancengerechtigkeit* – also ob alle Wirtschaftsakteure ähnliche Ausgangsbedingungen für ihr Streben nach individuellem ökonomischen Erfolg vorfinden. Hier zeigt sich: Bereits der Bildungserfolg (die Wahrscheinlichkeit, einen vergleichsweise hohen Bildungsabschluss zu erlangen) hängt nicht allein vom individuellen Leistungsvermögen ab, sondern maßgeblich auch von der jeweiligen sozialen Herkunft. (...) Man spricht in diesem Zusammenhang auch von einer *Vererbung von Bildungschancen*, die Menschen, die bereits in Elternhäusern mit hohem Einkommen/Vermögen aufwachsen, deutlich begünstigt. Dieser Zusammenhang führt wiederum in der Konsequenz zu einer tendenziellen Reproduktion der gegebenen Einkommens- und Vermögensverhältnisse (nur zum Teil von der objektiv gegebenen Leistungsfähigkeit der Wirtschaftsakteure abhängig). Ein weiterer Faktor, der die Einkommens- und Vermögensverteilung beeinflusst, besteht in der Variablen *Geschlecht*: Hier zeigt sich zum einen, dass Frauen in Leitungspositionen mit hohem Einkommen unterrepräsentiert sind. Zum anderen ist nachweisbar, dass Frauen im Vergleich zu Männern mit ähnlicher Qualifikation bzw. in ähnlichen Berufsfeldern vielfach ein tendenziell geringeres Einkommen erzielen.

Ein wichtiges Kernprinzip der Sozialen Marktwirtschaft ist der Anspruch, Marktergebnisse – dort wo dies aus politischer Sicht als notwendig angesehen wird – ggf. nach sozialen Gesichtspunkten zu korrigieren bzw. abzumildern. Von zentraler Bedeutung ist hierbei die *Distributionsfunktion staatlicher Wirtschaftspolitik*, die v. a. über sozialpolitische Maßnahmen realisiert wird. Zielsetzung ist dabei, auf die Einkommens- und Vermögensverteilung innerhalb der Gesellschaft so einzuwirken, dass eine allgemeine Erschließung des erwirtschafteten Wohlstands möglich wird. Einerseits wird dabei durch politische Regelungen darauf hingewirkt, Benachteiligungen im Wirtschaftsprozess abzumildern (z. B. Bildungsförderung für benachteiligte Bevölkerungsgruppen, Regelungen zur Verhinderung von Diskriminierung). Andererseits wird durch staatliche Maßnahmen zum Teil eine *Umverteilung* angestrebt: Diese soll v. a. durch eine stärkere Beteiligung von Wirtschaftsakteuren mit hohem Einkommen/Vermögen an der Finanzierung öffentlicher Aufgaben, insbesondere auch im Rahmen der sozialen Absicherung (z. B. steuerfinanzierte Sozialleistungen wie das Arbeitslosengeld II) über ein *progressives Steuersystem* (überproportional ansteigende Besteuerung bei ansteigendem Einkommen/Vermögen) erreicht werden.

Dirk Lange u. a.: Grundwissen Wirtschaft. Sekundarstufe II, Berlin (Cornelsen) 2011, S. 98 f.

Perzentile (lat. „Hundertstelwerte"): Bewertungsgröße aus der statistischen Auswertung von Messergebnissen, bezogen auf 100 Prozent der Messwerte. Die Verteilung wird in 100 umfangsgleiche Teile zerlegt. p1 = Perzentil mit dem geringsten Vermögen, p99 = Perzentil mit dem größten Vermögen

M 29 Individuelles Nettovermögen nach ausgewählten Perzentilen in Deutschland

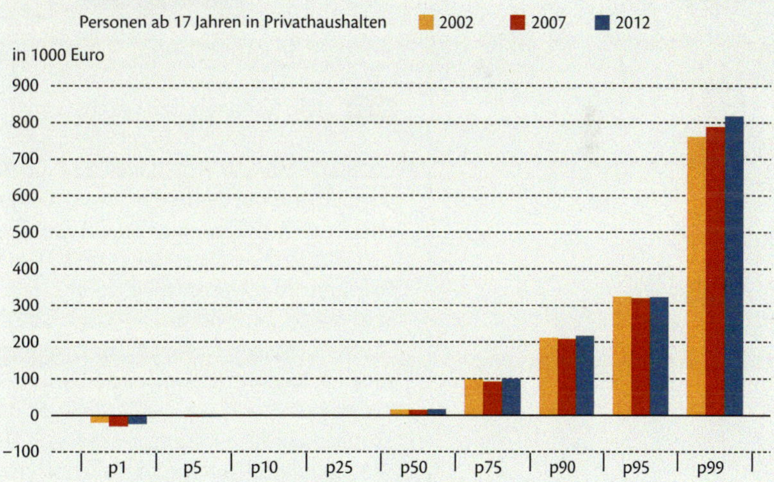

Quelle: Deutsches Institut für Wirtschaftsforschung, diw-Wochenbericht 9/2014, S. 156

1 Erläutern Sie die Notwendigkeit der Erweiterung des magischen Vierecks am Beispiel des Umweltschutzes.

2 Leiten Sie aus M 28 und M 29 Folgerungen für die Einkommensverteilung in Deutschland ab.

3 Diskutieren Sie, inwiefern eine Erweiterung des magischen Vierecks um die gerechte Einkommens- und Vermögensverteilung notwendig ist. Berücksichtigen Sie dabei die Chancengerechtigkeit.

Grenzen des Wachstums? – Nachhaltigkeit

Die Zielrichtung von Wirtschaftspolitik wird seit einiger Zeit noch viel grundsätzlicher infrage gestellt, als es Ergänzungen des magischen Vierecks zeigen. Ausgangspunkt ist dabei die Diskussion um die prinzipiellen Grenzen des Wachstums, die vor allem hinsichtlich der Umweltproblematik deutlich werden. Die heutigen schlimmsten Umweltprobleme haben vor allem sozioökonomische Ursachen, insbesondere die verstärkte Ressourcennnutzung im Zuge des globalen Wirtschafts- und Bevölkerungswachstums, aber auch die Funktionsweise der Wirtschaftssysteme, der technische Wandel und umweltfeindliches Verhalten der Menschen.

M 30 **Das Szenario des Club of Rome**

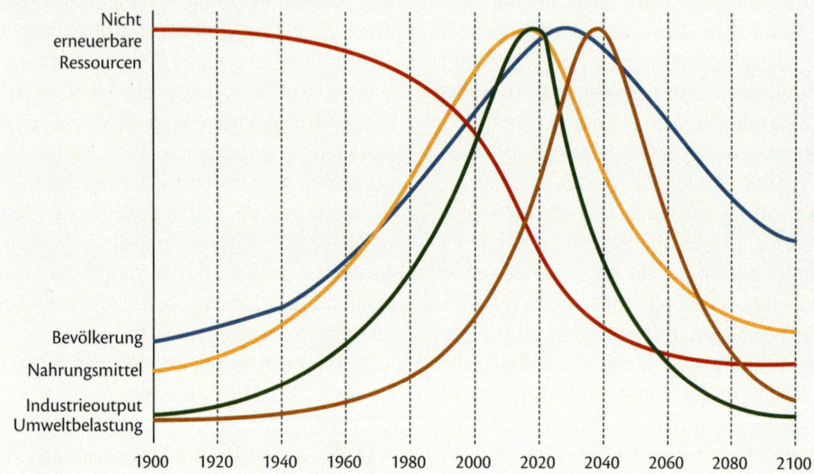

Quelle: http://www.grenzendeswachstums.de

M 31 „Die Grenzen des Wachstums": Simulierter Untergang

Die Studie war das erste handfeste Produkt des Club of Rome, der 1968 als elitäres Diskussionsforum gegründet worden war. Die über die ganze Welt verteilten Mitglieder – handverlesen, vorzugsweise männlich und sämtlich in einflussreichen Positionen – sicherten der Studie globale Beachtung. Und doch löste sie zunächst vor allem Ratlosigkeit aus. Leser und Rezensenten waren unsicher, was sie von der überraschenden „Weltuntergangs-Vision aus dem Computer" (Der Spiegel) halten sollten.

Ein Jahr später flimmerten Bilder gespenstisch leerer Autobahnen über die Bildschirme. Am 17. Oktober 1973 war der Ölpreis von rund drei US-Dollar pro Barrel (159 Liter) auf über fünf Dollar und dann im Laufe eines Jahres auf mehr als zwölf Dollar gestiegen. In der Bundesrepublik Deutschland wurden an vier Sonntagen im November und Dezember 1973 private Autofahrten untersagt. Die steigenden Kosten für die Ölimporte führten bald zu einem Anstieg von Kurzarbeit und Arbeitslosigkeit. (…)

Die eigentlichen Ursachen der Krise, der Jom-Kippur-Krieg zwischen Syrien, Ägypten und Israel sowie die Preispolitik des OPEC-Kartells, hatten die Forscher natürlich nicht vorhersehen können. Aber eben durch jene erste Ölkrise (der 1979 noch eine zweite folgen sollte) gewann die Studie fast über Nacht prophetische Qualität. Das im Computer simulierte Szenario schien mit beängstigender Geschwindigkeit Realität zu werden. Die „Grenzen des Wachstums" wurde in 35 Sprachen übersetzt und insgesamt neun Millionen Mal verkauft. (…)

In unsicheren Zeiten stellt sich die Frage nach der Zukunft neu. Als der Club of Rome 1972 seine Studie veröffentlichte, schien die Welt nach einem Vierteljahrhundert des wirtschaftlichen Booms unerbittlich auf Wachstumskurs zu sein – die Frage war, wohin das führte. Inzwischen ist der zukünftige Weg westlicher Volkswirtschaften ungewisser denn je.

Frank Uekötter: Die Grenzen des Wachstums. Simulierter Untergang, in: Die Zeit Nr. 48/2012

M 32 Kritik am Wachstumsbegriff

»Ich lebe gern in diesem Land – Nirgends sonst gibt es eine so gute medizinische Versorgung!«

Zeichnung: Mester

Die mit dem Begriff „Wachstum" verbundene Vorstellungswelt durchzieht jede Faser unserer gesellschaftlichen und privaten Existenz: So wie ein Individuum an seinen Aufgaben „wächst" und das am besten lebenslang, soll die Gesellschaft und die sie tragende Wirtschaft unablässig expandieren, sonst geht sie angeblich ein. (Man vergleicht den Kapitalismus gelegentlich mit einem Fahrrad – wenn man anhält, fällt es um ...).

Die privat genutzte Wohnfläche nimmt in reichen Ländern kontinuierlich zu, wachsender Fleischkonsum gilt als Ausweis für die wirtschaftliche Entwicklung der Schwellenländer, Motoren und Karosserien von Autos werden ständig größer, Oberbürgermeister brüsten sich mit der Zahl der „Einpendler", die ihre Stadt täglich anzieht. Ganz und gar ungewollte Vorfälle und Zerstörungsfolgen, also selbst ein Reaktorunfall oder Erdbeben, steigern das Bruttoinlandsprodukt (BIP), an dem Wirtschaftswachstum fast überall gemessen wird. Der Begriff „Wachstum" hat magische und parareligiöse Qualität, weshalb man sogar im Fall einer Rezession vom „negativen Wachstum" spricht, als sei Schrumpfen der Wirtschaftsleistung um sechs, sieben Prozent, wie es die Bundesrepublik derzeit durchmacht, der Leibhaftige, den ein guter Christ nicht beim Namen nennen darf. Und in der Tat hat die Fahrradtheorie des Kapitalismus so viel habituelle (*gewohnheitsmäßige*) Selbstverständlichkeit, dass niemand nach seiner Plausibilität fragt. Dabei ist diese weder ökonomisch noch ökologisch vorhanden.

Dass die Produktivkräfte bis zur Industrialisierung nur um geschätzte 0,05 Prozent jährlich wuchsen, gilt heute als zentrales Argument für eine Wachstumsökonomie, die auf fünf Prozent mehr pro Jahr aus ist. Doch selbst in kapitalistischen Ökonomien gilt das Wachstumsparadigma nur segmentär; die Wirtschaft kann wachsen, während andere Rechnungseinheiten, zum Beispiel die Bevölkerung, rückläufig sind, „jobless growth" die Börse freut und das Wachstum der Lohnnebenkosten sie unruhig macht. Ebenso wenig wie die Massenarbeitslosigkeit ist die weltweite Armut durch das Wachstum der Weltwirtschaft beseitigt worden, was ebenfalls zeigt, dass Wachstum nur segmentäre Wirkung entfaltet: Wenn die Wirtschaft wächst, steigen Umsätze und Gewinne der Marktteilnehmer, aber natürlich nicht automatisch das Wohlstandsniveau oder das Arbeitsvolumen. (...)

Wenn eine Wirtschaftsform in dieses Stadium der Anbetung eingetreten ist, hat sie sich so von den realen Bedingungen ihres Funktionierens entfernt wie die Kuhhaltung von der Wirtschaft der grönländischen Wikinger; sie muss daher säkularisiert und entweiht werden.

Claus Leggewie/Harald Welzer: Das Ende der Welt, wie wir sie kannten, Frankfurt/M. (S. Fischer) 2009, S. 110 ff.

1 Erläutern Sie die These von den „Grenzen des Wachstums".

2 Legen Sie unterschiedliche Interpretationen des Wachstumsbegriffs dar.

3 Vergleichen Sie die Positionen zum Wachstum, die in den Texten **M 31** und **M 32** deutlich werden.

4 Erläutern Sie
- den Begriff der Nachhaltigkeit,
- den Begriff des qualitativen Wachstums.

5 Analysieren Sie **M 34** im Hinblick auf die Position Stephan A. Jansens zum Wachstumsbegriff.

6 Nehmen Sie Stellung zur Diskussion um den Wachstumsbegriff.

7 Interpretieren Sie die Karikatur auf S. 31. Inwiefern wird hier Nachhaltigkeit dargestellt?

M 33 Die harte Währung bleibt das BIP

Das Bruttoinlandsprodukt (BIP) ist in Verruf geraten. (...) Die ganze Methodik, die dem BIP als Wohlstandsindikator zugrunde liegt, gilt einer wachsenden Zahl von Kritikern als überholt. Ihr Vorwurf: Die volkswirtschaftliche Gesamtrechnung sei zu marktfixiert, sie berücksichtige zuwenig die ökologischen und anderen „nichtmonetären" Dimensionen des Wohlstands.
Die Begeisterung über die Idee einer neuen Art der Wohlstandsmessung ist so groß, dass nach Frankreichs Präsident Nicolas Sarkozy auch Kanzlerin Angela Merkel ein regierungsamtliches Projekt daraus gemacht hat: Der Sachverständigenrat zur Begutachtung der gesamtwirtschaftlichen Entwicklung bekam den Auftrag, eine Expertise dazu vorzulegen. (...)
Die Vorstellung von einem quasi verborgenen Wohlstand jenseits der kalten BIP-Zahlen wirkt verlockend. Das Problem ist nur: Selbst wenn es diesen Wohlstand gäbe, wären damit die ganz akuten ökonomischen und politischen Herausforderungen noch lange nicht gelöst. Die bestehen zum Beispiel darin, dass der deutsche Staat inzwischen mit 1,7 Billionen Euro verschuldet ist. Und die Gläubiger erwarten weiter, dass er seine Staatsanleihen in Euro und Cent bedient – statt mit einem vage definierten Wohlgefühl.
Zwar mögen das Bruttoinlandsprodukt und seine jährlichen Veränderungsraten keinen idealen Maßstab für das gesellschaftliche Wohlergehen oder gar das Lebensglück der Bürger liefern. Daher sei es seit langer Zeit ein großes Thema der Wissenschaft, bessere oder breitere gefasste Indikatoren zu entwickeln, betont Schmidt. Doch bei allem Erkenntnisgewinn, der dabei bereits entstanden sei, bleibe das BIP allein schon unter dem Aspekt des Messaufwands für die laufende Statistik ein besonders praktikables Maß. Zugleich sind monetäre Größen nun einmal die Basis aller Staatseinnahmen: die Wertschöpfung respektive die Gewinne der Unternehmen und die Einkommen der Erwerbstätigen. Das gilt jedenfalls, solange das gefühlte Lebensglück der Bürger noch nicht besteuert wird. Und diese Basis steht einstweilen im Zentrum der konventionellen volkswirtschaftlichen Gesamtrechnung.
Problematisch wird es allemal dort, wo BIP-Kritiker als Lehre aus der Finanz- und Wirtschaftskrise die generelle Abkehr von einer „Wachstumsfixierung" fordern und den Regierungen raten, sich lieber mehr um „nichtmonetäre" Dimensionen des Wohlstands zu kümmern. Denn bei einem langsamer wachsenden „normalen" BIP würde die hohe staatliche Schuldenlast noch drückender als ohnehin – außer, die Abkehr vom Wachstum ginge mit einer radikalen Kürzung der Staatsausgaben einher. Eine schuldenfinanzierte Konjunkturstützung sei in der Krise zwar durchaus sinnvoll gewesen, sagt Schmidt. Doch faktisch sei dies ein „Vorziehen wirtschaftlicher Prosperität, die erst noch erarbeitet werden muss" – durch Wachstum.
Es gibt indes auch weniger fundamentale Einwände gegen die heute praktizierte BIP-Messung. Wenn etwa wirtschaftliche Aktivität die Umwelt schädigt, steigt das gemessene BIP – ohne einen Umweltabschlag. Im Gegenteil: Wird der Schaden später repariert, steigt das BIP erneut. Hier liege eine Aufgabe, „nach möglichen Verbesserungen des bestehenden Instrumentariums zu suchen", erläutert Schmidt.

Dietrich Creutzburg: Qualitatives Wachstum? Die harte Währung bleibt das BIP, in: Handelsblatt v. 21.4.2010

Christoph M. Schmidt ist der Ökonometriker im Sachverständigenrat. **Ökonometriker/-innen** überprüfen mithilfe mathematischer Verfahren Annahmen über wirtschaftliche Entwicklungen und Zusammenhänge

M 34 Wachstum und Glück

Drei Fragen des Wirtschaftsmagazins „brand eins" an den Wirtschaftswissenschaftler Stephan A. Jansen:

Gibt es Grenzen des Wachstums?
Drei Antworten. Wirtschaftstheoretisch und wirtschaftspolitisch: nein. Wachstum ist in die Beschleunigungsspirale des Kapitalismus eingewoben – über einen kaum aus der Welt zu schaffenden Trick: den Zins. Zinssenkungen werden immer dann vorgenommen, um Konsum und Investitionen auf Pump zu ermöglichen. Und dann geht es eben weiter, denn die Zinszahlung auf Verschuldung – staatlich wie privat – erzwingt Wachstum.
Sozialwissenschaftlich? Vielleicht. Das Buch des Club of Rome feierte gerade seinen 40. Geburtstag, aber die wachstumskritische Nachhaltigkeitsdebatte ist immer noch eine reine Elitendebatte. Sie zu popularisieren und vor allem auch international zu führen wird anspruchsvoll. Im Zentrum die Frage: Mit welchem Recht bestehen die nicht nachhaltig gewachsenen Erste-Welt-Länder eigent-

lich darauf, den sich nun entwickelnden Ländern mit einer Nachhaltigkeitsdebatte die Wachstumsvorteile zu nehmen?
Ressourcenseitig? Sind wir bei vielem schon am Ende, etwa bei fossilen Energieträgern und allem, was mehr genutzt wird, als nachwachsen kann. Und das wird weitergehen, wenn wir keine stoffliche Re- oder Upcycling-Ideen entwickeln. Gleichzeitig hilft technische Kreativität, Produkte mit weniger Rohstoffeinsatz zu schaffen oder sie durch virtuelle Modelle zu ersetzen.

Muss Wirtschaft wachsen?
Wachstum wird (...) zu einer quasireligiösen Kategorie, zu einer säkularisierten Version des „Himmels auf Erden". Inzwischen wissen wir, dass das kein Versprechen, sondern ein trickreicher Versprecher war. Auch wenn sich wirtschaftlich und sozial viel verbessert hat, wurde am Ende doch eine genau entgegengesetzte, also für die nächste Generation ungerechte Politik gemacht: Die vergangenen drei Generationen haben sich durch eine nie da gewesene Verschuldung an den zukünftigen versündigt, finanziell wie ökologisch. Das ohnehin schon geliehene Erbe der nächsten Generation wurde nochmals beliehen.
Solange diese Schulden nicht getilgt oder auf andere Art beglichen wurden, ist jede Debatte über Wachstum Augenwischerei: Wir brauchen es auch künftig, um die Schuld der Vergangenheit zu bezahlen. (...)

Brauchen wir Wachstum zum Glück?
Eines ist belegt: Armut macht unglücklich. Der (US-amerikanische) Soziologe Ronald Inglehart (geb. 1934) zeigte aber als einer der Ersten, dass das Wohlbefinden mit dem Wohlstand zwar steigt, aber wie das Wort des Wohl-Standes schon andeutet: Es steht – zumindest ab einem gewissen Punkt. Glück und Einkommen haben (...) wenig miteinander zu tun. Psychologische Forschung bei Lottogewinnern belegt das. Daher gilt die Regel: Die Wachstumsfreude schrumpft mit der Zeit. Aber statt Glück produziert wirtschaftliches Wachstum Frieden – oder die Hoffnung darauf. Das ist selbstverständlich und macht kaum glücklich, aber es ist die Errungenschaft des zivilisierten Kapitalismus, dass Kriege nun auf Konten und nicht auf Schlachtfeldern geführt werden.
brand eins 3/2013, in: www.brandeins.de (Zugriff: 1.6.2014)

Zeichnung: Koufogiorgos

M35 „Schwache" oder „starke" Nachhaltigkeit

Nachhaltige Entwicklung (englisch Sustainable Development) ist ein Leitbild der Umwelt- und Entwicklungspolitik. Es bezeichnet einen globalen Zivilisationsprozess, der die Lebenssituation der heutigen Generation verbessert (Entwicklung) und gleichzeitig die Lebenschancen künftiger Generationen bewahrt (Erhalt der Umwelt).
Die Idee der nachhaltigen Entwicklung wurde durch den Bericht der Brundtland-Kommission „Unsere gemeinsame Zukunft" verbreitet. Dieser knüpft an die Umwelt- und Entwicklungsdiskussion der späten 1960er- und frühen 1970er-Jahre an, die sich im Umweltprogramm der Vereinten Nationen (UNEP) und im ersten Report des Club of Rome („Grenzen des Wachstums", *s. M 30, M 31*) niederschlug. Ein Kernproblem des Konzepts der Nachhaltigkeit besteht darin, dass es sich nur schwer operationalisieren lässt: Weder ist es einfach, die Natur- und Umweltwirkungen des Wirtschaftens zu messen und zu bewerten, noch gibt es allgemein anerkannte Indikatoren für ökologisches Wirtschaften. Die neoklassische Denkschule geht von der schwachen Nachhaltigkeit aus: Ein schwindendes Naturkapital (Umweltschäden, schrumpfende Ressourcen) sei für künftige Generationen hinnehmbar, wenn dafür ein gleichwertiger Ersatz an produktivem Potenzial geschaffen werde (etwa in Form von Wissen und technischen Anlagen). Dagegen vertreten die Anhänger einer ökologischen Ökonomie die starke Nachhaltigkeit: Der Ersatz von Natur- und Humankapital sei nur begrenzt möglich, weil nachhaltiges Wirtschaften nicht auf einen bestimmten, überlebenswichtigen Bestand an Naturvermögen verzichten könne.
Michael Bauer/Ute Gräber-Seißinger u.a.: Wirtschaft heute, Mannheim (BI) 2009, S. 132

Qualitatives Wachstum?

Der Wachstumsbegriff ist umstritten. Kritisiert wird an ihm u. a., dass ein einzelner Indikator den Wohlstand der Gesellschaft nicht verlässlich angeben könne und immer wichtiger werdende Aspekte ausklammern müsse. Es handele sich dabei um ein rein quantitatives Wachstum, das auf die rein mengenmäßige Zunahme der gesamtwirtschaftlichen Produktion im Sinne der Zunahme einer Sozialproduktgröße abziele. Dieses quantitative Wachstum könne durch qualitatives Wachstum ersetzt werden. Darunter wird neben der reinen Steigerung der gesamtwirtschaftlichen Produktionsmenge die Verbesserung der Lebensqualität der Menschen, die Schonung der Umwelt oder die gerechte Einkommensverteilung verstanden.
Aber ist dieser Begriff dann weniger umstritten?

M 36 Neues Wohlstandsverständnis

Die Enquete-Kommission des Deutschen Bundestages, 2013:
Wohlstand in einem ganzheitlichen Sinn bedeutet für Menschen eben weit mehr als immer mehr materieller Wohlstand. Die Enquete-Kommission schlägt in ihrem Bericht deshalb einen neuen Begriff von Wohlstand und eine neue Wohlstandsmessung vor, die neben dem materiellen Wohlstand auch soziale und ökologische Dimensionen von Wohlstand abbildet. Damit werden wir nicht nur dem Wohlstandsverständnis der Menschen besser gerecht, sondern stellen auch das Wachstumsparadigma infrage. Rein quantitatives Wirtschaftswachstum führt eben nicht automatisch zu mehr materiellem Wohlstand für alle, mehr sozialer Gerechtigkeit und der Lösung der ökologischen Herausforderungen. Durch die vorgeschlagenen W³-Wohlstandsindikatoren (s. *M 37*) werden vielmehr die Zielkonflikte, die uns überall begegnen, deutlicher sichtbar: Wird unsere Gesellschaft ungleicher, wenn wir wachsen, oder im Gegenteil gleicher? Erkaufen wir einen Abbau der Staatsverschuldung mit höherer Arbeitslosigkeit oder führt aktive Beschäftigungspolitik zu weniger Verschuldung? Bringt uns die aufwändige Senkung der Treibhausgas-Emissionen Einkommenseinbußen oder bremsen die Folgen des Klimawandels unsere Wachstumschancen? All diese Fragen gilt es auch in Zukunft politisch zu beantworten.

Schlussbericht der Enquete-Kommission „Wachstum, Wohlstand, Lebensqualität – Wege zu nachhaltigem Wirtschaften und gesellschaftlichem Fortschritt in der Sozialen Marktwirtschaft", BT-Drucksache 17/13300, 2013, S. 20 f.

M 37 Die W³-Indikatoren

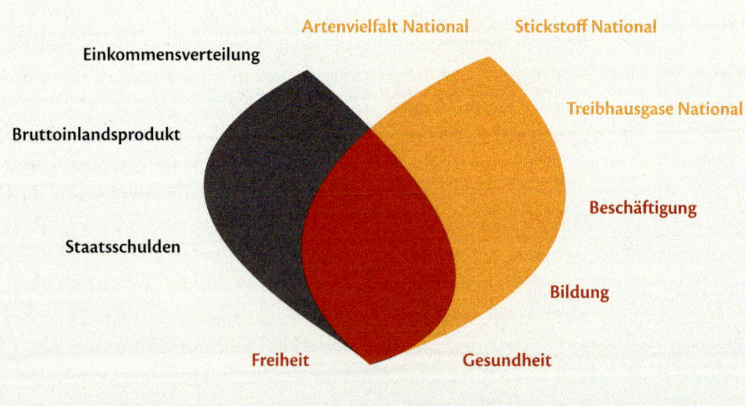

Die aus zehn zentralen Variablen bestehenden W³-Indikatoren (W = Wohlstand) sollen künftig darüber Auskunft geben, wie es in Deutschland um Wohlstand und Lebensqualität steht. Neben der Dimension „Materieller Wohlstand" (schwarz) sollen auch die Wohlstands-Dimensionen „Soziales/Teilhabe" (rot) und „Ökologie" (gelb) in den Blick genommen werden. Diese drei Indikatoren bestehen wiederum aus zehn Variablen: Die aufgeführten Indikatorenwerte und Pfeilrichtungen sind beispielhaft eingesetzt.

Nach: Schlussbericht der Enquete-Kommission „Wachstum, Wohlstand, Lebensqualität – Wege zu nachhaltigem Wirtschaften und gesellschaftlichem Fortschritt in der Sozialen Marktwirtschaft", BT-Drucksache 17/13300, 2013, S. 12

M38 Qualitatives Wachstum

Aus einem Positionspapier der Industriegewerkschaft Metall (IG Metall) und der Industriegewerkschaft Bergbau, Chemie, Energie (IG BCE) vom 6.9.2011:

Wachstum ist kein Dogma, aber es ist notwendig für die Durchsetzung eines guten Lebens für alle. In fünf Punkten lässt sich der Rahmen für einen Kurswechsel zu qualitativem Wachstum umreißen:

1. Primat der Politik

Ein ökologischer und sozialer Umbau erfordert starke politische Eingriffe in wirtschaftliche Abläufe. (...)

2. Demokratisierung von Wirtschaft und Gesellschaft

(...) Notwendig ist eine Umgestaltung von Arbeitsplätzen, Arbeitsabläufen und Transparenz von Entscheidungen im Sinne Guter Arbeit. (...)

3. Nachhaltige Industrie- und Strukturpolitik

(...) Nachhaltig und von qualitativem Wachstum geprägt ist industrielle Entwicklung aus unserer Sicht, wenn drei wechselseitig miteinander verbundene Ziele erreicht werden: Erstens muss die Wirtschaftsweise sozial tragfähig sein. (...) Zweitens kommt es darauf an, dass Erzeugnisse, Verfahren und Dienstleistungen ökologisch verträglich sind, sich durch einen effizienten und umweltschonenden Verbrauch von Ressourcen auszeichnen. Drittens muss die Wirtschaftsweise ökonomisch effizient organisiert sein. (...)

4. Gerechte Verteilung

Eine gerechtere Verteilung von Einkommen und Vermögen führt durch wachsende Nachfrage zu mehr und stetigem Wachstum.

(...)

5. Ressourceneffizienz, Innovationen und Beschäftigung

Der Schlüssel zu einem ökologisch verträglichen Wachstum ist Effizienzsteigerung. In vielen Industriestaaten konnte eine relative Entkoppelung von Ressourcenverbrauch und Wirtschaftswachstum erreicht werden. Relative Entkoppelung bedeutet, der Ressourcenverbrauch stagniert bei steigender Wirtschaftsleistung.

IG Metall und IG BCE: Qualitatives Wachstum für gute Arbeit und eine gerechte Gesellschaft, Frankfurt a. M./Hannover 2011, in: www.igmetall-kurswechselkongress.de (Zugriff: 1.6.2014)

M39 Qualitatives Wachstum – eine Illusion?

Doch die Gesetze der Thermodynamik lassen sich auch in einer ausgeklügelten Dienstleistungs- oder Kreislaufwirtschaft nicht austricksen. So wie das effiziente Carsharing weiterhin Autos als „Dienstleistungserfüllungsmaschinen" benötigt, kommt die Konsistenzstrategie nicht ohne Windkraft- und Solaranlagen aus, deren Produktion und räumliche Ausbreitung alles andere als immateriell ist. Entlastung gelingt also höchstens graduell. Der pro Wertschöpfungseinheit anfallende ökologische Verschleiß – gemessen etwa in Emissionen, Abfällen, Materialen, Wasser, Flächen und Biodiversität – mag zwar sinken, jedoch niemals auf den Wert null. Die ökologische Gesamtbilanz des Systems verbessert sich nicht, wenn ressourcenverbrauchende Neuerungen lediglich Vorhandenes ergänzen. (...)

Es ist also falsch, anzunehmen, dass sich ökonomisches Wachstum und Ressourcenverbrauch durch Effizienz- und Konsistenzmaßnahmen entkoppeln ließe. Ganz im Gegenteil gilt, dass Effizienz und Konsistenz die Umweltbelastung nur dann senken werden, wenn die Wirtschaft nicht mehr wächst. „Entkopplung" kann es nach dieser Logik nicht geben.

Nico Paech: Die Legende vom nachhaltigen Wachstum, in: Le Monde diplomatique, 10.9.2010, S. 13

1 Erläutern Sie die Vorstellungen von nachhaltigem bzw. qualitativem Wachstum.

2 Nehmen Sie Stellung zur Kontroverse über qualitatives Wachstum.

Wirtschaftspolitik in der Marktwirtschaft – Konformität

Eine Wirtschaftspolitik im heutigen Sinne kann es nur in der Sozialen Marktwirtschaft geben. In der freien Marktwirtschaft wird davon ausgegangen, dass der Staat lediglich die Rahmenbedingungen zu sichern hat. Trotzdem soll sich auch in der Sozialen Marktwirtschaft die Wirtschaftspolitik auf dem Boden der Marktwirtschaft bewegen. Um dies zu gewährleisten gilt das Prinzip der Marktkonformität.

M 40 Soziale Marktwirtschaft und Markt

Die deutsche Wirtschaftspolitik orientiert sich seit Mitte des 20. Jahrhunderts am Konzept der Sozialen Marktwirtschaft (*s. S. 14 ff.*). Es geht zurück auf Ludwig Erhard, der von 1949 bis 1963 der erste Bundeswirtschaftsminister der Bundesrepublik Deutschland war. Die zentrale Idee besteht darin, die Freiheit aller, die als Anbieter oder Nachfrager am Markt teilnehmen, zu schützen und gleichzeitig für sozialen Ausgleich zu sorgen. Erstmals schriftlich erwähnt wurde der Begriff „Soziale Marktwirtschaft" von Erhards Mitstreiter Alfred Müller-Armack, 1952 Leiter der wirtschaftspolitischen Grundsatzabteilung im BMWi (*Bundesministerium für Wirtschaft*) und ab 1958 Staatssekretär für Europapolitik.
Märkte sorgen in der Sozialen Marktwirtschaft über den Preismechanismus für den Ausgleich von Angebot und Nachfrage: Sind besonders begehrte Güter knapp, steigt deren Preis. Das drängt Nachfrage zurück und bietet zugleich Gewinnmöglichkeiten für zusätzliche Anbieter. Anbieter werden versuchen, die Produktion so kostengünstig wie möglich zu gestalten. So kommt es zu einer effizienten Verwendung der Produktionsmittel und zu günstigen Preisen für die Verbraucher. Dafür ist wichtig, dass Wettbewerb mit offenem Marktzugang herrscht und Marktmacht verhindert wird. Der Marktmechanismus erhöht dann die Konsummöglichkeiten, motiviert die Anbieter zu Innovationen und technischem Fortschritt und verteilt Einkommen und Gewinn nach individueller Leistung. Es ist eine wichtige Aufgabe des Staates, den Rahmen für einen funktionierenden Wettbewerb zu schaffen. Gleichzeitig muss er die Bereitschaft und die Fähigkeit der Menschen zu eigenverantwortlichem Handeln und mehr Selbstständigkeit fördern.
Der zweite Grundsatz der Sozialen Marktwirtschaft neben dem freien Markt ist der soziale Ausgleich. Dieser soll die Freiheit des Marktes möglichst nicht einschränken, aber eine soziale Absicherung für diejenigen bereitstellen, die aufgrund von Alter, Krankheit oder Arbeitslosigkeit keine Markteinkommen erzielen können. In der Sozialen Marktwirtschaft gilt es dabei, die richtige Balance zu finden. Soziale Leistungen und das Handeln des Staates müssen durch Steuern und Abgaben finanziert werden. Diese belasten aber diejenigen, die mit ihren Einkommen den Wohlstand erzeugen. Ziel ist also eine solide soziale Absicherung, bei gleichzeitig größtmöglichem Wohlstand.

Bundesministerium für Wirtschaft und Energie: Soziale Marktwirtschaft, 2014, in: http://www.bmwi.de (Zugriff: 1.6.2014)

M 41 Die Staatsquote: Maß für die staatliche Aktivität

Wirtschafts- und Sozialpolitik kann in unterschiedlicher Intensität betrieben werden. Dementsprechend ist ein unterschiedliches Ausmaß an staatlichen Eingriffen in den Wirtschaftsprozess denkbar. Ein Maß zur Messung des jeweiligen Ausmaßes besteht mit der Staatsquote. Diese gibt den Anteil der Staatsausgaben am Bruttoinlandsprodukt in einem bestimmten Zeitraum an.
Im internationalen Vergleich zeichnen sich hier deutliche Unterschiede ab: Während die skandinavischen Staaten traditionell über eine hohe Staatsquote verfügen, die mit einem hohen sozialstaatlichen Leistungsniveau einhergeht, zeigen sich bereits innerhalb Europas deutliche Abstufungen (mit der BRD im Mittelfeld). Eine in Zeiten günstiger wirtschaftlicher Rahmenbedingungen traditionell eher geringe Staatsquote weisen die USA auf: Dies ist Ausdruck eines spezifischen Staatsverständnisses („schlanker Staat") und eines vergleichsweise niedrigen Niveaus staatlich organisierter sozialer Sicherung.

Dirk Lange u. a.: Grundwissen Wirtschaft. Sekundarstufe II, Berlin (Cornelsen) 2011, S. 89

M 42 Die Staatsquote

Ausgaben von Bund, Ländern, Gemeinden und Sozialversicherung, in Prozent des Bruttoinlandsprodukts

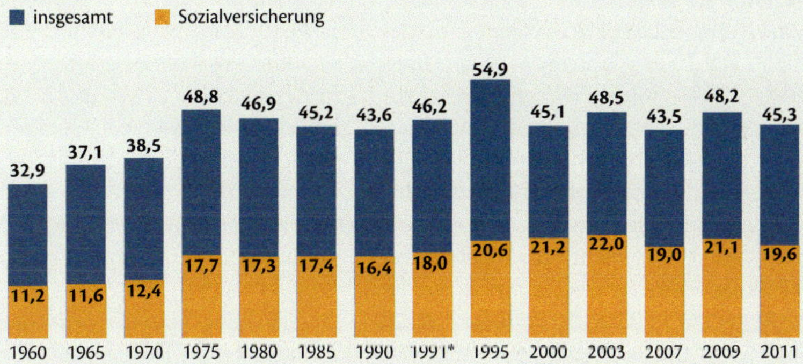

Quelle: Bundesfinanzministerium, dpa ** ab 1991 Gesamtdeutschland*

M 43 Das Prinzip der Marktkonformität

Wirtschafts- und sozialpolitische Maßnahmen in der Marktwirtschaft greifen notwendig in Marktprozesse ein. Sie tun dies aus bestimmten Gründen und mithilfe bestimmter Strategien. Auf den ersten Blick besteht hier ein Widerspruch zur Maßgabe, dass ein möglichst freies Spiel der Marktkräfte zu optimalen Marktergebnissen führt.

Für die Beurteilung, ob entsprechende Maßnahmen aus marktwirtschaftlicher Sicht dennoch sinnvoll sind, wird das Prinzip der Marktkonformität herangezogen. Als marktkonform gelten wirtschaftspolitische Maßnahmen demnach dann, wenn sie das Zusammenspiel von Angebot und Nachfrage nicht behindern, sondern dieses vielmehr unterstützen, also zu einem insgesamt besseren Verteilungsergebnis beitragen. So greift etwa Wettbewerbspolitik mit dem Ziel in den Wirtschaftsprozess ein, den Wettbewerb als zentrales marktwirtschaftliches Grundprinzip zu schützen und hierüber zu verhindern, dass einzelne Anbieter eine Monopolstellung (Fähigkeit zur einseitigen Festsetzung erhöhter Preise) erlangen.

Zugleich gibt es politische Maßnahmen, die in den Wirtschaftsprozess eingreifen, ohne dem Prinzip der Marktkonformität vollkommen gerecht zu werden. Hierfür können wichtige übergeordnete Gründe sprechen: beispielweise der Umwelt- und Gesundheitsschutz oder die Notwendigkeit einer sozialen Mindestabsicherung aller Gesellschaftsmitglieder.

Dirk Lange u. a.: Grundwissen Wirtschaft. Sekundarstufe II, Berlin (Cornelsen) 2011, S. 89

M 44 Die Einstellung zur Sozialen Marktwirtschaft

Frage: Haben Sie von der Sozialen Marktwirtschaft in Deutschland eine gute oder keine gute Meinung?

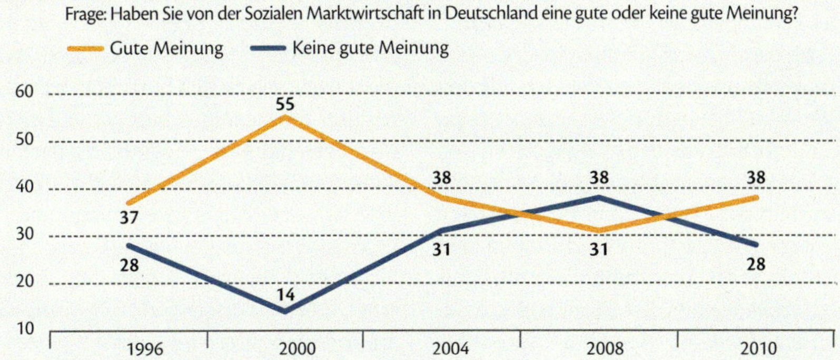

Basis: Bundesrepublik Deutschland, Bevölkerung ab 16 Jahre
Quelle: Allensbacher Archiv, ifD-Umfragen 6038, 6096, 7062, 10021, 10049

M45 Das Soziale und der Markt

Heute ist fast vergessen, dass der wirtschaftliche Erfolg der jungen Bundesrepublik das Ergebnis eines beispiellosen neoliberalen Experiments war. Ludwig Erhard, der spätere Bundeswirtschaftsminister, hob im Juni 1948 zusammen mit der Einführung der D-Mark auf einen Schlag alle Preiskontrollen auf. Erst dies machte aus der Währungsreform eine Wirtschaftsreform. (...)

Erhard wollte aber nicht nur Angebot und Nachfrage wieder wirken lassen, er wollte „das Ruder um 180 Grad herumreißen", wie er später sagte. Die verhängnisvolle Herrschaft der Verbände und Kartelle, die autoritäre Wirtschafts- und Sozialpolitik, die um 1890 unter Bismarck ihren Anfang genommen hatte, sollte ein für alle mal der Vergangenheit angehören. Stattdessen sollten die Deutschen als freie Bürger im Leistungswettbewerb eigenverantwortlich ihr Schicksal gestalten. (...)

Sobald das Wirtschaftswunder es möglich machte, begannen Bundesregierungen aller Couleur, den Staatsanteil in der Wirtschaft auszubauen. Unter Berufung auf das „Soziale" wurde nicht nur Geld vor Wahlen unters Volk verteilt, es kehrte auch das alte, paternalistische Verständnis von Wirtschaftspolitik zurück. (...)

Paternalismus: Gängelung, Bevormundung

Dies ist die Tragik der sozialen Marktwirtschaft: Das Adjektiv „sozial" war so weit auslegbar, dass es zum Einfallstor aller möglichen Eingriffe wurde, die den Leistungswettbewerb beeinträchtigten. (...)

Immer wieder gab es Versuche, den Sozialstaat wieder finanzierbar zu machen. Der letzte Versuch war die Agenda 2010 von Gerhard Schröder. Sie war, bei allen Unzulänglichkeiten, ein ökonomischer Erfolg. Für die SPD aber war sie eine Katastrophe. Sie führte zum Aufstieg der Linken und zur großen Koalition mit ihrer wirtschaftspolitischen Stagnation. Es ist für deutsche Politiker gefährlich geworden, die Soziale Marktwirtschaft ernsthaft erneuern zu wollen. Und „Neoliberalismus" ist eines der schlimmsten Schimpfworte dieser Tage.

Letztlich hängt aber der Wohlstand aller davon ab, dass die Deutschen mit ihrer Wirtschaftsordnung ins Reine kommen. Nicht nur deutsche Unternehmen müssen sich auf globalen Märkten behaupten, auch deutsche Arbeitnehmer stehen, ob sie das nun wollen oder nicht, im Wettbewerb mit Arbeitnehmern in aller Welt. Gerade weil es in diesem Wettbewerb viel weniger Sicherheiten als früher gibt, ist ein leistungsfähiger Sozialstaat nötig, der bezahlbar ist und der den Leistungswettbewerb nicht behindert.

Eine der Lehren, die die Neoliberalen von 1948 aus der Geschichte zogen, lautete: Eine freie Wirtschaft braucht einen starken Staat, einen „Staat, der über der Wirtschaft steht, dort, wo er hingehört", wie es Alexander Rüstow formulierte. Wenn der Staat sich aber übernimmt und wenn er über seine Verhältnisse lebt, dann wird er nicht stark, sondern schwach, dann leiden Wirtschaft und Gesellschaft.

Nikolaus Pieper: Wirtschaftspolitik. Das Soziale und der Markt, 17.5.2010, in: http://www.sueddeutsche.de (Zugriff: 1.6.2014)

M46 Emissionshandel – ein marktpolitisches Instrument?

Der Emissionshandel ist ein marktwirtschaftliches klimapolitisches Instrument, das zum Ziel hat, den Ausstoß klimaschädlicher Gase zu möglichst geringen volkswirtschaftlichen Gesamtkosten zu reduzieren. Dazu wird zunächst entweder durch den Staat oder durch eine andere Körperschaft eine Gesamtmenge an Treibhausgasemissionen festgelegt, die innerhalb eines bestimmten Zeitraums und innerhalb eines bestimmten Territoriums ausgestoßen werden darf. Die festgelegte Gesamtmenge wird den in einem Emissionshandelssystem erfassten Wirtschaftssubjekten (da sie in ihrer Eigenschaft als Treibhausgas-Ausstoßende angesprochen werden, spricht man von „Emittenten") in Form von Emissionsberechtigungen zugeteilt. Die Anzahl der ausgegebenen Emissionsberechtigungen bemisst sich dabei an den historischen Emissionen des Emittenten – bezogen auf ein bestimmtes Basisjahr – abzüglich einer bestimmten Reduktionsverpflichtung. Die Emissionsberechtigungen können gratis zugeteilt oder versteigert werden.

Ein Emissionsrecht berechtigt zum Ausstoß einer Tonne Kohlendioxid (CO_2) bzw. einer Tonne CO_2-Äquivalente innerhalb der zeitlich festgelegten Verpflichtungsperiode (s. M 47). Am Ende der Verpflichtungsperiode muss jeder Emittent nachweisen, dass die Höhe der eigenen Emissionen durch die Menge an Emissionsberechtigungen gedeckt ist, ansonsten sind Strafzahlungen zu leisten. Innerhalb des Emissionshandelssystems haben Emittenten, die mehr emittieren, als ihnen Emissionsrechte zur Verfügung stehen, jedoch die Möglichkeit, fehlende Rechte von anderen Marktteilnehmern zu erwerben, sollten diese weniger emittiert haben und ihre überschüssigen Zertifikate am Markt verkaufen. Daneben haben Emittenten, deren Emissionen unterhalb der festgelegten Obergrenze liegen, neben dem Verkauf der überschüssigen Emissionsberechtigungen auch die Möglichkeit, diese als Guthaben für die nächste Verpflichtungsperiode aufzubewahren. (...)

Der Emissionshandel in der Europäischen Union

Das Europäische Emissionshandelssystem (EU EHS) wurde auf Basis der am 13. Oktober 2003 verabschiedeten EU-Emissionshandelsrichtlinie am 1. Januar 2005 gestartet. Es ist das zentrale Politikinstrument der Europäischen Union zur Erreichung des Reduktionsziels aus dem Kyoto-Protokoll, in dem sich die EU verpflichtet hat, den Ausstoß klimaschädlicher Gase bis 2012 um acht Prozent gegenüber dem Niveau von 1990 zu verringern. Um dieses Ziel zu erreichen, haben sich die Mitgliedstaaten der EU im Rahmen der „Lastenteilungsvereinbarung" jeweils zu nationalen Klimaschutzzielen verpflichtet.

Im Gegensatz zum internationalen Emissionshandel im Rahmen des Kyoto-Protokolls sind im EU-Emissionshandelssystem die Marktteilnehmer nicht Staaten, sondern Unternehmen bzw. Betreiber bestimmter emissionsintensiver Industrieanlagen, welche gemäß nationalen Regeln (Nationale Allokationspläne) Emissionsberechtigungen zugewiesen bekommen. In den ersten beiden Handelsperioden zwischen 2005 und 2007 sowie zwischen 2008 und 2012 sind von der EU Emissionshandelsrichtlinie CO_2-Emissionen von ausgewählten energieintensiven Industriesektoren erfasst, darunter Verbrennungsanlagen, Erdölraffinerien, Koksöfen, Eisen- und Stahlwerke sowie Anlagen der Zement-, Glas-, Kalk-, Ziegel-, Keramik-, Zellstoff- und Papierindustrie, sowie Stickoxidemissionen aus einigen industriellen Prozessen. Aktuell deckt das europäische Emissionshandelssystem zusammen genommen rund 50 Prozent der CO_2-Emissionen bzw. 40 Prozent der Treibhausgasemissionen der EU ab. Weitere klimaschädliche Gase und weitere Sektoren (z. B. der Flugverkehr, Ölindustrie und Aluminiumproduktion) sollen ab 2013 in das System einbezogen werden. Vorerst werden die Bestimmungen zum Flugverkehr jedoch nur für innereuropäische Flüge gelten. (...) Die Reduktion klimaschädlicher Emissionen von Sektoren, die nicht durch den EU-Emissionshandel erfasst sind (z. B. Verkehr, Haushalte), obliegt den EU-Mitgliedstaaten durch eigene politische Maßnahmen und Regeln.

Florian Mersmann/Marcel Braun: Der Emissionshandel, Bundeszentrale für politische Bildung, 5.6.2013, in: http://www.bpb.de (Zugriff: 27.2.2014)

M 47 Der Emissionshandel

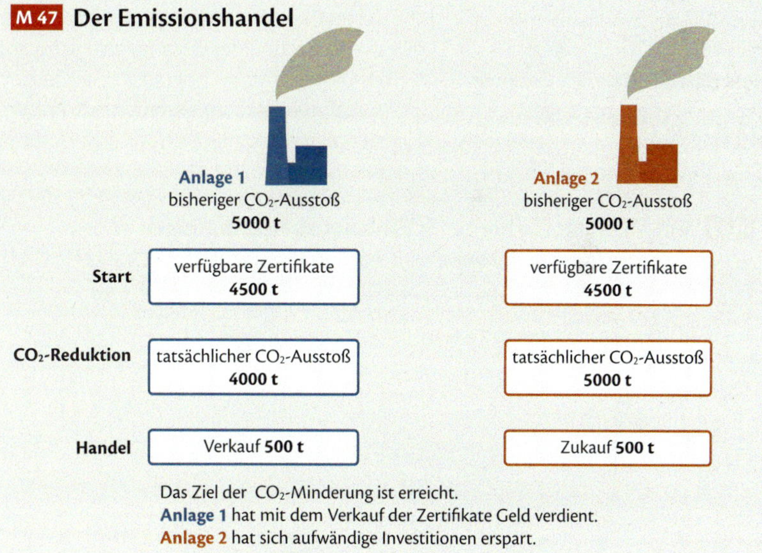

Quelle: Deutsche Emissionshandelsstelle (DEHSt) im Umweltbundesamt

1 Analysieren Sie die Materialien **M 40** bis **M 43** im Hinblick auf das Verhältnis von Staat und Markt.

2 Recherchieren Sie zur Agenda 2010 und nehmen Sie Stellung zur Position Piepers in **M 45**. War die Agenda 2010 ein Versuch, den Sozialstaat finanzierbar zu machen, oder ein Versuch, ihn weiter abzubauen?

3 Analysieren Sie die Materialien **M 46** bis **M 48** im Hinblick auf die Marktkonformität des Emissionshandels.

4 Führen Sie aufgrund der in **M 46** bis **M 50** vorgebrachten Positionen ein Streitgespräch durch. Recherchieren Sie ggf. zusätzliche Informationen im Internet.

M 48 Der Emissionshandel – ein ökonomisch und ökologisch wirksames Instrument?

Der Emissionshandel räumt Emittenten die Flexibilität ein, ihre Reduktionsverpflichtungen entweder aus eigener Kraft zu erreichen oder diese durch den Zukauf von Emissionszertifikaten zu erfüllen. Im letzteren Fall müssen andere Marktteilnehmer aufgrund der festgelegten Gesamtzahl an Emissionsrechten im System eine entsprechend größere Reduktion realisieren. Gemäß der ökonomischen Theorie stellt der Handel mit Emissionsberechtigungen sicher, dass die Reduktionsleistung dort erbracht wird, wo die Vermeidung von einer Tonne an Schadstoffemissionen am kostengünstigsten erreicht werden kann. Damit minimiert das Instrument unter Ausnutzung des Marktmechanismus die volkswirtschaftlichen Gesamtkosten aller Vermeidungsmaßnahmen.

Der Emissionshandel gilt jedoch nicht nur als ein ökonomisch effizientes, sondern gleichzeitig auch als ökologisch wirksames Instrument. Aus umweltpolitischer Sicht ist die größte konzeptionelle Stärke des Emissionshandels seine „ökologische Zielgenauigkeit“, da über die Festlegung der Gesamtzahl auszugebender Emissionsberechtigungen die Menge der Gesamtemissionen gesteuert wird und mit der Zeit kontinuierlich verringert werden kann.

Die Bilanz des europäischen Emissionshandels zeigt positive und negative Seiten. Einerseits haben Treibhausgasemissionen durch den Emissionshandel einen Preis bekommen, den Unternehmen nun in ihre Kostenkalkulationen einbeziehen. Auf der anderen Seite hat der EU-Emissionshandel bisher kaum zu einer Reduzierung klimaschädlicher Gase in der EU beigetragen. Dies liegt daran, dass vor allem in den ersten beiden Handelsperioden zu große Mengen an Emissionsrechten ausgegeben wurden (man spricht hier von einer „Überallokation“). Gekoppelt mit der gedämpften Wirtschaftsleistung der letzten Jahre ist zwar dennoch eine Reduktion des EU-weiten Treibhausgasausstoßes eingetreten, der jedoch nur eingeschränkt dem Emissionshandel zugeschrieben werden kann: Durch die Überallokation ist der Preis der EU-Emissionszertifikate auf unter 10 Euro pro Tonne gefallen und bietet so keinen signifikanten Anreiz zur Einsparung von Emissionen.

Die Ausgabe der Emissionsrechte an die Unternehmen erfolgt im EU-Emissionshandel durch die Nationalstaaten. Diese haben in der Vergangenheit viele Zertifikate frei an die Unternehmen weitergereicht. In der kommenden Verpflichtungsperiode soll sich dies jedoch ändern: Mindestens die Hälfte der ausgegebenen Zertifikate sollen durch Auktionierung verteilt werden und bis 2020 eine nahezu 100 Prozent Auktionierung erreicht werden.

Dies könnte den Preis der Zertifikate wieder erhöhen. Um die Preise längerfristig zu stabilisieren, werden jedoch weitere Maßnahmen nötig sein – nicht zuletzt eine signifikante Erhöhung des europäischen Ambitionsniveaus von derzeit 20 Prozent Minderung gegenüber 1990. Verschiedene Berechnungen haben ergeben, dass das 20-Prozent-Ziel bereits 2012 erreicht wurde. Für die kommenden acht Jahre wäre demnach keine weitere Emissionsminderung nötig. Sowohl für den europäischen Emissionshandel als auch für den Klimaschutz wäre es daher erstrebenswert, die seit etlichen Jahren diskutierte Anhebung des Ambitionsniveaus auf 30 Prozent zügig umzusetzen.

Florian Mersmann/Marcel Braun: Der Emissionshandel, in: Florian Mersmann/Marcel Braun: Der Emissionshandel, Bundeszentrale für politische Bildung, 5.6.2013, in: http://www.bpb.de (Zugriff: 27.2.2014)

Zu M 49: Die **European Energy Exchange (EEX)** ist ein Marktplatz für Energie und energienahe Produkte.
Spot: Markt für Emissionshandel insgesamt an der EEX-Auktionsbörse
Dec12 (EEX): Auktion vom Dezember 2012 an der EEX-Auktionsbörse
Dec13 (EEX): Auktion vom Dezember 2013 an der EEX-Auktionsbörse

M 49 Entwicklung der Preise für Emissionsberechtigungen

in Euro pro Emissionsberechtigung

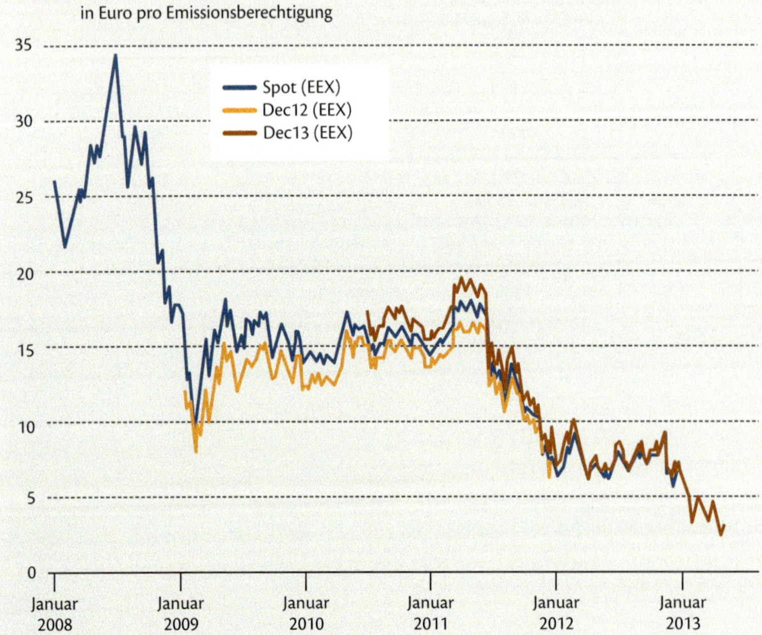

Quelle: Deutsche Emissionshandelsstelle (DEHSt) im Umweltbundesamt, Stand: 5/2013

M50 Kritik am EU-Emissionshandel

Die Finanz- und Wirtschaftskrise hat uns wieder etwas mehr Skepsis gebracht, was die Effizienz von Märkten, speziell die unserer hyperaktiven Börsen, anbelangt. Die Zeiten, in denen der Markt immer Recht hatte, sind vorbei. Ein ausführlicher Artikel von *Handelsblatt/Wirtschaftswoche* bestätigt dies auch in Bezug auf den Markt für CO_2-Emissionsrechte in der EU. Zwar sind viele der dort angesprochenen Probleme nicht wirklich neu, aber verdienen eine verstärkte Beachtung.

Problem Nummer 1: *Karussellgeschäfte* mit Emissionszertifikaten und damit Umsatzsteuerbetrug in großem Stil. Allerdings gibt es hier inzwischen eine Neuregelungen des Umsatzsteuerrechts, die es hoffentlich den Betrügern in Zukunft schwer macht.

Problem Nummer 2: Immer noch werden über 90 Prozent der Emissionsrechte verschenkt. Bei der Berechnung des Strompreises fließt der erzielbare Weiterverkaufspreis dieser Zertifikate trotzdem mit ein. Der Stromkunde zahlt, die Energieversorger erzielen leistungsloses Einkommen.

Aus Umweltsicht bedeutend ist Problem Nummer 3, der *„Schwellenländer-Trick“*: Man erwirbt Emissionsrechte durch Umweltprojekte in armen Ländern und nutzt die großen Manipulationsmöglichkeiten bei diesen sogenannten CDMs. Die Klimawirkung dieser Projekte wird systematisch überschätzt, nicht wenige von ihnen sind sogar kontraproduktiv.

Schließlich spiegelt sich das allgemeine Problem des Börsenhandels im besonderen Maße beim Handel mit Emissionsrechten wider, der als sehr intransparent gilt: Die Handelsplattformen für Treibhausgaszertifikate sind zu einem Spielplatz für Hedge-Fonds und andere Zocker verkommen, die entdeckt haben, dass hier Kurse leicht zu manipulieren sind. Ob Leipzig, London oder Chicago, der größte Teil des Handels mit Emissionsrechten entfällt auf Finanzakteure, nicht auf CO_2-Emittenten.

Bei all den Verwerfungen muss man natürlich fragen: Gibt es eine Alternative zum EU-Emissionshandel? Ja, die gibt es; sie heißt allgemeine und europaweite CO_2-Steuer. Ihr großer Nachteil ist allerdings, dass man mit ihr die Menge des CO_2-Ausstoßes nicht direkt vorgeben kann, wie das durch die Ausgabe einer bestimmten Anzahl von Emissionszertifikaten der Fall ist. Man kann nur grob schätzen, wie viel CO_2-Einsparungen eine solche Steuer bewirkt, und muss dann, je nachdem, wie gut man geschätzt hat und wie gut (oder schlecht) das Einsparziel erreicht wurde, die Höhe der Steuer immer wieder neu anpassen.

Trotzdem finde ich, sollte man noch einmal – gerade im Lichte der Finanz- und Wirtschaftskrise – über die Treibhausgassteuer diskutieren. Falls man aber trotzdem beim System des Emissionshandels bleiben will, sollte man auf jeden Fall den Markt schärfer regulieren: keine CDMs mehr und scharfe Kontrolle oder sogar Ausschluss von Finanzjongleuren am Markt.

Arne Kuster: Eine umfassende Kritik des EU-Emissionshandels, Wirtschaftswurm. Nachrichten aus Wirtschaft und Wirtschaftswissenschaft, o. J., in: www.wirtschaftswurm.net (Zugriff: 23.4.2014)

CDM: Clean Developement Mechanism

17. April 2013: Das Europaparlament in Straßburg beschließt, den Emissionshandel bei Treibhausgasen in der EU nicht einzuschränken. Es darf also fröhlich weitergepafft werden, Europas Rolle als Klimaschutz-Vorreiter ist damit beschädigt.

Zeichnung: Schopf

Kompetenzcheck

Anforderungsbereich I:

- Beschreiben Sie, was Marktversagen bedeutet.
- Beschreiben Sie, was Staatsversagen bedeutet.
- Stellen Sie dar, worum es sich bei Kollektivgütern im Vergleich zu anderen Gütern handelt.
- Fassen Sie die wirtschaftlich wichtigen Bestimmungen des Grundgesetzes zusammen.
- Skizzieren Sie Inhalt und Absicht des magischen Vierecks.
- Benennen Sie die Möglichkeiten, die das Stabilitäts- und Wachstumsgesetz für wirtschaftspolitische Maßnahmen des Staates bereithält.
- Definieren Sie den Begriff der Nachhaltigkeit.

Anforderungsbereich II:

- Erklären Sie die Rolle des Marktes in der Marktwirtschaft.
- Arbeiten Sie die Funktionen des Staates in der Sozialen Marktwirtschaft heraus.
- Erläutern Sie, in welcher Weise die Soziale Marktwirtschaft im Grundgesetz verankert ist.
- Charakterisieren Sie die Funktion der Wirtschaftspolitik.
- Erläutern Sie die Funktionen von Ordnungspolitik, Prozesspolitik und Strukturpolitik.
- Fassen Sie die Kritik am Wachstumsbegriff zusammen.
- Erläutern Sie die Möglichkeit, Wachstum qualitativ bzw. nachhaltig zu verstehen.
- Erklären Sie den Begriff der Marktkonformität.

Anforderungsbereich III:

- Diskutieren Sie die Möglichkeit bzw. Notwendigkeit von Privatisierungen.
- Nehmen Sie Stellung zu einer Erweiterung des magischen Vierecks zu einem Sechseck.
- Beurteilen Sie den Emissionshandel als marktkonformes Mittel.

2 Wirtschaftspolitische Konzepte und Theorien

Wie gelangen wirtschaftstheoretische Erkenntnisse in die praktische Wirtschaftspolitik? Die „Theorie der Wirtschaftspolitik“ ist hierbei das Verbindungsglied. Es geht vor allem um die Prinzipien der Wirtschaftsordnung und der wirtschaftlichen Abläufe sowie deren politischer Gestaltung. Wirtschaftspolitische Konzepte sollen dabei eine möglichst rationale Wirtschaftspolitik sowie eine bestmögliche Erreichung wirtschaftspolitischer Ziele sicherstellen. In der öffentlichen Diskussion wird meist die Nachfragepolitik keynesianischer Prägung der Angebotspolitik, die unter anderem auf dem Monetarismus fußt, gegenübergestellt.

Elemente einer wirtschaftspolitischen Konzeption

In der historischen Entwicklung seit dem klassischen Liberalismus des 18. und 19. Jahrhunderts und dem Modell einer freien Marktwirtschaft ist die Erkenntnis gewachsen, dass das freie Spiel der wirtschaftlichen Kräfte zu unerwünschten Ergebnissen etwa im Sinne von hoher Arbeitslosigkeit, Wirtschaftskrisen und Monopolbildung führen kann. Durch staatliche Eingriffe in die Wirtschaft sollen solche unerwünschten Ergebnisse möglichst vermieden werden. Allerdings gibt es über das Ausmaß staatlicher Einflussnahme je nach wirtschaftstheoretischer Denkrichtung unterschiedliche Auffassungen. Vor der Darstellung und Gegenüberstellung der beiden grundsätzlichen wirtschaftspolitischen Konzeptionen der „Angebotspolitik" einerseits und der „Nachfragepolitik" andererseits sollen zunächst die wichtigsten Elemente für eine rationale Wirtschaftspolitik erörtert werden.

Ein nachdenklicher Mensch zur Macht der Wirtschaftspolitik. *Zeichnung: Koufogiorgos*

1 Sammeln Sie Beispiele für staatliche Aktivität in der Marktwirtschaft und ordnen Sie diese den Bereichen Umverteilung, Stabilisierung und Allokation zu. Diskutieren Sie, ob der Staat diese Aufgaben übernehmen soll.

2 Erläutern Sie den Begriff Staatsquote und diskutieren Sie anhand der Materialien **M 2** bis **M 5** die Entwicklung dieser Größe in Deutschland und anderen Staaten.

3 Beurteilen Sie anhand der Kriterien der Instrumentenanalyse (**M 9**) den Einsatz der Abwrack- bzw. Umweltprämie.

4 Diskutieren Sie die Einführung eines flächendeckenden Mindestlohns.

5 Nennen Sie die wirtschaftspolitischen Träger und ordnen Sie ihnen jeweils ihre möglichen Aufgabenfelder zu. Welche Hauptforderungen könnten die verschiedenen privaten Träger der Wirtschaftspolitik an die staatliche Ebene haben?

6 Erörtern Sie anhand der Materialien **M 6** und **M 7**, was die wirtschaftswissenschaftliche Politikberatung leisten kann und welchen Einfluss sie haben sollte.

7 Diskutieren Sie, ob sich der Staat auf Ordnungspolitik beschränken oder auch die wirtschaftlichen Abläufe im Sinne einer Prozesspolitik beeinflussen sollte.

M1 Begründungen für staatliche Aktivität

Die modernen Industrieländer gelten grundsätzlich als Marktwirtschaften. Dennoch spielt überall der Staat, gemessen am Verhältnis von Staatsausgaben und Bruttoinlandsprodukt, eine bedeutende Rolle. (...)
Für staatliche Aktivitäten in marktwirtschaftlichen Systemen werden traditionell drei Begründungen angeführt. Erstens: Selbst wenn der Markt perfekt funktioniert, entspricht die von ihm bestimmte Einkommensverteilung nicht unbedingt den vorherrschenden Gerechtigkeitsvorstellungen. Der Staat soll umverteilen (Redistribution). Zweitens: Die Erfahrungen etwa der Weltwirtschaftskrise der 1930er-Jahre lehrt, dass Marktwirtschaften für teils gravierende gesamtwirtschaftliche Störungen anfällig sind. Der Staat muss daher die wirtschaftliche Entwicklung durch Instrumente der Geld- und Fiskalpolitik verstetigen (Stabilisierung). Schließlich sind in der Realität oft die Annahmen des Lehrbuchmodells der vollständigen Konkurrenz, in dem effiziente Marktergebnisse zu erwarten sind, nicht erfüllt. Der Staat muss dann eingreifen, um Marktversagen zu korrigieren (Allokation).

Duden-Ratgeber: Wie Wirtschaft funktioniert, Mannheim (Bibliographisches Institut) 2013, S. 206

M2 Umfang staatlicher Aktivität

Vor einer Beschreibung und Auseinandersetzung mit wirtschaftspolitischen Konzepten erscheint es sinnvoll, die Rolle des Staates im Wirtschaftsablauf zu ergründen.

Um den Umfang der staatlichen Aktivität im Rahmen der Gesamtwirtschaft zu messen, sind einige methodische Probleme zu lösen. Öffentliche Leistungen werden meist unentgeltlich abgegeben. Damit fehlen Marktpreise, die als Bewertungsmaßstab dienen könnten.

Bewertung öffentlicher Leistungen

In der volkswirtschaftlichen Gesamtrechnung behilft man sich damit, dass die staatliche Aktivität mit den Kosten bewertet wird, die bei der Bereitstellung der korrespondierenden Leistungen in Form von Personalausgaben und Güterkäufen anfallen. Dies wirft Probleme auf. So werden z. B. identische öffentliche Leistungen umso höher bewertet, je höher das Gehalt der Beamten ist. (...)

Die Staatsquote

Die Staatsquote wird als Verhältnis zwischen den gesamten öffentlichen Ausgaben (Gebietskörperschaften und Sozialversicherungen) und dem Bruttoinlandsprodukt (BIP) berechnet. Dabei zählen zu den staatlichen Ausgaben neben dem Staatsverbrauch auch die öffentlichen Investitionen und Transfers (Sozialleistungen, Subventionen). Mit der Berücksichtigung der Transfers wird der Tatsache entsprochen, dass sich der moderne Wohlfahrtsstaat nicht auf die Produktion von öffentlichen Gütern beschränkt, sondern auch Einkommen umverteilt. (...)

Die langfristige Entwicklung der Staatsquote

Der deutsche Finanzwissenschaftler Adolph Wagner (1835–1917) stellte 1876 die These auf, dass die Staatstätigkeit in Relation zur gesamten wirtschaftlichen Aktivität überproportional zunimmt (wagner'sches Gesetz). Die Betrachtung der Staatsquoten im Zeitablauf bestätigen diese These: Um 1900 betrug die Staatsquote in Deutschland etwa 15 Prozent, heute knapp 46 Prozent. Insbesondere nach dem Zweiten Weltkrieg kam es in vielen Industrieländern zu einem starken Anstieg der Staatsquoten.
Für das Wachstum des Staatssektors gibt es verschiedene Erklärungen. So wird argumentiert, dass die Produktion staatlicher Leistungen besonders personalintensiv sei und daher Rationalisierung in geringerem Umfang möglich sei als in der Privatwirtschaft. Ein weiteres Argument besagt, dass viele öffentliche Güter wie etwa Kultur und Bildung superiore Güter sind. Die Nachfrage nach einem superioren Gut nimmt bei steigendem Einkommen überproportional zu. Politökonomische Überlegungen liefern weitere Ursachen für einen steigenden Staatsanteil. So wird das Wachstum der staatlichen Aktivitäten durch das Eigeninteresse der Bürokratie gefördert. (...)
Auch die Theorie der Interessengruppen liefert Erklärungsbeiträge: Schlagkräftigen Lobbys gelingt es, von der Ausweitung der staatlichen Aktivität etwa in Form von Subventionen besonders zu profitieren.

Duden-Ratgeber: Wie Wirtschaft funktioniert, Mannheim (Bibliographisches Institut) 2013, S. 208

superiore Güter: (lat. superior = höher, überlegen) Güter höherer Qualität

Gebietskörperschaft: Körperschaft (Form der juristischen Person) des öffentlichen Rechts, deren Hoheitsbereich durch einen räumlich abgegrenzten Teil des Staatsgebietes bestimmt wird (Gemeinde, Landkreis, Bundesland, Bund)

M 3 Entwicklung der Staatsquote in Deutschland

Ausgaben des Staates in Relation zum Bruttoinlandsprodukt in Prozent

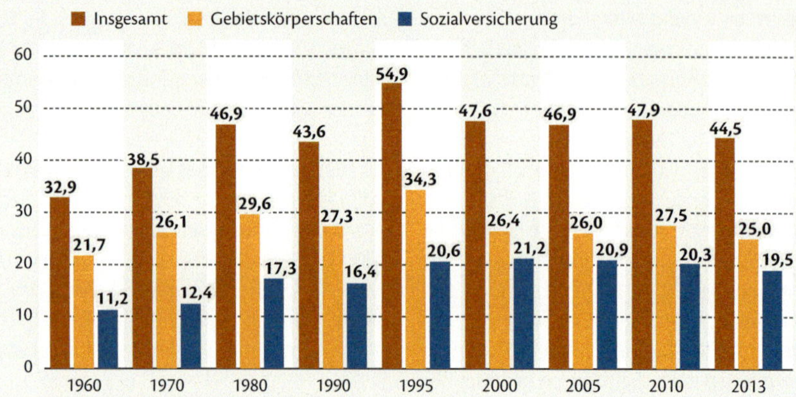

Quelle: Bundesfinanzministerium

M 4 Staatsquote und Wirtschaftspolitik

Die Staatsquote (...) gibt an, welcher Anteil der gesamtwirtschaftlichen Leistung eines Landes durch die Taschen des Staates läuft und wie viel bei den Privaten bleibt. Je niedriger die Quote, umso größer der Freiraum der privaten Aktivitäten. Normalerweise nimmt man an, dass es dann auch mehr Wachstum und Beschäftigung gibt.

Denn wenn die Staatsausgaben niedriger sind, dann ist in der Regel auch die Steuerbelastung geringer. Es wird vermutlich weniger Staatsschulden geben. Die Unternehmen müssen am Kapitalmarkt nicht mit dem Staat konkurrieren. Wettbewerb, Innovationskraft und Dynamik der Volkswirtschaft sind größer. Lange Zeit gab es die Daumenregel, dass eine Marktwirtschaft nur dann richtig funktioniert, wenn die Staatsquote unter 50 Prozent liegt. Wenn sie darüber steigt, fängt die Staatswirtschaft an.

Inzwischen ist die Mehrheit der Industriestaaten nahe an dieser Grenze oder hat sie sogar überschritten. Das ist nicht nur eine Folge der Finanzkrisen seit Ende des letzten Jahrzehnts. Hier wirkt sich vielmehr das alte „Gesetz der wachsenden Staatsausgaben" aus, das der Ökonom Adolph Wagner bereits im 19. Jahrhundert beobachtet hat (s. *M 2*). Selbst in den USA, traditionell ein Hort des Kapitalismus und der Freiheit, liegt die Staatsquote mittlerweile über 40 Prozent (...).

Die Grafik zeigt die Entwicklung der Staatsquote ausgewählter Länder seit dem Jahr 2000 (*M 5*). Der Trend nach oben ist (insgesamt) eindeutig. In den USA stieg die Staatsquote seit 2000 um 7,3 Punkte. In Großbritannien ging sie sogar um 12,7 Punkte hoch. Es gibt nur zwei Ausnahmen. Die eine ist Deutschland, die andere Österreich (freilich auf höherem Niveau). In beiden Ländern hat sich die Lage absolut gesehen zwar nicht verbessert. Die Staatsquote ist in etwa gleich geblieben. Sie ist aber relativ zu den anderen günstiger geworden. Das ist mit ein Grund, weshalb das Wachstum hierzulande im internationalen Vergleich besser geworden ist, absolut gesehen aber natürlich nach wie vor unbefriedigend ist (2012: +1 Prozent). (...)

Aus der Grafik ist ebenfalls zu entnehmen, dass die Staatsquote im Zeitablauf erheblich geschwankt hat. Zwei Phasen sind bemerkenswert. Zum einen die Jahre 2003 bis 2007. Damals hat sich die Staatsquote in Deutschland um insgesamt 5 Prozentpunkte verringert. Das hing im Wesentlichen mit den Reformen der „Agenda 2010" zusammen, mit denen vor allem die Sozialausgaben eingedämmt wurden und der Arbeitsmarkt modernisiert wurde. Auch in Österreich ging die Staatsquote in dieser Zeit zurück. In den meisten anderen Staaten hat sich die Situation in dieser Zeit nicht oder kaum verändert. Hier liegt der Grund für die relative Verbesserung Deutschlands im internationalen Vergleich. Man sieht, in welch langen Zeiträumen man in der Wirtschaftspolitik denken muss.

In den Jahren 2008 bis 2011 ist die Staatsquote in allen wichtigen Staaten zunächst stark angestiegen, dann aber wieder zurückgeführt worden. Das hing mit der Finanzkrise zusammen. Zunächst weiteten die Regierungen ihre Ausgaben aus, um die Rezession zu bekämpfen. Als sich die Wirtschaften dann im Jahr 2010 erholten, zogen sich die Staaten wieder zurück (Italien etwas weniger als andere). Deutschland und Österreich waren hier weder besser noch schlechter als die anderen. Bemerkenswert ist freilich: Auch 2011, als die Wirtschaft im zweiten Jahr wieder normal lief, hatten die Staatsquoten noch nicht das alte Niveau vor der Krise erreicht. Das zeigt die Krux aller keynesianischen Politik. Die Regierungen gehen davon aus, dass es reicht, im Aufschwung die Wachstumsprogramme wieder zurückzuführen. Das ist aber nicht der Fall. Durch die Interventionen sind Schulden entstanden, die die Zinslast nach oben bringen. Wenn eine keynesianische Politik im Zeitablauf wirklich schulden- und staatsausgabenneutral sein soll, dann müssen im Aufschwung nicht nur die Wachstumsprogramme zurückgeführt werden. Es müssen auch Überschüsse erzielt werden, mit denen die Schulden getilgt werden. Sonst geht der Trend wachsender Staatsausgabenquoten weiter. Auch Deutschland hat hier seine Hausaufgaben nicht gemacht. Auch hier drohen wieder höhere Staatsquoten.

Martin Hüfner: Gute Nachrichten von der Staatsquote, 8.3.2013; http://www.fundanalyzer.de (Zugriff. 5.6.2014)

M 5 **Entwicklung der Staatsquoten im internationalen Vergleich**

Ausgaben des Staates in Relation zum Bruttoinlandsprodukt in Prozent, 2000–2013

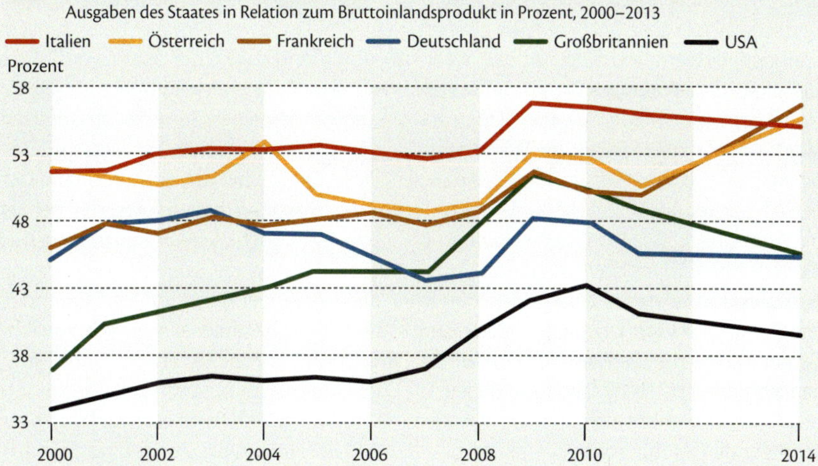

Quelle: OECD, Eurostat

M 6 Zur Qualität wirtschaftswissenschaftlicher Politikberatung

Wirtschaftspolitische Konzeptionen gehen auf Erkenntnisse der Wirtschaftstheorie zurück. Im Schnittfeld von Wirtschaftstheorie, theoretischer und praktischer Wirtschaftspolitik steht die wirtschaftswissenschaftliche Politikberatung, die von verschiedenen Gremien wie etwa dem Sachverständigenrat zur Begutachtung der gesamtwirtschaftlichen Entwicklung, wissenschaftlichen Beiräten in Ministerien oder zahlreichen Wirtschaftsforschungsinstituten ausgeübt wird.

Nie zuvor war der Rat von Ökonomen mehr gefragt als heute, und nie zuvor standen sie derart in der Kritik der Öffentlichkeit. (…)

In einer Demokratie müssen wirtschaftspolitische Entscheidungen von Regierungen und Parlamenten getroffen werden, die Wirtschaftsforschung kann sie nicht aus ihrer demokratisch legitimierten Verantwortung befreien. Ich bin aber davon überzeugt, dass es richtig ist, wirtschaftspolitische Maßnahmen im Hinblick auf ihre tatsächlichen Wirkungen regelmäßig kritisch und kompetent zu untersuchen. Dabei müssen jedoch einige grundsätzliche Punkte berücksichtigt werden.

Die Politik und die Öffentlichkeit bemängeln zunächst vor allem, dass es selbst in zentralen wirtschaftspolitischen Fragen oft keine eindeutige Botschaft der wirtschaftswissenschaftlichen Politikberatung gibt. Dabei wird oft nicht beachtet, dass eine gewisse Vielstimmigkeit der Analyse nahezu unausweichlich ist. Das ist schlicht eine Konsequenz der Komplexität des Erkenntnisgegenstandes.

Ebenso wenig, wie politisches Handeln mit absoluter Sicherheit zum gewünschten Erfolg führen kann, darf man von der empirischen Wirtschaftsforschung in jedem Fall eindeutige Aussagen erwarten.
Welche Konsequenzen sollte eine Gesellschaft, die sich der Tradition der Aufklärung verpflichtet sieht, daraus ziehen? Es wäre sicher nicht der richtige Schluss, auf die kritische und kompetente Analyse ganz zu verzichten. Es kommt auf die Wahl des geeigneten Instrumentariums an. Die sogenannte evidenzbasierte – also auf empirische Belege gestützte – Politikberatung stellt es bereit. Damit ist nicht nur der Einsatz fortgeschrittener Methoden der empirischen Wirtschaftsforschung gemeint. Es geht vielmehr darum, offen aufzuzeigen, in welchem Ausmaß die Schlussfolgerungen, die angeboten werden, durch empirische Belege abgesichert sind.
Wirtschaftspolitische Maßnahmen können nur dann wirksam und zielgenau sein, wenn Ursachen und Wirkungen zuvor verlässlich herausgearbeitet werden konnten. Doch gerade bei den „großen" Fragen der Wirtschaftspolitik gibt es oft nur wenige Präzedenzfälle, sodass man für die Analyse bestenfalls plausible Analogieschlüsse heranziehen kann und die verbleibende Unsicherheit groß ist. (...)
Entscheidend ist daher, dass Ökonomen in der Kommunikation gegenüber Politik und Öffentlichkeit die Grenzen der eigenen Erkenntnis offen benennen. Im Kern bedeutet das, nachvollziehbar darzustellen, wie der vorliegende Erfahrungsschatz – also die Daten, auf die man in der Analyse zurückgreifen kann, und die für Analogieschlüsse zur Verfügung stehenden Präzedenzfälle – mit unvermeidbaren theoretischen Annahmen so zusammengeführt wurde, dass sich die abgeleiteten Schlussfolgerungen ergeben haben.
Wer als empirischer Wirtschaftsforscher nach diesen Prinzipien vorgeht, muss wohl oder übel damit leben, dass sein wirtschaftspolitischer Rat manchmal ungern gehört wird – gerade weil er sich dem Vortäuschen ultimativer Gewissheiten verweigert. Hier liegt die eigentliche Herausforderung für den wirtschaftspolitischen Beratungsbetrieb: Die tatsächlich unabhängige Wirtschaftsforschung muss sich im Wettbewerb um wirtschaftspolitische Beratungsprojekte und um wirtschaftspolitisches Gehör stets gegenüber einer Politikberatung abgrenzen, die selbst vorgibt, evidenzbasiert zu sein, es aber nicht ist. (...)
Deshalb ist es von zentraler Bedeutung, dass die Öffentlichkeit die Spreu vom Weizen trennen kann – also kompetenten Rat von weniger berufenen Stimmen zu unterscheiden vermag. Innerhalb der Wissenschaft ist diese Qualitätskontrolle durch den fachlichen Diskurs gegeben. Doch in der wirtschaftspolitischen Beratung tummeln sich auch Akteure, die lediglich vorgeben, nach den Regeln der Kunst vorzugehen und mithilfe wissenschaftlicher Methoden unabhängigen Rat anzubieten, im Kern aber von Eigeninteressen getrieben sind.
Christoph M. Schmidt: Kodex für Politikberater, 7.10.2013 http://www.zeit.de (Zugriff 5.6.2014)

M7 Vernichten Mindestlöhne Arbeitsplätze?

Ein Beispiel für unterschiedliche Auffassungen von Ökonomen, die auf empirischen Erkenntnissen beruhen, ist die Diskussion über die Einführung eines gesetzlichen Mindestlohns in Deutschland.

Unternehmerverbände warnen vor einem solchen staatlichen Lohndiktat, und auch zahlreiche Ökonomen sehen in Mindestlöhnen ein Beschäftigungsvernichtungsprogramm. Doch das ist nur ein Teil des Gesamtbildes. Denn die wissenschaftlichen Arbeiten, die die tatsächliche Wirkung strikter Lohnuntergrenzen untersucht haben, ergeben ein sehr viel differenzierteres Bild. (...)

Negativbeispiel Frankreich

Für neoklassische Ökonomen erscheint die Sachlage auf den ersten Blick eindeutig: Die Lohnhöhe bestimmt sich im freien Spiel der Märkte aus Angebot und Nachfrage. Gibt es in einer Branche viel Arbeit, aber wenige Fachkräfte, entsteht ein hoher Lohn. Gibt es dagegen viele Arbeitskräfte, aber vergleichsweise wenige Beschäftigungsmöglichkeiten – etwa unter Friseuren –, können sich Angebot und Nachfrage bei 5 oder 6 Euro Stundenlohn treffen. Diktiert nun der Gesetzgeber einen Mindestlohn, der oberhalb dieses „Gleichgewichtslohnes" liegt, dann müssen Arbeitgeber einen Teil der Angestellten entlassen, da diese weniger erwirtschaften, als sie verdienen. Erst dann passen Angebot und Nachfrage wieder zusammen.
Als Musterbeispiel dafür, dass Mindestlöhne Arbeitsplätze vernichten oder den Einstieg in den Arbeitsmarkt von vornherein verhindern,

gilt Frankreich. Der Mindestlohn betrug dort zuletzt 9,43 Euro, die Arbeitslosigkeit der 15 bis 24 Jahre alten Franzosen betrug im vergangenen Jahr nach OECD-Angaben beinahe 24 Prozent.

Eine Reihe wissenschaftlicher Studien sieht einen direkten Zusammenhang: „Der französische Mindestlohn stellt ein zusätzliches Hindernis für den Berufseintritt dar", fasste eine deutsch-französische Forschergruppe um den Arbeitsmarktökonom Klaus Zimmermann in einer im Juli veröffentlichten Analyse zusammen.

Auch der Freiburger Ökonom Lars Feld betonte im Frühjahr, dass der Mindestlohn in Frankreich „gerade bei den Jugendlichen ziemlich schädlich" ist. Feld ist Mitglied im Sachverständigenrat (fünf Weise) – auch dieses Gremium, das die Bundesregierung berät, wies zuletzt deutlich auf die Gefahren eines Mindestlohns hin. (...)

Positivbeispiele Amerika und Großbritannien

Die Erfahrungen aus Frankreich können jedoch nicht erklären, warum in mehreren Ländern die Beurteilung des Mindestlohns eher positiv ausfällt. Für Schlagzeilen sorgte vor zwei Jahren eine Studie aus den Vereinigten Staaten, in der Arbeitsmarktforscher der Eliteuniversität Berkeley zu dem Schluss kommen, dass Mindestlohnerhöhungen „starke Verdiensteffekte und keine Beschäftigungseffekte" nach sich ziehen. Aus der Masse empirischer Mindestlohnstudien ragte die Arbeit heraus, da die Forscher nicht nur isoliert zwei Regionen – eine mit und eine ohne Mindestlohn – über einen kurzen Zeitraum miteinander verglichen. Sie betrachteten stattdessen Regionen im ganzen Land und griffen auf Daten aus einzelnen Counties (Landkreisen) zurück. Da der Untersuchungszeitraum auf 16 Jahre ausgedehnt wurde, konnten auch Langzeitfolgen eingeführter oder erhöhter Mindestlöhne betrachtet werden. Am positiven Fazit der Forscher änderte das nichts. Dieselbe Stoßrichtung hat eine Studie aus Großbritannien, einem Land, in dem seit vielen Jahren ein flächendeckender Mindestlohn existiert. Ökonomen des Royal Holloway College (University of London) hatten die Insel in hunderte Untereinheiten eingeteilt und über eine Zeit von zehn Jahre analysiert, wie sich die Einführung des Mindestlohns Ende der Neunzigerjahre ausgewirkt hat. „Der Mindestlohn hat über die gesamte Periode hinweg einen neutralen Beschäftigungseffekt", bilanzierten die Forscher. (...)

Und die Erfahrungen in Deutschland? Joachim Möller, der Direktor des Nürnberger Instituts für Arbeitsmarkt- und Berufsforschung (IAB) untersuchte in einer im Jahr 2007 veröffentlichten Studie, welche Auswirkungen die Mindestlohnregelungen hatten, die durch das Entsendegesetz in der Bauwirtschaft im Jahr 1997 wirksam wurden. Die Ergebnisse sind zwiespältig: Im Westen wirkten sich die fixen Löhne demnach nicht auf die Beschäftigung aus, im Osten seien dagegen Arbeitsplätze vernichtet worden. Möller plädiert für einen Mindestlohn mit Augenmaß.

Johannes Pennekamp: Vernichten Mindestlöhne Arbeitsplätze?, 24.9.2013, http://www.faz.net (Zugriff: 5.6.2014)

M 8 Mindestlöhne in den einzelnen Branchen

Der Mindestlohn in brutto pro Stunde in Euro beträgt in den Branchen ...

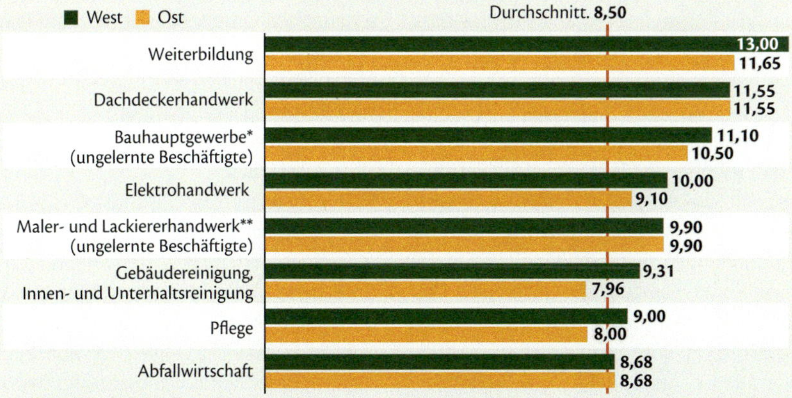

**Facharbeiter West: 13,95 €, **Gesellen: West 12,50 €, Ost 10,50 €; Allgemeinverbindlicherklärung steht noch aus*
Quelle: WSI-Tarifarchiv 2014, Stand Mai 2014, Hans-Böckler-Stiftung

M9 Analytische Elemente für ein wirtschaftspolitisches Konzept

In der Volkswirtschaftslehre ist Wirtschaftspolitik die Kurzbezeichnung für die Teildisziplin theoretische Wirtschaftspolitik oder Volkswirtschaftspolitik. Diese beschäftigt sich einerseits mit der Aufbereitung und Umsetzung wirtschaftstheoretischer Erkenntnisse für die Zwecke der praktischen Wirtschaftspolitik und unterzieht andererseits den wirtschaftspolitischen Prozess selbst einer ökonomischen Analyse. (...) Bezüglich ihrer analytischen Aufgaben wird im Allgemeinen zwischen Träger-, Ziel-, Lage-, Instrumenten- und Ordnungsanalyse unterschieden.

Träger

Hier ist zwischen Entscheidungs- und Einflussträgern zu trennen. Als Entscheidungsträger gelten Personen und Institutionen, die über formale Entscheidungsbefugnis, faktische Entscheidungsgewalt und Sanktionsmöglichkeiten verfügen. Liegt zwar die Möglichkeit vor, die Wirtschaftspolitik zu beeinflussen, fehlt aber v. a. die formale Entscheidungsbefugnis, so spricht man von Einflussträgern. Die wichtigsten Entscheidungsträger der Wirtschaftspolitik sind die Parlamente, Regierungen und Verwaltungen in Bund, Ländern und Gemeinden. Hinzu kommen supranationale Organisationen wie z. B. Europäische Kommission, Europäische Zentralbank, Weltbank, Internationaler Währungsfonds sowie sonstige Behörden und Einrichtungen, etwa das Bundeskartellamt und die Bundesagentur für Arbeit. Arbeitgeberverbände und Gewerkschaften sind in Bezug auf die Tarifpolitik Entscheidungsträger, in anderen Bereichen der Wirtschaftspolitik aber meist nur Einflussträger. Der wirtschaftspolitische Entscheidungsprozess unterliegt vielfältigen Einflüssen und bedarf eines Prozesses der Abstimmung und der Kompromissfindung.

Das wirtschaftspolitische Zielsystem

Zu den wichtigsten Aufgaben der Zielanalyse gehört die Aufstellung eines systematischen Katalogs von Einzelzielen, die Klärung der Beziehungen zwischen diesen Zielen sowie die Konkretisierung von Einzelzielen. Das Grundzielsystem für die Wirtschaftspolitik wird im Sinne einer Zielhierarchie üblicherweise aus übergeordneten, gesellschaftlich allgemein anerkannten Grundwerten (Wohlstand, Sicherheit, Gerechtigkeit, Freiheit) abgeleitet. Zu prüfen ist, welche Ziele End- und welche Zwischenzielcharakter aufweisen und welche Ziele kurz-, mittel- oder nur langfristig erreichbar sind bzw. erreicht werden sollen. Zu klären ist insbesondere, welche Zielbeziehungen bestehen: Zielharmonie liegt vor, wenn mit der Förderung eines Ziels zugleich auch ein anderes Ziel begünstigt wird (z. B. Wachstum und Beschäftigung). Ein Zielkonflikt besteht, wenn ein Ziel nur zulasten eines anderen Zieles erreicht werden kann, z. B. Preisniveaustabilität auf Kosten von Beschäftigung und umgekehrt. Wenn zwei Ziele sich weder positiv noch negativ beeinflussen, so ist Zielneutralität gegeben. Die Konkretisierung von Zielen in quantitativer Form (z. B. die Reduzierung des Haushaltsdefizits auf 2,9 Prozent) bezeichnet man als Zieloperationalisierung. Wobei sich zahlreiche Ziele der Wirtschaftspolitik nicht quantitativ, sondern nur in qualitativen Aussagen fassen lassen (z. B. Erhöhung des Wohlstands, gerechte Einkommens- und Vermögensverteilung, Mitbestimmung).

Instrumentenanalyse

Wichtige Kriterien für die Auswahl und den Einsatz wirtschaftspolitischer Instrumente sind: 1. Effektivität im Sinne eines hohen Beitrags zur Zielerreichung; 2. geringe zeitliche Wirkungsverzögerungen; 3. Problembezogenheit, d. h. ursachenadäquater Instrumenteneinsatz; (...) 4. Effizienz im Sinne minimaler gesellschaftlicher Kosten; 5. System- bzw. Gesetzeskonformität, d. h. Vereinbarkeit des Instruments mit der marktwirtschaftlichen Ordnung und den geltenden Gesetzen; 6. politische Durchsetzbarkeit, d. h. Akzeptanz bzw. Mehrheitsfähigkeit des entsprechenden Instruments und seines Einsatzes bei gesellschaftlichen Gruppen; 7. Einordnung in den internationalen Rahmen, d. h. Konformität mit internationalen Verträgen und Akzeptanz bei den Handelspartnern.

Ordnungsanalyse

Hier geht es um die Grundsatzfrage nach dem Verhältnis von Markt und Staat im Rahmen eines Wirtschaftssystems. Je mehr man unterstellen kann, dass der Markt eine bedarfsorientierte Güterbereitstellung garantiert, konjunkturelle Ungleichgewichte automatisch beseitigt und eine leistungsgerechte Einkommensverteilung sichert, desto mehr spricht dafür, die Steuerung der Wirtschaftsprozesse dem Markt zu überlassen. Je weni-

ger man dies unterstellen kann, desto mehr erhält der Staat Allokations-, Stabilisierungs- und Distributionsfunktionen – und damit das Recht, den Wirtschaftsablauf durch Maßnahmen der Finanzpolitik zu steuern.
Es geht aber auch um die Frage, ob die Marktwirtschaft eine Eigenwertigkeit besitzt, wie dies aus dem liberalen Rechtsstaatsverständnis folgt. Nach diesem Verständnis werden Regelungen durch den Staat grundsätzlich als Einschränkung der Willensfreiheit des Individuums angesehen und zurückgewiesen; ein Angebot, das auf freier Willensentscheidung und Wettbewerb entsteht, berücksichtige die Konsumentenbedürfnisse besser als ein staatliches Angebot, z. B. Telefondienstleistungen. Dann wären staatliche Interventionen zu reduzieren (z. B. durch Deregulierung) und der öffentliche Sektor zu beschränken (z. B. durch Privatisierung). Interpretierte man Marktwirtschaft ohne eine solche Eigenwertigkeit, dann wären auch gemischte Wirtschaftsordnungen vorstellbar, in denen neben dem Markt auch Staat und Verbände Funktionen haben.
Beide Dimensionen der Ordnungsanalyse werden kontrovers diskutiert, z. B. zwischen Vertretern der angebotsorientierten Wirtschaftspolitik, die sich an Neoliberalismus und Monetarismus orientieren, einerseits und andererseits Anhängern der nachfrageorientierten Wirtschaftspolitik, die sich meist auf Keynesianismus und Postkeynesianismus berufen.
Der Brockhaus Wirtschaft, Leipzig/Mannheim (Brockhaus) 2008, S. 685 f.

M 10 Akteure der Wirtschafts- und Sozialpolitik

An der Entwicklung und Umsetzung wirtschafts- bzw. sozialpolitischer Maßnahmen sind sehr unterschiedliche Akteure beteiligt. Neben politischen Akteuren (auf kommunaler, regionaler, nationaler, supra- sowie internationaler Ebene) sind in diesem Zusammenhang auch private sowie wissenschaftliche Akteure zu berücksichtigen.
Für die Erreichung sozialpolitischer Ziele sind neben konkreten politischen Maßnahmen insbesondere auch die Leistungen des Sozialversicherungssystems von Bedeutung. Hier werden über die Arbeitslosen-, Kranken-, Pflege-, Renten- und Unfallversicherung zentrale Lebensrisiken abgesichert.
Dirk Lange (Hg.): Grundwissen Wirtschaft, Berlin (Cornelsen) 2011, S. 95

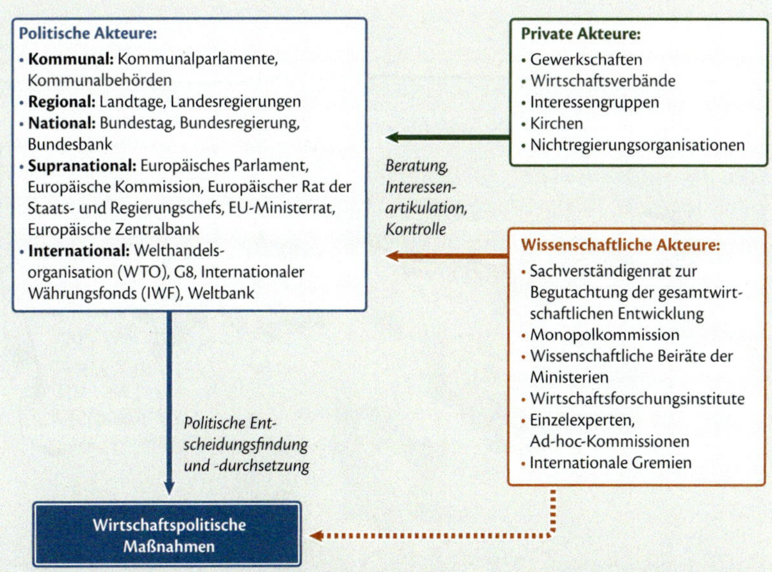

Eigene Darstellung. Nach: Juergen B. Donges/Andreas Freytag: Allgemeine Wirtschaftspolitik. Stuttgart (Lucius & Lucius) 2004, S. 23

M 11 Die Umweltprämie – eine wirtschaftspolitische Maßnahme in der Krise

Ein Beispiel für den Einsatz eines wirtschaftspolitischen Instruments ist die Umweltprämie, die zeitlich befristet Bestandteil eines staatlichen Konjunkturprogramms im Gefolge der Finanz- und Wirtschaftskrise seit 2007 war.

Die Umweltprämie, auch als Abwrackprämie oder Verschrottungsprämie bezeichnet, war ein Zuschuss des Staates in Höhe von 2500 Euro, der bis Ende 2009 unter bestimmten Bedingungen für den Kauf eines Neu-, Vorführ- oder Jahreswagens gezahlt wurde, wenn gleichzeitig das alte Fahrzeug, das mindestens seit 9 Jahren zugelassen sein musste (Erstzulassung 13.1.2000), bei einem zertifizierten Verwertungsbetrieb verschrottet wurde.

Die staatliche Umweltprämie wurde im Rahmen des Konjunkturpakets II (s. S. 66) im Januar 2009 beschlossen und hatte ein Volumen von insgesamt 5 Mrd. Euro. Mit dem Konjunkturpaket II sollte die sich abzeichnende Rezession abgemildert werden. Weitere Maßnahmen waren u. a. ein Programm für öffentliche Investitionen in Bildung und Infrastruktur sowie die Senkung der Beitragssätze zur Arbeitslosen- und Krankenversicherung.

Hauptziele der Umweltprämie waren die Stützung der (deutschen) Automobilindustrie und auch der Klimaschutz. So gingen im Zuge der Finanzkrise 2007 die Verkaufszahlen der deutschen Automobilhersteller – einer der wichtigsten Industriezweige und wesentliche Exportbranche – deutlich zurück. Man befürchtete Entlassungen. Durch die Verschrottung von Altfahrzeugen mit ungünstigen Verbrauchs- und Abgaswerten sollte auch ein Beitrag zum Klimaschutz geleistet werden.

Die Maßnahme war nicht unumstritten. Kritisiert wurden u. a. Mitnahmeeffekte und Strohfeuer (wer ohnehin bald ein Neuwagen kaufen wollte, dem wurde die Prämie geschenkt, Käufe wurden zeitlich vorgezogen, die Neuwagenkäufe gingen nach Abschluss der Maßnahme deutlich zurück), das bürokratische Antragsverfahren, die vorzeitige Vernichtung wirtschaftlicher Werte (Wert der Altfahrzeuge), die mangelnden Umwelteffekte (das Neufahrzeug musste lediglich die bereits geltende Abgasnorm erfüllen und auch nicht besonders kraftstoffsparend sein), die fehlende Beschränkung der Förderung auf Fahrzeuge deutscher Hersteller (auch Käufer von ausländischen Fahrzeugen erhielten die Prämie), die unzureichende Wirkung auf die deutschen Hersteller (der Exportanteil deutscher Hersteller ist hoch).

Durch die Maßnahme erneuerte sich der Fahrzeugbestand; unsichere Altfahrzeuge verschwanden zugunsten besserer, abgasärmerer Neufahrzeuge. Auch wurden kleinere Fahrzeuge relativ besser gefördert (Prämie pro Fahrzeug und nicht prozentual bezogen auf den Kaufpreis).

Autorentext

Luftbrücke *Zeichnung: Koufogiorgos*

M12 Wirtschaftspolitische Aufgaben der Politik in der Marktwirtschaft

Nach Überzeugung der überwältigenden Mehrheit der Ökonomen haben Politiker in einer Marktwirtschaft nur sehr selten Anlass, unmittelbar in den Markt einzugreifen. Auch beschäftigungs- und sozialpolitische Ziele sollten nicht durch direkte Markteingriffe verfolgt werden. Vielen Bürger hingegen erscheint es durchaus wünschenswert und dem „Primat der Politik" angemessen, wenn (...) Politiker versuchen, bestimmte Ziele durch direkte Eingriffe in Marktprozesse schneller, anders oder unter anderen Begleitumständen zu erreichen, als es sich aus dem freien Spiel der Marktkräfte ergeben würde.
Zur Diskussion wirtschaftspolitischer Grundkonzeptionen hilfreich ist die Unterscheidung in „Ordnungspolitik" und „Prozesspolitik". Ordnungspolitik zielt auf die Gestaltung der Wirtschaftsordnung, versucht also die allgemeinen Spielregeln, unter denen die einzelnen Marktteilnehmer des Wirtschaftslebens agieren, gemeinwohlförderlich zu gestalten. Prozesspolitik hingegen greift direkt in einzelne Wirtschaftsabläufe ein und versucht so, das Wirtschaftsgeschehen zeitnah und sehr konkret zu steuern.

Direkte Eingriffe sind extrem fehleranfällig

In wirtschaftswissenschaftlichen Lehrbüchern werden vor allem prozesspolitische Eingriffe zur Stabilisierung der Wirtschaft im konjunkturellen Auf und Ab diskutiert. In Phasen schnellen Wachstums könnte der Staat einer Überhitzung der Wirtschaft entgegenwirken, indem er die Zinsen anhebt und öffentliche Ausgaben einschränkt. In schwachen Phasen könnte er durch niedrigere Zinssätze Anreize für Investitionen setzen und durch höhere staatliche Ausgaben zur Nachfragestärkung beitragen.
Diese Politik könnte theoretisch in bestimmten Situationen hilfreich sein. Praktisch ist es allerdings sehr schwierig, diese Situationen rechtzeitig und eindeutig zu identifizieren. Wird aber aufgrund falscher Daten und Prognosen zu früh, zu heftig oder erst mit zeitlicher Verzögerung eingegriffen, üben die Maßnahmen schädliche Wirkungen auf die wirtschaftliche Entwicklung aus. (...)
Auch in spezifischen Sachfragen aus den Bereichen Arbeitsmarkt-, Sozial- und Steuerpolitik ist es für Politiker, Medien und Öffentlichkeit extrem schwierig, sich im Graubereich zwischen offenkundig manipulierender Lobbyarbeit und objektiver Information zurechtzufinden. (...)
Hinzu kommt, dass die einzelnen Marktteilnehmer Eingriffe der Politiker in die Märkte beobachten und in ihre Erwartungsbildung einbeziehen, sodass unkontrollierbare Rückkopplungseffekte auftreten. Eine kurzfristige, unberechenbare und wankelmütige Wirtschaftspolitik bietet keine verlässliche Planungsgrundlage und führt beispielsweise hinsichtlich der Investitionen in einem Land zu vorsichtiger Zurückhaltung.

Unverzichtbare staatliche Aufgaben in der Rahmensetzung

Dennoch stellt niemand das Primat der Politik infrage. Ökonomen empfehlen zwar den Verzicht auf unmittelbare Markteingriffe, weil sie erwarten, dass der Wohlstand der Gesellschaft durch diese prozesspolitischen Eingriffe nicht gesteigert, sondern mittel- und längerfristig eher reduziert wird. Umgekehrt betonen sie aber die ordnungspolitischen Aufgaben: Es ist die originäre Aufgabe der Politiker, alle Gesellschaftsbereiche durch die Vereinbarung und Überwachung grundlegender Spielregeln so zu gestalten, dass die privaten Handlungen der Bürger auch zum Wohl der Gesellschaft beitragen, wenn sie innerhalb dieser Regeln stattfinden.
Schon die Erhaltung eines funktionsfähigen Wettbewerbsmarktes erfordert eine Wettbewerbsordnung zur Verhinderung von Machtmissbrauch sowie zur Verhinderung unerlaubter Absprachen und Kartelle. (...)
Das staatliche Gewaltmonopol ist außerdem Voraussetzung zur Organisation und Durchsetzung kollektiver Sozialversicherungssysteme und zur Erhebung von Steuern. Diese wiederum werden zur Finanzierung von Gütern und Dienstleistungen benötigt, die nicht automatisch in ausreichender Menge bereitgestellt werden, weil sie unabhängig von einem eigenen Beitrag zur Finanzierung genutzt werden können. Dazu zählen die Organisation einer sozialen Mindestsicherung, die Aufrechterhaltung des Rechtsstaats, (...) Aufgaben der Infrastrukturbereitstellung und der Organisation demokratischer Willensbildung.

Steffen J. Roth: Welche Aufgaben bleiben der Politik in der Marktwirtschaft? 17.1.2007; http://www.bpb.de (Zugriff: 5.6.2014)

Karl Schiller (1911–1994) wird am 1.12.1966 zum Wirtschaftsminister in der Großen Koalition unter Bundeskanzler Kurt Georg Kiesinger (CDU) vereidigt. Schiller war Wirtschaftswissenschaftler, SPD-Politiker und Bundeswirtschaftsminister (1966–1972). Ihm wird das Zitat zugeschrieben: „So viel Markt wie möglich, so viel Staat wie nötig". Damit werden das Spannungsverhältnis zwischen privater und staatlicher Aktivität und die Problematik des wirtschaftspolitischen Einflusses des Staates in einer Marktwirtschaft verdeutlicht

Das wirtschaftspolitische Konzept Angebotspolitik

Die wirtschaftstheoretische Basis einer Angebotspolitik, andere Bezeichnungen sind angebotsorientierte Wirtschaftspolitik oder „supply-side economics“, bilden Erkenntnisse der klassischen Nationalökonomie, der Neoklassik sowie des Monetarismus und des Neoliberalismus. Bei der Angebotspolitik steht die Verbesserung der Produktionsbedingungen für die Unternehmen, also die Angebotsseite der Volkswirtschaft, im Mittelpunkt wirtschaftspolitischer Maßnahmen. Dazu zählen etwa Kostenentlastungen (niedrige Unternehmenssteuern, niedrige Arbeitskosten), Förderung von Investitionen und Innovationen, um eine Verbesserung von Wachstum, Beschäftigung und Wettbewerbsfähigkeit herbeizuführen.
Die Angebotspolitik geht von einer Stabilitätshypothese aus. Diese besagt, dass marktwirtschaftliche Systeme stabil seien. Sofern in der Realität instabile Entwicklungen auftreten, sei dies vor allem auf einen nicht richtig funktionierenden Wettbewerb und auf staatliche Interventionen in den Wirtschaftsablauf zurückzuführen. Alles werde gut, wenn staatliche Wirtschaftspolitik für einen funktionierenden Wettbewerb auf den verschiedensten Märkten sorge, durch Ordnungspolitik die Spielregeln für die Marktteilnehmer für ein marktwirtschaftliches Handeln formuliere und durchsetze und sich ansonsten jeglicher Eingriffe in den Wirtschaftsablauf im Sinne von Ablauf- oder Prozesspolitik enthalte. Wirtschaftspolitisches Handeln des Staates ist somit eher defensiv-zurückhaltend und hat eine mittel- bis langfristige Perspektive.

Hat jemand von Pessimismus gesprochen? *Zeichnung: Koufogiorgos*

1. Benennen Sie die Kernaussagen der klassischen Theorie und des Monetarismus.
2. Fassen Sie kurz zusammen, was man unter „Angebotspolitik“ versteht.
3. Erläutern Sie die wichtigsten wirtschaftspolitischen Forderungen der Angebotspolitik.
4. Beschreiben Sie das klassische Vollbeschäftigungsgleichgewicht und dessen monetaristische Ergänzung.
5. Entwickeln Sie anhand des Beispiels Telekommunikation (M 27) Argumente für und gegen eine Deregulierung des Eisenbahnwesens (Deutsche Bahn AG).
6. Diskutieren Sie anhand der Einkommensteuersätze in Deutschland die Aussage des Laffer-Theorems (M 23–M 25).

M 13 Grundpositionen der Klassik und Neoklassik

Grundprinzip (*der*) als Klassik bezeichneten Wirtschaftsphilosophie ist der freie marktwirtschaftliche Wettbewerb auf den Güter- und Faktormärkten mit dem Marktpreis als Regelmechanismus („unsichtbare Hand"). Nach klassischer Auffassung tendieren marktwirtschaftlich strukturierte Märkte bei Störung wieder zum Gleichgewicht (Stabilitätshypothese oder Harmonieprinzip). Nach dem klassischen Konzept kann es dauerhaft weder Unterbeschäftigung auf dem Arbeitsmarkt noch sonstige Wirtschaftskrisen geben. Tatsächlich auftretende Störungen seien auf Unvollkommenheiten des Marktes zurückzuführen. Wenn diese beseitigt werden, wird sich ein neuer (stabiler) Gleichgewichtszustand herausbilden. Die Aktivitäten des Staates können sich daher auf Schaffung und Erhaltung von Rahmenbedingungen beschränken, innerhalb derer sich Wirtschaftssubjekte völlig autonom entscheiden und handeln können („Laissez-faire-Wirtschaft", von Ferdinand Lasalle als „Nachtwächterstaat" verspottet). Dieses wirtschaftspolitische Konzept bezeichnet man als klassischen Liberalismus.

Im Zeitablauf erfuhr dieses Grundkonzept (...) eine Fülle von Erweiterungen und Verfeinerungen bis hin zum neoklassischen Modell der vollkommenen Konkurrenz. Dieses Modell geht von einer Reihe – teilweise sehr realitätsferner – Annahmen aus: Einmal muss es sich um einen Markt in der Marktform Polypol handeln, bei dem sich jeweils eine große Anzahl marktmäßig sehr kleiner Anbieter und Nachfrager gegenüberstehen. Dieser Markt muss für alle Marktteilnehmer transparent und offen sein, und sie müssen sich mit (unendlich) großer Reaktionsgeschwindigkeit an Marktveränderungen anpassen. Die betrachteten Güter bzw. Faktoren müssen homogen (gleichartig) sein, z. B. darf es keine Produktdifferenzierungen geben. Die Marktteilnehmer dürfen keine persönlichen, räumlichen oder sonstigen Präferenzen haben, d. h., es muss ihnen egal sein, bei wem oder wo sie kaufen bzw. verkaufen, lediglich der Preis ist entscheidungsbestimmend.

Jörn Altmann: Wirtschaftspolitik, 8. Auflage Stuttgart (Lucius & Lucius) 2007, S. 229 f.

M 14 Gesamtwirtschaftliche Angebots- und Nachfragekurven

Ein Hilfsmittel der wirtschaftstheoretischen Analyse von Angebots- und Nachfragepolitik sind gesamtwirtschaftliche Angebots- und Nachfragekurven in einem Diagramm mit der gesamtwirtschaftlichen Leistung (reales Inlandsprodukt oder Volkseinkommen y_r) auf der x-Achse und den Preisniveausteigerungen (Inflationsraten P) auf der y-Achse (*s. M 15*).

Das gesamtwirtschaftliche Angebot in einem Jahr ist die Zusammenfassung aller Güter und Dienstleistungen auf den Märkten einer Volkswirtschaft. Die Angebotskurve zeigt, zu welchem Preisniveau welcher gesamtwirtschaftliche Güterberg von den Unternehmen angeboten wird. Die Kurve verläuft von links unten nach rechts oben. Der Bereich 1 stellt das gesamtwirtschaftliche Angebot bei der volkswirtschaftlichen Preisuntergrenze dar, im Bereich 2 sind Produktionsausdehnungen wegen zunehmender Engpässe bei den Produktionsfaktoren nur zu einem höheren Preisniveau möglich, bis im Bereich 3 die volkswirtschaftliche Kapazitätsgrenze, also Vollbeschäftigung erreicht ist (keine weitere Produktionsausdehnung, auch wenn das Preisniveau steigen würde). Bestimmungsgründe des Angebots sind die Kosten für die Güterproduktion sowie ein Gewinnaufschlag.

Die gesamtwirtschaftliche Nachfrage ist die Summe der Nachfrage nach den angebotenen Gütern und Dienstleistungen. Sie setzt sich zusammen aus der Konsumnachfrage der privaten Haushalte, der Investitionsnachfrage der Unternehmen, der Ausgaben des Staates für Güter und Dienstleistungen sowie dem Saldo von Einfuhr und Ausfuhr von Gütern und Dienstleistungen. Gesamtwirtschaftlich wird davon ausgegangen, dass bei steigendem Preisniveau weniger Güter und Dienstleistungen nachgefragt werden. Die gesamtwirtschaftliche Nachfragekurve verläuft somit von links oben nach rechts unten.

Durch das Zusammenspiel von Angebot und Nachfrage ergibt sich im Schnittpunkt der Kurven ein volkswirtschaftliches Gleichgewicht.

Das Gleichgewicht bei Vollbeschäftigung wäre im Schnittpunkt G_0 an der Kapazitätsgrenze erreicht.

Autorentext

M 15 Gesamtwirtschaftliche Angebots- und Nachfragekurve

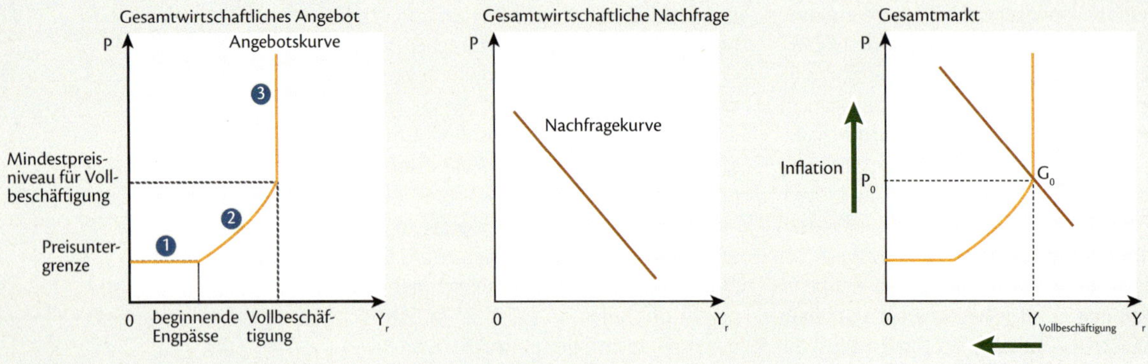

Quelle: Hartwig Bartling/Franz Lucius: Grundzüge der Volkswirtschaftslehre, 16. Auflage München (Vahlen), 2008, S. 227

Denkmal **Adam Smiths** (1723–1790) in Edinburgh

M 16 Die klassische Theorie

Der Schotte Adam Smith (1723–1790) (...) gilt als Begründer der klassischen Nationalökonomie. Sein Buch „Der Wohlstand der Nationen" ist wohl das erfolgreichste wissenschaftliche Werk, das jemals veröffentlicht wurde.

Smith pries den Eigennutz als Motor allen wirtschaftlichen Handelns und setzte auf die „unsichtbare Hand" des Marktes, die jeden Einzelnen dazu zwingt, sich – in eigenem Interesse – für das Gemeinwohl einzusetzen. (...) Dementsprechend hielt Smith die freie kapitalistische Marktwirtschaft für das effizienteste Wirtschaftssystem. (...) Danach soll sich der Staat aus dem Wirtschaftsgeschehen heraushalten und lediglich drei Aufgaben erfüllen: Erstens das Land vor Angriffen von außen schützen. Zweitens im Innern für Recht und Ordnung sorgen. Und Drittens bestimmte Leistungen anbieten, die von den Privaten nicht angeboten werden, weil dafür keine kostendeckenden Preise zu erzielen sind. (...)

Das System der Klassik wurde neben Adam Smith von weiteren Personen geprägt. Dazu gehörten vor allem die Engländer David Ricardo (1772–1823) und John Stuart Mill (1806–1873) sowie der Franzose Jean Baptiste Say (1767–1832). Die von ihnen entwickelte klassische Ökonomie beruht letztlich auf zwei Säulen: Die erste Säule hat als Lehrsatz vom allgemeinen Gleichgewicht bzw. als Saysches Theorem Bekanntheit erlangt. Es besagt, dass sich jedes Angebot von Waren seine eigene Nachfrage schafft. (...) Demnach entspricht jeder Produktion ein in gleicher Höhe geschaffenes Einkommen in Form von Löhnen, Gewinnen etc. Das heißt, mit den Gütern wird stets auch das Einkommen produziert, das für den Kauf der Waren erforderlich ist. Auch wenn ein Teil des Einkommens gespart wird, führt das nach klassischer Ansicht zu keinem Nachfrageausfall. Denn die Ersparnis werde ja nicht weggeworfen, sondern auf den Kreditmärkten angeboten und von den Unternehmen zur Finanzierung von Investitionen verwendet. Ergänzt man diese Argumentation durch die zweite Säule der klassischen Ökonomie – die völlige Flexibilität von Preisen und Löhnen sowie Zinsen –, so kann es keine dauerhafte Arbeitslosigkeit geben. Die Volkswirtschaft tendiert dann immer zu einem Gleichgewicht (von Angebot und Nachfrage) bei Vollbeschäftigung. (...)

Angenommen, in einem Land werden jährlich Güter im Wert von 1 Milliarde produziert und zum Preis von P gehandelt (Ausgangssituation 1, *M 17*). Wenn die Bevölkerung 100 Millionen ihres Einkommens spart, so bedeutet dies, dass Waren in gleichem Umfang nicht konsumiert werden. Nach Meinung der Klassiker wird diese Ersparnis auf den Kreditmärkten angeboten. Dadurch kommt es zu einer Zinssenkung mit der Folge steigender Investitionen. Die Klassiker gehen also davon aus, dass Geld letztlich immer vollständig für Güterkäufe (Transaktionszwecke) ausgegeben wird. Der Nachfrageausfall im Konsum wird dann durch eine Nachfrageerhöhung bei den Investitionen genau ausgeglichen. Das gesamtwirtschaftliche Preisniveau ändert sich nicht und beträgt nach wie vor P.

Was passiert, wenn der beschriebene Zinsmechanismus nicht sofort funktioniert und die Güternachfrage unter das Vollbeschäftigungsniveau sinkt? In der Abbildung (*M 17*) äußert sich dies in einer Linksverschiebung der Nachfragekurve (Situation 2). Entsprechend der klassischen Theorie lässt in diesem Fall das Überangebot an Arbeitskräften die Löhne sinken. Dadurch verbilligt sich die Produktion. Die Angebotskurve verschiebt sich nach unten, und die Nachfrage nach Konsumgütern nimmt entlang der Nachfragekurve zu, bis bei einem geringeren Preisniveau P' wieder Vollbeschäftigung herrscht (Situation 3).
Anhand der Abbildung kann man eine weitere Annahme des klassischen Systems erkennen, nämlich die Neutralität des Geldes. Eine Ausweitung oder Drosselung der Geldmenge verschiebt die Nachfrage nach oben bzw. unten (die gleiche Warenmenge kann auch zu höheren bzw. nur zu niedrigeren Preisen erworben werden). Dies führt aber lediglich zu einem Steigen bzw. Sinken des Preisniveaus: Geld liegt wie ein Schleier über den realen Transaktionen; es hat keinerlei Einfluss auf den Güterbereich, sondern nur auf das Preisniveau. Das ist die Aussage der klassischen Quantitätstheorie. Man spricht auch von der klassischen „Dichotomie" (= Zweiteilung von Geld- und Gütersphäre).

Herbert Sperber: Wirtschaft verstehen, 4. Auflage Stuttgart (Schäffer-Poeschel) 2012, S. 148–150

M 17 Das Vollbeschäftigungsgleichgewicht

im System der Klassik anhand gesamtwirtschaftlicher Angebots- und Nachfragekurve

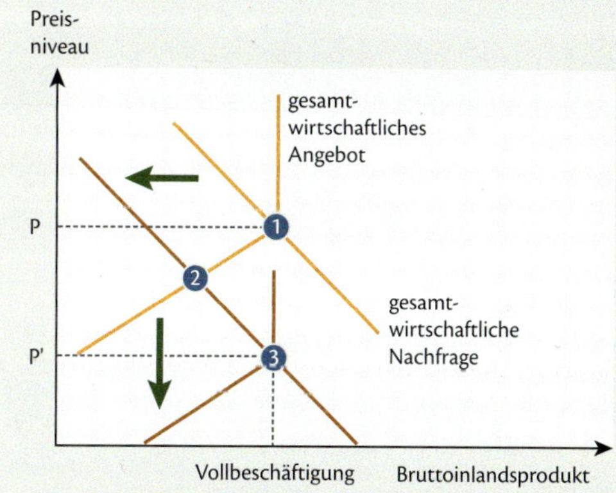

Nach: Herbert Sperber: Wirtschaft verstehen, 4. Auflage Stuttgart (Schäffer-Poeschel) 2012, S. 150

M 18 Die monetaristische Theorie

Der schärfste Kritiker des Keynesianismus war Milton Friedman. (...) Friedman gilt als Begründer des Monetarismus. Dessen Anhänger, die in der Tradition der Klassik stehenden Monetaristen, sind davon überzeugt, dass das marktwirtschaftliche System stabil ist, das heißt zur Vollbeschäftigung tendiert. In der Wirtschaftstheorie subsumiert man den Monetarismus häufig unter dem Begriff der Neoklassik, deren Vertreter (v. a. Walras, Fisher, Pigou) in der zweiten Hälfte des 19. Jahrhunderts die Theorie der Klassik weiterentwickelten. Die Möglichkeit der Arbeitslosigkeit wird von den Monetaristen bzw. Neoklassikern zwar nicht geleugnet; eine Ankurbelung der Wirtschaft, etwa durch höhere Staatsausgaben, hat aber ihrer Meinung nach nur eine sehr begrenzte, wenn nicht sogar negative Wirkung auf die Beschäftigung. Denn der Staat muss sich das zur Ausgabenfinanzierung nötige Geld auf dem Kapitalmarkt leihen. Dadurch steigen die Zinsen und kreditfinanzierte private Investitionen werden zurückgedrängt (Crowding-out-Effekt). Im Falle von Crowding-out verschiebt eine Staatsausgabenerhöhung die Nachfragekurve nicht oder nur in geringerem Maße nach rechts (s. *M 19*). Ein ähnlicher Effekt stellt sich ein, wenn die erhöhten Staatsausgaben durch Steuern finanziert werden. Und wenn sich der Staat das Geld direkt bei der Zentralbank besorgt, so bewirkt die damit verbundene Geldschöpfung früher oder später Inflation.
Die Monetaristen vertreten außerdem die Ansicht, dass es in jeder Volkswirtschaft eine gewisse natürliche Arbeitslosigkeit gibt, weil sich nicht alle Arbeitnehmer an veränderte Strukturen anpassen können oder wollen bzw. bei den geforderten Reallöhnen die Arbeitsnachfrage der Unternehmen zu gering ist. Diese Art der Arbeitslosigkeit lasse sich mittels einer expansiven Wirtschaftspolitik, also einer staatlichen Ausgabenerhöhung oder Geldmengenausdehnung, grundsätzlich nicht überwinden. (...) Ausgehend von Situation 1 (*M 19*) kommt es (wenn kein spürbarerer Crowding-out-Effekt eintritt) durch die Verschiebung der Nachfragekurve nach rechts zwar kurzfristig zu einer Mehrproduktion und zu Neueinstellungen (Situation 2, „kurzfristig", sagte Friedman gerne, „sind wir alle Keynesianer").
Sobald die Gewerkschaften aber bemerken, dass auch die Preise gestiegen sind, werden sie als Ausgleich höhere Löhne fordern (Angebotskurve verschiebt sich nach oben). In der Folge sinken Produktion und Beschäftigung wieder auf ihr altes „natürliches" Niveau zurück, während sich das Preisniveau insgesamt von P auf P' erhöht (Situation 3).
Eine zentrale Hypothese des Monetarismus bildet die Neo-Quantitätstheorie. Es handelt sich dabei um eine von Milton Friedman aufgestellte „Neuformulierung" der klassischen Quantitätstheorie. Auf der Basis der von Irving Fisher populär gemachten Quantitäts-

Milton Friedman (1912–2006), amerikanischer Volkswirtschaftler, war ein entschiedener Verfechter politischer und wirtschaftlicher Freiheit sowie einer freien Marktwirtschaft. Er misstraute dem Staat, wie ein Zitat aus seinem 1962 erschienenen Buch „Kapitalismus und Freiheit" belegt: „Was wir dringend brauchen, um ökonomische Stabilität und Wirtschaftswachstum zu erreichen, ist eine Rückführung des staatlichen Einflusses"

Monetarismus: (lat. moneta = Münze, geprägtes Geld) ökonomische Lehrauffassung, nach der die Geldmenge der wichtigste Faktor zur Steuerung des Wirtschaftsablaufs ist

M 19 Die Sichtweise der Monetaristen

anhand gesamtwirtschaftlicher Angebots- und Nachfragekurve

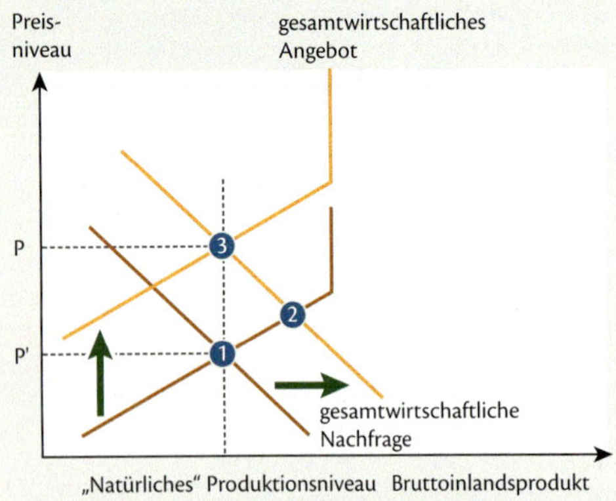

Nach: Herbert Sperber: Wirtschaft verstehen, 4. Auflage Stuttgart (Schäffer-Poeschel) 2012, S. 155

gleichung (...) lautete die Grundaussage (...): Wird die Geldmenge erhöht (reduziert), dann bewirkt dies einen allgemeinen Anstieg (Rückgang) des Preisniveaus. Dabei gingen die Klassiker davon aus, dass das Handelsvolumen (bzw. das reale Bruttoinlandsprodukt) weitgehend durch die Produktionsbedingungen einer Volkswirtschaft bei Vollbeschäftigung – also unabhängig von der Geldmenge – bestimmt ist. (...) Aufgrund umfangreicher empirischer Studien kam Friedman nun zu dem Schluss, dass die Geldmenge das nominale Volkseinkommen bzw. Inlandsprodukt beeinflusst. Und zwar wirkt sich eine Geldmengenerhöhung kurzfristig auf das reale Inlandsprodukt aus, langfristig schlägt sie aber praktisch immer auf das Preisniveau durch, wirkt also inflationstreibend, während der realwirtschaftliche Effekt verpufft. Diese These ist heute überwiegend akzeptiert. Auf ihrer Basis plädieren die Monetaristen für eine so genannte potenzialorientierte Geldmengenpolitik. (...) Eine aktive, von Fall zu Fall praktizierte Stabilisierungspolitik à la Keynes lehnen sie ab.

Herbert Sperber: Wirtschaft verstehen, 4. Auflage Stuttgart (Schäffer-Poeschel) 2012, S. 154 f.

M 20 Elemente einer Angebotspolitik

Angebotspolitik setzt mit ihren Maßnahmen zur Inflationsbekämpfung und Wachstumsförderung auf der Angebotsseite der Wirtschaft an. Sie steht damit im Gegensatz zur keynesianisch geprägten Nachfragepolitik (*s. S. 62 ff.*), die vorrangig die gesamtwirtschaftliche Nachfrage beleben will, um Wachstum zu erreichen. (...)

Ordnungspolitik und Staatsversagen

Die monetaristische Angebotspolitik sieht grundsätzlich keinen Anlass für den Staat, in das Wirtschaftsgeschehen einzugreifen. Der Monetarist ist skeptisch gegenüber diskretionären (*fallweisen*) Staatseingriffen, denn diese würden nach seiner Überzeugung die Wirtschaft eher destabilisieren.

Eine gemäßigte Angebotspolitik vertritt in Deutschland der Sachverständigenrat zur Begutachtung der gesamtwirtschaftlichen Entwicklung. Er hält Staatseingriffe für erwünscht, wenn damit ein Marktversagen (z. B. mit der Umweltpolitik) korrigiert werden soll. Außerdem hat der Staat eine wichtige Rolle, weil er für die notwendige Infrastruktur sorgt (z. B. Straßenbau), Rahmenbedingungen für die Bildung setzt oder durch Sozialpolitik individuelle Härten mildert. Dass der Staat primär für die Rahmenbedingungen einer Wirtschaft zuständig ist, indem er Maßnahmen der Ordnungspolitik durchführt, betonen auch moderate Angebotspolitiker. Er sollte aber nicht als Unternehmer auftreten, da er nicht effizienter arbeitet als der Markt (Staatsversagen). Wo kein Marktversagen vorliegt, sollte er durch Deregulierung und Privatisierung den Markt zum Zuge kommen lassen (z. B. Deregulierung in der Telekommunikation).

Wirtschaftspolitische Schlussfolgerungen

Ziel der Angebotspolitik ist es, das gesamtwirtschaftliche Produktionspotenzial, also die Produktionsmöglichkeiten bei Vollbeschäftigung aller Produktionsfaktoren, stetig zu erhöhen. (...)

Die wirtschaftspolitischen Forderungen betreffen viele Politikfelder, die sich in der Diskussion um die internationale Wettbewerbsfähigkeit des „Wirtschaftsstandorts Deutschland" wiederfinden. Kritisch zu sehen ist die monetaristische Angebotsökonomik insofern, als es unbestreitbar ist, dass der deutsche Staat durch seine Sozialgesetzgebung zur gesellschaftlichen Stabilität viel beigetragen hat. Eine Reduzierung der Steuerlast ist behutsam vorzunehmen, um bewährte Sicherungssysteme nicht zu gefährden und die Finanzierung öffentlicher Güter zu gewährleisten.

Duden-Ratgeber: Wie Wirtschaft funktioniert, Mannheim (Bibliographisches Institut) 2013, S. 144

M21 Zentrale Elemente und Forderungen der moderaten Angebotspolitik

Traditionelle Elemente			
Wettbewerbspolitik	**Geldpolitik**	**Fiskalpolitik**	**Lohnpolitik**
– Verbot von Kartellen – Verhinderung von Marktmacht – Privatisierung – Deregulierung – Abbau von Subventionen	– Regelgebundene statt diskretionäre Maßnahmen – Unabhängigkeit der Zentralbank – Flexible Wechselkurse	– Geringerer Staatsverbrauch – Reduktion der gesamten Steuerbelastung – Durchsichtigeres Steuersystem – Abbau der Staatsverschuldung	– Am Produktivitätsfortschritt orientierte Lohnsteigerungen – Regionale und sektorale Differenzierungen im Lohn – Flexibilisierung des Arbeitsmarktes (z. B. reduzierter Kündigungsschutz) – Minderung der Lohnzusatzkosten
Neuere Elemente			
Wettbewerbspolitik	**Geldpolitik**	**Fiskalpolitik**	**Lohnpolitik**
– Insgesamt niedrigeres Niveau sozialer Unterstützung – Unterstützung anreizkompatibel gestalten, damit z. B. die Aufnahme einer Arbeit sich lohnt	– Förderung von Grundlagenforschung – Gezieltere Förderung von Wachstumstechnologien	– Kürzere Ausbildungszeiten – Mehr marktwirtschaftliche Elemente (z. B. freie Wahl des Studienplatzes, Studiengebühren, Entlohnung der Professoren nach Leistung)	– Weniger ordnungsrechtliche Regulierungen – Mehr marktwirtschaftliche Elemente (z. B. Handel von Umweltzertifikaten) – Wenn Ökosteuern, dann europaweit, um Wettbewerbsnachteile zu vermeiden

Nach: Duden-Ratgeber: Wie Wirtschaft funktioniert, Mannheim (BI) 2013, S. 145

M22 Angebotsorientierte Wirtschaftspolitik aus Sicht des Sachverständigenrats

Der Sachverständigenrat zur Begutachtung der gesamtwirtschaftlichen Entwicklung als wichtigstes wirtschaftswissenschaftliches Beratungsgremium in Deutschland entwickelte seit Mitte der 1970er-Jahre das Konzept einer angebotsorientierten Wirtschaftspolitik. Die Mehrheit seiner Mitglieder kann der Neoklassik zugerechnet werden.

Angebotsorientierte Wirtschaftspolitik, richtig verstanden, zielt darauf, dass auf lange Sicht verlässliche Rahmenbedingungen für unternehmerisches Wirtschaften hergestellt werden, die der Wahrnehmung von Marktchancen förderlich sind und die von der Aussicht auf Gewinnerzielung ausgehenden Anreize voll zur Wirkung kommen lassen, die einer flexiblen Anpassung an sich wandelnde Marktbedingungen nicht entgegenstehen, dies alles jedoch ohne in das durch den Wettbewerb bestimmte Marktgeschehen einzugreifen. Oberster Grundsatz muss sein, dass alle Unternehmen, kleine wie große, in gleicher Weise Erfolgschancen auf dem Markt wahrnehmen können, ebenso aber auch das Risiko von Fehlschlägen zu tragen haben; die Wirtschaftspolitik soll unternehmerische Investitionsentscheidungen nicht lenkend beeinflussen, aber auch nicht durch Subventionen die Folgen von Fehlentscheidungen abmildern. (…)

Die Wirtschaftspolitik beeinflusst die Angebotsbedingungen unmittelbar von der Kostenseite her, über die Finanzpolitik, die Steuerbelastung, über den institutionellen Rahmen der Lohnfindung und über die Sozialpolitik die Arbeitskosten. Für die Erfolgsaussichten unternehmerischer Aktivität, vor allem auch für die Wettbewerbsfähigkeit auf internationalen Märkten, sind nicht nur die Kosten von Bedeutung, sondern ebenso Produktivität und Innovationsfähigkeit. Deswegen darf angebotsorientierte Politik sich nicht einseitig auf Kostenaspekte beschränken, sie umfasst vielmehr auch die Bereitstellung einer leistungsfähigen wirtschaftsnahen Infrastruktur, ein Bildungssystem, das qualifizierte und motivierte Arbeitskräfte hervorbringt, eine Forschungs- und Technologiepolitik, die die Voraussetzungen für marktorientierte Innovationen in den Unternehmen schafft, nicht zuletzt auch ein Sozialsystem, das den Menschen in einem sich ständig wandelnden Umfeld Sicherheit vermittelt, ohne jedoch Motivation und Innovationsbereitschaft zu beeinträchtigen. (...)

Die staatliche Politik darf die Grenzen ihrer Einwirkungsmöglichkeiten nicht verkennen; sie hat auf Dauer angelegte Rahmenbedingungen zu schaffen, überschreitet aber die Grenzen ihrer Kompetenz, wenn sie in marktorientierte Innovationsprozesse unmittelbar eingreift, statt deren Richtung den Entscheidungen der Unternehmen und dem Wettbewerb zwischen ihnen zu überlassen.

Unternehmerische Entscheidungen sind zukunftsgerichtet; sie werden deswegen stark durch Erwartungen bestimmt. Für die Wirtschaftspolitik bedeutet dies, dass die Erwartungen über die künftige Entwicklung der Angebotsbedingungen noch wichtiger sind als das, was unmittelbar in der Gegenwart geschieht. Die verlässliche Erwartung einer in Stufen realisierten Steuerreform bewirkt mehr als sofortige Entlastungen bei Steuern und Abgaben, bei denen offenbleibt, ob sie nicht bald wieder rückgängig gemacht werden. Ebenso kann eine zeitweilig moderate Lohnpolitik ihren Zweck verfehlen, wenn sie ständig mit Erwägungen über den geeigneten Zeitpunkt einer Kursänderung zum Verteilungskampf hin verbunden wird.

Sachverständigenrat zur Begutachtung der gesamtwirtschaftlichen Entwicklung: Jahresgutachten 1998/99, S. 204 ff.

Arthur Betz Laffer, US-amerikanischer Wirtschaftswissenschaftler (geb. 1940), bekannt geworden durch das **Laffer-Theorem** als Kernelement der Angebotspolitik: Eine Senkung des Steuersatzes bewirkt gemäß der Laffer-Kurve einen Anstieg des Steueraufkommens

M23 Die Steuerbelastung und das Laffer-Theorem

Ein wesentliches Element der angebotsorientierten Wirtschaftspolitik ist die Verringerung der Steuerbelastung für Unternehmen und Privatpersonen. Für die Angebotspolitiker ist generell der Staatsanteil an der gesamten Wirtschaftsleistung zu hoch. Eine für notwendig erachtete Kürzung der Staatsausgaben erfordert dann auch eine Reduzierung der Staatseinnahmen. Ergänzt wird dieser Aspekt durch die Annahme, dass eine als zu hoch empfundene Steuerbelastung, sei es die Einkommensteuer oder Mehrwertsteuer für Privatpersonen oder Körperschaftsteuer oder Gewerbesteuer für Unternehmen, die wirtschaftlichen Aktivitäten hemmen würde. Bei niedrigerer Steuerbelastung würden also Arbeitnehmer mehr und effizienter arbeiten, Unternehmen mehr investieren und auch Arbeitsplätze schaffen.

Der amerikanische Wirtschaftswissenschaftler Arthur Betz Laffer (...) vertritt die These, dass in den meisten westlichen Industrieländern die Abgabenbelastung eine leistungsfeindliche Höhe erreicht hat. Das Theorem formuliert einen Zusammenhang zwischen dem Abgaben- bzw. Steuersatz (t) und dem Steueraufkommen (T) (s. *M 25*). Der unterproportionale Anstieg verläuft so lange, bis der optimale Steuersatz ($t_{optimal}$) erreicht wird. Beim Steuersatz ($t_{optimal}$) ist das Steueraufkommen zugleich maximal ($T_{maximal}$). Danach sinkt trotz steigendem Steuersatz das Steueraufkommen. (...)

Die Gründe für das sinkende Steueraufkommen trotz steigender Steuersätze sind vielschichtig. Steigen nämlich die Steuersätze über die aufkommensoptimale Höhe (...), so nehmen die Steuerwiderstände und die leistungsmindernden Wirkungen des Steuersystems („disincentives") immer mehr zu. Die Folge der leistungsfeindlichen Besteuerung ist eine gesamtwirtschaftlich geringere Aktivität und ein geringeres Steueraufkommen (...). Hohe Grenzsteuersätze drängen die Wirtschaftssubjekte zunehmend in Grau- und Schwarzzonen ab. Zu betonen ist, dass nicht nur die Höhe der Steuern, sondern auch die Höhe der Sozialabgaben kritisiert wird.

Laffer empfiehlt eine grundlegende Steuerreform (tax revolt). Eine allgemeine Senkung der Steuer- und Abgabensätze liege sowohl im wohlverstandenen Interesse der Bürger als auch im Interesse des Fiskus. Da sich infolge der Senkung der Abgabenlast die Dynamik der Volkswirtschaft erhole, würden infolge der einsetzenden Wachstumsdynamik das Steueraufkommen steigen und – trotz niedrigerer Steuersätze – Budgetdefizite vermieden (Autokonsolidierung).

Jürgen Pätzold/Daniel Baade: Stabilisierungspolitik, 7. Auflage München (Vahlen) 2008, S. 173 f.

M24 Das Laffer-Theorem in der Praxis der USA und Großbritanniens

Zum Konzept von Präsident Reagan, dessen neue Politik ab dem Jahr 1980 oft mit dem Schlagwort „Reaganomics" charakterisiert wurde, gehörte (...) eine langfristige Senkung der Staats- und Steuerquote am Sozialprodukt sowie der Abbau bürokratischer Hemmnisse und staatlicher Regulierung. Die Steuersätze wurden in drei Jahren linear um insgesamt 25 v. H. abgebaut (...), weil man hoffte, dass die Privatwirtschaft zu mehr Leistung, mehr Einkommen und mehr Ersparnis angeregt wird, wenn den Erwerbstätigen ein höherer Anteil der Einkommen verbleibt. Gemäß dem Konzept der Laffer-Kurven wurde von der Senkung der Steuersätze eine Steigerung der Steuereinnahmen erwartet. Für gewerblich genutzte Gebäude, Maschinen und Autos wurden zudem höhere Abschreibungen erlaubt. Die Pläne sahen vor, dass bei nur unterproportional im Vergleich zum Sozialprodukt ansteigenden Staatsausgaben, die vor allem durch Kürzungen von Ausgaben im Sozialbereich (...) zurückblieben, die Neuverschuldung schrittweise zurückgeführt werden und im Jahr 1984 ganz entfallen sollte.

Da neben der Rahmengestaltung durch die regelgebundene Geldpolitik mit der langfristig angelegten Fiskalpolitik vor allem versucht wurde, die Angebotsseite der Volkswirtschaft zu beeinflussen, handelte es sich im Prinzip um Angebotspolitik.

Eine erneute Steuerreform von 1986 sollte vor allem eine Steuervereinfachung und mehr Steuergerechtigkeit herbeiführen, ohne dass Steueraufkommen zu verringern. (...)

Mithilfe der Angebotspolitik in den USA gelang wie in anderen Ländern eine Eindämmung der hohen Inflationsraten – sie betrug im Jahr 1984 weniger als ein Drittel des Wertes von über 13 v. H. im Jahr 1980 –, während die hohe Arbeitslosigkeit unverändert anhielt. (...) Das reale Bruttosozialprodukt stieg nach einem vorübergehenden Rückgang ab 1983 kräftig an, allerdings wurde die Verschuldung der Staatshaushalte zu einem großen Problem. So musste entgegen der Hoffnungen zu Beginn der Achtzigerjahre, als man bereits für das Jahr 1984 einen in Einnahmen und Ausgaben ausgeglichenen Haushalt erwartete, noch im Haushaltsjahr 1985 ein Defizit von über 220 Mrd. Dollar (oder ein Viertel des Etats) in Kauf genommen werden. Selbst Anfang der Neunzigerjahre und bis zum Jahr 2007 blieb das Defizit auf hohem Niveau.

In Großbritannien vertraute man zu Beginn der Achtzigerjahre fast allein auf die Geldpolitik. Das Wirtschaftsprogramm seit dem Jahr 1979 – nach der damaligen Premierministerin Thatcher manchmal als „Thatcherism" bezeichnet – lehnte sich eng an die monetaristischen Vorschläge an. (...) Ergänzend wurde im Jahr 1979 bei etwa gleichbleibendem Steueraufkommen die Einkommen- und Körperschaftsteuer gesenkt, um die Grenzbelastung der Einkommensbezieher zu verringern, und dafür die Mehrwert- und Mineralolsteuer erhöht. Bei einer zweiten großen Einkommensteuerreform wurde im Jahr 1988 der bereits 1980 von 83 v. H. auf 60 v. H. verringerte Spitzensteuersatz weiter auf 40 v. H. gesenkt. (...) Die hohe staatliche Kreditaufnahme sollte durch Ausgabenkürzungen vor allem bei den Subventionen zurückgeführt werden. (...) Bereits 1998 wies Großbritannien als einzige größere, europäische Volkswirtschaft einen Haushaltsüberschuss auf.

Die Inflationsrate nahm zwar (...) zunächst weiter stark zu, sank aber nach 15 v. H. im Jahr 1980 auf ein Drittel dieses Wertes im Jahr 1984. Die Arbeitslosigkeit stieg parallel zu anfangs hohen Lohnzuwächsen an, und das Bruttosozialprodukt erhöhte sich bei nur mäßiger Stimulierung der Ertragserwartungen der Unternehmer und der Investitionen stetig, wenn auch langsam.

Hartwig Bartling/Franz Luzius: Grundzüge der Volkswirtschaftslehre, 16. Auflage München (Vahlen) 2008, S. 265–268

M25 Das Laffer-Theorem – Kernelement der Angebotspolitik

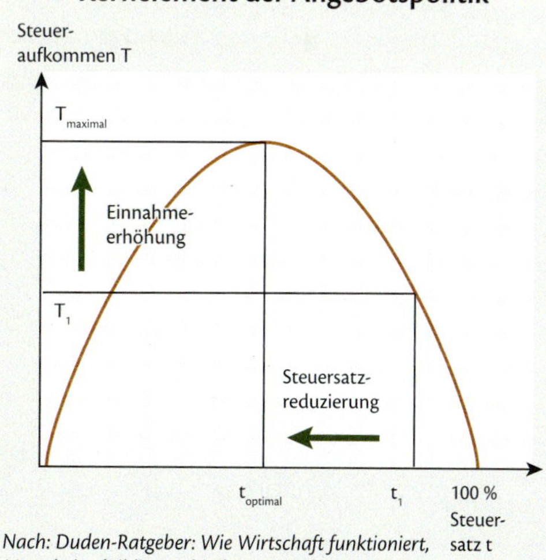

Nach: Duden-Ratgeber: Wie Wirtschaft funktioniert, Mannheim (Bibliographisches Institut) 2013, S. 145

M26 Regulierung und Deregulierung

Vertreter der angebotsorientierten Wirtschaftspolitik bemängeln die zu hohe staatliche Aktivität. Sie unterstellen, dass die Wirtschaftsleistung eines Landes höher sein könnte, wenn sich der Staat nicht so viel in die Wirtschaftsabläufe einmischen oder selbst als Unternehmer betätigen würde. Im Umkehrschluss bedeutet dies, dass sich der Staat aus der Wirtschaft zurückziehen sollte, etwa durch die Privatisierung öffentlicher Unternehmen, durch den Verkauf von staatlichen Beteiligungen an Unternehmen oder die Abschaffung von Regulierungen bestimmter Wirtschaftszweige.

Regulierung ist die Bestimmung oder Beeinflussung unternehmerischen Verhaltens durch staatliche Vorschriften, um politisch gewollte Marktergebnisse zu erzielen. (...) In Deutschland ist Regulierung verglichen mit anderen Ländern weit verbreitet.

Deregulierung: Die Grundidee

Beispiele für Regulierung sind (...) Vorschriften für die Geschäftstätigkeit von Kreditinstituten. Deregulierung bedeutet demgegenüber den Rückzug des Staates aus der Wirtschaft. Der Staat soll nicht als Unternehmer auftreten und nicht in das Marktgeschehen eingreifen. Vor allem die Vertreter der Angebotspolitik fordern vom Staat, sich auf die Schaffung eines ordnungspolitischen Rahmens für die marktwirtschaftliche Selbststeuerung zu beschränken.

Motive für Regulierung

Regulierung wird von Ökonomen vor allem mit Marktversagen begründet. (...) So war der Verkehrssektor bis 1994 stark reguliert, weil die Deutsche Bundesbahn als natürlicher Monopolist galt. Das Schienennetz sollte allein von ihr unterhalten und betrieben werden; ein zweites, konkurrierendes Netz ist ineffizient, solange das erste Netz nicht ausgelastet ist. Auch hat man lange Zeit das Monopol der staatlichen Bundespost mit dem Argument verteidigt, ihre Dienste würden unter den Bedingungen eines natürlichen Monopols erbracht, und ein staatlicher Monopolist sei einem privaten vorzuziehen.

Regulierung ist politisch motiviert und soll gesellschaftlich unerwünschte Effekte eigennützigen Handelns verhindern. Beispielsweise darf ein Kfz-Haftpflichtversicherer Anträge auf Versicherungsschutz nicht grundlos ablehnen. Die privaten Krankenversicherungen müssen einen einheitlichen Grundtarif anbieten und dürfen eine Versicherung zu diesem Tarif nicht aufgrund einer Prüfung der gesundheitlichen Risiken des Antragstellers ablehnen (Kontrahierungszwang).

Effekte und praktische Erfahrungen

Wenn kein Marktversagen vorliegt, erhöht Deregulierung den Wohlstand einer Gesellschaft. Durch die Öffnung des Marktes für neue Anbieter entsteht Wettbewerb, der wiederum Druck auf die Preise ausübt. Langfristig werden durch eine höhere Nachfrage zusätzliche Anbieter auf den Markt gelockt, sodass Beschäftigung und die Angebotsvielfalt zunehmen.

Eine allgemeine Deregulierung wurde Ende der 1970er-Jahre in den USA eingeleitet. Sie betraf unter anderem die Bereiche Telekommunikation, Luftfahrt und Energie und führte zu Kosten- und Preissenkungen und erweiterten Beschäftigungsmöglichkeiten. Im Zuge der Schaffung des Europäischen Binnenmarkts verfolgte die Europäische Kommission eine Politik der Privatisierung, d. h. des Verkaufs staatlicher Unternehmen oder staatlicher Beteiligungen, und der Liberalisierung, d. h. des Abbaus von dem Wettbewerb abträglichen Gesetzen. (...)

Die bedeutendsten Deregulierungsmaßnahmen in Deutschland waren die Bahnreform (*Beginn 1994*) sowie die Postreform (*Beginn 1989*) und Ende der 1990er-Jahre die Öffnung der Märkte für Telekommunikation und Energie. Die Telekommunikation ist ein Paradebeispiel für gelungene Deregulierung: Hier ist eine dynamische Wachstumsbranche mit stark sinkenden Preisen für die Verbraucher entstanden (s. *M 27*).

Wie schwer es allerdings ist, ein optimales Maß an Regulierung zu finden, zeigt die Finanzmarktkrise seit 2007. Eine zu weitgehende Deregulierung des Geschäfts der US-Hypothekenbanken gilt als wesentliche Ursache für den Boom und den anschließenden Absturz des Immobilienmarktes in den USA.

Duden-Ratgeber: Wie Wirtschaft funktioniert, Mannheim (Bibliographisches Institut) 2013, S. 162

M27 Privatisierung der Telekommunikation in Deutschland

Der Telekommunikationsmarkt ist international heute einer der größten Wachstumsmärkte. Die Deutsche Telekom AG – damals noch Teil der regulierten Deutschen Bundespost (DBP) – war bis 1989 jedoch in einen so engen Rahmen eingebunden, dass sie nicht angemessen darauf reagieren konnte. Ökonomisch wird die Telekom nicht mehr als natürlicher Monopolist gesehen. Weil aber kein Marktversagen mehr angenommen wird, besteht auch kein weiterer Grund für eine Regulierung. Das feste Telefonnetz bietet – zumindest bei den Fernverbindungen – keine Größenvorteile mehr: Kapazitätsgrenzen werden durch das Marktwachstum rasch überschritten, sodass Parallelverbindungen notwendig werden. Damit ist aber Wettbewerb möglich. Konkurrenz wurde auch durch die neuen Techniken erleichtert.

Mit der Postreform I (1989) wurde die DBP in die drei öffentlichen Unternehmen Postdienst, Postbank und Telekom aufgegliedert; hoheitliche Aufgaben blieben beim Bundesministerium für Post und Telekommunikation. Für die Telekommunikation bedeutete dies Öffnung des Marktes durch Aufhebung des Fernmeldemonopols bis auf ein eingeschränktes Netzmonopol und das Monopol bei der Sprachtelefonie.

Mit der Postreform II (1995) wurden die drei Postunternehmen in Aktiengesellschaften umgewandelt und formal privatisiert. Dadurch erhielten sie die Möglichkeit, sich über Aktienverkäufe an der Börse zusätzliches Eigenkapital zu verschaffen. Durch eine Grundgesetzänderung wurde das Angebot von Dienstleistungen von Post- und Telekommunikation von einer öffentlichen zu einer privatwirtschaftlichen Aufgabe umdefiniert. Die staatliche Regulierung übernahm 1998 die Regulierungsbehörde für Telekommunikation und Post (seit 2005 aufgegangen in der Bundesnetzagentur). Seit 1996 ist die Telekom-Aktie an der Börse notiert. Gut zwei Drittel der Anteile wurden an private Anleger verkauft. Der Rest befindet sich noch in der Hand des Bundes (15 Prozent) sowie der staatlichen KfW-Bankengruppe (17 Prozent). Anfang 1998 ist das Monopol der nationalen Telefongesellschaften auf den Sprachdienst weggefallen. Gleichzeitig verlor die Telekom auch ihr Netzmonopol, also das Recht auf alleinigen Bau und Betrieb des Netzes. Seither dürfen Konkurrenten Parallelnetze bauen und betreiben. Der Telekommunikationsmarkt wurde – wie auch von der EU gefordert – zum Wettbewerbsmarkt. Heute ist die Deutsche Telekom AG ein international operierender Telekommunikationskonzern.

Duden-Ratgeber. Wie Wirtschaft funktioniert, Mannheim (Bibliographisches Institut) 2013, S. 163

M 28 Die beiden Postreformen

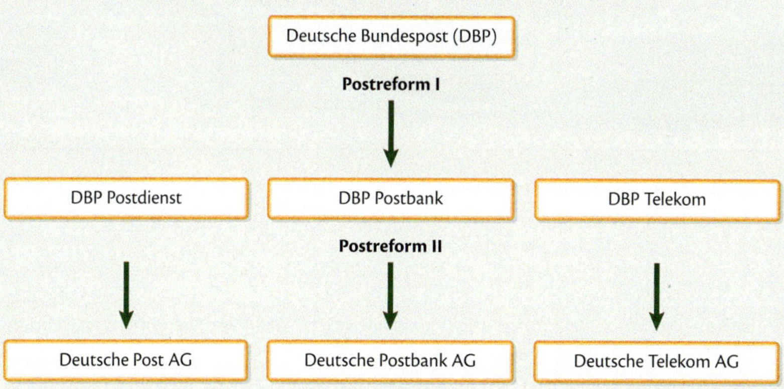

Nach: Duden-Ratgeber: Wie Wirtschaft funktioniert, Mannheim (Bibliographisches Institut) 2013, S. 163

Das wirtschaftspolitische Konzept Nachfragepolitik

Die wirtschaftstheoretische Basis einer Nachfragepolitik oder nachfrageorientierter Wirtschaftspolitik bilden Erkenntnisse von John Maynard Keynes und des Keynesianismus sowie des Neo- bzw. Postkeynesianismus. Bei der Nachfragepolitik steht die Beeinflussung der Nachfrageseite der Volkswirtschaft im Mittelpunkt, um ein Gleichgewicht bei Unterbeschäftigung im Konjunkturverlauf zu verhindern bzw. zu bekämpfen. In einer Abschwungphase soll z.B. der Staat durch Ausgabenerhöhungen und Konjunkturprogramme die unzureichende private Nachfrage ausgleichen und damit die gesamtwirtschaftliche „Nachfragelücke“ schließen.
Die Nachfragepolitik geht von einer Instabilitätshypothese aus. Diese besagt, dass marktwirtschaftliche Systeme instabil seien. Da in der Realität instabile Entwicklungen etwa aufgrund von Wettbewerbsbeschränkungen auftreten, bestehe die Gefahr, dass sich gesamtwirtschaftlich ein Gleichgewicht bei Unterbeschäftigung einstelle, das wirtschaftspolitisch nicht hingenommen werden könne. Alles werde gut, wenn staatliche Wirtschaftspolitik durch geeignete Maßnahmen das Marktsystem stabilisiere und durch antizyklische Geld- und Finanzpolitik auf die gesamtwirtschaftliche Nachfrage einwirke, um Arbeitslosigkeit und Inflation zu bekämpfen. Wirtschaftspolitisches Handeln des Staates ist somit eher offensiv ausgerichtet und hat eine kurz- bis mittelfristige Perspektive.

Man ist sich einig. *Zeichnung: Koufogiorgos*

1 Stellen Sie die Grundaussagen von John M. Keynes dar. Weshalb spricht man auch von „keynesianischer Revolution“?

2 Erläutern Sie das keynesianische Unterbeschäftigungsgleichgewicht.

3 Fassen Sie kurz zusammen, was man unter „Nachfragepolitik“ versteht.

4 Bewerten Sie die Maßnahmen der Konjunkturpakete 2008/2009 (M 33) unter Einbeziehung der Erfahrungen mit der Globalsteuerung 1967–1982 (M 34, M 35).

5 Nehmen Sie Stellung zur Kontroverse über die Globalsteuerung (M 34, M 35). Hat die Globalsteuerung versagt?

6 Diskutieren Sie die Problematik zeitlicher Wirkungsverzögerungen bei Maßnahmen der Nachfragepolitik.

M29 Die „keynesianische Revolution"

1936 erfolgte (...) eine „Revolution" in der ökonomischen Theorie mit dem Hauptwerk von John Maynard Keynes (1883–1946), der „Allgemeinen Theorie der Beschäftigung, des Zinses und des Geldes". Keynes ging unter dem Eindruck der mit der Weltwirtschaftskrise von 1929–1933 verbundenen, sehr konkreten und dauerhaften Massenarbeitslosigkeit davon aus, dass destabilisierte Märkte entgegen der Ansicht der Klassiker und der Neoklassiker eben nicht immer aus eigener Kraft Störungen beseitigen, sondern diese dauerhaft bestehen bleiben können. Nach der klassischen Theorie hätte der Arbeitsmarkt über den Preismechanismus, d. h. hier: über Lohnsenkungen zur Vollbeschäftigung zurückfinden müssen. Wegen der tariflich abgesicherten, nach unten starren Löhne geschieht dies jedoch nicht. Zur Wiedererlangung der Vollbeschäftigung sind daher Eingriffe des Staates erforderlich. Hierfür bieten sich prinzipiell sowohl geld- als auch finanzpolitische Maßnahmen an. Nach Auffassung von Keynes ist die Geldpolitik jedoch weniger geeignet, die angestrebten nachfrageanregenden Effekte auszulösen. Er setzt daher auf finanzpolitische Maßnahmen, vor allem auf direkte, durch zusätzliche Staatsausgaben, u. U. durch zusätzliche Verschuldung („deficit spending") finanzierte nachfrage- und beschäftigungswirksame Maßnahmen. Keynes plädiert also (...) nicht für einen Verzicht auf Geldpolitik, sondern weist dieser nur eine untergeordnete, ergänzende Rolle zu. Während für die Klassiker und Neoklassiker die langfristige Perspektive und der effiziente Einsatz der Produktionsfaktoren und Wachstum und Verteilung des Sozialprodukts im Vordergrund standen, war für Keynes insbesondere der Beschäftigungsaspekt in kurzer und mittlerer Sicht von Bedeutung. (...)

Keynes' Überlegungen, auch in marktwirtschaftliche Prozesse staatlicherseits einzugreifen, basieren prinzipiell auf Überlegungen, die als Theorie des Marktversagens bekannt sind. Während die klassische Theorie im engeren Sinn aufgrund der erwähnten Stabilitäts- und Harmoniehypothese davon ausgeht, dass sich Störungen im Markt von selbst und mit positiven Wirkungen durch die Marktkräfte beheben werden, zeigt sich in der Realität, dass eine Vielzahl von Entwicklungen sich tendenziell vom Marktideal wegbewegten. Hierzu zählen u. a. folgende Aspekte: *Erstens* verteilt sich die Marktmacht (...) nicht auf alle Marktteilnehmer, sondern es sind Machtkonzentrationen möglich. *Zweitens* werden die Produktionsfaktoren nicht automatisch den Verwendungszwecken zugeleitet, wo sie am produktivsten eingesetzt werden können. *Drittens* ist es möglich, aus dem Marktgeschehen Nutzen zu ziehen, ohne dafür bezahlen zu müssen („Trittbrettfahrer"); das klassische Beispiel hierfür ist (...) die nationale Sicherheit, für die kaum jemand freiwillig etwas bezahlen würde und die folglich als typische öffentlich Güter in einer Art „Umlageverfahren" über Steuern finanziert werden. Umgekehrt ist es möglich, andere mit den negativen Auswirkungen des eigenen Handels zu belasten, ohne hierfür die Kosten tragen zu müssen (z. B. durch ungeahndete Umweltverschmutzung). In diesen beiden Fällen spricht man von positiven (...) bzw. negativen (...) externen Effekten. Viertens ist es möglich, dass Marktteilnehmer in diesem „ökonomischen Dschungelkampf" – ohne ein soziales Netz – „durch die Maschen fallen", unterliegen, zerstört werden.

Jörn Altmann: Wirtschaftspolitik, 8. Auflage Stuttgart (Lucius & Lucius) 2007, S. 230 f.

John Maynard Keynes (1883–1946), britischer Volkswirtschaftler, formulierte 1923 in seinem Traktat über Währungsreform: „Auf lange Sicht sind wir alle tot. Die Volkswirtschaftler machen es sich zu leicht und machen ihre Aufgabe zu wertlos, wenn sie in stürmischen Zeiten uns nur sagen können, dass, nachdem der Sturm lange vorüber ist, der Ozean wieder ruhig sein wird"

M30 „Deficit Spending" – noch heute aktuell

Am 25. Oktober 1929, dem „Schwarzen Freitag", brachen in New York die Börsenkurse zusammen und rissen die Notierungen in allen westlichen Staaten mit nach unten. Über Nacht verloren Millionäre ihr Vermögen, Rentner ihre Ersparnisse. Hotelportiers fragten eintreffende Gäste, ob sie übernachten oder aus dem Fenster springen wollen. In der Folge kam es zur großen Weltwirtschaftskrise, der tiefsten Depression seit Beginn des Industriezeitalters mit einer noch nie erlebten Massenarbeitslosigkeit. Die führenden Ökonomen rieten den Regierungen, abzuwarten und bei den öffentlichen Ausgaben zu sparen. Der britische Nationalökonom John Maynard Keynes (1883–1946) hingegen forderte genau das Gegenteil. Er empfahl der britischen Regierung, sich bei den Banken Geld zu leihen und damit Aufträge an die Industrie zu finanzieren. Die aufgenommenen Kredite könne man in der dann folgenden Boomphase, wenn bei ho-

M 31 Das keynesianische Unterbeschäftigungsgleichgewicht
anhand gesamtwirtschaftlicher Angebots- und Nachfragekurve

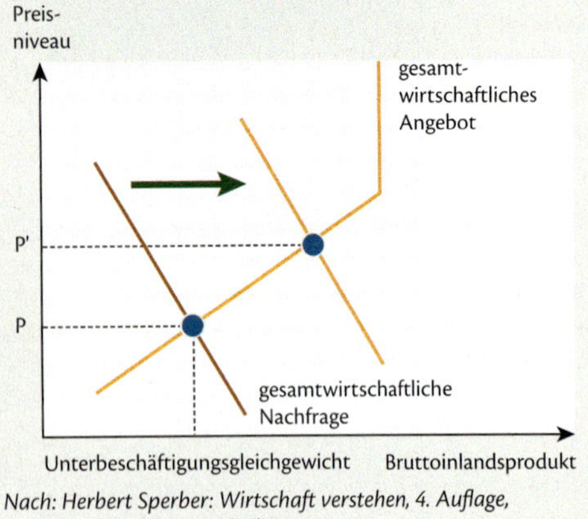

Nach: Herbert Sperber: Wirtschaft verstehen, 4. Auflage, Stuttgart (Schäffer-Poeschel) 2012, S. 152

her Beschäftigung die Steuern reichlicher fließen, wieder zurückzahlen.

Das Keynessche Rezept des so genannten Deficit-Spending bildet heute einen normalen Bestandteil der Fiskalpolitik. (...) Damals jedoch war es ein Frontalangriff gegen die herrschende Lehre der Klassiker, die staatliche Interventionen in den Wirtschaftsablauf ablehnten und darauf vertrauten, dass sich „auf lange Sicht“ automatisch ein Gleichgewicht bei Vollbeschäftigung einstellen werde. Die von Keynes darauf gegebene Antwort ist Legende: „In the long run“, bemerkte er, „we are all dead.“ Keynes, der – wenn es um sein Fachgebiet ging – keinerlei Zweifel am eigenen Urteil kannte, stellte die Grundpfeiler des klassischen Systems infrage: Das Say'sche Theorem (s. S. 54, 57) könne unter anderem deshalb nicht funktionieren, da die Leute nicht nur Geld halten, um damit Güter zu kaufen oder Wertpapiere zu erwerben (deren Gegenwert dann als Krediten Investoren zufließt), sondern auch als Wertaufbewahrungsmittel in Form einer so genannten Spekulationskasse. Durch dieses Horten von Geld kommt es zu einem effektiven Nachfrageausfall. Erschwerend tritt hinzu, dass die Löhne nach unten nicht flexibel sind, sondern starr. Dadurch ist der zweite von den Klassikern behauptete Mechanismus der Anpassung in Richtung eines Gleichgewichts bei Vollbeschäftigung blockiert. Vielmehr besteht die Gefahr, dass es zu einem Unterbeschäftigungsgleichgewicht kommt, aus dem sich die privaten Wirtschaftssubjekte alleine nicht befreien können.

Es kann deshalb nach Keynes nur der Staat sein, der durch eine expansive Politik die fehlende gesamtwirtschaftliche Nachfrage erzeugt und damit einen multiplikativen Aufschwung in Gang setzt. (...) In (*der*) Abbildung (*M 31*) würde sich die Nachfragekurve nach rechts verschieben. Bei steigendem Preisniveau (und – damit verbunden – sinkenden Reallöhnen) nehmen die Produktion und die Beschäftigung zu. Dabei unterstellt Keynes (zumindest entsprechend der populären Interpretation der Keynesschen Werke), dass die Arbeiter der Geldillusion unterliegen: Sie erkennen den vollen Umfang der Preisniveauerhöhung nicht und „akzeptieren“ deshalb die entstehende Reallohnsenkung. (...)

Die Existenz der Spekulationskasse ist ein Grund dafür, dass Keynesianer die Wirksamkeit der Geldpolitik skeptisch beurteilen. Wenn nämlich ein (seitens der Zentralbank) erhöhtes Geldangebot gehortet wird, kommt es zu keiner Zinssenkung und damit auch zu keiner Investitionszunahme. Diese Situation wird als Liquiditätsfalle bezeichnet. (...) Daneben werden die Unternehmen selbst bei sinkenden Zinsen nicht zu Neuinvestitionen bereit sein, wenn sie pessimistische Erwartungen hinsichtlich der zu erzielenden Gewinne hegen (so genannte Investitionsfalle). Grafisch äußert sich die Situation der Liquiditätsfalle ebenso wie der Investitionsfalle in einer im Extremfall senkrechten, also völlig starren Nachfragekurve. Man bezeichnet dies auch als ausbleibenden „Keynes-Effekt“ (...) Eine expansive Geldpolitik, das heißt eine Verschiebung der Nachfragekurve nach oben (man kann sich die gleiche Gütermenge zu höheren Preisen kaufen), führt dann zu keiner Steigerung des realen Bruttoinlandsprodukts.

Die Gedanken des von Keynes und seinen Anhängern entwickelten Keynesianismus haben die Theorie und die Wirtschaftspolitik nach dem Zweiten Weltkrieg so nachhaltig beeinflusst, dass man von der „keynesianischen Revolution“ sprach (s. *M 29*). Das Konzept der keynesianischen Globalsteuerung fand beispielsweise im deutschen „Stabilitätsgesetz“ von 1967 seinen Niederschlag (s. S. 20*ff.*). Es bildet die Grundlage dafür, dass der Staat von Fall zu Fall (diskretionär) in den Wirtschaftsablauf eingreift. Als Mittel der Stabilisierungspolitik kommen insbesondere fiskalpolitische Maßnahmen infrage – also die Variation von Steuern bzw. Staatseinnahmen und Staatsausgaben. Bei einer Erhöhung der Staatsausgaben oder Senkung der Einkommensteuer verschiebt sich die Nachfragekurve nach rechts. Auch die Geldpolitik kann bzw. soll nach keynesianischer Vorstellung zum Zwecke der Konjunktursteuerung eingesetzt werden. Wie gesagt, wird ihre Durchschlagskraft aber bezweifelt.

Herbert Sperber: Wirtschaft verstehen, 4. Auflage Stuttgart (Schäffer-Poeschel) 2012, S. 151–153

M32 Einschätzung der antizyklischen Fiskalpolitik

Der Staat beeinflusst über Steuern und Abgaben sowie Ausgaben in vielfältiger Weise die gesamtwirtschaftliche Entwicklung. Unter Fiskalpolitik versteht man allgemein die Nutzung dieser fiskalischen Einflusskanäle zur Realisierung wirtschaftspolitischer Ziele.

Verschiedene Definitionen

Gemessen an dieser weiten Definition zählen etwa auch die Förderung des langfristigen Wachstums durch die Bereitstellung öffentlich finanzierter Infrastruktur oder eine wachstums- oder umweltfreundliche Steuerpolitik zur Fiskalpolitik. Allerdings wird der Begriff meist in einem engeren Sinn verwendet, nämlich für die Nutzung des staatlichen Budgets zur konjunkturellen Stabilisierung. Hierbei geht es darum, die gesamtwirtschaftliche Nachfrage durch (gegebenenfalls kreditfinanzierte) Staatsausgaben (Deficit-Spending) auf ein Niveau anzuheben, das Vollbeschäftigung ermöglicht.

Die nachfrageorientierte Fiskalpolitik ist in der keynesianischen Sichtweise ein zentraler konjunkturpolitischer Ansatz. Neben dem fallweisen (diskretionären) fiskalpolitischen Handeln gibt es auch eine automatisch wirkende Fiskalpolitik (Built-in-Flexibility). Hier soll es zu automatisch wirkenden Änderungen der Einkommen und Ausgaben kommen, indem beispielsweise die Steuersätze so bemessen sind, dass sie im Boom dämpfen und in der Rezession konjunkturbelebend wirken. (...)

Verursacht ein gesamtwirtschaftlicher Nachfragemangel ein zu geringes Wirtschaftswachstum, kann eine Erhöhung der Staatsausgaben möglicherweise hilfreich sein. Die Gesamtnachfrage steigt (...) nicht nur im Umfang der zusätzlichen, durch Kredite finanzierten Staatsausgaben, sondern um ein Vielfaches davon (Staatsausgaben-Multiplikator). Die Wirkung des Multiplikators ist eine Art Kettenreaktion: Die zusätzlichen Staatsausgaben erhöhen die gesamtwirtschaftliche Produktion, was die Einkommen und somit auch die Konsumnachfrage steigert. Der zusätzliche Konsum steigert wiederum die Produktion und Einkommen. (...)

Allerdings wird der Gesamteffekt abgeschwächt, weil die staatliche Kreditaufnahme den Zins in die Höhe treibt. Dies wiederum mindert die private Investitionstätigkeit, sodass die Staatsausgaben zum Teil private Investitionen verdrängen (Crowding-out). (...)

Kritik an der antizyklischen Fiskalpolitik

Die konjunkturpolitischen Instrumente der Fiskalpolitik sind im Stabilitätsgesetz von 1967 fixiert worden. Der starke Anstieg der Arbeitslosigkeit seit den 1970er-Jahren konnte jedoch durch das Gesetz nicht verhindert werden. (...)

Von der Diagnose einer Rezession bis hin zur Wirksamkeit des Instrumenteneinsatzes kann viel Zeit verstreichen (Lag-Problematik). Deshalb kann eine antizyklische Finanzpolitik das Gegenteil des Angestrebten bewirken, d. h. die Wirtschaft destabilisieren: Die expansive Wirkung tritt erst dann ein, wenn die Wirtschaft aus eigener Kraft bereits wieder aufwärts tendiert. (...)

Probleme der Konjunkturpolitik

Trotz der verfügbaren konjunkturpolitischen Instrumente herrscht heute weitgehend Einigkeit darüber, dass eine aktive Feinsteuerung der Konjunktur kaum möglich ist. Unter anderem hat sich seit den 1970er-Jahren gezeigt, dass der Staat zwar in der Rezession Defizite macht, es andererseits aber nicht gelingt, im Boom diese Defizite wieder auszugleichen.

Insgesamt werden die für die Feinsteuerung konzipierten Instrumente des Stabilitätsgesetzes seit den frühen 1970er-Jahren praktisch nicht mehr angewendet. Das hat sich erst mit dem Ausbruch der Wirtschaftskrise im Jahr 2008 geändert, aufgrund deren die Regierung beträchtliche Mehrausgaben zur Stützung der Konjunktur beschloss (Konjunkturpakete I und II, s. *M 33*). (...)

Eine nachfrageorientierte Fiskalpolitik (...) kann nur dann Erfolg haben, wenn Arbeitslosigkeit und niedriges Wachstum auf einem Nachfragemangel beruhen. (...) Es gilt aber auch, die strukturellen Ursachen der Arbeitslosigkeit (z. B. eine hohe Belastung des Faktors Arbeit mit Steuern und Abgaben) zu beseitigen, sprich die Angebotsbedingungen zu verbessern. Antizyklische Fiskalpolitik ist deshalb nur eines von mehreren Konzepten zur Lösung konjunktureller und wachstumsbezogener Probleme.

Duden-Ratgeber: Wie Wirtschaft funktioniert, Mannheim (Bibliographisches Institut) 2013, S. 152, 154

M 33 Maßnahmen nachfrageorientierter Wirtschaftspolitik: Die Konjunkturpakete 2008/2009

Konjunkturpaket I (November 2008): **11,0 Mrd. Euro** und **Konjunkturpaket II** (Januar 2009): **49,2 Mrd. Euro** (s. auch M 28, S. 113)

	Mrd. Euro
davon für: **Investitionen**	
• in Bildungseinrichtungen (Kindergärten, Schulen, Hochschulen, Forschung) und in	14,00 (Bund)
• Infrastruktur (Verkehr, Städtebau, Kliniken, Lärmschutz)	3,33 (Länder u. Gemeinden)
Entlastung privater Haushalte	
• Senkung des GKV*-Beitragssatzes auf 14,9 % zum 1. Juli 2009	9,00
• Senkung der Einkommensteuer (höherer Grundfreibetrag u. niedrigerer Eingangssteuersatz)	8,94
• einmaliger Kinderbonus i. H. v. 100 Euro	1,80
• Erhöhung des Kinderregelsatzes ALG II zum 1. Juli 2009	0,52
Automobilindustrie	
• Pkw-Abwrackprämie i.H.v. 2500 Euro bei Neuwagenkauf	1,50
• Förderung innovativer Auto-Antriebstechnologien	0,50
• Neuregelung der Kfz-Steuer zum 1. Juli 2009	0,34
Arbeitsmarkt	
• hälftige Übernahme der Sozialversicherungsbeiträge für Kurzarbeiter	2,10
• Bewerbungstrainings, Umschulungen, Weiterbildungen	1,97
• Bundesdarlehen an Bundesagentur für Arbeit zur Stabilisierung des Beitragssatzes der Arbeitslosenversicherung bis Ende 2010	1,00
• 5000 zusätzliche Vermittlerstellen bei der Bundesagentur für Arbeit	0,80
• Wiedereinstellung von Arbeitnehmern zur Qualifizierung	0,40
• mehr Weiterbildung für Ältere u. Geringqualifizierte	0,14
Bundesgarantien über 100 Mrd. Euro für Unternehmenskredite	2,00
Ausdehnung **Innovationsprogramm Mittelstand** auf alte Bundesländer	0,90

Quelle: Bundesregierung

**GKV: Gesetzliche Krankenversicherung*

M 34 Nachfragepolitik in der Praxis: Globalsteuerung gescheitert

Das Jahr 1967 markiert einen mehrfachen Wendepunkt in der Wirtschaftsgeschichte der Bundesrepublik Deutschland: Zum ersten Mal nach der Währungsreform stagnierte das Bruttoinlandsprodukt. Gleichzeitig mit dem Nullwachstum des Jahres 1967 stieg die Arbeitslosenquote aus dem Zustand der Vollbeschäftigung auf über 2 Prozent. Im November 1966 trat die Regierung Kiesinger in der ersten großen Koalition ihr Amt an. Bestimmende Leitfigur der deutschen Wirtschaftspolitik wurde der neue Wirtschaftsminister Karl Schiller, dessen keynesianisches Denken die ordoliberale Ära des früheren Wirtschaftsministers und Bundeskanzlers Ludwig Erhard ablöste (...). Ihren wirtschaftspolitischen Ausdruck fand dieses neue Denken im Konzept der „Globalsteuerung", das im Stabilitäts- und Wachstumsgesetz (1967) als neues „wirtschaftspolitisches Grundgesetz" der Bundesrepublik Deutschland verankert wurde (...). Keynesianische Nachfragesteuerung auf der Grundlage des Stabilitätsgesetzes blieb bis zum Jahr 1982 und dem Ende der sozialliberalen Koalition unter Bundeskanzler Helmut Schmidt (s. S. 74) die Konzeption der Bundesregierung. (...)

Das Stabilitäts- und Wachstumsgesetz

Das Stabilitäts- und Wachstumsgesetz (StabG) aus dem Jahr 1967 (s. S. 20 f.) fordert von Bund und Ländern Maßnahmen zur gleichzeitigen Schaffung von Preisniveaustabilität, eines hohen Beschäftigungsgrads, eines außenwirtschaftlichen Gleichgewichts und eines angemessenen Wirtschaftswachstums („magisches Viereck"). Diese Ziele sollten mit „Feinsteuerung" der gesamtwirtschaftlichen Nachfrage im Sinne der keynesianischen Theorie erreicht werden. Karl Schiller konkretisierte die Ziele im Jahr 1968 als eine reale Zuwachsrate des Sozialprodukts von 4,0 Prozent, eine Arbeitslosenquote von unter 0,8 Prozent und eine Inflationsrate von weniger als 1 Prozent (...).

Globalsteuerung als „gescheitertes Konzept"

Das nachträgliche Urteil der Wirtschaftswissenschaft und der Geschichtsschreibung über die Phase der Globalsteuerung als einen Versuch der Konjunkturbeeinflussung mithilfe von Nachfrageprogrammen ist relativ eindeutig: Hatte der neu angetretene Wirtschaftsminister Karl Schiller in den 1960er-Jahren noch gesagt: „Konjunktur ist nicht un-

Die Regierung der Großen Koalition (CDU/CSU und SPD) unter Bundeskanzler Kiesinger (sitzend, 3. v. r.) während einer Sitzung im Garten des Bundeskanzleramtes in Bonn, 5.7.1967. Diese Regierung hatte das „Gesetz zur Förderung des Wachstums der Wirtschaft" (Stabilitäts- und Wachstumsgesetz) beschlossen, das am 8.6.1967 in Kraft trat.

ser Schicksal, Konjunktur ist unser Wille" (...), betitelt Tim Schanetzky seine wissenschaftliche Untersuchung zur Wirtschaftspolitik zwischen 1966 und 1982 als „Die große Ernüchterung" (...). Wie kam es zu diesem Urteil? (...)

Wie im vorangegangenen Abschnitt deutlich wurde, verlor die Konjunkturpolitik nach dem anfänglichen Erfolg der Überwindung der „Delle" von 1967 immer mehr an Effektivität. In der Zeit ab 1974 wurden nicht nur die gesteckten Ziele verfehlt, sondern es wurden zusätzlich Bedenken laut, die Globalsteuerung könne selbst statt zur Stabilisierung zur Verschärfung bestehender Probleme beitragen. Gleichzeitig mit der offensichtlich werdenden Erfolglosigkeit der Globalsteuerung zu Beginn der 1980er-Jahre lösten die angebotsseitigen Politikempfehlungen des Monetarismus auch in der Wirtschaftswissenschaft die keynesianischen Konzeptionen ab. (...)

In der nachträglichen Bewertung der Globalsteuerung von 1967 bis 1982 wird deutlich, dass dieses Politikkonzept und damit die in diesem Rahmen verabschiedeten Konjunkturprogramme insgesamt als gescheitert gelten können. Die Ursache liegt neben den technischen Schwierigkeiten einer korrekten und schnellen Analyse der konjunkturellen Situation und der politisch-administrativen Verzögerung der Umsetzung von angemessenen Gegenmaßnahmen hauptsächlich darin, dass in dieser Phase der deutschen Wirtschaftsgeschichte auf nicht-konjunkturelle Probleme mit konjunkturpolitischen Maßnahmen reagiert wurde. Die deutsche Wirtschaft stand in dieser Zeit vor einer Reihe von Herausforderungen. Die größten waren die Änderung des außenwirtschaftlichen Regimes durch die Flexibilisierung der Wechselkurse und die beiden Ölpreiskrisen. Idealerweise hätten diese Herausforderungen Anpassungsreaktionen der deutschen Volkswirtschaft hervorgerufen, die zu einer verbesserten Effizienz der Produktion und einer erhöhten internationalen Wettbewerbsfähigkeit geführt hätten. Stattdessen wurden die strukturellen Probleme von der Wirtschaftspolitik als Konjunkturproblem aufgefasst und mit nachfrageseitigen Konjunkturprogrammen bekämpft. Zwar konnten dadurch kurzfristig negative Effekte auf das Wirtschaftswachstum und den Arbeitsmarkt eingedämmt werden, der Anpassungsprozess der deutschen Wirtschaft an die neuen Erfordernisse wurde jedoch gleichzeitig behindert. Damit wurden die Strukturprobleme der deutschen Volkswirtschaft langfristig sogar verschärft, da die Ausgabenprogramme zu einem starken Anstieg der Staatsverschuldung, hohen Inflationsraten, einem unflexiblen Arbeitsmarkt und der Verdrängung privater Investitionen führten. Die Globalsteuerung war selbst Teil des strukturellen Problems der deutschen Volkswirtschaft geworden und auch in ihrer kurzfristigen Wirksamkeit an Grenzen gestoßen.

Claus-Martin Gaul: Konjunkturprogramme in der Geschichte der Bundesrepublik Deutschland: Einordnung und Bewertung der Globalsteuerung von 1967 bis 1982, Berlin (Wissenschaftliche Dienste des Deutschen Bundestags) 2009, S. 9 f., 16,18

M35 Hat die Globalsteuerung versagt?

Otto Schlecht (1925–2003), Wirtschaftswissenschaftler, 1973–1991 Staatssekretär im Bundesministerium für Wirtschaft, zog bereits 1976 eine Bilanz der Globalsteuerung:

Die Rezession im Jahre 1975 mit Rückgang des realen Wachstums in Höhe von drei bis vier Prozent, mit über einer Million Arbeitslosen und bei einer jahresdurchschnittlichen Preissteigerungsrate von immerhin noch sechs Prozent macht die als Thema gestellte Frage verständlich und zugleich für den Wirtschaftspolitiker zur Herausforderung. (...)

Die Frage, ob eine Neuorientierung der Globalsteuerung notwendig sei, ist meines Erachtens ohne Einschränkung zu bejahen. Dabei halte ich nicht so sehr eine Generalüberholung der konjunkturpolitischen Instrumente für dringend (...), sondern eine Rückbesinnung auf essenzielle Wirksamkeitsvoraussetzungen der Globalsteuerung. Denn wenn, trotz der außenwirtschaftlichen Absicherung der Stabilitätspolitik seit 1973, das Gesamtergebnis der staatlichen Konjunkturpolitik unbefriedigend ausfiel, so nicht deshalb, weil die Instrumente der Globalsteuerung selbst zu unvollkommen waren. Vielmehr wurde eine zentrale Wirksamkeitsvoraussetzung für effiziente Globalsteuerung vernachlässigt, nämlich das Vertrauen in die langfristige Konstanz der gesamtwirtschaftlichen und gesellschaftlichen Rahmenbedingungen. Die Schiller'sche Synthese zwischen „Keynesianischer Botschaft" einerseits und dem „Freiburger Imperativ" (s. S. 87) andererseits wurde aufgebrochen (...).

Zum einen hat sich rückschauend bestätigt, dass zwischen der Angemessenheit der Mittelauswahl, des timings sowie der Dosierung und der „spontanen" Anfälligkeit des Systems für Einzeldirigismen ein sehr enger Zusammenhang besteht. (...) Zum anderen ist die Belastbarkeit der Wirtschaft getestet worden. Zwar hat sich die Marktwirtschaft als hoch belastbar erwiesen, doch auf der Strecke geblieben ist dabei die Sicherheit der Arbeitsplätze für morgen: Das Testergebnis ist ablesbar an wenigen ökonomischen Grunddaten, vor allem in dem Stagnationspfad der industriellen Privatinvestitionen seit 1971 und der dadurch verursachten strukturellen Gefährdung der Vollbeschäftigung, in der schiefen Einkommensentwicklung und in dem sprunghaften Anstieg der Staatsquote seit 1970. (...)

Von der Politik waren und sind daher einige mittelfristige Weichen neu zu stellen, damit die wirtschaftlichen und gesellschaftlichen Grundvoraussetzungen für die Effizienz des marktwirtschaftlichen Systems wieder gestärkt werden (...); die staatliche Konjunkturpolitik könnte (...) den Akzent der Globalsteuerung wieder stärker nach mittelfristigen Orientierungen setzen. Dies käme einer größeren Stetigkeit des konjunkturpolitischen Instrumenteneinsatzes zugute und würde darüber hinaus einen nicht unwesentlichen Beitrag zur Verstetigung der konjunkturellen Entwicklung selbst bedeuten. (...) Die Forderung nach mehr mittelfristiger Verstetigung und stärkerer Potenzialorientierung bedeutet deshalb keinen „Abschied von Keynes" und keinen Rückfall in konjunkturpolitisches Laissez-faire. Sie heißt vielmehr Vermeiden von „stop and go" durch zu kurzfristig angelegte antizyklische Politik und stattdessen kompensatorische Konjunkturpolitik, flankiert von einer Geldmengensteuerung und von einer Finanzplanung, die auf der Basis einer mittelfristigen Perspektive mit realistischer Zielkombination stehen. (...)

Ich kann (...) bei jenem Fazit bleiben, das ich bereits im Jahre 1972 gezogen habe:

1. Es gibt keine Alternative zur Globalsteuerung, es wird aber auch künftig keine Wunder mit der Globalsteuerung geben.
2. Wir können weder zurück zu „Opas Marktwirtschaft", noch kann das Heil in regelmechanistischen Patentrezepten gesucht oder gar die Flucht in Dirigismen angetreten werden.
3. Wir werden aber auch zyklische Schwankungen nicht abschaffen können. Es ist schon viel gewonnen, wenn es gelingt, extreme Ausschläge zu kappen. (...)
4. Wir müssen also die Pflöcke weiter nach vorn stecken, gleichzeitig aber auch die Grenzen der Machbarkeit deutlicher sehen. (...)
5. Das ist der Preis für die Freiheit. Eine freiheitliche Gesellschaft beruht auf dem Prinzip von „trial and error". Interessenkonflikte und deren – allerdings möglichst sachliche – Austragung sind Elemente unserer Wirtschaftsordnung; ohne dieses Element gäbe es in dieser Ordnung keinen wirtschaftlichen und sozialen Fortschritt.

Otto Schlecht: Hat die Globalsteuerung versagt?, in: Die Zeit Nr. 18 v. 23.4.1976, in: www.zeit.de (Zugriff: 20.6.2014)

M36 Das Problem der Wirkungsverzögerungen

Ein Kritikpunkt an der antizyklischen Fiskalpolitik sind die mit dem Einsatz kurzfristiger wirtschaftspolitischer Instrumente verbundenen Wirkungsverzögerungen.

Wenn schon die Konjunkturdiagnose und -prognose unsicher ist, wird die Dosierung der konjunkturpolitischen Maßnahmen erst recht zum Problem. Dabei kann man sich auch wenig auf Erfahrungen aus früheren Konjunkturzyklen stützen, (...) sodass antizyklische Konjunkturpolitik auf Dosierungen „nach Augenmaß" angewiesen ist.

Schließlich kommt (...) den Wirkungsverzögerungen und der damit verbundenen Zeitwahl des Mitteleinsatzes (richtiges „Timing") besondere Bedeutung zu. Bei zu spät ergriffenen Maßnahmen besteht die Gefahr, dass sie statt antizyklisch prozyklisch wirken, d. h. die Konjunkturschwankungen noch verschlimmern. In der Praxis ist mit erheblichen zeitlichen Verzögerungen (Time Lags) beim Einsatz der Instrumente zu rechnen. (...) Die Innenverzögerung entsteht innerhalb der wirtschaftspolitischen Instanzen, während die Außenverzögerung außerhalb der wirtschaftspolitischen Entscheidungsträger vom Zeitpunkt des Einsatzes einer Maßnahme bis zu deren vollen Wirksamkeit reicht.

Bei der Geldpolitik ist die Innenverzögerung in der Regel kurz (bis zu drei Monate), da der geldpolitisch maßgebende EZB-Rat regelmäßig tagt. Demgegenüber ist die Außenverzögerung meistens lang bzw. sogar unbestimmt, weil die Wirtschaftssubjekte auf Zins- und Geldmengenänderungen häufig nicht sofort oder manchmal gar nicht reagieren. Bei der Fiskal- und Lohnpolitik ist die Innenverzögerung wegen der schwerfälligen institutionellen Verfahren normalerweise lang. Die Außenverzögerung ist bei beiden kurz, aber quantitativ unbestimmt, weil insbesondere die Haushalte auf Einkommensänderungen sehr unterschiedlich und gelegentlich kaum reagieren („Sickerverluste").

Im Einzelnen hat sich die Messung von zeitlichen Verzögerungen als äußerst schwierig erwiesen und schon deshalb keine verlässlichen Ergebnisse gebracht, weil die beobachteten Änderungen von Zielgrößen selten bestimmten, vorher ergriffenen Maßnahmen eindeutig zugerechnet werden können. Da die tatsächliche Länge von Reaktionsverzögerungen heute nur wenig bekannt ist, sind prozyklische Wirkungen diskretionärer Eingriffe nicht auszuschalten. Wenn die antizyklische Konjunkturpolitik trotzdem fortgesetzt wird, ist das im Grunde nur wegen der Hoffnung eines fortschreitenden Lernens, das praktische Erfahrungen voraussetzt („learning-by-doing"), zu rechtfertigen.

Hartwig Bartling/Franz Luzius: Grundzüge der Volkswirtschaftslehre, 16. Auflage München (Vahlen) 2008, S. 261–263

M 37 Die verschiedenen Timelags

Das „Insidelag" beschreibt die Verzögerungen, für welche die Träger der Fiskalpolitik die Verantwortung tragen.
Das „Outsidelag" hingegen wird durch die Reaktionsgeschwindigkeit der privatwirtschaftlichen Akteure auf veränderte fiskalpolitische Daten bestimmt. Das erhebliche Ausmaß dieser Verzögerungen insgesamt kann dazu führen, dass eine eigentlich antizyklisch motivierte Politik schließlich prozyklisch wirkt und die Wirtschaft destabilisiert.

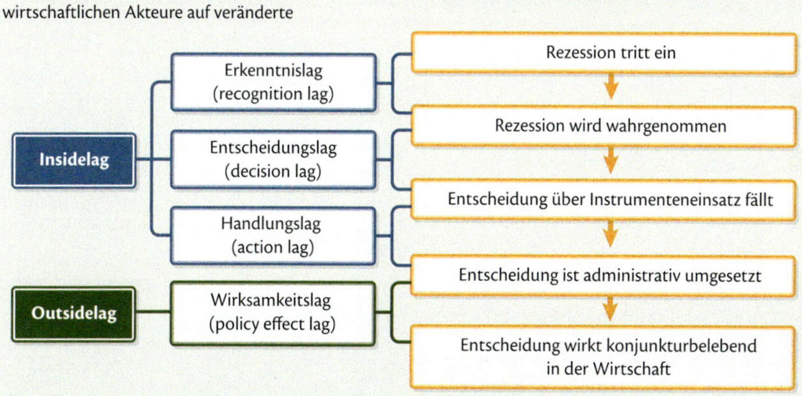

Nach: Duden-Ratgeber: Wie Wirtschaft funktioniert, Mannheim (Bibliographisches Institut) 2013, S. 153

Angebots- und Nachfragepolitik – eine Gegenüberstellung

Mit den beiden wirtschaftspolitischen Konzepten der Angebotspolitik einerseits und der Nachfragepolitik andererseits gibt es im Großen und Ganzen zwei alternative wirtschaftspolitische Grundkonzeptionen, die mit unterschiedlichen Schwerpunktsetzungen auch die praktische Wirtschaftspolitik in den vergangenen Jahrzehnten bestimmten. Den wirtschaftstheoretischen „Unterbau" zu diesen Konzeptionen liefern die Klassik bzw. Neoklassik und der Monetarismus für die Angebotspolitik sowie der Keynesianismus bzw. Neo- und Postkeynesianismus für die Nachfragepolitik. Ein Beispiel für die theoretische und politische Kontroverse beider Lager bildet die Diskussion um die Phillips-Kurve. Offen bleibt, ob in wichtigen Bereichen der Wirtschaftspolitik wie der Geld- und Finanzpolitik aktuell eher Pragmatismus bestimmend ist als wirtschaftspolitische „Ideologie".
Ein Vergleich der beiden theoretischen Ansätze soll ermöglichen, deren Tauglichkeit in wirtschaftspolitischer Hinsicht einschätzen können.

Sind die Arbeitnehmer immer die Dummen im konjunkturellen Auf und Ab? *Zeichnung: Wössner*

1. Stellen Sie die Kernaussagen des postkeynesianischen Paradigmas dem neoklassischen Paradigma gegenüber.
2. Arbeiten Sie die grundsätzlichen Unterschiede zwischen Zyklusorientierung und Potenzialorientierung heraus.
3. Beschreiben Sie die Aussagen der Phillips-Kurve und die Kritik der Monetaristen. Interpretieren Sie die empirischen Befunde für Deutschland.
4. Erörtern Sie die Ziele und Aufgaben für die Geld- und Finanzpolitik aus Sicht der Angebotspolitik einerseits und der Nachfragepolitik andererseits.
5. Diskutieren Sie die Notwendigkeit der Schuldenbremse und der europäischen Fiskalregeln anhand der Materialien **M 46** bis **M 48**.
6. Entwerfen Sie anhand der Materialien **M 50** bis **M 52** wesentliche Anforderungen an die praktische Wirtschaftspolitik.

M38 Das postkeynesianische Paradigma

Nach dem postkeynesianischen Paradigma besteht Anlass, der Selbstregulierungsfähigkeit des ökonomischen Systems, speziell dem Vollbeschäftigungsautomatismus zu misstrauen und im Falle von Störungen des gesamtwirtschaftlichen Gleichgewichts stabilisierungspolitische, insbesondere fiskalpolitische Maßnahmen zu ergreifen. Im Gegensatz zur klassischen Lehre geht die postkeynesianische Theorie offenbar von der inhärenten Instabilität marktwirtschaftlicher Systeme aus. Die Postkeynesianer sind folglich „Marktpessimisten". Sie bestreiten zwar nicht die Möglichkeit eines allgemeinen Gleichgewichts, nach ihrer Auffassung sind jedoch derartige Zustände nicht typisch für sich selbst überlassene Marktwirtschaften. (...) Der Staat hat nach dieser Vorstellung eine aktive stabilisierungspolitische Verantwortung zu übernehmen. Die Postkeynesianer sind folglich der Überzeugung, dass die Marktwirtschaft „stabilisiert" werden muss, dass sie stabilisiert werden kann und dass sie folglich stabilisiert werden soll. Insbesondere die Vollbeschäftigungszielsetzung steht im Zentrum der Wirtschaftspolitik. (...) Postkeynesianer sind folglich nicht nur Pessimisten hinsichtlich der Selbststeuerungsfähigkeit marktwirtschaftlicher Systeme, sondern auch Optimisten hinsichtlich der Stabilisierungsfähigkeit der Regierungen. Die dem postkeynesianischen Weltbild zugrunde liegende Staatsauffassung kann insofern als tendenziell „interventionistisch" bezeichnet werden. Der postkeynesianische Interventionismus beschränkt sich allerdings auf einen Globalsteuerungsinterventionismus: Durch antizyklische Beeinflussung der gesamtwirtschaftlichen Nachfrageaggregate soll eine stabilisierte Wirtschaftsentwicklung erreicht werden. Der postkeynesianische Interventionismus gilt als mit dem marktwirtschaftlichen System vereinbar, da keine direkte Steuerung der Aktivitäten einzelner Wirtschaftssubjekte erfolgen soll.

Die Übernahme der postkeynesianischen Konzeption in die wirtschaftspolitische Praxis dürfte primär darauf zurückzuführen sein, dass die Erfahrungen anhaltender Arbeitslosigkeit in der Weltwirtschaftskrise mit der klassischen Doktrin nicht vereinbar waren, sie also offenkundig „widerlegten". Zudem wurde mit der neuen Lehre eine plausibel erscheinende Theorie vorgelegt, die das Phänomen der Unterbeschäftigung erklären konnte und die Bedeutung der gesamtwirtschaftlichen Nachfrage für die Beschäftigung herausstellte. Der antizyklischen Fiskalpolitik kommt in diesem Konzept die zentrale Rolle zu, da durch sie die gesamtwirtschaftlichen Nachfrageaggregate wirksamer gesteuert werden könnten als durch antizyklischen Einsatz des geldpolitischen Instrumentariums. (...)

Der postkeynesianische Einfluss führte nicht nur zu rechtlichen Konsequenzen im Bereich der Wirtschaftspolitik (Stabilitäts- und Wachstumsgesetz in der Bundesrepublik), er prägte auch das praktische wirtschaftspolitische Handeln, so (...) die Phase der Globalsteuerung in der Bundesrepublik von 1966/1967 bis Mitte der Siebzigerjahre.

Jürgen Pätzold/Daniel Baade: Stabilisierungspolitik, 7. Auflage München (Vahlen) 2008, S. 39

Paradigma: hier: Leitbild oder grundsätzliche Denkweise

inhärent: (einem Sachverhalt) innewohnend

M39 Das neoklassische Paradigma

Die neoklassische Stabilisierungskonzeption knüpft an der klassischen Vorstellung eines inhärent stabilen, also sich gleichgewichtig entwickelnden marktwirtschaftlichen Systems an. Neoklassiker sind „Marktoptimisten". (...) Voraussetzung ist ein funktionsfähiger Preismechanismus, der das Marktsystem bei Störungen rasch genug zum Gleichgewicht zurückführt. Arbeitslosigkeit wird weitgehend als „freiwillig" bzw. „natürlich" interpretiert. Der Marktoptimismus der Neoklassiker wird ergänzt durch einen Pessimismus hinsichtlich der Steuerungsfähigkeit marktwirtschaftlicher Systeme durch den Staat (These des Staatsversagens). Die in der Realität beobachtbaren (zunehmenden) Fehlentwicklungen werden nicht als Ergebnis unzureichender marktwirtschaftlicher Anpassungskräfte interpretiert. (...) Die Instabilitäten sind Folge einer von Fall zu Fall intervenierenden antizyklischen Wirtschaftspolitik. (...) Das neoklassische Paradigma tendiert daher zur Haltung des Wirtschaftsliberalismus. Plädiert wird für eine längerfristig ausgelegte Politik zur Verbesserung des Ordnungsrahmens der Volkswirtschaft. Die Wirtschaftspolitik muss sich zudem durch Stetigkeit und Verlässlichkeit (credibility) auszeich-

nen. (...) Ordnungspolitik ist so gesehen der zentrale Bestandteil der Stabilisierungspolitik. Es gilt in erster Linie, die Anreizmechanismen der Güter- und Faktormärkte zu stärken (Effizienzorientierung). (...)
Neoklassiker plädieren nicht nur für eine ordnungskonformere Wirtschaftspolitik, zentrale Verantwortung kommt in diesem Konzept einer verstetigten Geldpolitik zu (sog. Monetaristen, s. S. 55 f.). Die Neoklassiker versuchen, ein geschlossenes marktwirtschaftskonformes Stabilisierungskonzept vorzulegen: Durch Verbesserung der marktwirtschaftlichen Rahmenbedingungen soll eine „Revitalisierung" der privaten Wirtschaftstätigkeit und eine Beschleunigung des wirtschaftlichen Wachstums erreicht werden.
Die neoklassische Auffassung hat die praktische Wirtschaftspolitik in der Bundesrepublik seit Anfang der Achtzigerjahre geprägt, wobei die Deutsche Bundesbank bereits Mitte der Siebzigerjahre einen Kurswechsel zur monetaristischen Geldpolitik vollzog. (...)
Jürgen Pätzold/Daniel Baade: Stabilisierungspolitik, 7. Auflage München (Vahlen) 2008, S. 40 f.

M 40 Gegenüberstellung wirtschaftspolitischer Konzepte

Postkeynesianische Konzeption Nachfrageorientierte Wirtschaftspolitik	**Neoklassische Konzeption Angebotsorientierte Wirtschaftspolitik**
Instabilitätshypothese	**Stabilitätshypothese**
Marktwirtschaftliche Systeme sind infolge von Wettbewerbsbeschränkungen inhärent instabil (**Marktpessimismus**). Es besteht insbesondere die Gefahr eines anhaltenden „**Gleichgewichts bei Unterbeschäftigung**". Die Wirtschaftspolitik ist allerdings in der Lage, mittels geeigneter Interventionen das Marktsystem zu stabilisieren und Fehlentwicklungen entgegenzusteuern.	Marktwirtschaftliche Systeme sind inhärent stabil. Wenn Störungen auftreten, so sind dies Folgen eines unzureichend funktionierenden Wettbewerbs und/oder Folge von Interventionen des Staates. Aufgabe der Politik ist es, die Rahmenbedingungen so zu setzen, dass der **Wettbewerb funktioniert** (**Kausaltherapie durch Ordnungspolitik**). Der Staat soll sich im Übrigen jeglicher Interventionen in das Marktsystem enthalten (**Konstanz der Wirtschaftspolitik**).
Nachfrageorientierung	**Angebotsorientierung**
Die gesamtwirtschaftliche Nachfrage ist die entscheidende Determinante von Produktion und Beschäftigung. Mittels geld- und fiskalpolitischer Maßnahmen soll sie antizyklisch gesteuert werden (**Globalsteuerung**).	Das Angebot ist die entscheidende Determinante der wirtschaftlichen Entwicklung. Bei der Produktion von Gütern entstehen Einkommen und damit kaufkräftige Nachfrage (**Say'sches Theorem**). Sättigung tritt nur auf einzelnen Märkten, nicht aber gesamtwirtschaftlich auf (**Ablehnung der Sättigungshypothese**). Wagemutige Pionierunternehmer sind Träger des technischen Fortschritts (**Schumpeter-Pioniere**), sie erschließen neue Märkte und setzen Prozessinnovationen durch. Für das Auftreten der Pioniere müssen allerdings die Rahmenbedingungen stimmen (freie Marktzugänge, leistungsfreundliches Steuersystem etc.).
Vorrang des Beschäftigungsziels	**Vorrang des Geldwertstabilitätsziels**
Dominierendes Ziel der Wirtschaftspolitik ist die **Sicherung der Vollbeschäftigung**. Der Staat gibt damit faktisch eine Art **Vollbeschäftigungsversprechen** ab. Die Sicherung der Preisniveaustabilität hat im Zweifel hinter der Beschäftigungssicherung zurückzutreten (**Relativierung der Geldwertstabilität**). Mit einer (mäßig) inflatorischen Wirtschaftspolitik kann die Arbeitslosigkeit gesenkt werden (**Phillips-Kurven-Hypothese**).	Dominierendes Ziel der Wirtschaftspolitik ist die **Sicherung der Preisniveaustabilität**, und zwar auch dann, wenn damit kurzfristig Beschäftigungseinbußen verbunden wären. Preisniveaustabilität ist Voraussetzung für ein dauerhaftes Wirtschaftswachstum und einen hohen Beschäftigungsstand (**Ablehnung des Phillips-Kurven-Zielkonflikts**).

Antizyklische Fiskalpolitik	Finanzpolitik als Allokationspolitik
Die zentrale Verantwortung übernimmt die antizyklische Fiskalpolitik. Über sie kann die gesamtwirtschaftliche Nachfrage wirksam gesteuert werden (**Fiskalisten**). Zur Bekämpfung der Unterbeschäftigung sind **Budgetdefizite** in Kauf zu nehmen. Von staatlichen Konjunkturprogrammen gehen zudem hohe Multiplikatoreffekte aus (**Multiplikatoroptimismus**).	Aufgabe der Finanzpolitik ist die angemessene Versorgung der Gesellschaft mit öffentlichen Gütern (**Allokationsfunktion**). Im Zweifel wird für einen möglichst **geringen Staatsanteil** plädiert. Bestehende strukturelle Budgetdefizite sind zu konsolidieren. Die öffentlichen Haushalte sind zudem zu verstetigen, d. h. am Wachstum des Produktionspotenzials auszurichten (**konjunkturneutraler Haushalt**). Zudem ist das Steuersystem gemäß dem **Laffer-Theorem** (*s. S. 58f.*) zu reformieren und leistungsfreundlicher zu gestalten.
Antizyklische Geldpolitik	**Stabilitätsorientierte Geldpolitik**
Die Geldpolitik soll die Fiskalpolitik unterstützen („**monetary-fiscal-policy**"). In der Rezession wird eine „**Politik des billigen Geldes**" gefordert; damit werden nicht nur die Bedingungen für die Finanzierung der privaten Investitionen verbessert, sondern auch die Finanzierung der staatlichen Budgetdefizite erleichtert.	Eine zentrale Rolle übernimmt die Geldpolitik. Sie soll die **Stabilität des Preisniveaus** sichern. Hierzu ist die Geldmengenentwicklung am Wachstum des Produktionspotenzials auszurichten (**potenzialorientierte** oder **monetaristische** Geldpolitik).
Einkommenspolitische Flankensicherung	**Vollbeschäftigungskonforme Lohnpolitik**
Im postkeynesianischen Konzept wird die Lohnpolitik weitgehend von ihrer beschäftigungspolitischen Verantwortung entlastet. Um die Gefahr exzessiver **Verteilungsauseinandersetzungen** (mit negativen Folgen für Beschäftigung und Preisniveaustabilität) zu begrenzen, wird für eine **einkommenspolitische Flankensicherung** plädiert.	Der Lohnpolitik wird im neoklassischen Konzept (wieder) die **beschäftigungspolitische Verantwortung** zugewiesen. Von ihr werden Lohnabschlüsse gefordert, die zu Vollbeschäftigung passen (**produktivitätsorientierte** oder **kostenniveauneutrale Lohnpolitik**). Aufgabe des Staates ist es nicht, mit Beschäftigungsprogrammen Fehler der Lohnpolitik zu neutralisieren.
	Offensive Marktpolitik
	Neoklassiker fordern „mehr Markt". Bestehende Wettbewerbsbeschränkungen und staatliche Regulierungen sind so weit als möglich zu beseitigen (**Deregulierungspolitik**). Staatliche Unternehmen sind weitestgehend zu privatisieren (**Privatisierungspolitik**).

Nach: Jürgen Pätzold/Daniel Baade: Stabilisierungspolitik, 7. Auflage München (Vahlen) 2008, S. 42f.

M41 Zyklusorientierung und Potenzialorientierung

Keynes' Theorie beruht auf einer kurzfristigen Analyse des Wirtschaftsprozesses. Keynes forderte, die Nachfrage im Konjunkturabschwung zu stützen und in Boomzeiten zu drosseln. Dazu sollen die Geld- und Fiskalpolitik eingesetzt werden (antizyklische Finanzpolitik). Niedrige Zinsen erhöhen die Nachfrage nach Investitionsgütern. Eine zusätzliche Staatsnachfrage stößt Investitionen beispielsweise im Wohnungsbau an. Umgekehrt sollen im Boom höhere Zinsen und Steuern sowie ein verringerter Staatsverbrauch die Konjunktur dämpfen.

Während im Rahmen der Angebotspolitik versucht wird, langfristig das gesamtwirtschaftliche Produktionspotenzial zu erhöhen, ist nachfrageorientierte Konjunkturpolitik auf die Glättung kurzfristiger Nachfrageschwankungen, d. h. auf die Stabilisierung des Wirtschaftsprozesses gerichtet. (...)

Während Konjunkturentwicklung die Schwankungen um einen längerfristigen Trend bezeichnet, ist Wachstum die langfristige Trendentwicklung selbst. Eine erhöhte Nachfrage sollte nicht nur Konjunkturschwankungen ausgleichen, sondern auch langfristig das Wachstum einer Volkswirtschaft stärken. (...)

Duden-Ratgeber: Wie Wirtschaft funktioniert, Mannheim (BI) 2013, S. 146

Helmut Schmidt (geb. 1918), SPD-Politiker und Bundeskanzler (1974–82). Ihm wird das Zitat zugeschrieben: „Lieber fünf Prozent Inflation als fünf Prozent Arbeitslosigkeit." Damit reihte er sich in die Tradition der keynesianischen Interpretation der Phillips-Kurve ein. Dieser Satz geht zurück auf ein Interview mit der Süddeutschen Zeitung vom 28.7.1972. Damals formulierte er: „Mir scheint, dass das deutsche Volk – zugespitzt – 5 Prozent Preisanstieg eher vertragen kann als 5 Prozent Arbeitslosigkeit"

M42 Die Phillips-Kurve – Die Kontroverse zwischen Keynesianern und Monetaristen

Eine prägende Auseinandersetzung zwischen Keynesianern und Neoklassikern bzw. Monetaristen war die Kontroverse über die Phillips-Kurve. (...) Die Kontroverse zwischen Keynesianern und Monetaristen beherrscht die wirtschaftspolitische Diskussion bis heute. (...)

Im Jahre 1958 veröffentlichte der Engländer Alban Phillips (1914–1975) eine Untersuchung über die Arbeitslosigkeit und die Lohnentwicklung in Großbritannien von 1862 bis 1957. (...) Die ursprüngliche Version der Phillipskurve ließ sich verhältnismäßig leicht erklären: In den Jahren mit niedriger Arbeitslosigkeit sind die Löhne stark gestiegen, während bei hoher Arbeitslosigkeit nur geringe Lohnsteigerungen oder gar Lohnsenkungen zu verzeichnen waren. Grund: Je niedriger die Arbeitslosigkeit bzw. je besser die Beschäftigungslage ist, desto leichter sind höhere Löhne durchsetzbar (*M 43 a*).

Spektakulär wurde die Phillips-Kurve erst durch eine Modifikation, die die späteren Nobelpreisträger Paul Samuelson und Robert Solow 1960 vornahmen (*M 43 b*). Sie setzten statt der Lohn- die Preissteigerungsrate und erhielten einen ähnlichen Kurvenverlauf: Eine zunehmende Preissteigerungsrate ging mit abnehmender Arbeitslosenquote einher (Bewegung von Situation 1 zu 2). Die meisten Ökonomen dieser Zeit – in der Mehrzahl überzeugte Keynesianer – interpretierten diese Beziehung als eine Wahlmöglichkeit (trade-off) zwischen den beiden Übeln Inflation und Arbeitslosigkeit. Demnach konnte man mittels expansiver Nachfragepolitik die Arbeitslosigkeit senken, man musste halt eine gewisse Inflation in Kauf nehmen. (...).

Die Monetaristen Milton Friedman und Edmund Phelps wiesen bereits Ende der 1960er-Jahre auf einen Denkfehler der keynesianischen Sichtweise hin. Diese unterstellte nämlich, dass die Arbeiter eine höhere Inflation nicht zum Anlass für höhere Lohnforderungen nehmen, weil sie den vollen Umfang der Preissteigerung nicht erkennen (so genannte Geldillusion). Aufgrund sinkender Reallöhne stellen die Unternehmer mehr Arbeiter ein und produzieren mehr. Zentrale Annahme der Monetaristen ist dagegen, dass sich die Gewerkschaften nur kurzfristig täuschen lassen. Sobald sie merken, dass die Kaufkraft der Löhne sinkt, werden sie entsprechende Nachforderungen stellen. (...) Der anfängliche Beschäftigungszuwachs geht verloren, und es bleibt nur eine höhere Inflationsrate (3). Angenommen, die Politik würde jetzt fortfahren, die Nachfrage auszudehnen, so käme es kurzfristig zwar erneut zu einem Rückgang der Arbeitslosenquote bei steigender Inflation (entlang der neuen Kurve zu 4). Die daraufhin geforderten Lohnzuwächse verschieben jedoch die Phillips-Kurve wieder nach rechts . Nach Ansicht der Monetaristen kann die Arbeitslosigkeit mit expansiven geld- oder fiskalpolitischen Mitteln langfristig nicht unter das Niveau der natürlichen Arbeitslosenquote gedrückt werden. Das bedeutet, dass die Phillips-Kurve nur kurzfristig eine negative Steigung aufweist, langfristig verläuft sie senkrecht.

Herbert Sperber: Wirtschaft verstehen, 4. Auflage Stuttgart (Schäffer-Poeschel) 2012, S. 156–158

M43 Die Phillips-Kurve

a) aus keynesianischer Sicht

b) aus monetaristischer Sicht

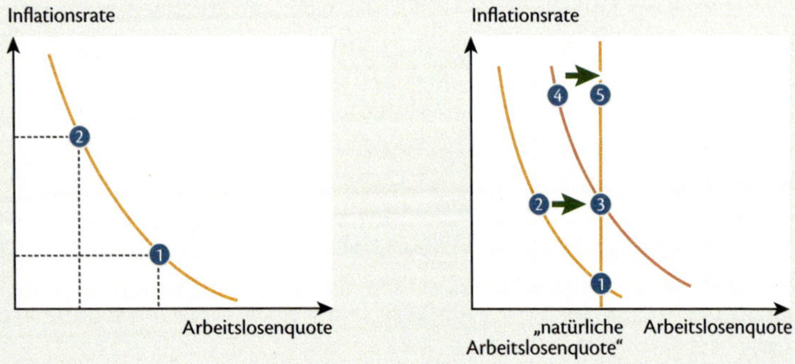

Nach: Herbert Sperber: Wirtschaft verstehen, 4. Auflage Stuttgart (Schäffer-Poeschel) 2012, S. 157f.

M 44 Die Phillips-Kurve für Deutschland

Nachdem die Phillips-Kurve zu einem wichtigen Baustein der Stabilisierungspolitik geworden war, zeigten sich in vielen Industrieländern verstärkt „neuartige" ökonomische Fehlentwicklungen. (...) Sichtbarer Ausdruck ist das Phänomen der Stagflation, also die Erscheinung, dass trotz steigender Arbeitslosigkeit die Inflationsraten zunehmen. Stagflationäre Erscheinungen traten in Deutschland erstmals Anfang der Siebzigerjahre auf. (...)
Der Trade off zwischen konjunktureller Inflation und konjunktureller Arbeitslosigkeit stellt grafisch gesehen eine Bewegung auf einer gegebenen Phillips-Kurve dar. Typisches Kennzeichen stagflationärer Prozesse ist, dass sich die Lage der Phillips-Kurve immer weiter vom Ursprung des Koordinatensystems entfernt.
(*Die*) Abbildung (*M 45*) lässt erkennen, dass zu Beginn der Siebzigerjahre in Deutschland zuerst die Inflationsraten (bei noch relativ stabiler Arbeitslosigkeit) stiegen (Verlagerung der Phillips-Kurve nach oben) und seit etwa Mitte der Siebzigerjahre sich die Phillips-Kurve (bei tendenziell sinkender Inflation) nach rechts verlagert, die Arbeitslosigkeit also bis in die Gegenwart hinein auf ein immer höheres Niveau stieg. Zu beachten ist, dass (...) sowohl auf der Abszisse (horizontale Linie: Arbeitslosenquote) als auch auf der Ordinate (vertikale Linie: Inflationsrate) nicht nur die konjunkturellen Teilkomponenten von Inflation und Arbeitslosigkeit dargestellt sind, sondern die Gesamtentwicklung von Inflation und Arbeitslosigkeit, also sowohl die konjunkturelle plus die nicht-konjunkturelle („strukturelle") Arbeitslosigkeit als auch die konjunkturelle Nachfrageinflation plus die nicht-konjunkturelle Angebotsinflation. (...)
In den Sechzigerjahren entsprach die Realität noch in etwa den Lehrbuchvorstellungen. (...) Zu Beginn der Siebzigerjahre beschleunigte sich die Inflation erheblich. Gleichzeitig stieg die Arbeitslosigkeit leicht an. Es vollzog sich ein Prozess der beginnenden Stagflation. (...)
1973/74 vollzog die Deutsche Bundesbank einen Konzeptionswechsel. (...) Um die Inflation zu drosseln, schaltete sie auf eine Politik des knappen Geldes um. Seither war es ihr Ziel, die Geldmenge nicht rascher wachsen zu lassen, als die Wirtschaft mittelfristig wächst (potenzialorientierte Geldmengenpolitik). (...) Infolge des geldpolitischen Kurswechsels konnte die Inflationsrate herunterstabilisiert werden (sog. Disinflation), allerdings um den Preis eines drastischen Anstiegs der Arbeitslosigkeit. (...) Der weitere Anstieg der Arbeitslosigkeit war dagegen Folge struktureller Faktoren. (...)
1982 vollzog auch die übrige Wirtschaftspolitik einen Kurswechsel zur Neoklassik (sog. angebotsorientierte Wirtschaftspolitik). Es gelang, die Inflation weiter zu drosseln. (...) Die Arbeitslosigkeit konnte allerdings u. a. infolge der weiterhin bestehenden strukturellen Ursachen der Unterbeschäftigung und des immer noch ansteigenden Erwerbspersonenpotenzials kaum abgebaut werden. Die Begrenzung der Inflation und eine (bescheidene) Verbesserung der Rahmenbedingungen für das Investitions- und Wachstumsklima in Deutschland führten seit Beginn des neuen Jahrtausends zu einer tendenziellen Verlagerung der Phillips-Kurve in Richtung Ursprung. Seit Mitte der Neunzigerjahre und im neuen Jahrtausend ist wiederum eine erneute Rechtsverlagerung der Phillips-Kurve zu verzeichnen. Bei relativ geringer Inflationsrate verharrt die Arbeitslosigkeit auf hohem Niveau.

Jürgen Pätzold/Daniel Baade: Stabilisierungspolitik, 7. Auflage München (Vahlen) 2008, S. 67-69

M 45 Phillips-Kurven für Deutschland von 1960 bis 2007

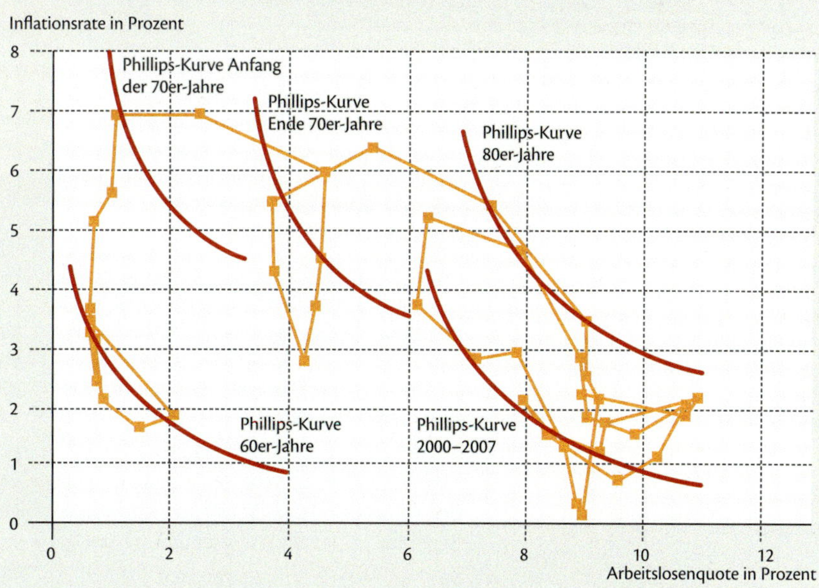

Nach: Jürgen Pätzold/Daniel Baade: Stabilisierungspolitik, 7. Auflage München (Vahlen) 2008, S. 68

M46 Staatsverschuldung und Schuldenbremse

Die Auseinandersetzung um Nachfrage- oder Angebotspolitik und um die Rolle des Staates geht weiter. Allerdings hat die Entwicklung der vergangenen Jahrzehnte in den westlichen Industrieländern und insbesondere seit der Finanz- und Wirtschaftskrise seit 2007 zu hohen Defiziten in den öffentlichen Haushalten und zu hohen Schuldenständen geführt. Ein Mittel der „Selbstdisziplinierung" war die Einführung von sogenannten „Schuldenbremsen". Dieses Instrument ist unter Nachfrage- und Angebotspolitikern nicht unumstritten.

Neben der Problematik unregulierter Finanzmärkte deckte die jüngste Wirtschaftskrise auch deutlich auf, welche Gefahren von unkontrolliert steigenden Defiziten der öffentlichen Haushalte ausgehen. Sie bestehen im Wesentlichen darin, dass eine unkontrollierte Staatsverschuldung die Anfälligkeit von Ländern für Finanz- und Wirtschaftskrisen erhöht, die adäquate und wirksame Bekämpfung von Krisen durch Maßnahmen der Fiskalpolitik erschwert wird und notwendige Konsolidierungsmaßnahmen die Überwindung von Krisen verzögern. (...)

Im Euroraum zeigte sich, dass trotz der Vereinbarungen im Stabilitätspakt die Konsolidierung der öffentlichen Haushalte unzureichend geblieben war (...) und dass zentrale institutionelle Grundsätze der europäischen Währungsunion nun zumindest temporär außer Kraft gesetzt wurden, nämlich: frühzeitige und wirksame Sanktionen beim Überschreiten der nach dem Stabilitätspakt zulässigen Grenzwerte für die öffentliche Verschuldung, das klare Verbot einer Beteiligung der Europäischen Zentralbank an der Finanzierung öffentlicher Schulden durch den direkten Ankauf von Staatspapieren und die grundsätzliche Nicht-Haftung einzelner Euroländer für die Haushaltsdefizite anderer Länder der Währungsunion. (...)

Für die Euroländer besteht daher eine der wichtigsten Aufgaben für die Zukunft darin, glaubwürdige Strategien zur Konsolidierung der öffentlichen Haushalte zu entwickeln. (...) Es ist bemerkenswert, dass mit der Einführung einer expliziten Schuldenbremse in das deutsche Grundgesetz 2009 (...) eine finanzpolitische Strategie eingeschlagen wurde, die im Erfolgsfall tatsächlich eine strikte Begrenzung der Staatsverschuldung bewirken könnte (...).

Die neuen Verfassungsregeln sollen die fiskalpolitischen Vorgaben der europäischen Währungsunion auf die nationale Ebene übersetzen, die haushaltspolitische Konsolidierung in Bund und Ländern koordinieren und langfristig eine für alle Akteure bindende Schranke gegen ausufernde Staatsverschuldung errichten. Im Einzelnen sieht nun der neue Artikel 109 Absatz 3 GG (...) vor, dass Bund und Länder grundsätzlich ihre Haushalte ohne Neuverschuldung auszugleichen haben. Diese Regelung gilt für den Bund ab 2016, für die Länder ab 2020. Nur dem Bund wird zugestanden, dass eine von der Konjunktur unabhängige Neuverschuldung auf maximal 0,35 Prozent des nominellen Bruttoinlandsprodukts beschränkt ist. Eine Ausweitung der strukturellen Komponente der Staatsverschuldung ist nur in extremen Ausnahmefällen (z. B. Naturkatastrophen oder schwere Wirtschaftskrisen) zulässig (...). Daneben sind konjunkturbedingte Haushaltsdefizite zur Realisierung einer antizyklischen Fiskalpolitik möglich, allerdings sind die konjunkturbedingten Abweichungen vom ausgeglichenen Haushalt auf einem Kontrollkonto festzuhalten, das über einen Konjunkturzyklus hinweg ausgeglichen sein soll. (...)

(Es) wird besonders darauf zu achten sein, ob die Ausnahmen für eine höhere strukturelle Neuverschuldung tatsächlich sehr restriktiv gehandhabt werden und ob es gelingen wird, die rezessionsbedingten konjunkturellen Defizite durch Haushaltsüberschüsse in der Hochkonjunktur auszugleichen. Letztlich kann die Schuldenbremse nur dann erfolgreich sein, wenn alle von der Finanzpolitik Betroffenen und an ihr Beteiligten – also Politiker, Wähler, Lobbyisten, Bürokraten – sich bewusst zu einer neuen Kultur der Haushaltskonsolidierung bekennen (...).

Der Anfang 2013 in Kraft getretene Europäische Fiskalpakt (...) sieht vor, dass explizit formulierte Verschuldungsgrenzen in die nationalen Verfassungen aufgenommen werden. Der Fiskalpakt ergänzt die Ende 2011 getroffenen Regelungen („Sixpack") zur Reform des Stabilitäts- und Wachstumspakts, mit denen die Sanktionsmöglichkeiten bei Überschreiten der Maastricht-Kriterien verschärft und präventive Maßnahmen zur Verhinderung wachsender fiskalischer Defizite vereinbart wurden, beispielswiese eine verstärkte Überwachung des Wachstums der Staatsausgaben.

Rainer Klump: Wirtschaftspolitik, 3. Auflage München (Pearson) 2013, S. 338 f.

Europäischer Fiskalpakt (Fiskalunion):
Maßnahmenpaket, das von den Staats- und Regierungschefs der EU im Januar 2012 zur Haushaltsdisziplin der Mitgliedstaaten beschlossen wurde, um angesichts der europäischen Schuldenkrise das Vertrauen der internationalen Finanzmärkte wiederherzustellen. Der Pakt trat im Januar 2013 in Kraft

M 47 Entwicklung des Schuldenstands und der Defizite der öffentlichen Haushalte im internationalen Vergleich in Relation zum Bruttoinlandsprodukt in Prozent

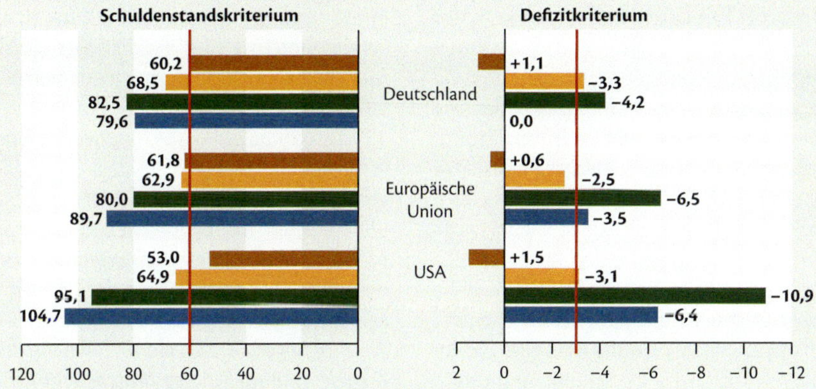

Quelle: Monatsbericht des Bundesfinanzministeriums, April 2014

Defizitkriterium: Die jährliche Neuverschuldung der öffentlichen Haushalte darf 3 Prozent bezogen auf das Bruttoinlandsprodukt nicht übersteigen

Schuldenstandskriterium: Die Schulden der öffentlichen Haushalte dürfen höchstens 60 Prozent bezogen auf die Wirtschaftsleistung (Bruttoinlandsprodukt) betragen

M 48 Die Schuldenbremse – ein andere Sicht

Keynesianisch orientierte Ökonomen wie Prof. Peter Bofinger, auch Mitglied im Sachverständigenrat, und Gustav Horn, Leiter des gewerkschaftsnahen Instituts für Makroökonomie und Konjunkturforschung (IMK), setzten sich in einem Aufruf aus dem Jahr 2009 kritisch mit der Schuldenbremse auseinander.

1. Aufgrund der Währungsunion verfügt Deutschland schon jetzt über geringere makroökonomische Handlungsspielräume als andere große Volkswirtschaften. Die Tatsache, dass der Rückgang des Bruttoinlandsprodukts in diesem Jahr doppelt so hoch ist wie in den Vereinigten Staaten und Frankreich, zeigt zudem, dass die deutsche Wirtschaft für weltwirtschaftliche Störungen besonders anfällig ist. Die von der Schuldenbremse angestrebte Einschränkung der noch verbliebenen Spielräume für eine antizyklische Makropolitik gefährdet daher die gesamtwirtschaftliche Stabilität.

2. Die Schuldenbremse sieht vor, dass in einer Rezessionsphase aufgenommene Schulden oder gemachte Defizite im anschließenden Boom wieder vollständig getilgt werden. Sie geht dabei von einer lehrbuchhaften Symmetrie der Konjunkturzyklen aus, die so in der Realität selten gegeben ist. Bei einer anhaltenden konjunkturellen Schwächephase, wie sie in den Jahren 2001 bis 2005 gegeben war, müssten nach einiger Zeit Überschüsse erzielt werden, die die wirtschaftliche Dynamik zusätzlich beeinträchtigen würden. Simulationen (...) belegen, dass bei einer Schuldenbremse für den Bund das reale Bruttoinlandsprodukt im Zeitraum von 2000 bis 2007 um bis zu 1,5 Prozent unter dem tatsächlichen Niveau gelegen hätte und dass in der Spitze rund eine halbe Million Menschen weniger beschäftigt gewesen wären. (...)

3. Die Schuldenbremse verkürzt das zentrale Ziel der Zukunftsvorsorge einer Volkswirtschaft auf die Stabilisierung des Schuldenstandes der öffentlichen Hand. Mit dieser eindimensionalen Sichtweise fällt sie konzeptionell weit hinter die von den meisten Finanzwissenschaftlern und auch vom Sachverständigenrat befürwortete „goldene Regel" zurück. Diese sieht vor, dass öffentliche Investitionen durch Kredite finanziert werden können. Die „goldene Regel" erkennt also an, dass es neben der passiven Zukunftsvorsorge, die in einer Begrenzung der Verschuldung besteht, auch eine aktive Zukunftsvorsorge in der Form öffentlicher Investitionen geben muss.

4. In ihrer jetzigen Fassung des Artikels 115 Grundgesetz versteht die „goldene Regel" unter Investitionen nur Sachinvestitionen. Es wäre deshalb zweckmäßig, einen neuen Investitionsbegriff zu definieren, der vor allem Ausgaben für Bildung, Forschung und Entwicklung sowie den Umweltschutz einschließt. (...)

5. Wenn die Länder durch das Grundgesetz in Zukunft daran gehindert werden, sich für Zukunftsinvestitionen zu verschulden, be-

steht bei anhaltenden und von vielen Politikern aktiv geförderten Forderungen nach Steuersenkungen die große Gefahr, dass die aktive Zukunftsvorsorge unter die Räder kommt. Es kann dann vielleicht erreicht werden, dass die Schulden nicht weiter ansteigen, aber um den Preis, dass zukünftige Generationen unzureichend ausgebildet sind, über eine abgewirtschaftete Infrastruktur verfügen und in einer schlechten Umwelt leben müssen.

6. Eine wirklich nachhaltige Finanzpolitik muss deshalb die aktive und die passive Zukunftsvorsorge gleichermaßen im Auge haben. Dazu bedarf es einer verbindlichen mittelfristigen Finanzplanung. Sie sollte Zielvorgaben enthalten für die Schuldenstandsquote, für die Staatsquote, und dabei insbesondere die Quote der wachstums- und nachhaltigkeitswirksamen Ausgaben, die Steuer- und die Sozialabgabenquote. Dies würde zum einen in der Öffentlichkeit deutlich machen, welche Zielkonflikte zwischen Steuersenkungen, der Konsolidierung der öffentlichen Finanzen und den Zukunftsinvestitionen bestehen. (...) Die Kritik an der Schuldenbremse und ein Plädoyer für ein Mehr an nachhaltiger Finanzpolitik sind kein Widerspruch. (...)

7. Insgesamt halten wir es für unverantwortlich gegenüber den aktiven wie den zukünftigen Generationen, wenn mit der Schuldenbremse einem kaum erprobten Konzept unmittelbar Verfassungsrang eingeräumt werden soll, das mit Ausnahme der Schweiz in keinem anderen Land praktiziert wird.

Peter Bofinger/Gustav Horn: Die Schuldenbremse gefährdet die gesamtwirtschaftliche Stabilität und die Zukunft unserer Kinder. Ein Aufruf vom 25.5.2009; in: http://www.vwl.uni-wuerzburg.de (Zugriff: 5.6.2014)

M 49 Entwicklung des Finanzierungssaldos der öffentlichen Haushalte

Struktureller und tatsächlicher Finanzierungssaldo in Prozent des BIP

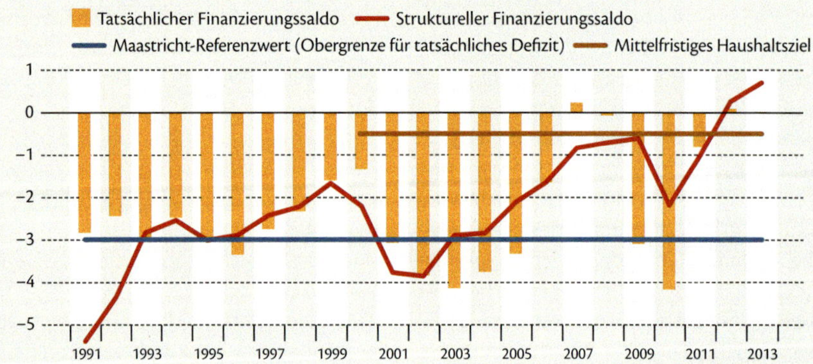

Der Finanzierungssaldo ist die Differenz zwischen öffentlichen Ausgaben und Einnahmen. Ist die Differenz positiv, spricht man von einem Finanzierungsüberschuss, ist sie negativ von einem Finanzierungsdefizit. Dieser tatsächliche oder nominale Finanzierungssaldo der öffentlichen Haushalte wird ergänzt um den strukturellen Finazierungssaldo. Dieser beschreibt den um konjunkturelle Einflüsse und um Einmaleffekte (z. B. Naturkatastrophen) bereinigten Saldo. Die Finanzierungssalden werden dann in Beziehung gesetzt zur gesamtwirtschaftlichen Leistung, dem Bruttoinlandsprodukt.

1995: Ohne die Vermögenstransfers infolge der Übernahme der Schulden der Treuhandanstalt und der Wohnungsbauunternehmen der DDR. Inklusive dieses Effekts belief sich das gesamtstaatliche Defizit auf 9,5 % des BIP. 2000: Ohne UMTS-Erlöse. Inklusive dieses Effekts wies der Staatshaushalt einen Überschuss in Hlöhe von 1,1 % des BIP auf.

Quelle: Bundesministerium der Finanzen

M 50 Eine vermittelnde Position zwischen Angebots- und Nachfragepolitik

Im Zusammenhang mit der Frage alternativer wirtschaftspolitischer Konzeptionen ist es zweckmäßig und ausreichend (wenn man auf Details verzichtet), die theoretischen Ansätze in zwei „grobe" Gruppen einzuteilen: in sogenannte „neoklassische" oder Gleichgewichtstheorien, die in Konzepten einer freien Marktwirtschaft bzw. einer liberalen oder neoklassischen Wirtschaftspolitik ihren Niederschlag findet, und in eine Gruppe von Theorien, die gemeinsam haben, dass sie alle nicht gleichgewichtsorientiert sind und zu Konzepten einer interventionistischen oder (...) „keynesianischen" Wirtschaftspolitik führen.

Der Hauptunterschied zwischen diesen beiden Theoriegruppen besteht in ihrer Sichtweise des Marktprozesses. (...) Die neoklassische Theorie (...) hat letzten Endes ein Modell vor Augen, das zeigt, wie sich auf Märkten mit möglichst vollkommener Konkurrenz, flexiblen Preisen und Löhnen, hoher (beruflicher und regionaler) Mobilität von Arbeit und Kapital und hohem Informationsgrad ein allgemeines „Gleichgewicht" einstellen kann, in dem Nachfrage und Angebot auf allen Märkten (einschließlich des Arbeitsmarktes) ausgeglichen sind und die Konkurrenz für eine hohe Effizienz der Produktion sorgt. Störungen des Marktprozesses durch Monopole, Gewerkschaften und vor allem durch staatliche Eingriffe müssen zu Verschlechterungen führen.

Aufgabe des Staates sei es vor allem, die Rahmenbedingungen für einen ungestörten Marktprozess zu schaffen (Infrastruktur, Eigentumsschutz, Wettbewerbsordnung etc.). Selbst wenn Märkte Schwächen aufweisen, werden staatliche Eingriffe in die Wirtschaft normalerweise abgelehnt, nicht zuletzt wegen „Staatsversagens", d. h. der Tendenz, aufgrund politischer und gruppenspezifischer Sonderinteressen oder bürokratischer Schwerfälligkeit falsche oder zu falscher Zeit beschlossene Akzente zu setzen.

Im Gegensatz dazu heben keynesianische (...) und andere nichtneoklassische Theorien die Störungsanfälligkeit des Marktes hervor. Insbesondere wird auf eine Theorie mit realistischeren Annahmen als jener der vollständigen Konkurrenz (...) als auch auf die aus der historischen Erfahrung ableitbaren und stets wiederkehrenden Konjunktureinbrüche und auf das Problem Arbeitslosigkeit („Ungleichgewicht") hingewiesen.

Probleme des „Staatsversagens" werden nicht unbedingt geleugnet, werden jedoch nicht als unüberbrückbar angesehen. Hingegen werden Eingriffe des Staates mit Mitteln der Geld-, Fiskal- und Arbeitsmarktpolitik samt weiteren Maßnahmen als notwendig erachtet, um einem „Marktversagen" entgegenzuwirken, das neben dem Auftreten von Konjunkturrückschlägen und chronischer Arbeitslosigkeit auch darin zum Ausdruck kommt, dass der unregulierte Marktprozess keine Rücksicht auf ökologische Verteilungsziele nimmt oder ihre Erreichung sogar erschwert. In der praktischen Politik kommen die beiden Konzepte einer liberalen Wirtschaftspolitik sowie einer keynesianischen (interventionistischen) Wirtschaftspolitik nie in dieser Reinheit vor, nicht zuletzt deshalb, weil es stets aktuelle Probleme von Marktversagen und Staatsversagen gibt, sodass Mischungen von Elementen beider Konzepte (...) die Regel sind. Dies ändert aber nichts daran, dass ein bestimmter Typ von Wirtschaftspolitik meist eine prägende Rolle spielt. Welcher dabei zum Zug kommt, kann von verschiedenen Umständen abhängen.

Zunächst einmal kann (...) je nach Ausgangssituation (z. B. Konjunkturphase etc.) die eine oder die andere Strategie eine stärkere Betonung verlangen. Weiters können widersprechende Interpretationen der theoretischen Grundlagen und/oder der empirischen Unterlagen unterschiedliche Alternativentscheidungen nach sich ziehen. In der realen Politik spielen jedoch häufig auch popularisierte Vereinfachungen der theoretischen Modelle eine nicht unbedeutende Rolle zur Legitimierung interessenbedingter Ziel- und Strategiewünsche. So neigen Gruppen und deren Lobbys, die auf dem Markt eine starke Stellung haben, (...) überwiegend dazu, eine liberale Wirtschaftspolitik zu verfechten und die dafür geeignete Theorie heranzuziehen, während Gruppen, die auf dem Markt eine schwächere Stellung haben oder außermarktliche Ziele (z. B. ökologische Ziele) hoch bewerten, eher einer interventionistischen Politik und ihren theoretischen Hintergründen zuneigen. (...)

Wirtschaftspolitik ist das Ergebnis des Zusammenspiels politischer und ökonomischer Interessen, Machtpositionen und Konflikte, wechselnder ökonomischer Ausgangspositionen und mehrdeutiger wissenschaftlicher Ansätze und Interpretationen. Unterschiedliche Zielkombinationen und Methodenkonflikte führen dazu, dass Konzepte einer „richtigen" Wirtschaftspolitik in verschiedenen Varianten auftreten. Die Wahl eines bestimmten Konzepts ist dann Teil des politischen Prozesses, (*wobei*) in diesem Bereich allerdings (...) Fachwissen besonders stark gefragt ist.

Kurt W. Rothschild: Alternative Konzepte der Wirtschaftspolitik, in: Forum Politische Bildung (Hg.): Wirtschaft und Politik, Band 33 (Innsbruck, Wien, Bozen) 2010, S. 9–11

M51 Ordnungspolitik neu denken

Seit dem Beginn der weltweiten Finanz- und Wirtschaftskrise sind die Lehren des John Maynard Keynes wieder in aller Munde. (...) Zunächst einmal besteht kein Zweifel, dass wir heute wieder viel von Keynes lernen können. (...) Individuen, so lehrte er, orientieren sich aufgrund ihrer Unsicherheit häufig an den Handlungen ihrer Mitmenschen. Daraus resultiere ein Herdentrieb, der im Boom zu übertriebenem Optimismus und in der Krise zu übertriebenem Pessimismus führe. Hier setzt auch seine wirtschaftspolitische Therapie an: Wenn selbst ein Zinssatz von null aufgrund pessimistischer Erwartungen die Investoren nicht zum Investieren und die Konsumenten nicht zum Kaufen anregen kann (Konstellation der Liquiditätsfalle), dann versagt die Geldpolitik, und der Staat muss durch umfangreiche Ausgabenprogramme selbst für Nachfrage sorgen. Die Aktualität von alldem ist völlig unstrittig. Niemand wird bestreiten, dass der Herdentrieb entscheidenden Anteil an der amerikanischen Subprime-Krise hatte; und staatliche Konjunkturprogramme sind in der heutigen Ausnahmesituation sicherlich geboten, um einen Nachfrageimpuls zu setzen und Vertrauen wieder herzustellen.

Aber: So unbestritten das Versagen vieler Marktteilnehmer ist, so wenig darf der Anteil des Staates an der Krise übersehen werden. Sehr im Sinne des Keynesianismus und in krassem Gegensatz zu den Empfehlungen eines Milton Friedman flutete der vormalige US-Notenbankpräsident Alan Greenspan die Märkte immer dann mit Liquidität, wenn ein Abschwung zu befürchten war. (...) Es war kein Zufall, dass die überbordende Liquidität vor allem in den amerikanischen Immobilienmarkt floss. (...)

Wenn heute behauptet wird, der Neoliberalismus sei schuld an der Krise, so muss man feststellen: „Den" Neoliberalismus hat es nie gegeben. Vor allem zwischen den Lehren der Chicago School um Milton Friedman und dem deutschen Neoliberalismus eines Walter Eucken oder Wilhelm Röpke (s. S. 87) gilt es sehr genau zu unterscheiden. Während die „Chicago boys" als Reaktion auf Keynes wirklich einen Rückzug des Staates aus der Wirtschaft befürworteten, verstanden die deutschen Neoliberalen ihr Gesellschaftskonzept ausdrücklich als eine Art „dritten Weg" jenseits von „Laissez-faire"-Kapitalismus und Sozialismus. (...)

Die Beobachtung, dass sich selbst überlassene Märkte durchaus nicht unter allen Umständen zu Stabilität und Selbstregulierung neigen, führte sie vielmehr gerade zu Schlussfolgerungen, die denen von Keynes direkt entgegengesetzt waren: Statt den Wirtschaftsprozess zu lenken, solle der Staat durch klare und transparente Regeln einen Ordnungsrahmen vorgeben, innerhalb dessen er den privaten Akteuren freie Hand lassen müsse. Dabei wies Eucken gerade dem Haftungsprinzip überragende Bedeutung zu: „Wer den Nutzen hat, muss auch den Schaden tragen (...)".

Das Prinzip Haftung wurde in den USA durch eine verhängnisvolle Mischung aus geldpolitischer Expansion, sozialpolitischem Dirigismus und laxer Regulierung der Kapitalmärkte außer Kraft gesetzt. Solche Krisen können künftig nur verhindert werden, indem der Staat der Wirtschaft eine Ordnung gibt, die für Transparenz sorgt und Fehlanreize minimiert, und im Übrigen von Eingriffen in den Wirtschaftsprozess so weit wie möglich absieht. Dazu gehört auch der Grundsatz, die Geldmenge am Produktionspotenzial auszurichten und keine Sozialpolitik gegen die Gesetze des Marktes zu betreiben. Deshalb ist eine Rückbesinnung auf ordnungspolitische Grundsätze geboten, um konstituierenden Prinzipien der Marktwirtschaft wie persönlicher Haftung, stabiles Geld und verlässliche Politik wieder zu jener Geltung zu verhelfen, ohne die die Marktwirtschaft langfristig nicht lebensfähig ist.

Joachim Zweynert: Ordnungspolitik neu denken, in: HWWI Insights Nr. 1, 2009, in: http://www.hwwi.org (Zugriff 6.6.2014)

Die Geldpolitik der Europäischen Zentralbank (EZB) – ein wesentlicher Bestandteil der Wirtschaftspolitik in der Eurozone. Das neue Gebäude der EZB in Frankfurt/Main

M 52 Eine Alternative zur neoklassischen Wirtschaftspolitik

Die Grundsätze der Wirtschaftspolitik in der Europäischen Union sind klar ausformuliert (...). Sie basieren auf drei Rahmenbedingungen: Erstens, auf der vollständigen Verwirklichung des Binnenmarktes für Güter, Dienstleistungen, Arbeitskräften und Kapital; diese Angebotspolitik setzt auf die Funktionsfähigkeit freier Märkte. Zweitens, auf einem hohen Stellenwert für das Ziel Preisstabilität; dafür wurde mit der Europäischen Zentralbank eine eigene mächtige Institution eingerichtet. Drittens, auf einem ausgeglichenen Staatshaushalt und einer Verringerung der Staatsschulden; das soll durch das strenge Korsett des Stabilitätspaktes erreicht werden. (...)

Die Wirtschaftspolitik vom neoklassischen Reißbrett ist gescheitert

Angesichts der Präzision von Konzept, Vorgaben und Verpflichtungen sollte eigentlich in Wirtschaftspolitik und -entwicklung in Europa nichts schiefgehen können. Doch die bittere Realität der wichtigsten wirtschaftlichen Indikatoren legt nahe: Fast alles ist schiefgegangen; die makroökonomische Politik der Europäischen Union ist gescheitert. (...)

Die von Banken und Finanzmärkten ausgelöste Wirtschaftskrise bildet den wichtigsten Grund für diese verheerende Entwicklung. Als Erstes stellt sich die Frage, wie es zu dieser Krise überhaupt kommen konnte, wo doch die wirtschaftlichen Rahmenbedingungen so klar geregelt waren. Das wichtigste unvorhergesehene Moment für die EU-Wirtschaftspolitik war das Versagen der Finanzmärkte. Eine schwere Wirtschaftskrise, die von nicht ausreichend regulierten Finanzmärkten ausging, war auf dem neoklassischen Reißbrett nicht vorgesehen. Denn diese baut auf der Hypothese effizienter Finanzmärkte auf, gemäß der sich die Finanzmarktakteure rational verhalten und die Preise den fundamentalen Wirtschaftsdaten folgen. Deshalb sind in diesem Konzept Finanzmärkte stabil und steigern den gesamtwirtschaftlichen Wohlstand. (...)

Alternative Ansatzpunkte

Die neoklassische Theorie betrachtet eine Situation gesamtwirtschaftlichen Gleichgewichts mit Vollauslastung von Maschinen und Arbeitskräften als Normalzustand einer Marktwirtschaft. (...) Die von John Maynard Keynes entwickelte Theorie (...) und ihre Weiterentwicklungen begreifen Ungleichgewichte als Normalzustand von Marktwirtschaften. Deshalb sind sie für die Analyse wirtschaftlicher Situationen der Unterauslastung mit hoher Arbeitslosigkeit (...) besonders gut geeignet. (...) Tiefe Krisen gehen von instabilen Erwartungen der Investoren in Realwirtschaft und Finanzwirtschaft aus. Die Preisbildung auf den Finanzmärkten folgt nicht wirtschaftlichen Fundamentalfaktoren, sondern ist vom Herdentrieb gekennzeichnet, also sich selbstverstärkenden Erwartungen, von Euphorie bis Panik. (...) Die Finanzkrise hat gezeigt, in welch hohem Ausmaß das Finanz- und Bankensystem der Politik und der Realwirtschaft über den Kopf gewachsen ist. (...)

Die Wirtschaftspolitik hat großen Einfluss auf die wirtschaftliche und soziale Entwicklung. Sie muss deshalb möglichst ausgewogen an den Zielen des magischen Vierecks ausgerichtet sein. Das bedeutet für die Geldpolitik höheres Augenmerk auf die Stabilität des Finanzsystems und die reale Wirtschaft. Die kurzfristigen und langfristigen Zinssätze müssen niedrig gehalten werden, so lange die Wirtschaft so deutlich unter ihrem Potenzial produziert wie heute. Für dieses Ziel müssen wahrscheinlich auch institutionelle Änderungen vorgenommen werden, wie etwa die Einführung von gemeinsamen europäischen Schuldtiteln („Eurobonds"). (...)

Die Budgetpolitik muss auf die Reduktion der Arbeitslosigkeit ausgerichtet sein (...) Die Erhöhung von Steuern auf sparfreudige Vermögende, Spitzeneinkommensbezieher und den Finanzsektor sowie die gleichzeitige Erhöhung von Staatsausgaben zur Schaffung von Arbeitsplätzen und Bildungsmöglichkeiten erhöhen das BIP und die Beschäftigung und verringern die Staatsschuld. (...) Auf nationalstaatlicher Ebene gilt es, vor allem den Sozialstaat zu stärken, von dem umfangreiche stabilisierende Wirkungen ausgehen. (...) Schließlich bildet die Umverteilung von Einkommen und Vermögen von oben nach unten den Kern aller nachfrageseitigen Strukturveränderungen, die die europäische Wirtschaft in mittlerer Frist aus der tiefen Finanz- und Wirtschaftskrise führen könnten.

Markus Marterbauer: Aus Fehlern kann man lernen – Das vollständige Scheitern neoklassischer Wirtschaftspolitik in der EU bietet die Basis für emanzipatorische Alternativen, in: NachDenkSeiten, 17.6.2013, in: http://www.nachdenkseiten.de (Zugriff: 6.6.2014)

Kompetenzcheck

Anforderungsbereich I:

- Beschreiben Sie das Schlagwort „Marktversagen“ und nennen Sie Beispiele.
- Beschreiben Sie das Schlagwort „Staatsversagen“ und nennen Sie Beispiele.
- Skizzieren Sie die Aufgabe der Ordnungsanalyse im Rahmen eines wirtschaftspolitischen Konzepts. Welche Grundaussagen der Angebots- und Nachfragepolitik sind damit verbunden?
- Stellen Sie die Kernaussagen der Nachfragepolitik und der Angebotspolitik dar.

Anforderungsbereich II:

- Erläutern Sie das Wagner'sche Gesetz und seine Relevanz für die öffentlichen Haushalte.
- Erläutern Sie Vor- und Nachteile einer antizyklischen Konjunkturpolitik.
- Analysieren Sie, was eine Rückführung der Staatsquote durch Ausgabenkürzung und Steuersenkungen für das wirtschaftspolitische Handeln des Staates bedeuten würde.
- Der ehemalige Wirtschaftsminister Karl Schiller sagte: „So viel Markt wie möglich, so viel Staat wie nötig.“ Entwickeln Sie Argumente als Vertreter(in) der Nachfragepolitik einerseits und der Angebotspolitik andererseits, was diese Aussage bedeuten könnte.
- Begründen Sie die Notwendigkeit einer Schuldenbremse für den Staat aus angebots- und nachfragepolitischer Sicht.

Anforderungsbereich III:

- Diskutieren Sie Vor- und Nachteile staatlicher Konjunkturprogramme.
- Entwerfen Sie als Vertreter(in) der Nachfragepolitik einerseits und der Angebotspolitik andererseits ein Thesenpapier zur Einführung eines gesetzlichen Mindestlohns.
- Diskutieren Sie dieses Thesenpapier anhand des 2014 vom Bundestag beschlossenen Mindestlohns für Deutschland.
- Skizzieren Sie die wirtschaftliche Situation Deutschlands und entwickeln Sie aus den Konzepten der Nachfrage- und Angebotspolitik Empfehlungen für die praktische Wirtschaftspolitik.

3 Politik im „magischen Sechseck“ – wirtschaftspolitische Handlungsfelder

Bundesministerium
für Wirtschaft
und Energie

Wann sollte der Staat in den wirtschaftlichen Prozess eingreifen? Und wenn dies geschieht – mit welchen Zielen und Instrumenten sollte er dies tun? In der Wirtschaftspolitik geht es darum, die reale Ausgestaltung unserer Wirtschaftsordnung als politische Aufgabe zu bewältigen. Je nach Perspektive der einzelnen Akteure mit ihren eigenen politischen Grundüberzeugungen werden auf die eingangs erwähnten Grundfragen unterschiedliche Antworten gefunden. In Deutschland gibt es jedoch einen grundlegenden Konsens dahingehend, dass die Wirtschaftsordnung der Sozialen Marktwirtschaft als tragfähiges Modell angesehen wird. Ausgehend von diesem Basiskonsens lassen sich jedoch in der Debatte um konkrete wirtschaftspolitische Eingriffe zahlreiche Kontroversen erkennen.

Grundlagen des Ordoliberalismus

Welchen Einfluss soll der Staat auf das wirtschaftliche Geschehen haben? In welchen Bereichen, mit welchen Zielen und welchen Mitteln soll er gegebenenfalls in den wirtschaftlichen Bereich eingreifen?
Die Soziale Marktwirtschaft geht von klaren Positionierungen im Hinblick auf diese Fragen aus. Der dahinterstehende ökonomische Denkansatz wird als „Ordoliberalismus“ bezeichnet. Danach soll der Staat einen Ordnungsrahmen für den ökonomischen Wettbewerb schaffen und die Freiheit der Bürger auf dem Markt gewährleisten. Der Ordoliberalismus hat die Entwicklung der Wirtschaftsordnung der BRD seit 1949 entscheidend geprägt.

Der Staat schafft Ordnung. *Zeichnung: Mester*

1. Analysieren Sie **M 1** bis **M 5** im Hinblick auf die Frage, wie und mit welchen Zielen der Staat hier aktiv wird.
2. Arbeiten Sie auf der Grundlage Ihrer Ergebnisse heraus, inwiefern hier Wirtschaftspolitik betrieben wird. Fassen Sie die jeweiligen wirtschaftspolitischen Zielsetzungen zusammen.
3. Erläutern Sie die Grundannahmen des Ordoliberalismus.
4. Stellen Sie dar, welche politischen Folgerungen der Ordoliberalismus aus seinen Grundannahmen zieht.
5. Analysieren Sie die Textauszüge in **M 7**: Handelt es sich um „typische“ Aussagen aus einer ordoliberalen Perspektive?
6. Benennen Sie die Grundprinzipien der Sozialen Marktwirtschaft.
7. Erklären Sie den Zusammenhang zwischen Ordoliberalismus und Sozialer Marktwirtschaft.
8. Diskutieren Sie: Handelt es sich bei den Maßnahmen in **M 1** bis **M 5** um Politik im Sinne der Sozialen Marktwirtschaft?
9. Interpretieren Sie die obenstehende Karikatur: Inwiefern wird ein Charakteristikum des Ordoliberalismus dargestellt?

M1 Bundesregierung erlaubt Fernbuslinien

Fernbusse dürfen künftig überall in Deutschland unterwegs sein. Darauf haben sich die Fraktionen im Bundestag geeinigt. Damit wird eine Regelung aufgehoben, die seit 70 Jahren Bestand hatte – und der Bahn große Vorteile im Wettbewerb verschaffte.
Die schwarz-gelbe Koalition und die Opposition haben sich nach monatelangen Verhandlungen auf die Einführung eines Fernbussystems ab 2013 geeinigt. „Der Buslinienfernverkehr wird freigegeben. Zukünftig sind überall in Deutschland Fernbuslinien möglich, die untereinander und auch mit dem Eisenbahnfernverkehr konkurrieren dürfen", heißt es in dem am Freitag beschlossenen Kompromiss der Fraktionen von Union, FDP, SPD und Grünen. (...)
Damit werde es ein völlig neues öffentliches Verkehrsangebot geben, das „sich insbesondere an preissensible Kunden richten wird, denen Bahnfahren oft zu teuer ist". Der Bundestag soll die Gesetzesänderung bald abschließend beraten.
„Das Bahnmonopol war im Fernverkehr wirklich nicht mehr zeitgemäß", sagte der Präsident des Bundesverbands Deutscher Omnibusunternehmer (BDO), Wolfgang Steinbrück. Bus- und Zugverkehr funktionierten auch gut nebeneinander. Auch Verkehrsminister Peter Ramsauer (CSU) begrüßte die fraktionsübergreifende Einigung. „Dieser gemeinsame, parteiübergreifende Kraftakt hat zu einem sinnvollen und praxistauglichen Ergebnis geführt", sagte der Minister. Der Bus sei eine klimaschonende und wirtschaftliche Alternative zum Auto. (...)

sto/dpa/AFP: Freigabe ab 2013: Linien-Fernbusse bald in ganz Deutschland erlaubt, in: Spiegel online v. 14.9.12, in: www.spiegel.de (Zugriff: 7.4.2014)

M2 Fernbuslinien in Deutschland

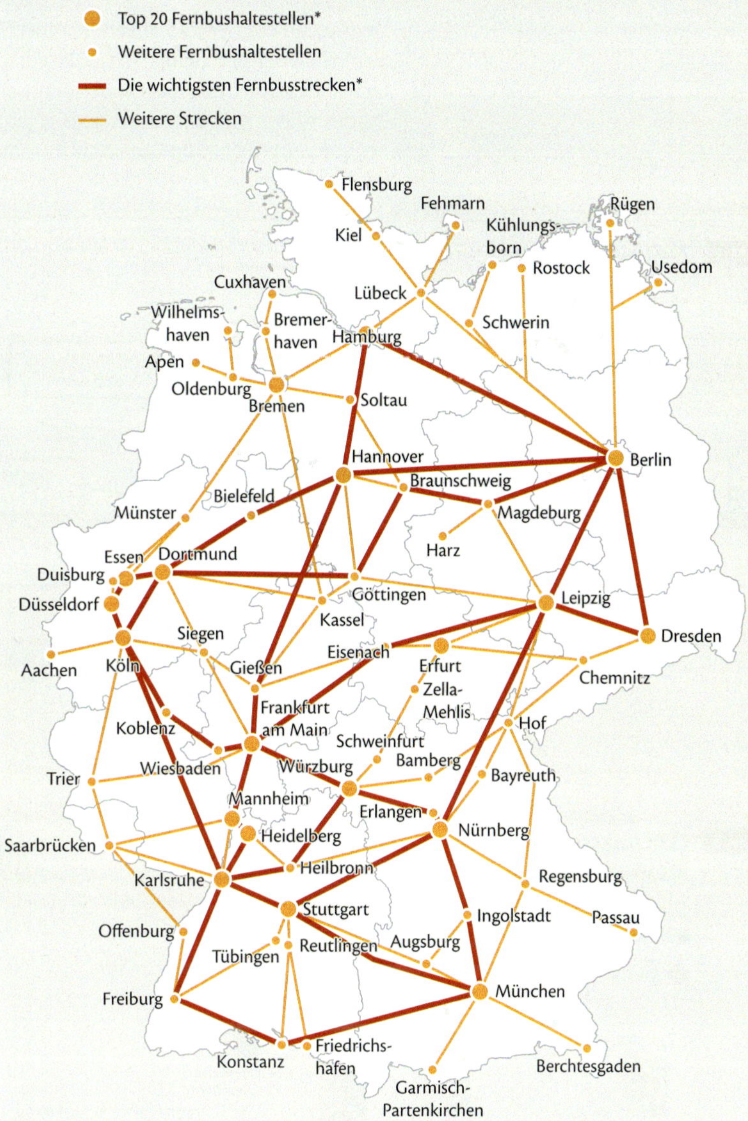

*Quelle: Busliniensuche.de, *Basierend auf dem Ranking von buslinien.de*

Preisvergleich Deutsche Bahn – private Buslinie Buchungsanfrage am 30.1.2014, für eine Fahrt am Folgetag		
	Deutsche Bahn	**MEINFERNBUS**
Berlin–Hamburg	ab 64 €	ab 14 €
Bremen–München	ab 142 €	ab 51,50 €
Köln–Stuttgart	ab 79 €	ab 18 €

M3 „Bessere Startchancen für alle“: Niedersachsen fördert den Ausbau von Ganztagsschulen

Der Ausbau des Ganztagsangebots bildet das Herzstück der umfangreichen „Zukunftsoffensive Bildung“, die die Niedersächsische Landesregierung zu Beginn dieser Legislaturperiode gestartet hat. Bis Ende 2017 investiert das Land zusätzlich rund 420 Millionen Euro in Bildung, 260 Millionen Euro allein in den Ausbau der Ganztagsschulen. (...)

Der Ausbau von Ganztagsschulen gilt als ein wichtiger Schritt beim Abbau von Bildungsbenachteiligung. Damit wird der Weg hin zu einem gerechteren Bildungssystem beschritten. Durch die deutlich bessere Ausstattung der Ganztagsschulen in Niedersachsen erhalten Kinder und Jugendliche die Möglichkeit, in ihrer Entwicklung noch stärker als bislang von Lehrkräften unterstützt zu werden. Wo bisher am Nachmittag eher Betreuungsangebote stattfinden, werden Schülerinnen und Schüler künftig gemäß ihren Stärken und Schwächen und unabhängig von ihrem sozialen Hintergrund gefördert und gefordert werden können.

Unterricht und außerunterrichtliche Angebote sollen besser miteinander verzahnt werden. So kann die Ganztagsschule als eine pädagogische Einheit verstanden werden. Ganztagsschulen sollen offene Angebote machen können, aber auch teilgebundene und voll gebundene Formen sollen möglich sein, nur so kann der Schultag rhythmisiert werden. Ganztagsschulen brauchen gute Konzepte für eine veränderte Zeitstruktur, für die Mittagspause sowie für Kooperationen. Dazu erhalten sie die nötigen Ressourcen und Gestaltungsspielräume, die die Niedersächsische Landesregierung ihnen zum Schuljahr 2014/2015 teilnehmerbezogen zuweisen wird.

Niedersächsisches Kultusministerium: Fragen und Antworten zum Ganztagsausbau in Niedersachsen, Hannover 2013, S. 1

M4 Ziele der Ganztagsschule

Nach: http://www.ganztaegig-lernen.de/media/web/schulprogramme/qu.jpg

M5 Ganztagsschulen in Deutschland

Allgemein bildende Schulen in öffentlicher und privater Trägerschaft (Primar- und Sekundarstufe)

Anteil der Schüler im Ganztagsbetrieb an allen Schülern in den Schuljahren 2010/2011 und 2011/2012 in Prozent

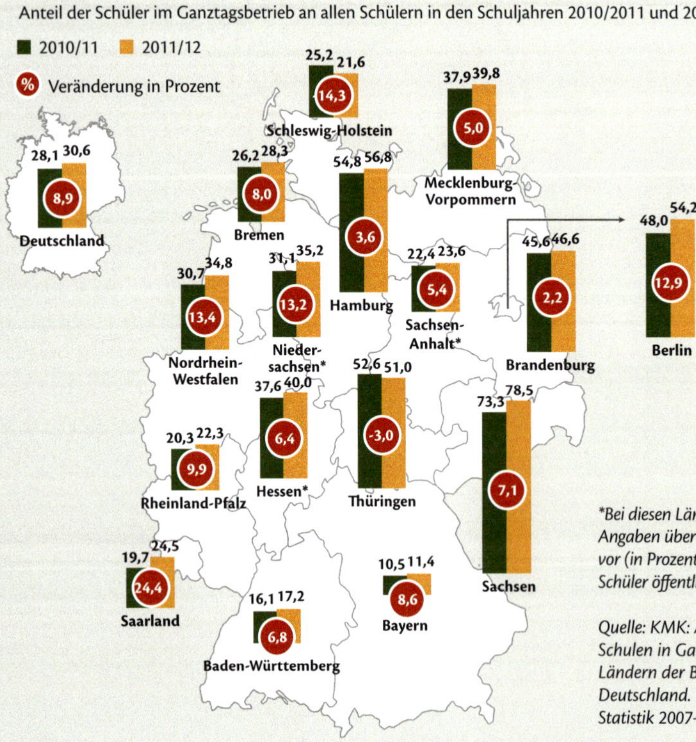

**Bei diesen Ländern liegen nur Angaben über öffentliche Angebote vor (in Prozent der Schülerinnen und Schüler öffentlicher Schulen).*

Quelle: KMK: Allgemein bildende Schulen in Ganztagsform in den Ländern der Bundesrepublik Deutschland. Statistik 2007–2011, Berlin 2013

M6 Der Staat greift ordnend in die Wirtschaft ein: Ordoliberalismus

„Nach der Erfahrung der Epoche des Laissez-faire kann die Bildung der Wirtschaftsordnung nicht sich selbst überlassen werden. Ein Zurück zum Laissez-faire kommt nicht in Frage." Diese Äußerung von Walter Eucken umreißt gut, worum es denjenigen ging, die seit den 1930er-Jahren einen „neuen Liberalismus" entwickelten, der zum theoretischen Fundament der später als „Soziale Marktwirtschaft" begründeten Wirtschaftsordnung werden sollte. Noch während der Weimarer Republik (1919–1933) folgerten Eucken, Alexander Rüstow und Wilhelm Röpke in voneinander unabhängig publizierten Schriften, dass die liberale Maxime des „Laissez-faire" („einfach laufen lassen") auf keinen Fall auf Ebene der Wirtschaftsordnung gelten dürfe: Eine sich selbst überlassene Wirtschaft – so ihre Überzeugung – führe zur Entstehung wirtschaftlicher Macht, und wirtschaftliche Macht stelle für die menschliche Freiheit die größte Gefahr überhaupt dar. Daher müsse die Wirtschaft von einem politisch gesetzten Ordnungsrahmen umgrenzt werden. (...)

Eucken, Rüstow und Röpke lehnten daher die Forderung des klassischen Liberalismus nach einer auf allen Ebenen freien Wirtschaft ab. Den Terminus selbst setzten sie stets in Anführungszeichen, weil sie ihn als missverständlich ansahen. So erklärte Eucken: „Der Name ‚freie' Wirtschaft verhüllt die Tatsachen. In ihr herrscht nicht Freiheit, sondern Macht auf der einen, Unfreiheit auf der anderen Seite; hier wenige große Machtgebilde – dort die abhängige Masse."

Um die umfassende menschliche Freiheit als das große Versprechen des Liberalismus einlösen zu können, forderten Eucken, Röpke und Rüstow ein grundsätzliches Umdenken bei der Organisation des Wirtschaftsprozesses. Aus den genannten Gründen dürfe dieser keinesfalls sich selbst überlassen werden, sondern müsse von einer politisch bewusst gesetzten Ordnung umgrenzt werden. (...)

Die „neuen Liberalen" fühlten sich bei ihrer Arbeit zweierlei Prinzipien verpflichtet: Erstens sollte die „Ordnung der Wirtschaft" im Einklang und nicht im Gegensatz zur großen Idee des Liberalismus stehen – der Freiheit des einzelnen Menschen. Deshalb galt es aus ihrer Sicht, auf der Ebene der Wirtschaftsordnung Instrumentarien einzubauen, die die Entstehung wirtschaftlicher Machtpositionen schon im Ansatz verhinderten. Die Wirtschaftsordnung hatte also „machtfeindlich" (Walter Eucken) zu sein. Zweitens sollte die Wirtschaftsordnung auf eine effektive Überwindung der wirtschaftlichen Knappheit ausgerichtet sein. Es ging also um eine effektive Organisation des Wirtschaftsprozesses insgesamt. Eine Wirtschaftsordnung, die dieser ursächlichen Bestimmung jedweden Wirtschaftens widerspricht, erschien den drei Sozialwissenschaftlern nicht sinnvoll. Dass hier in allgemeiner Form von „Sozialwissenschaftlern" und nicht von „Ökonomen" die Rede ist, hat einen einfachen Grund: Denn zumindest, wenn man die heutige Bedeutung des „Ökonomen" voraussetzt, wird diese Bezeichnung der wissenschaftlichen Leistung dieser drei Männer nicht gerecht. Die gegenwärtigen Wirtschaftswissenschaften präsentieren sich vielfach als Wissenschaften, die in der Lage sind, das Verhalten von Individuen mittels vermeintlich allgemeingültiger ökonomischer Gesetze erklären zu können. Dabei blenden sie die gesellschaftlichen Zusammenhänge ökonomischer Sachverhalte häufig aus. Dagegen widmeten die damaligen „neuen Liberalen" ihre Arbeit, wie oben aufgezeigt, wirtschaftlichen Zielsetzungen und sahen die Wirtschaft stets in ihrem *gesellschaftlichen Kontext*. (...)

In scharfer Abgrenzung sowohl zum Liberalismus des Laissez-faire als auch zur Zentralverwaltungswirtschaft entwickelten die drei Wissenschaftler in den 1930er- und 1940er-Jahren die theoretischen Grundlagen für eine neue Wirtschaftsordnung. Diese sahen sie als „Dritten Weg". Dabei ist anzumerken, dass der akademische Entwurf einer Wirtschaftsordnung des „Dritten Weges" zwar unter gegenseitigem Austausch entstand, die drei befreundeten Wissenschaftler sich aber eigenständig den Fragen eines adäquaten wirtschaftlichen Ordnungsrahmens widmeten. Um Eucken entstand an der Universität Freiburg eine Forschungs- und Lehrgemeinschaft, deren Mitglieder bald nach dem Krieg als „Ordoliberale" bezeichnet wurden.

Moritz-Peter Haarmann: Die Ordnung der Wirtschaft als Aufgabe des Rechtsstaats/Der „Dritte Weg", in: Dirk Lange (Hg.): Grundwissen Wirtschaft, Berlin (Cornelsen) 2011, S. 62–64

Laissez-faire: frz. wörtlich „lasst machen", sinngemäß „einfach laufen lassen". Verzicht auf jede Regulation durch den Staat, alleinige wirtschaftliche Steuerung durch den Markt

Walter Eucken (1891–1950), deutscher Ökonom und Begründer des Ordoliberalismus, womit er auch die Grundlagen der Sozialen Marktwirtschaft schuf

Alexander Rüstow (1885–1963), deutscher Soziologe und Wirtschaftswissenschaftler

Wilhelm Röpke (1899–1966), deutscher Ökonom und Sozialphilosoph

M7 Ordoliberale Theorie

Wilhelm Röpke beschreibt, welcher Grundfehler dem klassischen Liberalismus aus der Sicht des „neuen Liberalismus" vorzuwerfen ist:

„Man war ernstlich der Meinung, dass die durch die Konkurrenz gesteuerte Marktwirtschaft einen in sich selbst ruhenden Kosmos, einen ‚ordre naturel' darstelle, der nur von allen Eingriffen befreit zu werden braucht, um auf eigenen Füßen zu stehen. Da sie wunderbarerweise durch jene ‚unsichtbare Hand' gelenkt wird, von der Adam Smith spricht, die aber im Grunde nur ein anderer Ausdruck für die göttliche Vernunft der deistischen Philosophie ist, haben die Menschen ihr gegenüber nur die negative Aufgabe, alle Hemmnisse aus dem Weg zu räumen. (...)
Man wollte nicht sehen, dass die Marktwirtschaft eines festen moralisch-politisch-institutionellen Rahmens (...) bedarf, wenn sie nicht zugrunde gehen und zugleich die Gesellschaft als Ganzes durch ungezügelte Interessenwirtschaft zerstören soll."

Wilhelm Röpke (1942): Die Gesellschaftskrisis der Gegenwart, Zürich/Stuttgart (Erlenbach) 1979, S. 85 f.

Alexander Rüstow umreißt seine Forderung der „Startergerechtigkeit":

„Je mehr man die soziale Einkommensverteilung (...) dem Walten eines streng überwachten fairen Leistungswettbewerbs und seiner Marktgesetzlichkeit überlässt, desto mehr muss sich die Forderung sozialer Gerechtigkeit auf den individuellen Start in diesem Wettlauf konzentrieren. Offenbar entspricht es nicht den Grundsätzen eines fairen (...) Wettbewerbs, wenn in ihm ein Wettbewerber nur dadurch einen wesentlich und vielleicht uneinholbaren Vorsprung hat, dass er bei der Wahl seiner Eltern die nötige Vorsicht walten ließ und als Sohn eines reichen Vaters startete. Und zwar erstreckt sich die (...) Forderung der Startergerechtigkeit im Wesentlichen auf zwei Dinge: auf Bildung und auf Vermögen. (...)
In dem Maße, in dem gerechte Gleichheit des Starts an die Stelle der ungerechten erblichen Ungleichheit tritt und wirtschaftliche Vorteile nur im offenen Leistungswettbewerb zu erringen sind, (...) wird sich die Atmosphäre der Wirtschaft und das in ihr vorwaltende Lebensgefühl grundlegend ändern. (...) Die erbliche Startungleichheit ist das wesentlichste institutionelle Strukturelement, durch das der Feudalismus in der Marktwirtschaft fortlebt und sie zur Plutokratie, zur Reichtums-Herrschaft, macht."

Alexander Rüstow (1949): Der dritte Weg, in: Ders. (1949/2004): Die Religion der Marktwirtschaft, Münster (Lit) 2009, S. 43–156, hier: S. 83 f., 92 f., 96

M8 Zentrale Inhalte des ordoliberalen Programms

Schaffung fairer Wettbewerbsbedingungen

Der marktwirtschaftliche Wettbewerb sollte vor dem Hintergrund der ordoliberalen Kritik an der bis dato historisch verwirklichten Form der Marktwirtschaft in eine Gesamtordnung eingebunden werden. Dieser sollten folgende Aufgaben zukommen:

1. die Aufrechterhaltung des Wettbewerbs zu sichern,
2. für faire Ausgangsbedingungen dieses Wettbewerbs zu sorgen und,
3. dies betonten insbesondere Röpke und Rüstow immer wieder, dass Wirtschaft überwirtschaftlichen Zielsetzungen zu dienen habe und keinesfalls ein Selbstzweck sei. Unter diesen Voraussetzungen sollte eine Gesamtordnung entstehen, in der die Freiheitsrechte des einen die Grenzen des Handels des anderen markieren und deren wirtschaftlicher Teil als „Wettbewerbsordnung" bezeichnet wurde.

Der ersten Zielsetzung widmete sich maßgeblich Eucken. Die Etablierung einer Wettbewerbsordnung erforderte nach seiner Auffassung die Umsetzung von sieben „konstituierenden Prinzipien". Als elementares Grundprinzip sah Eucken ein funktionierendes Preissystem vollständiger Konkurrenz an. Auf sämtliche wirtschaftspolitische Maßnahmen, die diesem Grundprinzip einer Wettbewerbsordnung entgegenstehen (z. B. Subventionen jeglicher Art) sollte verzichtet werden. Die Funktion des Preissystems vollständiger Konkurrenz sollte durch sechs weitere konstituierende Prinzipien gesichert werden:

- den Primat der Währungspolitik (Ziel der Preisstabilität),
- eine Konstanz der Wirtschaftspolitik (z. B. Verzicht auf konjunkturelle Einzelmaßnahmen),
- das Prinzip offener Märkte (freier Außenhandel, Antimonopolpolitik),
- Vertragsfreiheit (unter der Einschränkung, dass der Wettbewerb nicht behindert werden darf),
- Privateigentum (u. a. als Instrument der individuellen Freiheit und als Handlungsanreiz) und
- das Haftungsprinzip (insbesondere Untersagung des Haftungsausschlusses z. B. bei Rechtsformen).

Regulierende Prinzipien für den Wettbewerb
Weiterer existenzieller Bestandteil der Wirtschaftsordnung sind vier regulierende Prinzipien, die der Aufrechterhaltung des marktwirtschaftlichen Leistungswettbewerbs dienen:

- die Monopolkontrolle,
- eine (zurückhaltende) Einkommenspolitik (progressive Besteuerung als Mittel der Sozialpolitik),
- die Korrektur externer Effekte und – das Treffen geeigneter Vorkehrungen gegen anomales Verhalten des Angebots auf dem Arbeitsmarkt (z. B. Gewährleistung voller Freizügigkeit).

Eucken betonte die Notwendigkeit, dass alle sieben konstituierenden Prinzipien konsequent umgesetzt werden müssten, da eine isolierte Anwendung einzelner Prinzipien zu gegenteiligen Effekten führen würde. Als notwendige Ergänzung sah er eine „spezielle Sozialpolitik" an, da die Wettbewerbsordnung allein nicht ausreichen würde „um der Problematik des sozialen Lebens durchgängig gerecht zu werden". Hier verzichtete Eucken allerdings darauf, konkrete Handlungsempfehlungen zu entwickeln, und betonte lediglich, dass die „spezielle Sozialpolitik" im Einklang mit den Prinzipien der Wettbewerbsordnung stehen müsse.

Moritz-Peter Haarmann: Zentrale Inhalte des ordoliberalen Programms, in: Dirk Lange (Hg.): Grundwissen Wirtschaft, Berlin (Cornelsen) 2011, S. 66

Haftungsprinzip: Unternehmer haften mit eigenem und/oder Unternehmensvermögen für die im Geschäftsbetrieb eingegangenen Risiken. Mit diesem Prinzip soll verantwortungsbewusstes Verhalten auf Unternehmerseite gefördert werden

externer Effekt: Auswirkung ökonomischen Handelns auf unbeteiligte Dritte

Angebotsseite auf dem Arbeitsmarkt: Arbeitnehmer, die ihre Arbeitskraft anbieten

M9 Der Staat in der Sozialen Marktwirtschaft

Die deutsche Wirtschaftspolitik orientiert sich seit Mitte des 20. Jahrhunderts am Konzept der Sozialen Marktwirtschaft. (...) Die zentrale Idee besteht darin, die Freiheit aller, die als Anbieter oder Nachfrager am Markt teilnehmen, zu schützen und gleichzeitig für sozialen Ausgleich zu sorgen. (...)
Märkte sorgen in der Sozialen Marktwirtschaft über den Preismechanismus für den Ausgleich von Angebot und Nachfrage: Sind besonders begehrte Güter knapp, steigt deren Preis. Das drängt Nachfrage zurück und bietet zugleich Gewinnmöglichkeiten für zusätzliche Anbieter. Anbieter werden versuchen, die Produktion so kostengünstig wie möglich zu gestalten. So kommt es zu einer effizienten Verwendung der Produktionsmittel und zu günstigen Preisen für die Verbraucher. Dafür ist wichtig, dass Wettbewerb mit offenem Marktzugang herrscht und Marktmacht verhindert wird. Der Marktmechanismus erhöht dann die Konsummöglichkeiten, motiviert die Anbieter zu Innovationen und technischem Fortschritt und verteilt Einkommen und Gewinn nach individueller Leistung. Es ist eine wichtige Aufgabe des Staates, den Rahmen für einen funktionierenden Wettbewerb zu schaffen. Gleichzeitig muss er die Bereitschaft und die Fähigkeit der Menschen zu eigenverantwortlichem Handeln und mehr Selbstständigkeit fördern.
Der zweite Grundsatz der Sozialen Marktwirtschaft neben dem freien Markt ist der soziale Ausgleich. Dieser soll die Freiheit des Marktes möglichst nicht einschränken, aber eine soziale Absicherung für diejenigen bereitstellen, die aufgrund von Alter, Krankheit oder Arbeitslosigkeit keine Markteinkommen erzielen können. In der Sozialen Marktwirtschaft gilt es dabei, die richtige Balance zu finden. Soziale Leistungen und das Handeln des Staates müssen durch Steuern und Abgaben finanziert werden. Diese belasten aber diejenigen, die mit ihren Einkommen den Wohlstand erzeugen. Ziel ist also eine solide soziale Absicherung, bei gleichzeitig größtmöglichem Wohlstand.

Bundesministerium für Wirtschaft und Energie: Soziale Marktwirtschaft, in: http://www.bmwi.de (Zugriff: 7.4.2014)

Der öffentliche Haushalt – Basis der Wirtschafts- und Sozialpolitik

Um unterschiedliche wirtschafts- und sozialpolitische Maßnahmen durchführen zu können, benötigen die hiermit betrauten staatlichen Instanzen die notwendigen finanziellen Mittel. Die Koordination der staatlichen Einnahmen und Ausgaben erfolgt in öffentlichen Haushalten der unterschiedlichen politischen Gebietskörperschaften (Kommune, Kreis, Land, Bund). Für jedes Haushaltsjahr wird dabei von der Regierung ein Haushaltsplan vorgelegt, der Angaben zu den veranschlagten Einnahmen sowie zu den geplanten Ausgaben enthält. Er bildet die Grundlage für einen politischen Prozess, der schließlich in der parlamentarischen Verabschiedung des öffentlichen Haushalts mündet.

Der öffentliche Haushalt ist ein zentrales gesellschaftspolitisches Koordinationsinstrument, das eine rationale und effiziente Planung, Durchführung und Kontrolle öffentlicher Aufgaben gewährleisten soll. Er dient der Abstimmung des öffentlichen Bedarfs mit den finanziellen Deckungsmöglichkeiten und mit der gesamtwirtschaftlichen Entwicklung. Zugleich bewirkt der Haushalt aber auch maßgebliche Veränderungen in der Einkommens- und Vermögensverteilung. Darüber hinaus erfüllt er eine wichtige Rechts- und Kontrollfunktion, indem er Zuständigkeiten und Verantwortungsbereiche verbindlich festlegt und auf diese Weise eine administrative und politische Kontrolle ermöglicht.

Zeichnung: Koufogiorgos

1. Stellen Sie die Blickwinkel in **M 10** und **M 11** hinsichtlich ihrer Kernaussagen einander gegenüber.
2. Stellen Sie die Haushaltsgrundsätze für die Aufstellung öffentlicher Haushalte in der BRD dar (**M 12**).
3. Charakterisieren Sie die Einnahmeseite des Bundeshaushaltes (**M 12**).
4. Charakterisieren Sie die Ausgabeseite des Bundeshaushaltes (**M 12**).
5. Erläutern Sie, welche Rückschlüsse die statistischen Angaben zu den Ausgaben des Bundes auf mögliche (wirtschafts-)politische Schwerpunkte zulassen.
6. Erörtern Sie mögliche Zusammenhänge zwischen Haushaltssaldo und politischen Handlungsspielräumen.
7. Interpretieren Sie die obenstehende Karikatur.
8. Setzen Sie sich mit der in **M 10** und **M 11** aufgeworfenen Frage vor dem Hintergrund Ihrer neu gewonnenen Kenntnisse auseinander.

M 10 Steuererhöhungen sind unumgänglich

Nach einer Untersuchung des Instituts für Makroökonomie und Konjunkturforschung (IMK) der Düsseldorfer Hans-Böckler-Stiftung haben sich die Steuersenkungen der vergangenen Jahre sehr belastend auf die Staatskassen in Deutschland ausgewirkt. Eine Untersuchung dieses Instituts zeigt, dass Bund, Länder und Gemeinden allein in diesem Jahr über 51 Milliarden Euro mehr an Steuern einnehmen könnten, wenn die Steuergesetze von 1998 noch gelten würden. Vor allem die Einkommensteuerreform der rot-grünen Bundesregierung, bei der unter anderem die Spitzensteuersätze gesenkt worden waren, habe negative Auswirkungen. Auch sei das dadurch angestrebte Ziel, das Wirtschaftswachstum zu steigern, bei weitem nicht erreicht worden.

Die Untersuchung geht weiter davon aus, dass die staatlichen Ausgaben anders als die Steuersenkungen kaum zu den finanziellen Problemen der Staatskassen beigetragen haben. Die Auslagen hätten sich von 1998 bis zum Beginn der Finanzkrise 2008 im Jahresdurchschnitt lediglich um 1,4 Prozent erhöht. Nach Abzug der Preissteigerung seien sie sogar um 0,2 Prozent geschrumpft.

Nach Angaben der Untersuchung liegt Deutschland in sparsamer Ausgabenpolitik weltweit nach Japan an zweiter Stelle. Das IMK hält deshalb eine Haushaltskonsolidierung allein durch Ausgabenkürzung für aussichtslos. Es geht vielmehr davon aus, dass Steuererhöhungen unumgänglich sind. Nach Ansicht der Experten des Instituts können diese Steuererhöhungen für die Konjunktur weitgehend neutral gestaltet werden. Die Forscher empfehlen dazu eine Anhebung des Einkommenssteuertarifs für hohe Einkommen, eine höhere Erbschaftssteuer, die Wiedereinführung der Vermögensteuer sowie eine Finanztransaktionssteuer.

Autorentext

M 11 Spielraum für Steuersenkungen

Aus einem Interview der „Kölnischen Rundschau" (KR) mit dem Direktor des Instituts der deutschen Wirtschaft (IWD), Michael Hüther:

KR: Herr Professor Hüther, zum ersten Mal seit 1969 wird im kommenden Jahr der Haushaltsausgleich erreicht. Lässt sich der Finanzminister zurecht feiern?

Hüther: Das ist schon der Anerkennung wert. Das Ziel wurde in den letzten Jahren mehrfach angepeilt. Es jetzt zu erreichen, ist ein wichtiges Signal. Allerdings hört das Lob dann auch schnell auf. Ein Haushalt muss zukunftsfähig sein. Da beginnen die Zweifel.

KR: Müsste nicht angesichts der öffentlichen Schuldenberge endlich der Einstieg in den Schuldenabbau gelingen?

Hüther: Richtig, die Ziele des Haushalts müssten ambitionierter sein. Die ursprüngliche Planung wurde hier ja leider revidiert. Bis 2018 sollten immerhin 18 Milliarden Euro Schulden getilgt werden. Das ist vom Tisch. Die Regierung gibt sich mit zu wenig zufrieden. Das ist der politische Preis für die vorgesehenen Mehrausgaben. (...)

KR: Von Steuersenkungen ist gar nicht mehr die Rede.

Hüther: Spielräume gäbe es. Die Regierung will ja 23 Milliarden Euro Mehrausgaben. Es wäre schon ein Fortschritt, wenn davon die Hälfte in Investitionen ginge statt in sozialpolitische Maßnahmen. Natürlich ist der Abbau der kalten Progression weiter wichtig. Das muss man nicht in einem Schritt machen, aber im Laufe einer Legislaturperiode kann man schrittweise den Tarif fairer gestalten. Auch das wird nicht angepackt. Schade, denn es geht um den Abbau einer Leistungsungerechtigkeit. (...)

KR: Birgt die Euro-Krise noch Risikopotenzial?

Hüther: Eher nicht. Der Bankensektor stabilisiert sich weiter. Es gibt positive Entwicklungen in Krisenländern wie Portugal. (...)

KR: Zusammengefasst, die ökonomische Lage ist ideal: hohe Einnahmen, geringe Arbeitslosigkeit.

Hüther: Genau. Deshalb muss man nun versuchen, die Wirtschaftskraft in die Zukunft zu tragen. Zentrales Thema ist dabei der Ausbau der Infrastruktur: Straßenverkehr und Kommunikationsnetze. Und dann kommt man schnell zum Thema Schuldenabbau. Das wäre ein wichtiges Signal für ganz Europa. Da stellt sich eine sehr einfache Frage: Wann, wenn nicht jetzt?

rundschau-online v. 9.4.2014: „Schwarz-Rot baut nur den Sozialstaat aus", in: http://www.rundschau-online.de, Interviewer: Norbert Wallet (Zugriff: 9.4.2014)

kalte Progression: Steuermehrbelastung bei einer Einkommenserhöhung (die lediglich die Inflation ausgleicht), die dazu führt, dass das verfügbare Einkommen nach der Einkommenserhöhung etwas geringer als zuvor ausfällt

M 12 Der öffentliche Haushalt als Basis der Wirtschafts- und Sozialpolitik

Die Aufstellung des öffentlichen Haushalts richtet sich in der Bundesrepublik Deutschland dabei nach den folgenden Haushaltsgrundsätzen:

Haushaltsgrundsatz	Prinzip
Einheit und Vollständigkeit	Alle Einnahmen und Ausgaben müssen im Haushaltsplan veranschlagt werden. Ohne Berücksichtigung im Haushaltsplan ist eine Ausgabe nicht zulässig.
Haushaltsausgleich	Alle Ausgaben müssen vollständig durch Einnahmen gedeckt sein (Kreditfinanzierung ist jedoch zulässig, solange die Höhe der Kredite nicht die Summe der öffentlichen Investitionen überschreitet).
Vorherigkeit	Der Haushaltsplan muss bereits zu Beginn eines Haushaltsjahres vorliegen.
Jährlichkeit	Die Rechnungslegung muss jährlich erfolgen.
Spezialität	Ausgaben dürfen nur zum im Haushaltsplan vorgesehenen Zweck, nur in der geplanten Höhe und im geplanten Zeitraum vorgenommen werden.

Nach: Bundeszentrale für politische Bildung (Hg.): Wirtschaft heute, Bonn 2009, S. 210

Im Falle deutlicher Abweichungen vom ursprünglichen Haushaltsplan (außer-/überplanmäßige Einnahmen oder Ausgaben) sind nachträgliche Änderungen des bereits beschlossenen Haushalts möglich. Ein solcher Nachtragshaushalt wird ebenso wie der vorherige Haushalt aufgestellt, parlamentarisch beraten sowie schließlich ggf. beschlossen.

Die Einnahmeseite öffentlicher Haushalte
Die Einnahmen öffentlicher Haushalte ergeben sich insbesondere aus Steuern sowie zum Teil aus Gebühren und sonstigen Erträgen (z. B. Gewinne von Unternehmen mit staatlicher Beteiligung, Kreditrückzahlungen).

Im Bereich der Steuern weisen die Umsatzsteuer (inkl. Mehrwertsteuer) sowie die Lohnsteuer ein besonders hohes Aufkommen auf.
Die Finanzierung des Sozialversicherungssystems erfolgt nur zu einem geringen Anteil aus Steuereinnahmen. Der hauptsächliche Finanzierungsbeitrag wird über Sozialversicherungsbeiträge der Arbeitnehmer und geber geleistet.

Die Ausgabeseite öffentlicher Haushalte
Die Finanzmittel der öffentlichen Haushalte können – gemäß Haushaltsplanung – für die Umsetzung politischer Maßnahmen in unterschiedlichen Bereichen verwendet werden. Der zweckgebundene Umgang mit den öffentlichen Einnahmen ermöglicht somit die staatliche Leistungserbringung. Ausgabenfelder mit wirtschafts- und sozialpolitischem Bezug sind dabei wesentlicher Bestandteil der Haushalte der einzelnen politischen Gebietskörperschaften. Besonders zeigt sich dies am Bundeshaushalt.

Haushaltssaldo: Differenz zwischen Einnahmen und Ausgaben
Die Differenz zwischen Einnahmen und Ausgaben innerhalb öffentlicher Haushalte wird als Haushaltssaldo bezeichnet. Im Zusammenhang mit dem Haushaltssaldo bestehen grundsätzlich drei unterschiedliche Möglichkeiten, die unterschiedliche politische Folgen nach sich ziehen:
– Ausgeglichener Haushalt: Die Ausgaben entsprechen den erzielten Einnahmen.

LAF: Lastenausgleichsfonds, von der Bundesregierung geschaffener Fonds zum Ausgleich kriegs- und nachkriegsbedingter Härten

M 13 Verteilung der Steuereinnahmen auf die Gebietskörperschaften

in Prozent des Steueraufkommens

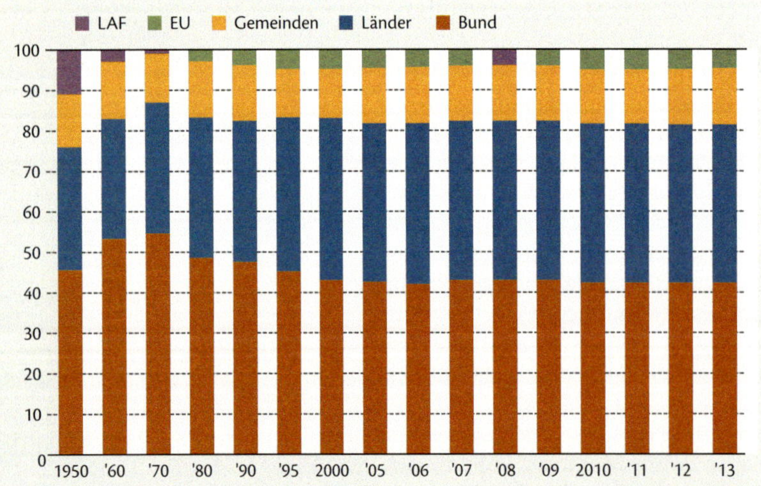

Quelle: Stat. Bundesamt 2010 *2010 bis 2013: Steuerschätzung 2009*

Eine Ausweitung der Einnahmenbasis – etwa über die Aufnahme von Krediten – ist nicht notwendig.

- Haushaltsüberschuss: Die Einnahmen übertreffen die Ausgaben. Es ergeben sich ausgeprägte politische Handlungs- und Gestaltungsspielräume. Zudem besteht die Möglichkeit, eventuell vorhandene Schulden abzutragen sowie Rücklagen für zukünftige negative Konjunkturentwicklungen aufzubauen.
- Haushaltsdefizit: Die Ausgaben übertreffen die Einnahmen. Es besteht die Notwendigkeit einer in der Regel kreditfinanzierten Ausweitung der Einnahmenbasis. Staatliche Handlungs- und Gestaltungsspielräume können hierdurch jedoch nicht unbegrenzt sowie nur um den Preis zukünftiger Haushaltsbelastungen (verzinste Kreditrückzahlungen) erweitert werden.

Die Haushaltslage in der Bundesrepublik Deutschland ist seit Jahren durch einen kontinuierlich negativen Haushaltssaldo gekennzeichnet. Auch in Zeiten positiver Konjunkturentwicklung ist es in dieser Zeit nicht gelungen, Haushaltsüberschüsse zu erzielen. Das politische Bemühen um zumindest ausgeglichene öffentliche Haushalte bzw. um eine mögliche Rückführung der bereits vorhandenen Schuldenlast zählt deshalb zu den aktuell wichtigsten wirtschaftspolitischen Herausforderungen.

Dirk Lange (Hg.): Grundwissen Wirtschaft, Berlin (Cornelsen) 2011, S. 96f.

M 14 Ausgaben des Bundes im Jahr 2013 nach Ressorts

Anteile in Prozent

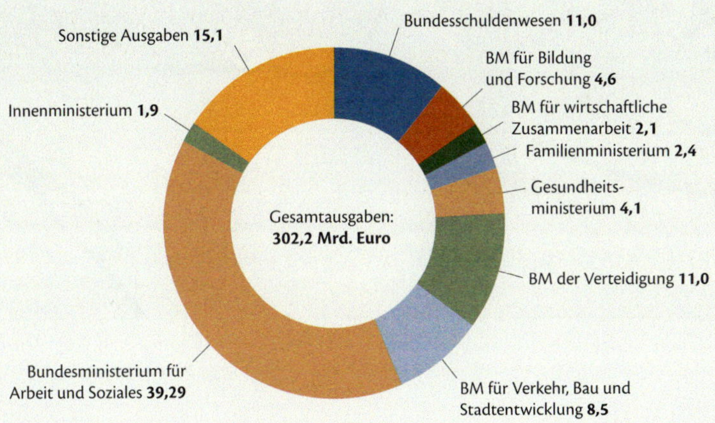

Quelle: Stat. Bundesamt 2014 *BM = Bundesministerium*

M 15 Steueraufkommen 2013 nach Steuerarten

Kassenmäßige Steuereinnahmen des Bundes, der Länder und der Gemeinden nach Steuerarten vor der Verteilung, in Mrd. Euro

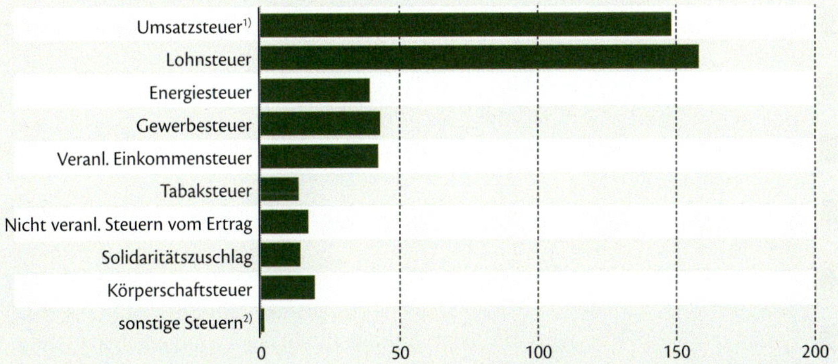

Quelle: Stat. Bundesamt 2014 *1) Einschl. Einfuhrumsatzsteuer, 2) Ohne steuerähnliche Einnahmen*

Wirtschaftspolitische Kontroversen

Brauchen wir einen Mindestlohn? Darf der Staat Schulden machen? Sollten die Steuern gesenkt werden?
Die Gestaltung der Wirtschaftsordnung und des darin stattfindenden Geschehens folgt nicht nur ökonomischen Gesetzen, sondern ist auch Gegenstand wirtschaftspolitischer Auseinandersetzungen unterschiedlicher politischer Akteure – etwa von Parteien, Sozialpartnern und Nichtregierungsorganisationen. Im demokratischen Wettbewerb treffen dabei unterschiedliche Grundsätze und Sichtweisen aufeinander.

Zeichnung: Zeller

1. Interpretieren Sie die obenstehende Karikatur.
2. Arbeiten Sie heraus, worin die in **M 16** thematisierte wirtschaftspolitische Kontroverse besteht.
3. Untersuchen Sie arbeitsteilig die wirtschaftspolitischen Standpunkte der Parteien im Hinblick auf jeweilige Schwerpunkte (**M 17**, **M 18**).
4. Informieren Sie sich gegenseitig in Ihrem Kurs über die unterschiedlichen wirtschaftspolitischen Standpunkte der Parteien.
5. Diskutieren Sie die wirtschaftspolitischen Standpunkte der Parteien und nehmen Sie hierzu selbst Stellung.
6. Stellen Sie die wirtschaftspolitischen Positionen der Sozialpartner einander gegenüber (**M 19**).
7. Analysieren Sie, welche Überschneidungen und welche möglichen Konfliktpunkte zwischen verschiedenen Parteien und den Sozialpartnern bestehen (**M 17** bis **M 19**).
8. Entwickeln Sie in Arbeitsgruppen eine Umfrage zur Befragung Ihrer Jahrgangsstufe: Welche wirtschaftspolitischen Standpunkte werden geteilt/nicht geteilt?
9. Interpretieren Sie die Karikatur auf S. 101.

M 16 Der Streit ums Geld

Welcher Weg führt aus der Finanzkrise? CDU-Politiker und Ökonomen haben wiederholt von verschuldeten europäischen Staaten gefordert, mehr zu sparen. Martin Schulz, SPD-Mann und Präsident des EU-Parlaments, hält das dagegen für die falsche Marschrichtung – und verlangte vergangene Woche: Schluss mit dem Spardiktat!

Nach Ausbruch der Euro-Krise hatten zunächst die Befürworter rigiden Sparens Oberhand. Auf Druck von EU-Kommission und Internationalem Währungsfonds (IWF) senkten etwa Griechenland und Spanien ihre Investitionen und die Ausgaben für staatliche Transferleistungen, um Schulden abzubauen. Austerität – so nennen Ökonomen eine strikte Sparpolitik; es ist ein Wort, das nicht im Duden steht.

Es leitet sich vom englischen Begriff austerity ab und bedeutet „Strenge" oder „Askese". Die Briten verwendeten das Wort erstmals während des Zweiten Weltkriegs, um die Politik ihres damaligen Wirtschaftsministers Stafford Cripps zu beschreiben, der den Staat durch massive Kürzungen vor der Zahlungsunfähigkeit zu bewahren versuchte.

Befürworter der Sparpolitik sind überzeugt, der derzeitigen Krise nicht anders Herr werden zu können. „Nur wenn die Länder ihre Schulden abbauen, werden sie das Vertrauen der internationalen Finanzmärkte zurückgewinnen", sagt etwa der Direktor des arbeitgebernahen Instituts der deutschen Wirtschaft (IW) in Köln, Michael Hüther. Die Logik ist folgende: Wenn ein Staat keine oder überschaubare Schulden hat, können Investoren ihm risikoloser Geld leihen, sodass sie niedrigere Kreditzinsen verlangen, was den Staat entlastet. In der Folge kommen auch Unternehmen leichter an Geld und investieren mehr – Arbeitsplätze entstehen, die Wirtschaft wächst.

Tatsächlich funktioniert das in Griechenland bisher nicht wirklich. Zwar ist die Wirtschaft jüngsten Schätzungen der griechischen Regierung zufolge im zweiten Quartal dieses Jahres das erste Mal seit Ausbruch der Krise gewachsen, insgesamt wird sie dieses Jahr aber wohl um rund vier Prozent schrumpfen. Die Schulden dagegen steigen weiter. Dabei haben die Griechen etwa Renten und Sozialleistungen gekürzt und die Mehrwertsteuer von 19 auf 23 Prozent erhöht.

Das Problem ist: Von dieser Steuererhöhung sind relativ gesehen vor allem die Ärmeren betroffen, also Rentner, Arbeitslose und Geringverdiener. Wer wenig im Geldbeutel hat, leidet mehr, wenn Brot und Milch plötzlich mehr kosten – und wenn die Sozialleistungen gekürzt werden. Da der wirtschaftliche Aufschwung trotz der Einsparungen bisher ausbleibt, ist das, was am stärksten wächst, der Frust der Bevölkerung. Diese Entwicklung bestärkt die Gegner der Austeritätspolitik in ihren Zweifeln daran, dass Sparen in der Krise wirklich der richtige Weg ist, die Wirtschaft zu stabilisieren. „Während einer Rezession zu sparen ist kontraproduktiv", sagt etwa der Leiter des gewerkschaftsnahen Instituts für Makroökonomie und Konjunkturforschung, Gustav Horn. „Alles, was der Staat weniger ausgibt, nimmt jemand anders weniger ein." Unternehmen fehle es an Aufträgen, Haushalten an Transferleistungen. Wenn gleichzeitig auch noch mehr Steuern gezahlt werden müssten, konsumierten die Menschen weniger – und Unternehmen stoppten ihre Investitionen. Die Folge: noch weniger Wachstum. „In eine schrumpfende Wirtschaft fassen die Finanzmärkte sicherlich kein Vertrauen." Sogar der IWF räumte Anfang des Jahres ein, den Schaden für die Konjunktur durch Steuererhöhungen und Ausgabenkürzungen während einer Rezession unterschätzt zu haben.

Die Spardebatte scheint unauflösbar. Die einen sagen: Ohne sparen kann es nicht bergauf gehen. Die anderen sagen: Es muss erst bergauf gehen, bevor gespart werden kann. Die aktuelle Krise zeigt zweifellos, dass Staaten viel Zeit brauchen, um Schulden abzubauen, und dass deren Gesellschaften nur ein gewisses Maß an Reformen verkraften. Im Mai hat die EU-Kommission Konsequenzen aus dieser Erkenntnis gezogen. Die Länder der Euro-Zone, die am meisten mit ihren Schuldenproblemen kämpfen, haben nun bis zu zwei Jahren mehr Zeit, die gesetzten Sparziele zu erreichen.

Katja Scherer: Wirtschaftspolitik. Der Streit ums Geld, in: Die Zeit, Nr. 41/2013

IWF (Internationaler Währungsfonds): Sonderorganisation der UNO mit Sitz in Washington, USA. Zu ihren Aufgaben gehört: Förderung der internationalen Zusammenarbeit in der Währungspolitik, Ausweitung des Welthandels, Stabilisierung von Wechselkursen, Kreditvergabe, Überwachung der Geldpolitik, technische Hilfe

M17 Wirtschaftspolitische Standpunkte der Parteien

a) CDU/CSU	
Wirtschaft allgemein	Die Union will in Deutschland den Mittelstand fördern. Dazu sollen eine Außenwirtschaftsoffensive, Innovationsprogramme sowie die Kampagne „German Mittelstand“ beitragen. CDU und CSU wollen Existenzgründer durch bessere Finanzierungsmöglichkeiten und Bürokratieabbau ermutigen. Der Anteil der Ausgaben für Forschung und Entwicklung am Bruttoinlandsprodukt soll steigen. Forschung im Bereich neuer Technologien und Ideen soll steuerlich unterstützt werden. Die Union will gezielt in Zukunftstechnologien wie Mikroelektronik und Luft- und Raumfahrt investieren. Der steuerliche Rahmen für Investoren, die jungen Hightechfirmen Kapital zur Verfügung stellen, soll verbessert werden.
Arbeit	Die Union bekennt sich zum Ziel der Vollbeschäftigung. Gesetzliche Mindestlöhne lehnen CDU und CSU ab. Stattdessen sollen die Tarifpartner in Bereichen ohne Tarifverträge verpflichtet werden, gemeinsam einen Mindestlohn festzulegen. Die Chance auf Festanstellung soll gerade bei jungen Menschen die Regel sein. Zeitarbeit und befristete Verträge wertet die Union ebenso wie Werkverträge als sinnvolle Instrumente, die Chancen zum Einstieg in die Arbeitswelt bieten und zugleich den Unternehmen notwendige Flexibilität verschaffen. Für Zeitarbeiter soll der Grundsatz „Gleicher Lohn für gleiche Arbeit am gleichen Ort“ gelten. Um Langzeitarbeitslosen einen Job zu verschaffen, soll die Bundesagentur für Arbeit deren Qualifizierung mit klaren Zielvorgaben in den Vordergrund rücken.
Energie	Für die Union hat die Energiewende entscheidende Bedeutung für die Zukunft. Dabei soll auf die volkswirtschaftliche Verantwortbarkeit geachtet werden. Erneuerbare Energien sollen sich künftig ohne staatliche Hilfe am Markt behaupten. Energieintensive Unternehmen will die Union weiter entlasten. Sie betont die Bedeutung bezahlbarer Energie für Firmen und Verbraucher. Die Union setzt sich dafür ein, die Stromnetze auszubauen und Stromtrassen von den windreichen Gegenden im Norden in die Ballungszentren im Süden und Westen zu legen. Stromspeicher sollen ausgebaut werden. Die Union geht davon aus, dass die erneuerbaren Energien erst „in einigen Jahrzehnten“ die Energieversorgung gewährleisten können. Bis dahin sollen moderne Kohle- und Gaskraftwerke eingesetzt werden, deren Bau die Union beschleunigen will. Fracking kommt für sie nur infrage, wenn Gefahren für Mensch und Trinkwasser ausgeschlossen werden können.
Europa	CDU und CSU definieren sich als „die deutschen Europaparteien“. Deutschland soll als „Stabilitätsanker und Wachstumsmotor Europas“ eine besondere Verantwortung bei der Lösung der EU-Schuldenkrise übernehmen. Die Union setzt sich für eine wirtschaftlich starke und wettbewerbsfähige EU ein. Die Nationalstaaten sollen sich stärker abstimmen und mit der EU-Kommission konkrete Maßnahmen beschließen, um die Wettbewerbschancen zu verbessern. Ziel sind auch ein gemeinsamer europäischer Arbeitsmarkt und die Angleichung der Unternehmenssteuern in Europa. Einem zentralistischen Europa erteilt die Union eine Absage. Bei Beitrittskandidaten zur EU soll sorgfältig geprüft werden, ob sie alle politischen und wirtschaftlichen Kriterien erfüllen. Eine EU-Vollmitgliedschaft der Türkei wird abgelehnt.
Steuern	Die Union lehnt Steuererhöhungen ab. Sie will mit ihrer Steuerpolitik die Mittelschicht weiter entlasten. Die kalte Progression, die dafür sorgt, dass Lohnerhöhungen zum Ausgleich von Preissteigerungen von einem höheren Steuertarif aufgezehrt werden, soll abgebaut werden. Die Union ist gegen eine Vermögenssteuer und will die Erbschaftsteuer nicht erhöhen. Die Unternehmensteuern sollen wachstumsfreundlich gestaltet und europaweit angeglichen werden. Steuerhinterziehung wollen CDU und CSU bekämpfen und Steueroasen durch bessere internationale Zusammenarbeit trockenlegen.
Schuldenabbau	Die Union will der Schuldenbremse die Schuldentilgung folgen lassen. In der nächsten Wahlperiode wollen CDU und CSU zum ersten Mal seit 40 Jahren einen Haushalt ohne Neuverschuldung vorlegen. Die Gesamtverschuldung des Staates soll auf maximal 60 Prozent der Wirtschaftsleistung gesenkt werden, um die Vorgaben des europäischen Stabilitäts- und Wachstumspakts zu erfüllen. Dazu sollen steigende Steuereinnahmen infolge des konjunkturellen Aufschwungs beitragen – Steuerhöhungen lehnt die Union dagegen ab. Auch die Begrenzung der Staatsausgaben soll zu soliden Finanzen beitragen.

b) SPD	
Wirtschaft allgemein	Die SPD will mehr Investitionen in moderne Produkte und nachhaltige Prozesse. Klassische Industrien sollen erneuert, neue Leitmärkte erschlossen werden. Ziel ist eine höhere Selbstständigenquote. Die Investitionen in die Forschung sollen über drei Prozent des Bruttoinlandsprodukts steigen. Besonders erwünschte Investitionen etwa im Bereich der Energie- oder Ressourceneffizienz sollen mit einer Zulage oder durch verbesserte Abschreibungsmöglichkeiten unterstützt werden. Die SPD will Forschung auch steuerlich fördern. Für die Sozialdemokraten ist Kreativität der „Rohstoff des 21. Jahrhunderts". (...)
Arbeit	„Vollbeschäftigung in guter Arbeit" lautet das Ziel der SPD. Sie will einen flächendeckenden gesetzlichen Mindestlohn von 8,50 Euro einführen, der auf Vorschlag einer Kommission jährlich angepasst wird. Die SPD will unbefristete, sozialversicherungspflichtige Jobs wieder zur Regel machen. Durch höhere rechtliche Hürden sollen Leiharbeit, befristete Verträge und Schein-Werkverträge zurückgedrängt werden. Das Tarifvertragssystem und die Tarifbindung wollen die Sozialdemokraten stärken. Leiharbeiter sollen bei gleicher Arbeit den gleichen Lohn wie die Stammbelegschaft erhalten. Sie sollen nicht als Streikbrecher eingesetzt werden dürfen. Für Praktika sollen Standards bezüglich Vergütung und Dauer gelten. Die soziale Absicherung bei Minijobs soll verbessert werden. Die Mitbestimmung in Betrieben will die SPD stärken.
Energie	Die SPD will ein Energieministerium einrichten, in dem die Energiewende zentral koordiniert wird. Das EEG-Gesetz soll so reformiert werden, dass es den Ausbau sichert, Kosten begrenzt und die Versorgungssicherheit gewährleistet. Kohle- und Gaskraftwerke sollen in der Übergangszeit als Brückentechnologie dienen. Um weitere Belastungen für Industrie und Privathaushalte zu vermeiden, denkt die SPD über die Senkung der Stromsteuer nach. Erneuerbare Energien sollen weiterhin Vorrang bei der Einspeisung haben. Die SPD will neue Speichertechnologien fördern und die Stromnetze in einer Gesellschaft mit staatlicher Beteiligung zusammenführen, um den Ausbau zentral zu steuern. Auf Fracking will die SPD verzichten, solange nicht alle Risiken ausgeschlossen werden können.
Europa	Die SPD will dem „kalten Wettbewerbseuropa" eine sozial verantwortlich handelnde EU entgegenstellen. Dafür soll eine gemeinsame Wirtschaftsregierung für die EU eingerichtet werden. Ein sozialer Stabilitätspakt soll „Sozialdumping" durch einheitliche Mindeststandards verhindern; Ausgaben für Bildung und Soziales sollen angeglichen und festgeschrieben werden. Die SPD will eine europaweite Finanztransaktionssteuer sowie einheitliche Mindeststeuersätze bei Ertrag- und Unternehmensteuern. Die EU-Kommission soll zu einer Regierung ausgebaut werden, die vom Europaparlament gewählt und kontrolliert wird. Der Präsident der EU-Kommission soll sich vorher als Spitzenkandidat bei einer Europawahl den Bürgern zur Wahl gestellt haben. In einer gleichberechtigten zweiten Kammer sollen die Regierungen der EU-Staaten ihre Interessen vertreten. Für die SPD ist ein EU-Beitritt der Türkei ein klares Ziel. Die Erweiterung der EU hängt demnach aber davon ab, dass die Beitrittskandidaten alle Kriterien erfüllen.
Steuern	Die SPD kündigt Steuererhöhungen im Falle ihrer Regierungsübernahme an. Die Vermögensteuer soll „auf einem angemessenen Niveau" wieder eingeführt werden. Die spezielle Situation von Hausbesitzern, Personengesellschaften und Familienunternehmen will sie dabei berücksichtigen. Ab einem Einkommen von 100 000 Euro (bei Ehepaaren 200 000 Euro) soll der Spitzensteuersatz auf 49 Prozent steigen. Die SPD will die Abgeltungsteuer für Kapitaleinkünfte von 25 auf 32 Prozent erhöhen. Steuerprivilegien für Interessengruppen wie Hoteliers und reiche Erben sollen abgeschafft werden. Die durch die Steuererhöhungen erzielten Einnahmen sollen ausschließlich in den Schuldenabbau sowie in Bildung und Infrastruktur fließen.
Schuldenabbau	Der Schuldenabbau hat für die Sozialdemokraten neben Bildungsinvestitionen höchste Priorität. Die SPD will durch Impulse für Wachstum und Arbeitsplätze konjunkturelle Mehreinnahmen erzielen, um so die Staatsverschuldung zu senken. Auch Steuererhöhungen sollen dazu beitragen. Die SPD setzt sich dafür ein, dass auch der Finanzsektor den Schuldenabbau mitfinanziert. Sie bekennt sich zur im Grundgesetz verankerten Schuldenbremse. Bund und Länder sollen zukünftig gemeinsame Kredite aufnehmen können. Ein nationaler Schuldentilgungsfonds soll zur Lösung des Problems der aufgehäuften Schuldenlast von Ländern und Kommunen beitragen.

EEG: „Erneuerbare-Energien-Gesetz" zur Regelung der bevorzugten Einspeisung erneuerbarer Energien in das deutsche Stromnetz

c) Bündnis 90/DIE GRÜNEN	
Wirtschaft allgemein	Die Grünen wollen die Marktwirtschaft ökologisch und sozial neu begründen. Das Innovationsklima soll durch Entbürokratisierung gefördert werden, Hemmnisse für Existenzgründer sollen abgebaut werden. Kleine und mittlere Unternehmen sollen steuerlich gefördert werden. Die Grünen wollen soziale Dienstleistungen finanziell unterstützen und Forschung und Innovationen in diesem Bereich fördern. Der Zugang zu Wagniskapital soll verbessert, mehr Unternehmer sollen mit Mikrokrediten versorgt werden. Die Forschungslandschaft im Osten Deutschlands soll besonders gefördert werden.
Arbeit	Die Grünen wollen einen flächendeckenden gesetzlichen Mindestlohn von 8,50 Euro, der jährlich angepasst wird. Leiharbeiter sollen ab dem ersten Tag denselben Lohn und die gleichen Rechte bekommen wie die Stammbelegschaft, dazu kommt ein Flexibilitätsbonus. Der ALG-II-Regelsatz soll auf zunächst 420 Euro steigen. Auch flexibel Beschäftigte und Selbstständige sollen in die Arbeitslosenversicherung einbezogen werden. Anspruch auf Arbeitslosengeld soll jeder haben, der innerhalb von zwei Jahren mindestens vier Monate lang Beiträge gezahlt hat. Die Grünen wollen den Niedriglohnsektor reformieren. Der Missbrauch von Werkverträgen, befristeten Jobs und Leiharbeit soll eingedämmt werden. Minijobs wollen die Grünen durch sozialversicherungspflichtige Jobs ersetzen. Die betriebliche Mitbestimmung soll ausgebaut werden.
Energie	Die Grünen wollen den Energiemarkt versorgungssicher, klimafreundlich und kosteneffizient gestalten. Bis 2030 soll der Strom komplett aus erneuerbaren Quellen stammen, bis 2022 zur Hälfte. Erneuerbare Energien sollen weiter eine Einspeisevergütung erhalten und Einspeisevorrang haben. Die Vergünstigungen für energieintensive Unternehmen sollen abgebaut werden. Stromspeicher und das Stromnetz will die Partei sinnvoll ausbauen. Dafür soll eine Netzgesellschaft in öffentlicher Hand gegründet werden. Als Übergangslösung sollen Gaskraftwerke die Lücken in sonnen- und windarmen Zeiten schließen. Bis 2030 soll der Kohleausstieg umgesetzt werden. Der Atomausstieg soll durch höhere, zeitgemäße Sicherheitsstandards für die bestehenden Meiler beschleunigt werden. Fracking und unterirdische CO_2-Verpressung an fossilen Kraftwerken lehnen die Grünen ab.
Europa	Die Grünen wollen die Rolle Europas in Zeiten der Globalisierung stärken. Ziel ist „kein deutsches Europa, sondern ein europäisches Deutschland“. Das EU-Parlament soll Gesetze initiieren und den EU-Kommissionspräsidenten wählen dürfen, welcher wiederum zuvor als Spitzenkandidat bei einer Europawahl antreten soll. Die EU-Bürgerinitiative möchten die Grünen zu einem EU-Volksentscheid weiterentwickeln. Die Grünen wollen Steuerdumping und -flucht durch EU-weite Sozialstandards bekämpfen. Sie sprechen sich für eine EU-weit koordinierte Vermögensabgabe sowie einen Mindestsatz für Unternehmensteuern aus.
Steuern	Die Grünen sprechen sich für Steuererhöhungen aus. Ziel ist ein Spitzensteuersatz von 49 Prozent ab einem Einkommen von 80 000 Euro. Ab 60 000 Euro soll ein Steuersatz von 45 Prozent greifen. Das steuerfreie Existenzminimum soll auf 8700 Euro erhöht werden. Die Grünen wollen eine befristete Vermögensabgabe auf Nettovermögen von mehr als einer Million Euro einführen, um die Staatsschulden zu reduzieren. Betriebsvermögen sollen dabei mit maximal 35 Prozent des Gewinns belastet werden. Steuervorteile für Hotels, Fast Food, Schnittblumen oder Skilifte wollen die Grünen abschaffen. Sie setzen sich dafür ein, die Erbschaftsteuer zu erhöhen und die Abgeltungsteuer abzuschaffen. Stattdessen sollen Kapitalerträge progressiv besteuert werden. Die Grünen wollen ökologisch schädliche Steuersubventionen abschaffen.
Schuldenabbau	Die Grünen wollen die Staatsschulden durch Ausgabenkürzungen, Subventionsabbau und Steuererhöhungen senken. Eine zeitlich befristete Vermögensabgabe für Millionäre soll 100 Milliarden Euro einbringen und komplett zur Schuldensenkung verwendet werden. Die Grünen wollen ökologisch schädliche Subventionen abbauen und Ausgaben für Rüstung und die Bundeswehr reduzieren. Die Staatseinnahmen sollen steigen, indem Steuerhinterziehung wirksamer bekämpft wird. Die Grünen stehen hinter der Schuldenbremse für Bund und Länder. Ziel ist zudem ein Altschuldentilgungsfonds, der Bundesländer und Kommunen entlasten soll.

d) FDP	
Wirtschaft allgemein	Die FDP will Industrie und Mittelstand weiter stärken und das Handwerk voranbringen. Der Bürokratieabbau soll höchste Priorität genießen und künftig bei einem Ministerium angesiedelt werden. Die FDP will Forschung und Entwicklung steuerlich fördern und die Anreize für Investoren von Wagniskapital verbessern. Forschung und mögliche Kapitalgeber sollen besser vernetzt werden. Gemeinsam mit den Bundesländern soll die Finanzierung kleiner und mittlerer Unternehmen gestärkt werden. Mittelständische Unternehmen sollen stärker in die Außenwirtschaftspolitik einbezogen werden. Ein Hauptaugenmerk der Wirtschaftsförderung soll auf der ostdeutschen Exportwirtschaft liegen.
Arbeit	Die FDP will in Deutschland Vollbeschäftigung erreichen. Sie bekennt sich zur Tarifautonomie und lehnt einen gesetzlichen Mindestlohn strikt ab. Stattdessen sollen Tarifverträge für allgemeinverbindlich erklärt werden, um so branchenweite Lohnuntergrenzen zu setzen. Zeitarbeit und befristete Beschäftigung sollen erhalten bleiben und weiterentwickelt werden, weil sie aus Sicht der Liberalen eine Einstiegschance in den Arbeitsmarkt bedeuten und Firmen dadurch leichter neue Jobs schaffen. Die FDP will mit einem Bürgergeld die bislang getrennten Sozialleistungen wie ALG-II, Grundsicherung, Sozialhilfe, Wohngeld, Kinderzuschlag etc. zusammenfassen. Das Bürgergeld soll Bürokratie abbauen und individuelle Anstrengungen belohnen: Wer eine Arbeit annimmt, soll bei diesem Modell mehr von seinem Einkommen behalten.
Energie	Die FDP will bei der Energiewende auf Versorgungssicherheit, Bezahlbarkeit und schnelle Fortschritte im Umweltschutz achten. Die Verantwortung für Energiefragen soll im Wirtschaftsministerium liegen. Die erneuerbaren Energien sollen sich schneller als bisher vorgesehen unter Marktbedingungen behaupten. Einspeisevergütungen wollen die Liberalen durch Direktvermarktung ersetzen. Sobald eine Technologie ihre Ausbauziele erreicht hat, soll die EEG-Förderung enden. Die FDP will die Stromsteuer senken und eine Strompreisbremse einführen. Steuererleichterungen für energieintensive Unternehmen sollen erhalten bleiben. Die Liberalen plädieren dafür, den Netzausbau zu beschleunigen und die Speichertechnologie für Energie zu verbessern. Die FDP sieht Fracking als Chance, wenn gesellschaftliche Akzeptanz und höchste Umweltstandards gewährleistet sind.
Europa	Die FDP will auf dem Weg zur politischen Union die Wirtschaftspolitik der EU-Länder stärker koordinieren. Langfristiges Ziel ist ein europäischer Bundesstaat, der durch eine europaweite Volksabstimmung legitimiert wird. Die Liberalen setzen sich für die Vollendung des europäischen Binnenmarkts ein sowie für eine nachhaltige Ausrichtung der Agrarpolitik. Europäische Steuern lehnt die FDP ab.
Steuern	Die FDP lehnt Steuererhöhungen prinzipiell ab. Sie will stattdessen die Steuer- und Abgabenbelastung für Bürger und Unternehmer senken und eine „Steuerbremse" installieren. Im Grundgesetz soll verankert werden, dass kein Bürger mehr als 50 Prozent seines Einkommens über Ertragsteuern an den Staat abführen muss. Der Solidaritätszuschlag soll bis 2017 vollständig abgebaut werden. Verbrauchsteuern sollen auf ihre Sinnhaftigkeit hin überprüft werden. Die FDP will die kalte Progression bekämpfen und das Steuersystem vereinfachen. Konjunkturell bedingte Mehreinnahmen sollen zum Abbau der Staatsverschuldung und für Investitionen in Bildung und Infrastruktur verwendet werden.
Schuldenabbau	Die FDP ist für die Schuldenbremse und erklärt den Abbau von Staatsschulden zum vorrangigen Ziel. Dafür sollen die Staatsausgaben gesenkt werden. Steuermehreinnahmen, die aus Wachstum entstehen, sollen ausschließlich in den Schuldenabbau und Investitionen fließen. Zudem will die FDP die Staatsquote verringern. Es soll geprüft werden, welche staatlichen Projekte und Aufgaben sinnvoll privatisiert werden können. Subventionen sollen abgebaut, Beihilfen nur noch befristet gewährt werden. Die FDP will die öffentliche Verwaltung effizienter und sparsamer gestalten.

e) Die Linke	
Wirtschaft allgemein	Ziel der Linkspartei sind verstärkte Investitionen im Dienstleistungssektor, in kleine und mittelständische Unternehmen und Handwerksbetriebe. Auch die zivile Industrieproduktion soll ausgebaut und gefördert werden. Öffentliche Aufträge und Hilfen sollen nur vergeben werden, wenn Kriterien für den sozial-ökologischen Umbau und gute Arbeit erfüllt sind. Die Linkspartei will die Kultur- und Kreativwirtschaft durch Förderprogramme und bessere Beratung stärken. Ein Programm für öffentliche Investitionen soll die Infrastruktur modernisieren. Die staatliche Forschungs- und Innovationsförderung soll am Ziel sozialer und ökologischer Nachhaltigkeit orientiert werden. (...)
Arbeit	Die Linkspartei will einen flächendeckenden gesetzlichen Mindestlohn von zehn Euro durchsetzen. Leiharbeit soll verboten werden. Bis zur Umsetzung sollen Leiharbeiter denselben Lohn erhalten wie die Stammbelegschaft plus eine Flexibilitätszulage. Minijobs sollen in sozialversicherungspflichtige Arbeitsplätze umgewandelt, befristete Jobs beschränkt werden. Die Linkspartei will die Regelarbeitszeit auf 30 Stunden pro Woche bei vollem Lohnausgleich verkürzen. Mittelfristig soll Hartz IV abgeschafft und durch eine Mindestsicherung von 1050 Euro ersetzt werden. Kurzfristig soll der Hartz-IV-Satz auf 500 Euro steigen. Sanktionen und Ein-Euro-Jobs will die Linkspartei abschaffen. Ein öffentlich geförderter Beschäftigungssektor soll sinnvolle Arbeitsplätze entstehen lassen. Die Mitbestimmung soll ausgebaut werden.
Energie	Die Linkspartei will bis 2020 die Hälfte der Stromversorgung aus erneuerbaren Energien bestreiten. Sie will Strom- und Wärmenetze in die öffentliche Hand oder in demokratisch geführte Unternehmen überführen. Strompreise sollen vom Markt abgekoppelt und ein kostenloses Kontingent als Grundversorgung garantiert werden. Steuererleichterungen für die Industrie sollen abgeschafft werden. Stattdessen sollen Kommunen gefördert werden, die ihre Energieversorgung übernehmen. Großprojekte wie Offshore-Windparks in der Nordsee lehnt die Linkspartei ab. Sie will den Netzausbau zugunsten einer dezentralen Energieversorgung bremsen. Ein Kohleausstiegsgesetz soll dafür sorgen, dass ab 2040 keine Kohlekraftwerke zur Stromerzeugung mehr am Netz sind. Die Partei Die Linke ist gegen Fracking und gegen die unterirdische Verpressung von CO_2.
Europa	Die Linkspartei setzt sich für einen grundlegenden Politikwechsel der EU ein. Statt Wettbewerb und Marktwirtschaft soll Sozialstaatlichkeit höchste Priorität genießen. Ziel ist es, Lohndumping zu beenden, indem die Lohn-, Steuer- und Sozialpolitik EU-weit abgestimmt wird. Gewerkschaften und Tarifverträge sollen europaweit gestärkt werden. Ein Investitionsprogramm im Bereich öffentlicher und sozialer Dienstleistungen soll gegen Armut und Massenarbeitslosigkeit aufgelegt werden. Die Linkspartei ist dagegen, dass die EU-Kommission die Haushaltspolitik der Mitgliedsländer (...) sanktioniert.
Steuern	Die Linkspartei will eine Millionärssteuer in Höhe von fünf Prozent auf Privat- und Betriebsvermögen einführen, die die Grenze von einer Million Euro (bei betriebsnotwendigen Vermögen fünf Millionen Euro) übersteigen. Zusätzlich ist eine einmalige Abgabe auf große Vermögen vorgesehen, deren Einnahmen in den Schuldenabbau fließen soll. Mit der Reichensteuer will die Linkspartei Einkommensteile oberhalb der Grenze von einer Million Euro mit 75 Prozent besteuern. Ab einem Einkommen von 65 000 Euro soll ein Spitzensteuersatz von 53 Prozent gelten. Der Grundfreibetrag soll auf 9300 Euro steigen. Beziehér mittlerer Einkommen sollen weniger Steuern zahlen als bisher. Die Linkspartei will die Körperschaftsteuer auf 25 Prozent erhöhen. Die Einnahmen aus der Erbschaftsteuer sollen deutlich steigen. (...) Die Linkspartei will die Abgeltungsteuer abschaffen und stattdessen Kapitalerträge progressiv besteuern. (...)
Schuldenabbau	Die Partei Die Linke will die Schuldenbremse aus dem Grundgesetz und aus allen Landesverfassungen streichen, da diese den Sozialstaat zerstöre. Eine einmalige Vermögensabgabe für Millionäre soll Mehreinnahmen in Höhe von 300 Milliarden Euro generieren. Mit diesen Mitteln sollen die Staatsschulden zurückgeführt werden.

tagesschau.de v. 22.8.2013: Wahlprogramme im Vergleich. Was die Parteien versprechen, in: http://www.tagesschau.de (Zugriff: 10.3.2014)

M 18 „Alternative für Deutschland“: Eine neue Partei mit wirtschaftspolitischem Profil

Aus einer Analyse zum Wahlprogramm der im Laufe des Jahres 2013 an Bedeutung gewinnenden „Alternative für Deutschland“ (AfD):

An erster Stelle steht das Thema Euro-Kritik, das für den Wahlkampf den nötigen Schub bringen soll. Die Einführung des Euro sei ein historischer Fehler gewesen, der korrigiert werden müsse, sagte Parteigründer Bernd Lucke. „Wir fordern eine geordnete Auflösung des Euro-Währungsgebietes. Deutschland braucht den Euro nicht. Anderen Ländern schadet der Euro“, heißt es im Wahlprogramm. Die AfD fordert „die Wiedereinführung nationaler Währungen oder die Schaffung kleinerer und stabilerer Währungsverbünde“. Die Wiedereinführung der DM dürfe „kein Tabu“ sein. (...)

Im Parteiprogramm fordert die AfD eine Änderung der Europäischen Verträge, „um jedem Staat ein Ausscheiden aus dem Euro zu ermöglichen“. Der zentrale Satz des Wahlprogramms ist wohl: „Jedes Land muss demokratisch über seine Währung entscheiden dürfen.“ Damit die anderen Länder, die deutsche Hilfsmilliarden aus dem Euro-Krisenfonds ESM beziehen oder diese in Zukunft erwarten, Deutschland aus dem Euro-Verbund entlassen, will die AfD ein Veto gegen weitere Milliardenkredite einlegen. „Wir fordern, dass Deutschland dieses Austrittsrecht aus dem Euro erzwingt, indem es weitere Hilfskredite des ESM mit seinem Veto blockiert.“ (...)

Ein zentraler Punkt für die neue Partei sind die Staatsfinanzen – allerdings sind ihre Aussagen dazu sehr knapp und ohne Details. Der Euro ist unter anderem daran gescheitert, dass die Schuldenberge der Südländer erdrückend wurden und jetzt die Nordländer dafür mithaften sollen. Aber auch Deutschland hat große Schulden. „Wir fordern, die Schuldenbremse zu achten und die Schuldenberge abzubauen“, heißt es im AfD-Wahlprogramm. Auch Deutschland habe „viel mehr Schulden als zulässig“. (...)

Als dritten Punkt fordert die AfD eine „drastische Vereinfachung des Steuerrechts in Anlehnung an das progressiv wirkende Kirchhof'sche Steuermodell“. Der Verfassungsrechtler Paul Kirchhof, im Wahlkampf 2005 kurzzeitig als Unionskandidat für den Finanzministerposten aufgestellt, forderte einen drastischen Abbau von Steuer-Ausnahmebeständen, Subventionen und Schlupflöchern und im Gegenzug eine Senkung der Steuersätze auf wenige Stufen.

Philip Plickert: Alternative für Deutschland. Mehr als Euro-Kritik, faz.net v. 15.4.2013, in: http://www.faz.net (Zugriff: 10.4.2014)

Zeichnung: Janson

Sozialpartner: Arbeitgeber- und Arbeitnehmerverbände

M 19 Wirtschaftspolitische Positionen der Sozialpartner

Aus einem Positionspapier des Verbands Deutscher Maschinen- und Anlagenbau (VDMA) zur Bundestagswahl 2013:

Wir fordern (…):

- die Flexibilität des Arbeitsmarktes zu erhalten und durch eine Reform des Kündigungsschutzes auszuweiten. Jede weitere Regulierung der Zeitarbeit oder der Befristung schränkt die Wettbewerbsfähigkeit der Unternehmen ein und gefährdet Arbeitsplätze;
- Werkverträge nicht anzutasten. Sie sind ein selbstverständliches Instrument in einer arbeitsteiligen Wirtschaft. Arbeitsrecht, Tarifrecht und Rechtsprechung schützen bereits heute ausreichend vor Missbrauch;
- die Lohnfindung nicht politisch zu beeinflussen. Mindestlöhne und Lohnuntergrenzen, die die Politik vorgibt, verletzen die vom Grundgesetz geschützte Tarifautonomie und wirken sich negativ auf den Arbeitsmarkt aus.

Wir fordern deshalb:

- allen Plänen für eine Vermögensteuer oder -abgabe eine Absage zu erteilen. Denn jeder Eingriff in das Betriebsvermögen geht an die Substanz und würgt die Investitions- und Innovationsfähigkeit ab. Das gilt auch für die Erhöhung des Spitzensteuersatzes. Beides ist leistungsfeindlich und wachstumsgefährdend; (…)
- die Erbschaftsteuer nicht auf Kosten des industriellen Mittelstands zu verschärfen. Denn nur der generationenübergreifende Erhalt eines Unternehmens sichert Arbeitsplätze und gesellschaftlichen Wohlstand; (…)
- den Bürokratieabbau konsequenter fortzusetzen. Berichts- und Dokumentationspflichten etwa behindern zunehmend unternehmerisches Handeln; (…)
- investive Staatsausgaben zulasten der konsumtiven zu erhöhen. In vielen Regionen müssen Verkehrs- und Kommunikationsinfrastruktur modernisiert werden, um industrielle Standorte in Deutschland langfristig nicht zu gefährden.

Verband Deutscher Maschinen- und Anlagenbau: Politik für einen starken industriellen Mittelstand. 12 Kernforderungen des VDMA zur Bundestagswahl 2013

Aus einem Aufruf des Deutschen Gewerkschaftsbundes (DGB) zur Bundestagswahl 2013:

- Deutschland braucht eine neue Ordnung der Arbeit mit einem flächendeckenden, gesetzlichen Mindestlohn von mindestens 8,50 Euro, gleichem Lohn für gleiche Arbeit, einer Stärkung der Tarifautonomie, mehr Mitbestimmung und starken Arbeitnehmerrechten sowie einer Minijob-Reform. Für sichere Arbeitsplätze statt unsichere Jobs und Dumpinglöhne – wir fordern Gute Arbeit.
- Deutschland braucht starke Sozialversicherungen. Sie zeigen gerade in der Krise ihre Stärke. Mit einem Ausbau der solidarischen Finanzierung können die Renten in Zukunft gesichert, das Rentenniveau gehalten, die Erwerbsminderungsrente verbessert, die Rente mit 67 zumindest ausgesetzt und Altersarmut wirksam bekämpft werden – wir fordern Sichere Renten.
- Deutschland braucht ein demokratisches und soziales Europa, in dem der Schutz sozialer Rechte Vorrang vor Marktfreiheiten für Unternehmen hat. Mit einem Investitions- und Wachstumsprogramm – einem „Marshallplan" – kann die rigorose Sparpolitik, die Millionen Existenzen gefährdet, ersetzt und mehr Beschäftigung und Gerechtigkeit in Europa geschaffen werden. Die Arbeitnehmerrechte müssen geachtet werden, damit die Menschen mitbestimmt arbeiten und in Würde leben können. Wir fordern eine soziale Fortschrittsklausel und einen neuen Sozialkontrakt – wir fordern ein Soziales Europa.
- Deutschland braucht einen Staat, der finanziell handlungsfähig ist, Regeln setzt und investiert. Denn gute Arbeit, eine zukunftsfähige Gesellschaft und erfolgreiches Wirtschaften hängen von einem intakten Bildungssystem, einer funktionierenden Infrastruktur und von gerechten Steuern ab – wir fordern einen Aktiven Staat!

Deutscher Gewerkschaftsbund: Aufruf zur Bundestagswahl am 22. September 2013, in: http://www.dgb.de (Zugriff: 9.4.2014)

M20 Wirtschaftspolitische Positionen von Nichtregierungsorganisationen

Forderungen des Paritätischen Wohlfahrtsverbandes Deutschland zur Bundestagswahl 2013:
Die Bundesregierung hat sich im Sommer 2010 zum Zweck der Haushaltskonsolidierung entschieden, bis zum Jahr 2014 insgesamt rund 20 Milliarden Euro in der aktiven Arbeitsmarktpolitik zu kürzen. Sie begründet die Kürzungen mit der zurückgehenden Arbeitslosigkeit. Mit einer Reform der arbeitsmarktpolitischen Instrumente wurde die Förderung auf arbeitsmarktnahe Maßnahmen konzentriert, mit denen solche Arbeitslose gefördert werden können, die nur wenige Vermittlungshemmnisse aufweisen und schnell wieder in Arbeit integriert werden können. Instrumente, die bislang für die Integration arbeitsmarktferner Personen gedacht waren, so v. a. die Angebote der öffentlich geförderten Beschäftigung, wurden massiv eingeschränkt. Damit wird eine kurzsichtige Finanzpolitik vorangetrieben, die blind ist für die gesellschaftlichen und wirtschaftlichen Kosten von Armut und sozialer Ausgrenzung.

- Die Mittel für die aktive Arbeitsmarktförderung müssen erheblich aufgestockt werden.
- Die arbeitsmarktpolitischen Instrumente müssen wieder stärker an die Förderbedarfe von arbeitsmarktfernen Personen angepasst werden.
- Für dauerhaft vom Arbeitsmarkt ausgeschlossene Personen müssen längerfristige sozialversicherungspflichtige Beschäftigungsangebote bereitgestellt werden. Nötig ist die Flexibilität, wirtschaftsnah und im Einzelfall auch unbefristet mit diesen Menschen arbeiten zu dürfen.
- Zur Bekämpfung von Einkommens- und auch Altersarmut ist ein flächendeckender, d. h. allgemeiner gesetzlicher Mindestlohn nötig.
- Eine Steuerpolitik, die der starken Scherenentwicklung bei den Einkommen und Vermögen in der Bevölkerung entgegenwirkt und zu einer sozial verträglichen, mit dem Sozialstaatsgebot im Einklang stehenden, Konsolidierung der öffentlichen Haushalte führt.
- Eine stärkere Besteuerung von Vermögen, Kapitalerträgen und Erbschaften.
- Eine Erhöhung des Spitzensteuersatzes in der Einkommensteuer.

Der Paritätische Wohlfahrtsverband Deutschland: Wahl 2013. Forderungen, in: http://www.wahl.paritaet.org (Zugriff: 2.4.2014)

Paritätischer Wohlfahrtsverband: Spitzenverband der Wohlfahrtspflege in Deutschland

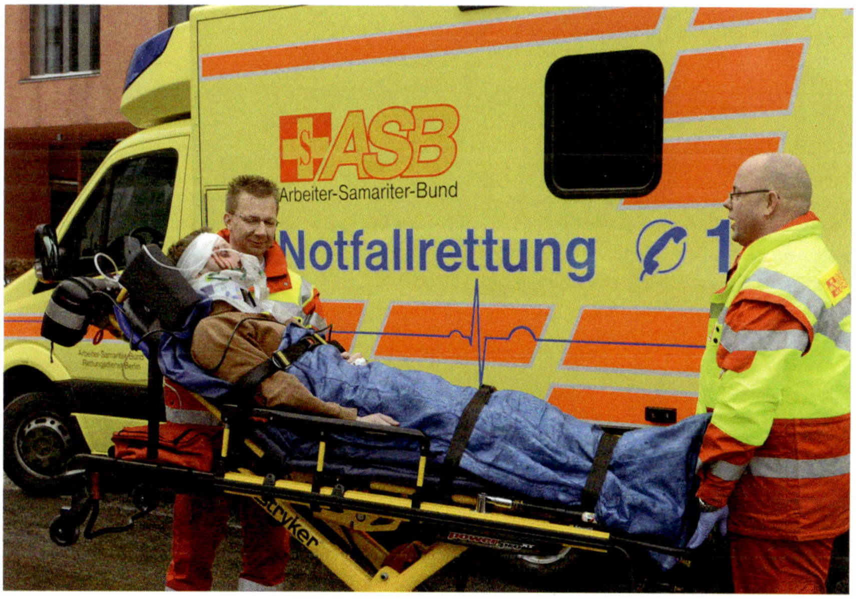

Der Arbeiter-Samariter-Bund (ASB), eine Organisation des Paritätischen Wohlfahrtsverbandes. Mit einer Unfallübung fordert der ASB Nachbesserungen zum geplanten Notfallsanitätergesetz, u. a. für die Regelung der Ausbildungskosten. Berlin, 24.1.2013

Institutionen und Ansatzpunkte der Wirtschaftspolitik

Wirtschaftspolitik wird in einem Institutionengefüge betrieben, dessen einzelne Teile jeweils eigene Ziele verfolgen. Für die Auseinandersetzung mit der Politik dieser Institutionen ist eine Kenntnis dieses Gefüges unabdingbar. Institutionen auf nationaler Ebene sind neben dem Staat unter anderem wirtschaftliche Selbstverwaltungsorgane oder Interessenvertretungen wie Arbeitgeberverbände oder Industrie- und Handelskammern. Neben den nationalen Trägern der Wirtschaftspolitik haben verschiedene internationale Institutionen in Teilbereichen ebenfalls Kompetenzen. Das trifft insbesondere auf die Europäische Union zu, aber auch auf die Organe des Allgemeinen Zoll- und Handelsabkommens (GATT) und des Internationalen Währungsfonds (IWF). Wenn so viele Institutionen bei der Wirtschaftspolitik mitmischen, ergeben sich manchmal erhebliche Probleme: Wer kann und darf wie handeln, und wie soll dieses Handeln koordiniert werden? Welche Aufgaben und Ziele haben diese Institutionen jeweils? Wofür ist das Bundeskartellamt zuständig? Was ist der Unterschied zwischen der Deutschen Bundesbank und der Europäischen Zentralbank? Welche Perspektiven bringen die Sozialpartner in den politischen Prozess ein?

Bundesbankpräsident Jens Weidmann (links) und EZB-Präsident Mario Draghi – zwei Hauptakteure der europäischen Wirtschaftspolitik, September 2013

1 Stellen Sie dar, welcher politische Konflikt in **M 21** thematisiert wird.
2 Arbeiten Sie heraus, warum beide Institutionen in diesem Konflikt jeweils eine eigene Position einnehmen.
3 Gestalten Sie ausgehend von **M 23** arbeitsteilig ein Weblog, das über die unterschiedlichen relevanten Akteure der Wirtschaftspolitik in der BRD informiert. Recherchieren Sie hierzu zusätzliche Informationen und binden Sie diese ein.
4 Erörtern Sie: Welche –nationalen und internationalen – Akteure/Institutionen sind im Rahmen der Wirtschaftspolitik besonders relevant (**M 23**)?
5 Nehmen Sie Stellung: Spiegelt sich der Prozess der Globalisierung in der institutionellen Struktur der Wirtschaftspolitik in der BRD wider?

M21 Bundesbank warnt EZB

Wenige Worte reichten aus, um die Märkte zu beruhigen: „Die EZB wird alles Notwendige tun, um den Euro zu erhalten", sagte der Chef der Europäischen Zentralbank, Mario Draghi, am Donnerstag. Die Finanzwelt rechnet nun damit, dass die EZB wieder ein Tabu bricht und erneut Staatsanleihen kauft, um den Druck auf Länder wie Spanien und Italien zu senken. Doch die deutsche Bundesbank widerspricht.

Draghi hatte versichert, dass er bereit sei, den Euro zu retten – um jeden Preis. „Glauben Sie mir, es wird ausreichen", sagte er in seiner Rede (...). Draghi kündigte keine Maßnahmen direkt an, Zentralbanken handeln in der Regel heimlich, um die Märkte zu überraschen. Doch schon seine Rede reichte aus, um die Rendite auf spanische und italienische Anleihen deutlich sinken zu lassen.

Die Bundesbank äußerte deutliche Kritik daran, nervösen Investoren Anleihen abzukaufen. Dies sei „problematisch", sagte ein Sprecher der Nachrichtenagentur Dow Jones. Die Bundesbank befürchtet, dass ohne den Druck der Finanzmärkte die Reformen in den Krisenstaaten erlahmen – und damit die Ursachen der Krise nicht angegangen werden. Außerdem erhöhen sich die Risiken für die EZB, falls ein Land pleitegehen sollte.

Das ist im Grunde auch die Position der Bundesregierung. Nun gibt es aus dem Finanzministerium jedoch leicht positive Signale. „Wolfgang Schäuble begrüßt die aktuelle Äußerung von Präsident Draghi, im Rahmen des bestehenden Mandats der EZB die notwendigen Maßnahmen zur Sicherung des Euro zu ergreifen", heißt es in einer Mitteilung des Ministeriums. Zugleich mahnte Schäuble allerdings weitere Reformen in den Mitgliedstaaten an. Die Rhetorik, das „bestehende Mandat" zu betonen, drückt außerdem diplomatische Skepsis aus. Diese Worte stehen in der Regel für die Inflationsbekämpfung, die unter den Anleihenkäufen leiden könnte. Das hatte Draghi wohl antizipiert und in seiner Rede auch genau diese Worte gewählt.

olkl: Ankauf von Staatsanleihen. Bundesbank warnt EZB, in: Süddeutsche.de v. 27.7.2012, in: http://www.sueddeutsche.de (Zugriff: 20.3.14)

Staatsanleihen: Schuldverschreibungen des Staates, mit deren Hilfe sich der Staat Geld am Kapitalmarkt leiht

M22 Staatsanleihen im Besitz der EZB

Wert der Staatsanleihen, die die Europäische Zentralbank seit Mai 2010 gekauft hat, in Mrd. Euro. Die Bundesbank haftet bei Verlusten der EZB für 27 %

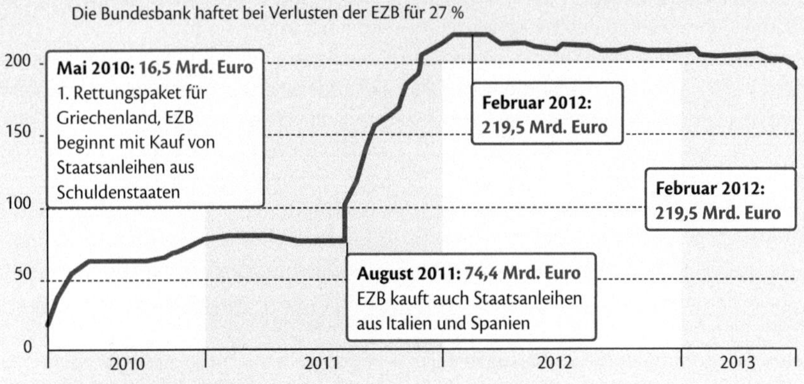

Quelle: EZB

M23 Akteure der Wirtschaftspolitik in der BRD

Die wichtigsten Akteure der Wirtschaftspolitik sind im inländischen Bereich das Parlament und die Regierung, die Verwaltung und die Interessenverbände. Immer wichtiger aber werden für die moderne Wirtschaftspolitik ausländische, internationale und supranationale Akteure wie die Europäische Union, der ihre Mitgliedstaaten Souveränitätsrechte übertragen haben. Supranationale wirtschaftspolitische Akteure der EU sind der Rat der Europäischen Union (Ministerrat), die Europäische Kommission sowie die Europäische Zentralbank (EZB).

Nationale Akteure: Parlament, Regierung, Verwaltung

Das *Parlament* bildet zusammen mit der Regierung, der Verwaltung und der Rechtsprechung die staatlichen Gewalten. Als Verfassungs- und Gesetzgeber bestimmt das Parlament den Rahmen, innerhalb dessen sich die Wirtschaftspolitik bewegen kann. Deshalb ist das Parlament, das heißt in der Bundesrepublik Deutschland der Deutsche Bundestag, der oberste Träger der Wirtschaftspolitik.

In den Ausschüssen des Deutschen Bundestages bereiten Abgeordnete aller Fraktionen Gesetzesvorhaben für die Verabschiedung im Plenum vor. (...)

Die Belastung durch die ständig wachsende Gesetzgebungsarbeit hat allerdings die Parlamente im Lauf der Zeit dazu veranlasst, den Regierungen und Ministerien immer mehr Entscheidungsbefugnisse zu übertragen. Auch haben sich die Aufgaben der Wirtschafts- und Sozialpolitik so verkompliziert, dass die Abgeordneten zunehmend außerstande sind, alle wirtschaftspolitischen Sachprobleme selbst zu bearbeiten und zu beurteilen. Sie konzentrieren sich deshalb verstärkt auf die formellen Funktionen der Gesetzgebung und auf ihre Kontrollfunktionen. (...)

Die *Regierung*, bestehend aus Bundeskanzler(in) und Minister(inne)n, ist für die Durchführung und Ausgestaltung der Wirtschaftspolitik verantwortlich. Sie schlägt dem Parlament ihre wirtschaftspolitischen Konzepte vor und trifft bei der Durchführung der Wirtschaftspolitik die Entscheidungen. Die Regierung ist die oberste Instanz im politisch-administrativen Bereich und damit der wichtigste Träger faktischer Macht bei der Entscheidung über wirtschaftspolitische Maßnahmen. (...)

Nicht außer Acht bleiben sollte natürlich auch das Bewusstsein, dass die Mitglieder der Regierung nebenher eigene Ziele verfolgen – ideologische, immaterielle und materielle. Sie wollen beispielsweise persönliches Ansehen erlangen, die Wirtschaft und Gesellschaft nach ihren jeweiligen Auffassungen gestalten, eher konservative, liberale oder sozialistische Werthaltungen durchsetzen oder bestimmte gesellschaftliche Gruppen fördern.

Eine wesentliche Voraussetzung dafür, dass Parlament und Regierung sich in der Wirtschaftspolitik an den Wünschen und Wertvorstellungen der Menschen orientieren, ist der Wettbewerb zwischen den politischen Parteien, aus denen die Parlaments- und Regierungsvertreter in ihrer überwiegenden Mehrheit hervorgehen. Die Parteien bündeln gesellschaftliche Interessen und verdichten sie in ihren Parteiprogrammen, sodass die Wählenden Alternativen vorfinden. Eine Wertung dieser Alternativen durch die Bürgerinnen und Bürger ist allerdings nur möglich, wenn ihnen unabhängige Informationen zur Wirtschaftspolitik zur Verfügung gestellt werden. Bei fehlendem oder unzureichendem Wettbewerb zwischen den Parteien besteht die Gefahr, dass sich sowohl die Parlamentarier als auch die Regierungsmitglieder dem Wählerwillen entziehen, einseitig bestimmte organisierte Interessengruppen wie beispielsweise die Gewerkschaften oder die Arbeitgeberverbände bevorzugen oder wirtschaftspolitische Maßnahmen veranlassen, deren Nutzen besonders gut, deren Kosten aber nur wenig sichtbar sind und übergeordnete Perspektiven vermissen lassen. (...)

Staatsausgaben, die im Moment den Bürgerinnen und Bürgern Gutes tun und so kurzfristig populäre Wirkungen zeigen, können aber Folgen nach sich ziehen, die verdeckt oder verzögert zum Tragen kommen, etwa eine wachsende Staatsverschuldung. So kann eine amtierende Regierung mit ihren Wohltaten ein Budgetdefizit aufbauen, dass die Nachfolgeregierung, die eventuell von der Opposition gebildet wird, vor die unbequeme Wahl stellt, entweder sparsamer und damit unpopulärer zu sein oder die Verschuldungsspirale weiter anzutreiben. (...)

Die Regierung ist nur handlungsfähig, wenn sie über einen entsprechenden Verwaltungsapparat verfügt. An der Spitze der *Verwaltung* im Bund stehen die Bundesministerien (Ressorts), ihnen folgen Bundesbehörden, beispielsweise die Finanzverwaltung (und das Bundeskartellamt, das mit der Sicherung und der Durchsetzung des marktwirtschaftlichen Wettbewerbs befasst ist). Verwaltungen existieren im föderalistischen System der Bundesrepublik Deutschland außerdem auf der Ebene der Länder und der Kommunen. Der Bundestag entscheidet über den Bundeshaushalt, doch die entsprechende Durchführung der finanzpolitischen Maßnahmen obliegt dem Finanzministerium. Auch die Zentralbank hat ihre eigene Verwaltung, welche die Geldpolitik durchführt.

Die Aufgabe der Verwaltung besteht darin, die in Wahlen, Parlament und Regierung gefallenen Entscheidungen der demokratischen Willensbildung praktisch umzusetzen. Verwaltung vollzieht und konkretisiert Gesetze, die zentrale Handlungsform der Verwaltung ist der Verwaltungsakt. Zu den Verwaltungsaufgaben gehören Planung, zum Beispiel die Planung von Verkehrswegen, die Verwaltung von Leistungen, etwa die Gewährung von Arbeitslosengeld, Eingriffe, zum Beispiel das Verbot, an einem bestimmten Ort ein bestimmtes Gewerbe auszuüben, und die Abgabenverwaltung, also der Einzug von Steuern durch die Finanzämter.

Je größer die Bevölkerung und je höher der wirtschaftliche Entwicklungsstand eines Landes ist, desto zahlreicher sind generell die Aufgaben der öffentlichen Hand und die zu ihrer Lösung erforderlichen Verwaltungsorgane. Im Föderalismus werden zudem auch den Ländern und Gemeinden eigene, wirtschaftspolitisch relevante Entscheidungsbefugnisse übertragen, zum Beispiel über ihre Haushalte. Parallel zur Machtverlagerung vom Parlament zur Regierung lässt sich eine Tendenz zur Ausweitung der Entscheidungsbefugnisse der Verwaltung im Verhältnis zur Regierung beobachten. Die Regierung stützt sich bei der Vorbereitung ihrer Entscheidungen weitgehend auf die Fachkenntnisse der Verwaltung.

In Verwaltungen herrschen meist formalisierte, hierarchische Entscheidungsverfahren vor. Auf diese Weise sind die durchgeführten Maßnahmen besser kontrollierbar. Den Verwaltungsbeamten drohen entsprechend harte Strafen, wenn sie formale Vorschriften nicht einhalten. Die Instrumente, mit denen die Effektivität der behördlichen Maßnahmen gemessen wird, sind demgegenüber nach einer häufig geäußerten Kritik bisher noch weniger entwickelt.

Ebenso wie die Mitglieder von Parlament und Regierung verfolgen auch die Mitglieder der Verwaltung eigene Interessen, die nicht ohne Einfluss darauf sind, ob und wie die Präferenzen der Bürgerinnen und Bürger, aber auch Regierungsbeschlüsse, Parlamentsentscheidungen und Gesetze durch die Verwaltung umgesetzt werden. Beispielsweise wollen auch die Verwaltungsmitglieder ein gutes Einkommen erzielen und ihre Leistung durch Fachwelt, Öffentlichkeit, Vorgesetzte und ihre spezifische Klientel anerkannt sehen.

Die Mitglieder der Verwaltung können diese Interessen aber nur unter Einschränkungen verfolgen. Sie sind an Vorschriften gebunden, sie werden durch ihre Budgets eingeschränkt und sie müssen allzu starke Interessengegensätze zwischen Verwaltung und Regierung, Verbänden, Bevölkerung und Parlament vermeiden. (...)

Nationaler Akteur: die Zentralbank

Die wichtigste Aufgabe der Zentralbank liegt in der Sicherung der Geldwertstabilität. Die meisten Zentralbanken sind zusätzlich zur Unterstützung der staatlichen Wirtschaftspolitik verpflichtet, aber nur, soweit das Ziel der Geldwertstabilität dadurch nicht gefährdet wird. Die Stabilität des Geldwertes hat eine entscheidende Bedeutung für die Funktionsfähigkeit einer Wirtschaftsordnung, die grundsätzlich auf der marktwirtschaftlichen Koordination beruht. Die Deutsche Bundesbank ist heute nicht mehr eigenständig, da sie 1999 in das System der Europäischen Zentralbanken integriert wurde. Die Europäische Zentralbank wiederum wurde durch den Vertrag von Maastricht von 1992 auf das Ziel der Geldwertstabilität verpflichtet. Sie ist unabhängig von nationalen Regierungen und EU-Organen, und es ist ihr verboten, von diesen Weisungen anzunehmen. Die Unabhängigkeit einer Zentralbank von Wahlen und Regierungen ist sehr bedeutsam, weil Geldwertstabilität für manche Politiker ein eher unattraktives Ziel ist. Es ist abstrakt und seine Bedeutung den Bürgerinnen und Bürgern verglichen mit Vollbeschäftigung oder Einkommenssteigerung nur schwer zu vermitteln. Hinzu tritt, dass zwar die Geldwertstabilität geschätzt wird, nicht jedoch die unpopulären Maßnahmen wie Erhöhungen der Leitzinsen, die oft zu ihrer Erreichung notwendig sind. Aus diesem Grund droht die Geldwertstabilität im politischen Wettbewerb am ehesten beiseitegeschoben zu werden, wenn dies Wählerstimmen verspricht. Daher wird auch der Europäischen Zentralbank eine den Gerichten vergleichbare Unabhängigkeit eingeräumt. Gleichzeitig besteht für die Mitglieder der unabhängigen, nur der Geldwertstabilität verpflichteten Zentralbank ein großer Anreiz, dieses Ziel zu verfolgen, denn schließlich sind ihr Ansehen und ihr Einfluss daran gebunden. (...)

Nationale Akteure: Die Interessenverbände

Eine besondere Bedeutung kommt in Demokratien dem Interessengruppenwettbewerb zu. Verschiedene gesellschaftliche Gruppen wie zum Beispiel Industrieverbände, Gewerkschaften, Umweltschutzbünde betreiben Lobby-Arbeit, Werbung und sind beratend tätig mit dem Ziel, die Regierung zu einer stärkeren Berücksichtigung ihrer speziellen Interessen zu veranlassen.

Viele Verbände und Interessengruppen haben ökonomische Anliegen, aber nicht alle

Logos nationaler Verbände

IHK

Industrie und Handelskammer

Deutscher Gewerkschaftsbund

BUND
FRIENDS OF THE EARTH GERMANY

Bund für Umwelt- und Naturschutz Deutschland

sind im wirtschaftlichen Bereich tätig. Es sind Akteure mit gleichen oder ähnlichen Interessen, die miteinander kommunizieren, Weiterbildung organisieren, sich gegenseitig Hilfe und Unterstützung leisten und ihre Positionen gegenüber anderen Akteuren nach außen vertreten. Sie versuchen, Wählerinnen und Wähler, die Regierung und die öffentliche Verwaltung im Sinne ihrer Interessen zu beeinflussen. Die entscheidenden Voraussetzungen für den Erfolg von Interessengruppen sind Organisationsfähigkeit und Konfliktfähigkeit.

Da Interessengruppen keinen Zugang zu den Instrumenten der Wirtschaftspolitik wie Steuersätzen, Leitzinsen oder Staatsausgaben haben, aber dennoch versuchen, die übrigen Entscheider in diesem Bereich zu beeinflussen, können wir sie als indirekte Akteure der Wirtschaftspolitik ansehen. Sie verfügen über verschiedene Einflusskanäle: Sie können über die Medien die Öffentlichkeit erreichen; sie versuchen, im vorparlamentarischen Prozess Gesetzgebungsverfahren zu beeinflussen; die Unterstützung von Parteien und Kandidaten erlaubt eine Einwirkung auf das Parlament, und durch Informationsangebote und Verhandlungen kann Einfluss auf die öffentliche Verwaltung ausgeübt werden.

Weil kleine Interessengruppen übersichtlich sind und in ihnen der soziale Druck in der Regel hoch ist, lassen sie sich leichter organisieren als große Gruppen. Kleine, einheitliche, homogene Gruppen, zum Beispiel Arbeitgeber und Arbeitnehmer eines Wirtschaftssektors, können oft mehr Einfluss ausüben als große, heterogene, schwer organisierbare Gruppen wie die Verbraucher oder die Steuerzahler. Die Konfliktfähigkeit einer Interessengruppe zeigt sich darin, inwieweit sie in der Lage ist, andere Akteure der Wirtschaftspolitik am Erreichen ihrer Ziele zu hindern. Politische Entscheidungen zugunsten kleiner, konfliktfähiger Gruppen können sehr wahlwirksam sein, weil der Nutzen für die begünstigte Gruppe deutlich spürbar ist.

Wettbewerb zwischen Interessengruppen sorgt dafür, dass die Regierung nicht einseitig informiert bzw. beeinflusst wird. Ein Beispiel stellt die politische Formulierung von Umweltstandards dar. Ausgewogenheit kommt in diesem Fall nur dann zustande, wenn weder die wirtschaftlichen Interessengruppen (Industrieverbände, Gewerkschaften) noch Umweltschutzorganisationen ein Monopol zur Beeinflussung der Regierung haben, aber ihre Argumente vorbringen können. Ihre Spezialkenntnisse bereichern dann die Arbeit in den thematisch befassten Ausschüssen.

Ein wesentlicher Vorteil der Einbindung von Interessengruppen in die Wirtschaftspolitik liegt in der Entlastung des Staates. Sowohl die Regierung als auch die Verwaltung sind häufig auf Informationen von Interessengruppen angewiesen. Die Risiken bestehen darin, dass sich Politik und Interessengruppen bei anstehenden Reformvorhaben auf den kleinsten gemeinsamen Nenner einigen, um Besitzstände der Interessengruppen zu wahren; dass Staat und Gesellschaft unfähig zu Neu-

M24 **Nationale Institutionen der Wirtschaftspolitik**

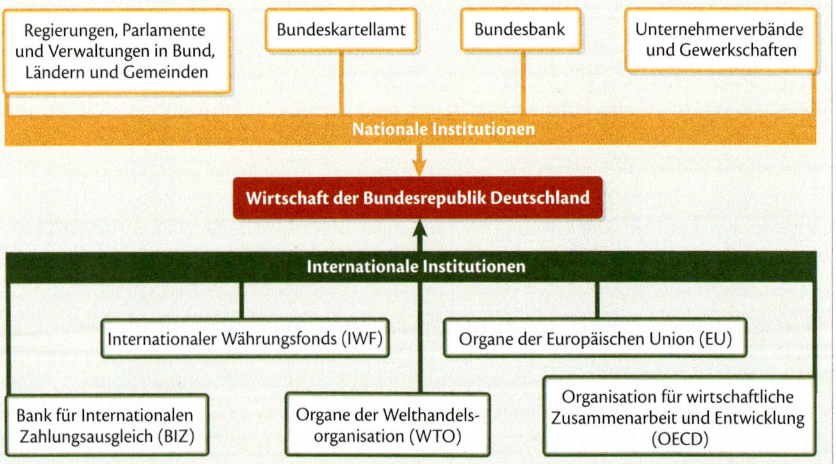

Quelle: Rainer Klump: Einführung in die Wirtschaftspolitik. Theoretische Grundlagen und Anwendungsbeispiele, München 1989, S. 186, und Angaben des Verfassers

erungen werden oder es zu Einigungen auf Kosten Unbeteiligter kommt. Eine hohe Verbandsmacht im Staat wird als Korporatismus bezeichnet. Die Gesellschaft wandelt sich von einer Produktionsgesellschaft zu einer Verteilungsgesellschaft, wenn die in Verbänden zusammengeschlossenen wirtschaftlichen Akteure ihre Ressourcen nicht in erster Linie für die effiziente Produktion von Gütern und Dienstleistungen einsetzen, sondern für die Erlangung und Erhaltung von Privilegien, die ihnen Wettbewerbsvorteile verschaffen. Im Extremfall kämpft dann jede Gruppe nur noch um ein „größeres Stück vom Kuchen", niemand jedoch berücksichtigt das Gemeinwohl. Die gesellschaftlichen Grundwerte werden verfehlt.

Das Ausmaß, mit dem Verbände ihre Interessen geltend machen können, ist allerdings nicht unbeschränkt. Knappe finanzielle Mittel begrenzen beispielsweise die Möglichkeiten der Regierung, Wünsche von Interessengruppen zu erfüllen. Auch müssen Regierungen mit sinkenden Wiederwahlchancen rechnen, wenn sie allzu deutlich den Forderungen einzelner Interessengruppen nachgeben. Schließlich beschränkt die Konkurrenz der Interessengruppen untereinander ihre Macht.

Um die Vorteile von Interessengruppen und Verbänden in demokratischen Gesellschaften nutzen und gleichzeitig die Risiken, die mit der Macht von Interessengruppen verbunden sind, eindämmen zu können, wurden verschiedene Konzepte entwickelt. Dazu gehört die Verpflichtung, die Aktivitäten der Interessengruppen durch Berichte gegenüber der Öffentlichkeit publik zu machen, und auch die Beschränkung der Möglichkeiten von Parlamentariern, für Interessengruppen zu arbeiten, zählt dazu. Außerdem wurden Spielregeln für das Verhalten innerhalb von Verbänden entwickelt, zum Beispiel die Verpflichtung auf Satzungen, die eine demokratische Wahl der Verbandsführung gewährleisten.

Internationale Akteure

Die nationale Wirtschaftspolitik unterliegt dem Einfluss internationaler Institutionen. Besonders bedeutsam ist der Internationale Währungsfonds (IWF), der Kredite an verschuldete Länder vergibt und die Vergabe dieser Kredite an wirtschaftspolitische Auflagen bindet, zum Beispiel an Verpflichtungen zur Senkung der Staatsausgaben, zum Abbau von Zöllen oder zur Liberalisierung von Märkten. Für die Entwicklungshilfe ist die Weltbank von entsprechend großer Bedeutung.

Aber selbst wenn internationale Organisationen keine Auflagen erteilen und Gelder vergeben, können sie die inländische Wirtschaftspolitik dadurch beeinflussen, dass sie eine Öffentlichkeit schaffen und Regierungen unter Rechtfertigungsdruck setzen. So fordern die Vereinten Nationen (UNO) beispielsweise, dass die Industrieländer sieben Prozent ihres Bruttoinlandsprodukts für Maßnahmen der Entwicklungshilfe in benachteiligten Ländern zur Verfügung stellen. Staaten, die diesen Wert erheblich unterschreiten, werden der öffentlichen Kritik ausgesetzt. Internationale Organisationen wie die UNO oder die Organisation für wirtschaftliche Zusammenarbeit und Entwicklung (OECD) üben Einfluss auf die inländische Wirtschaftspolitik aus, indem sie Empfehlungen geben sowie Analysen und öffentliche Bewertungen der Wirtschaftspolitik veröffentlichen.

Supranationale Institutionen

Die Entscheidungen internationaler Organisationen sind nur dann bindend für ihre Mitglieder, wenn sie von diesen ausdrücklich anerkannt werden. Im Unterschied dazu sind Entscheidungen und Regelungen von supranationalen Organisationen für ihre Mitglieder grundsätzlich verbindlich.

Bestimmte Entscheidungen der EU sind dementsprechend für alle EU-Staaten und die gesamte EU-Bevölkerung verpflichtend. Die Mitgliedstaaten haben zu diesem Zweck ihre wirtschaftspolitische Souveränität in wichtigen Bereichen auf die EU übertragen.

Die Europäische Zentralbank wacht über die Geldwertstabilität ihrer Mitgliedstaaten. Auch die europäische Handelspolitik und die europäische Agrarpolitik unterliegen supranationalen Akteuren, der Europäischen Kommission und dem Rat der Europäischen Union. Die einzelnen Mitgliedstaaten haben die Handelspolitik der Europäischen Kommission übertragen, die zum Beispiel für die gesamte EU mit der World Trade Organization (WTO) über Zollsenkungen verhandelt. Beschlüsse der EU zur Agrarpolitik, zum Beispiel zu Agrarmarktordnungen, welche die Preise für landwirtschaftliche Produkte regulieren, sind ebenfalls für alle EU-Mitglieder verbindlich.

Hans-Jürgen Schlösser: Akteure der Wirtschaftspolitik, in: Bundeszentrale für politische Bildung (Hg.): Informationen zur politischen Bildung. Staat und Wirtschaft, Heft 294, Bonn 2007, S. 20–26, ergänzt

Logos internationaler Organisationen

Internationaler Währungsfonds (IWF)

Vereinte Nationen (UNO)

OECD

Organisation für wirtschaftliche Zusammenarbeit und Entwicklung (OECD)

Zielkonflikte in der Wirtschaftspolitik

Das „magische Sechseck“ enthält die sechs elementaren wirtschaftspolitischen Leitziele. Von einem „magischen“ Sechseck ist deshalb die Rede, weil ein gleichzeitiges Erreichen aller dieser Ziele unmöglich ist und „Magie“ erforderlich machen würde. Die Beziehungen zwischen den Zielen des Sechsecks sind also durch mehrere Zielkonflikte geprägt. Dies bedeutet, dass die zunehmende Erreichung des einen Ziels (z. B. die Sicherung eines stetigen Wirtschaftswachstums) mit einer abnehmenden Erreichung eines anderen Ziels (z. B. der Wahrung einer intakten Umwelt) verknüpft ist. In vielen Politikfeldern sind Zielkonflikte Gegenstand politischen Handelns – auch in der Wirtschaftspolitik.
Mit der Entstehung von Zielkonflikten eng verknüpft ist der Umstand, dass Wirtschaftspolitik als Gestaltungsaufgabe aufzufassen ist, in deren Rahmen Entscheidungen für oder gegen bestimmte politische Alternativen getroffen werden müssen. Beispiel: Förderung des Braunkohleabbaus zur Sicherung einer günstigen Energieversorgung bei gleichzeitig bewusster Inkaufnahme der dabei entstehenden Umweltschäden.

Geniale Versöhnung unvereinbarer Zielkonflikte. *Zeichnung: Wössner*

1. Erläutern Sie noch einmal das „magische Sechseck“ der Wirtschaftspolitik auf S. 26.
2. Fassen Sie **M 25** und **M 26** kurz zusammen.
3. Diskutieren Sie, ob hier ein Zielkonflikt vorliegt.
4. Erörtern Sie, wie eine sinnvolle wirtschaftspolitische Strategie in Bezug auf die Frage des Braunkohletagebaus aussehen könnte.
5. Vergleichen Sie Beispiele für verschiedene wirtschaftspolitische Zielkonflikte.
6. Beurteilen Sie den Einfluss von Zielkonflikten auf die praktische Gestaltung von Wirtschaftspolitik.
7. Interpretieren Sie die obenstehende Karikatur.

M25 Wirtschaftsbereich Braunkohle: 30 000 Arbeitsplätze

Jede vierte Kilowattstunde Strom, die in Deutschland verbraucht wird, stammt aus der Braunkohle. Zuletzt mit steigender Tendenz, was unter anderem an der Inbetriebnahme neuer Kraftwerke im sächsischen Boxberg und im Rheinland lag. In allen vier deutschen Braunkohlegebieten wurden im vergangenen Jahr gut 185 Millionen Tonnen gefördert – fünf Prozent mehr als 2011. Gut ein Drittel dieser Fördermenge stammt aus der Lausitz, wo die Vattenfall Europe Mining, eine Tochter des schwedischen Staatskonzerns Vattenfall, fördert. (...)

Der Brennstoff aus insgesamt fünf Tagebauen wird im Wesentlichen in vier Kraftwerken verfeuert: Das größte ist Jänschwalde, gefolgt von Boxberg, Schwarze Pumpe und Lippendorf bei Leipzig. Das Geschäft mit der Braunkohle ist gerade in der Lausitz profitabel, weil hier „die Arbeitsgänge Gewinnen, Fördern und Verkippen in einem Geräteverband" möglich sind, wie es bei Vattenfall heißt. Und direkt nebenan steht das Kraftwerk. Der Großteil des Vattenfall-Gewinns stammt aus der Lausitz. (...)

Die Braunkohleunternehmen zählen zu den größten Arbeitgebern Ostdeutschlands. Direkt mit Förderung und Verbrennung sind mehr als 8000 Menschen befasst. Nach einer Analyse des Forschungsinstituts Prognos verdienten die im Jahr 2010 im Schnitt 47 540 Euro – das ist deutlich mehr als der ostdeutsche Durchschnitt. Die durch diese Einkommen induzierte Konsumnachfrage schafft weitere 3100 Arbeitsplätze. Doch noch wichtiger sind die vor- und nachgelagerten Wirtschaftsbereiche, also Maschinen-, Fahrzeug- und Werkzeugbau, Reparaturdienstleistungen, Handel und elektrotechnisches Gerät. Die Arbeitsplätze in diesen Bereichen gibt Prognos mit gut 16 500 an. Alles in allem hängen rund 30 000 Arbeitsplätze an der ostdeutschen Braunkohle, der ganz überwiegende Teil davon in Brandenburg.

alf: Braunkohle. Gut bezahlte Arbeitsplätze, Tagesspiegel v. 16.2.2013, in: http://www.tagesspiegel.de (Zugriff: 20.4.2014)

induzieren: hervorrufen, auslösen

M26 Zerstörung von Natur und Lebensraum

Allein in der Lausitz mussten in den letzten 80 Jahren mehr als 30 000 Menschen ihre Heimat verlassen. 136 Orte verschwanden ganz oder teilweise von der Landkarte. (...)

In Brandenburg übernahm der Konzern Vattenfall 1998 in der Lausitz die gesamte Braunkohleindustrie. Vattenfall plant den Aufschluss von vier neuen Tagebauen. Mehr als 2000 Menschen würden dadurch ihre Heimat verlieren, ganze Orte würden zerstört, andere in ihrer Lebensqualität stark sinken.

Geschützte Biotope und Tierarten sollen dem Tagebau zum Opfer fallen. Es wird sogar in ein europäisches Schutzgebiet eingegriffen, dem einzigen Vorkommen der Sand-Silberscharte in Brandenburg. Tagebaue vernichten gewachsene Kulturlandschaften, die in absehbarer Zeit nicht gleichwertig ersetzt werden können. (...)

Doch nicht nur das: Neue Braunkohletagebaue sind mit den Zielen des Klimaschutzes überhaupt nicht vereinbar und weder umwelt- noch sozialverträglich. Eine preiswerte und verlässliche Energieversorgung kann auch ohne neue Braunkohletagebaue sichergestellt werden, eine energiepolitische Notwendigkeit für neue Tagebaue besteht nicht. Außerdem ist die Braunkohleverstromung derzeit so ziemlich der sicherste Weg, das Klima zu ruinieren. Braunkohlekraftwerke wie Jänschwalde beispielsweise emittieren ca. 1200g CO_2 pro erzeugter KWh Strom (GuD-Kraftwerk ca. 365g). 25 Mio. t CO_2 pro Jahr machen das Kraftwerk zum zweitgrößten Klimakiller Deutschlands.

Bund für Umwelt und Naturschutz Deutschland: Aus dem Zeitalter der Saurier: Brandenburg und die Braunkohle, in: http://www.bund-brandenburg.de (Zugriff: 20.4.2014)

GuD-Kraftwerk: Gas-und-Dampf-Kraftwerk

Braunkohletagebau in der Lausitz, April 2014

Handlungsfeld Wirtschaftswachstum

Wie kann der Staat für ein stetiges, aber angemessenes Wirtschaftswachstum sorgen? Mit der Konjunkturpolitik und der Wettbewerbspolitik bestehen zwei komplexe Eingriffsfelder, auf denen die Bedingungen für die volkswirtschaftliche Entwicklung beeinflusst werden können. Gleichwohl handelt es sich auch hierbei um Politik – dementsprechend treffen unterschiedliche Sichtweisen und Handlungsansätze aufeinander. Zudem steht das „Wachstumsparadigma" in den vergangenen Jahren zunehmend grundsätzlich auf dem Prüfstand: Ist ungebrochenes Wirtschaftswachstum auf Dauer überhaupt notwendig bzw. möglich? Gibt es alternative Formen des Wirtschaftens, die sozial und ökologisch verträglicher sind als herkömmliche Wachstumstheorien? Auch hier sind also wirtschaftspolitische Entscheidungen gefragt – zunehmend in einem globalen Maßstab.

Zeichnung: Koufogiorgos

1 Skizzieren Sie, welche politischen Zielsetzungen in **M 27** bis **M 29** deutlich werden.
2 Erläutern Sie, was unter Konjunkturpolitik verstanden wird.
3 Interpretieren Sie die Karikatur auf S. 117.
4 Erläutern Sie, was unter Wettbewerbspolitik verstanden wird.
5 Analysieren Sie die Beispiele aus **M 27** bis **M 29** im Hinblick auf Bezüge zu den Konzepten Konjunkturpolitik/Wettbewerbspolitik.
6 Diskutieren Sie: Welche Bezüge ergeben sich zwischen den bearbeiteten Beispielen und dem wirtschaftspolitischen Leitziel Wirtschaftswachstum?
7 Analysieren Sie die Beispiele (**M 27 – M 29**): Sind mögliche Zielkonflikte erkennbar? Recherchieren Sie hierfür weitere Beispiele für die Politik im Zielbereich Wirtschaftswachstum.
8 Nehmen Sie Stellung zur Kritik am Wachstumsparadigma (**M 36**). Ist Wirtschaftswachstum weiterhin eine sinnvolle wirtschaftspolitische Zieldimension?
9 Interpretieren Sie die obenstehende Karikatur.

M 27 IWF fordert konjunkturpolitische Maßnahmen

Der Internationale Währungsfonds (IWF) ruft Europa und somit auch Deutschland im Kampf gegen die Schuldenkrise auf, die Konjunktur anzukurbeln.
Die „größte Priorität" habe derzeit, „das Wachstum in den großen Volkswirtschaften nachhaltig zu erhöhen, vor allem in Europa", heißt es in dem in Washington vorgelegten Weltwirtschaftsausblick des IWF. Kurzfristig müsse die Nachfrage gestärkt werden. Zudem solle die Europäische Zentralbank (EZB) ihre Leitzinsen weiter senken und Krisenmaßnahmen beibehalten.
Deutschland wehrt sich aber gegen neue Wachstumsprogramme auf Pump. „Wir sehen nicht den Bedarf, (...) dass man über weitere Ausgabenerhöhungen Wachstum ankurbelt", hieß es im Berliner Bundesfinanzministerium. Vielmehr würden weitere Strukturreformen mehr Wirtschaftswachstum ermöglichen. (...)
Derweil stellte der IWF zur deutschen Wirtschaft fest, dass die Konjunktur von jüngsten Fortschritten im Kampf gegen die Schuldenkrise profitiere. Die Wachstumsprognose könne nach oben korrigiert werden, wenn auch nur leicht. Das Bruttoinlandsprodukt steige in diesem Jahr (2012) voraussichtlich um 0,6 Prozent. Das sind 0,3 Prozentpunkte mehr als im Januar erwartet, aber immer noch deutlich weniger als im vergangenen Jahr geschätzt. Für 2013 geht der Fonds weiter von 1,5 Prozent Wachstum in der Bundesrepublik aus.
Das beherzte Eingreifen der Politik in Europa mit einem größeren Rettungsschirm habe rund um den Globus die Angst vor einem scharfen Abschwung mindern können, heißt es weiter. Entsprechend wurde die Prognose für die gesamte Weltkonjunktur angehoben. Im laufenden Jahr lege sie demnach um 3,5 Prozent zu – bislang war von 3,3 Prozent die Rede. Für 2013 schätzt der Fonds das Plus auf 4,1 Prozent – 0,1 Prozentpunkte mehr als zuletzt errechnet.
Es gebe aber weiterhin gewaltige Abwärtsrisiken. Die Gefahren der Verschuldung und wackeligen Finanzsysteme vor allem in Europa seien längst nicht ausgestanden. Derzeit herrsche eine Phase „angespannter Ruhe", sagte IWF-Chefökonom Olivier Blanchard. „Man hat das Gefühl, dass die Dinge jeden Moment wieder sehr schlecht werden könnten." Politiker der Euro-Staaten dürften im Kampf gegen die Krise keine Pause einlegen. „Brandmauern allein können die schwierigen Haushalts-, Wettbewerbs- und Wachstumsprobleme nicht lösen."

dpa: IWF fordert von Europa neue Konjunkturmaßnahmen, Kölner Stadt-Anzeiger v. 17.4.2012, in: http://www.ksta.de (Zugriff: 23.4.2013)

M 28 Eckpunkte des Konjunkturpakets II

insgesamt 50 Mrd. Euro für zwei Jahre (s. auch M 33, S. 66)

Steuerentlastung
- Anhebung des **Grundfreibetrags** in zwei Stufen auf 8004 Euro
- Senkung des **Eingangssteuersatzes von 15 auf 14 %**
- Verschiebung des Steuertarifs zur Milderung der kalten Progression

Familien
- **Einmalig 100 Euro pro Kind** zusätzlich zum Kindergeld
- **Hartz-IV-Regelsatz** Anhebung für Kinder (sechs bis 13 Jahre von 60 auf 70 %)

Beschäftigungssicherung
- Förderung von **Qualifizierungsmaßnahmen** und Hilfen für Firmen, die **Kurzarbeiter** beschäftigen

Kredit- und Bürgschaftsprogramm
- Stärkung der Wettbewerbsfähigkeit von Betrieben und **Sicherung der Kreditversorgung** der Wirtschaft

Krankenkassen
- Paritätische **Beitragssenkung** auf **14,9 %** für Arbeitnehmer und Arbeitgeber

Investitionen
- **Infrastruktur:** Verkehr, Krankenhäuser, Städtebau und Ausbau von Breitbandnetzen (7,5 Mrd. Euro)
- **Bildung:** Kitas, Schulen und Hochschulen (6,5 Mrd. Euro)

Pkw-Nachfrage:
- Private Autohalter erhalten eine **Prämie von 2500 Euro,** wenn ein mindestens **neun Jahre altes Auto stillgelegt** und ein **umweltfreundlicher Neu- oder Jahreswagen** bis Ende 2009 gekauft wird
- **Kfz-Steuerumstellung** auf Schadstoffausstoß

Quelle: AFP, dpa

Kartell: Zusammenschluss von Unternehmen, die zwar eigenständig bleiben, den wirtschaftlichen Wettbewerb jedoch durch heimliche Preisabsprachen umgehen

M29 Wem das Kartellamt auf der Spur ist – Beispiele

Bier, Zucker, Tapeten – und nun Kugellager: Das Kartellamt lässt nicht locker, wenn die Verbraucher mit wettbewerbswidrigen Preisabsprachen über den Tisch gezogen werden.

Biermarkt

Die zweite Runde im Kampf gegen Preisabsprachen auf dem Biermarkt ist eröffnet. Mitte Januar 2013 hatte das Bundeskartellamt bereits Bußgelder in Höhe von 106,5 Millionen Euro verhängt. In der nächsten Runde werde die Summe „ganz erheblich steigen", sagte Kartellamtspräsident Andreas Mundt. Es sei sehr unwahrscheinlich, dass sich Brauereien nach diesem Verfahren noch einmal in Absprachen wagen würden.
Es geht um Vorgänge aus den Jahren 2006 bis 2008. Betroffen sind unter anderem Bitburger, Krombacher, Veltins und Warsteiner. Laut Mundt soll die Branche bei persönlichen und telefonischen Kontakten Preiserhöhungen für Fass- und Flaschenbier abgesprochen haben. Bei Flaschenbier sei dabei der Preis für einen Kasten Bier 2008 um einen Euro gestiegen. Das Kartellverfahren geht auf Informationen des Beck's-Herstellers Anheuser-Busch InBev Germany zurück, der als Kronzeuge ohne Geldbuße bleibt. Die vier übrigen genannten Brauereien hätten in dem Verfahren mit dem Kartellamt auf der Basis einer Bonusregelung kooperiert, hieß es in der Mitteilung. Gegen zwei weitere Brauereikonzerne und vier regionale Brauereien laufe das Verfahren noch. Sie wurden nicht namentlich genannt.

Kugellager

Die EU-Kommission hat gegen den Autozulieferer Schaeffler und mehrere andere Firmen wegen verbotener Preisabsprachen bei Kugellagern ein Bußgeld von insgesamt fast einer Milliarde Euro verhängt. Die höchste Strafe entfalle auf Schaeffler mit 370,5 Millionen Euro, teilten die Wettbewerbshüter mit. Der schwedische Konzern SKF müsse 315,1 Millionen Euro zahlen. Zudem seien mehrere japanische Firmen verdonnert worden. Das Kartell habe von 2004 bis 2011 Preise abgesprochen.
Die EU-Kommission ermittelt bereits seit über zwei Jahren gegen Autozulieferer. Die Industrie hatte mit weiteren hohen Strafzahlungen gerechnet. Schaeffler hatte bereits 380 Millionen Euro wegen zu erwartender Bußgelder zurückgestellt.

Tapeten

Heimwerker haben nach Ermittlungen des Bundeskartellamtes jahrelang zu viel Geld für Tapeten bezahlt. Die Bonner Wettbewerbsbehörde verhängte gegen vier Hersteller und ihren Verband wegen unerlaubter Preisabsprachen Bußgelder in Höhe von 17 Millionen Euro. Zwischen 2005 und 2008 hätten die in Deutschland führenden Unternehmen zulasten ihrer Kunden auf Verbandstagungen Preiserhöhungen abgesprochen, erklärte Kartellamtspräsident Andreas Mundt.
Auf den Marktführer A.S. Création Tapeten AG entfällt allein eine Summe von 10,5 Millionen Euro. In einer Pflichtmitteilung an die Börse kündigte das Gummersbacher Unternehmen an, beim Oberlandesgericht in Düsseldorf Einspruch gegen den Bescheid des Kartellamtes einzulegen. Die Behörde habe die Argumente, die gegen kartellrechtliche Verstöße sprechen, nicht ausreichend gewürdigt. Außerdem sei die Höhe der Bußgelder unangemessen, hieß es zur Begründung.
Die Tapetenfabrik Rasch, die den Fall als Kronzeuge ins Rollen gebracht hatte, kam in den Genuss der Bonusregelung und damit ohne Geldbuße davon. Neben A. S. Création wurden auch gegen die Marburger Tapetenfabrik Schaefer, Erismann (Breisach), Pickhardt + Siebert (Gummersbach) und den Verband Deutscher Tapetenfabriken Geldbußen verhängt. In dem Fall sei eine Funktion dazu missbraucht worden, die Absprache der Hersteller aktiv zu unterstützen, betonte Mundt.

Gummiteile

Wegen jahrelanger Preisabsprachen bei Gummiteilen muss der Autozulieferer Bridgestone eine Strafe von 425 Millionen Dollar (311 Millionen Euro) zahlen. Das Justizministerium geht seit einiger Zeit scharf gegen Kartelle in der Autozulieferbranche vor. Insgesamt 26 Firmen haben sich schuldig bekannt oder angekündigt, dies zu tun. Die Strafen summieren sich mittlerweile auf mehr als zwei Milliarden Dollar, wie das Ministerium vorrechnete. Bridgestone trifft es nun besonders hart, weil das Unternehmen vor zweieinhalb Jahren schon einmal für Absprachen belangt wurde und damals mit 28 Millionen Dollar büßte. Bridgestone verdient sein Geld zwar weiterhin überwiegend mit Reifen, produziert jedoch unter anderem auch Fahrwerkskomponenten. Im aktuellen Fall ging es um Gummiteile, die zur Schwingungsdämpfung im Auto eingesetzt werden. Die Absprachen zwischen verschiedenen Herstellern haben nach Erkenntnissen der US-Justiz von Anfang 2001 bis Ende 2008 gedauert. Zu den Geschädigten gehörten demnach unter anderem die Autobauer Toyota und Nissan. Sie haben auch Werke in den USA. Bridgestone kündigte an, dass die beteiligten Mitarbeiter zur Rechenschaft gezogen würden. Zugleich versicherte das Unternehmen, dass das Management nichts gewusst habe. Führungskräfte werden nun auf einen Teil ihres Gehalts verzichten, „um das aufrichtige Bedauern für diesen Vorfall zu unterstreichen", wie Bridgestone erklärte.

Autoblech

Das Bundeskartellamt verdächtigt ThyssenKrupp, Preisabsprachen für Autoblech getroffen zu haben. Am 10. April 2013 wurde bekannt, dass die deutsche Autoindustrie möglicherweise seit über einem Jahrzehnt zu viel beim Stahleinkauf bezahlt hat. Schon seit dem Jahr 1998 hätten sich die Konzerne ThyssenKrupp, Voestalpine und ArcelorMittal beim Verkauf von Autoblechen abgesprochen, berichtete das „Handelsblatt" unter Berufung auf Branchenkreise. Diese Jahreszahl sei auch in einer Anzeige vermerkt, die anonym beim Bundeskartellamt eingereicht worden ist. Die Behörde hatte Ende Februar Büros und Privaträume von Mitarbeitern der drei Konzerne durchsucht und umfangreiche Unterlagen beschlagnahmt.

Im September 2013 hat das deutsche Bundeskartellamt Lieferanten von Autoblechen, Hutablagen und Kofferraumisolierungen durchsucht. Die Industrie rechnet nun mit weiteren hohen Strafzahlungen, mindestens im dreistelligem Millionenbereich. Allein der deutsche Wälzlagerspezialist Schaeffler hatte unlängst 380 Millionen Euro wegen zu erwartender Bußgelder zurückgestellt.

Autozulieferer, Bierbrauer, Süßwaren. Wem das Kartellamt auf der Spur ist, Wirtschaftswoche v. 2.4.2014, in: http://www.wiwo.de (Zugriff: 25.4.2014)

M30 Stichwort: Konjunkturpolitik

Wirtschaftswachstum

Eine der wichtigsten Zielsetzungen marktwirtschaftlich orientierter Wirtschaftspolitik besteht darin, insgesamt günstige Bedingungen für Wirtschaftswachstum zu schaffen. Wirtschaftliche Entwicklung verläuft jedoch in der Regel nicht konstant, sondern schwankt zwischen Phasen des zunehmenden und des abnehmenden Wachstums. Man spricht in diesem Zusammenhang vom Konjunkturzyklus der Marktwirtschaft, der durch die Phasen der Rezession, der Depression, des Aufschwungs sowie der Hochkonjunktur gekennzeichnet ist.

Der Stabilisierungsfunktion marktwirtschaftlich orientierter Wirtschaftspolitik kommt (...) eine hohe Bedeutung zu. Das Ziel besteht hierbei darin, konjunkturelle Schwankungen durch wirtschaftspolitische Maßnahmen möglichst auszugleichen. Im Idealfall folgt hieraus ein „geglätteter", weitgehend konstanter Anstieg des Wirtschaftswachstums.

Indikatoren

Für die Entwicklung und Umsetzung einer gezielten Konjunkturpolitik sind Informationen über die aktuelle und zukünftige Konjunkturentwicklung von hoher Bedeutung. Entsprechende Informationen liefern bestimmte Konjunkturindikatoren. Unterschieden werden hierbei Frühindikatoren (Tendenzen der zukünftigen wirtschaftlichen Entwicklung), Präsenzindikatoren (aktuelle wirtschaftliche Lage) und Spätindikatoren (zeitlich verzögerte Auswirkungen wirtschaftlicher Entwicklungen).

Indikator	Beispiele
Frühindikatoren	Auftragseingänge, Lagerbestände, Zukunftserwartungen von Anbietern und Nachfragern
Präsenzindikatoren	Produktionsleistung, BIP-Wachstum, Kapazitätsauslastung, Im- und Exporte, offene Stellen, Steuereinnahmen
Spätindikatoren	Lohnentwicklung, Preisentwicklung, Arbeitslosenquote

Konjunkturpolitische Maßnahmen

Auf der Grundlage von Prognosen und Befunden zur konjunkturellen Entwicklung bzw. Lage können im Rahmen der Konjunkturpolitik unterschiedliche wirtschaftspolitische Maßnahmen Anwendung finden. Grundsätzlich kann hierbei zwischen Maßnahmen der Geldpolitik sowie der Fiskalpolitik unterschieden werden:

- Geldpolitik: Staatliche Maßnahmen, die die Steuerung des Geldumlaufs sowie der Geld- und Kreditversorgung mit dem Ziel der Geldwertstabilisierung sowie der Wachstumssteuerung betreffen (z. B. Änderungen des Zinsniveaus).
- Fiskalpolitik: Staatliche Maßnahmen zur Veränderung der Staatseinnahmen und/oder -ausgaben mit dem Ziel des Ausgleichs konjunktureller Schwankungen (z. B. Steuersenkungen/-erhöhungen, Konjunkturprogramme).

In Deutschland sind konjunkturpolitische Zielsetzungen im Gesetz zur Förderung der Stabilität und des Wachstums der Wirtschaft (...) verankert. Angestrebt werden in diesem Zusammenhang ein stetiges und angemessenes Wachstum sowie die hiermit verbundene Abfederung von Wirtschaftsschwankungen. Hierzu können im Einzelnen unterschiedliche geld- und/oder fiskalpolitische Maßnahmen umgesetzt werden, die entweder expansiv (belebend) oder kontraktiv (dämpfend) ausgerichtet sein können.

Ausrichtung	Maßnahmen
kontraktiv	Rückführung von Staatsausgaben, Bildung finanzieller Rücklagen für Maßnahmen im nächsten Abschwung (Konjunkturausgleichsrücklage), Steuererhöhungen, Zinserhöhungen (zur Dämpfung der Kreditaufnahme)
expansiv	Ausweitung der Staatsausgaben (insbesondere über Investitionsprogramme), Steuersenkungen, Zinssenkungen (Erleichterung der Kreditaufnahme)

Dirk Lange (Hg.): Grundwissen Wirtschaft, Berlin (Cornelsen) 2011, S. 100 f.

M31 Indikatoren für die konjunkturelle Entwicklung

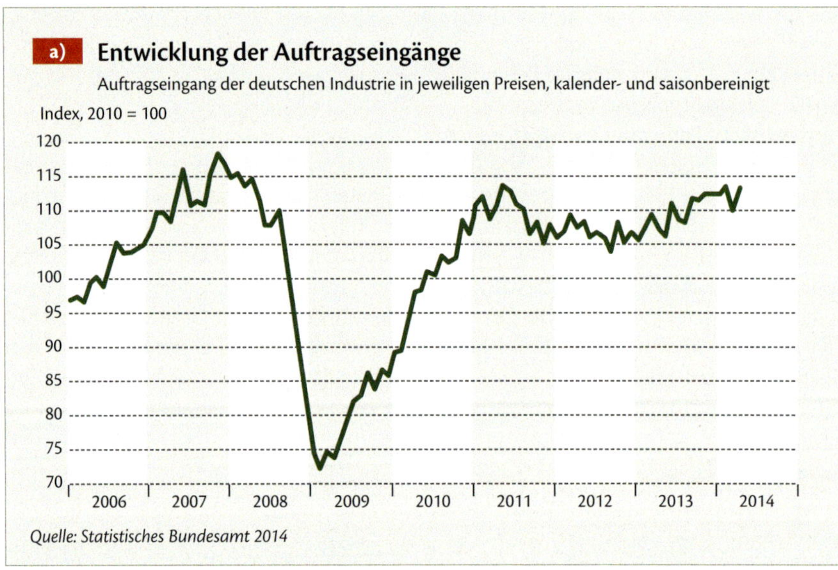

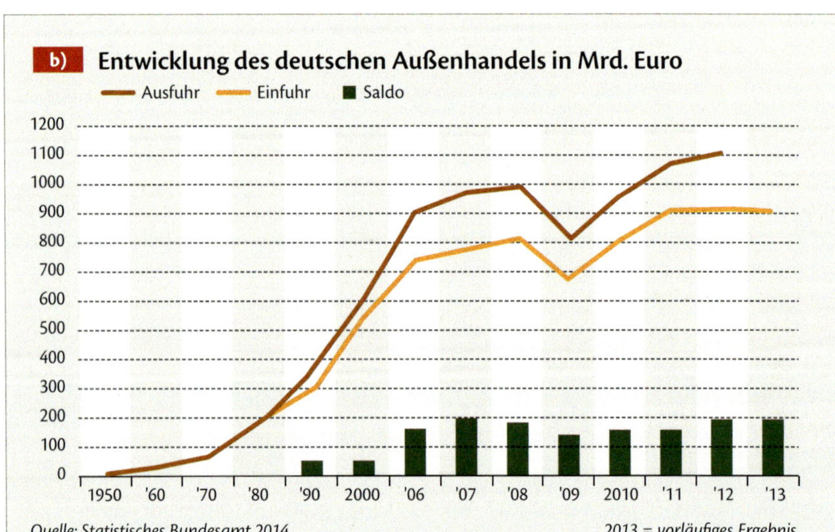

Saldo: hier: Überschuss in der Außenhandelsbilanz

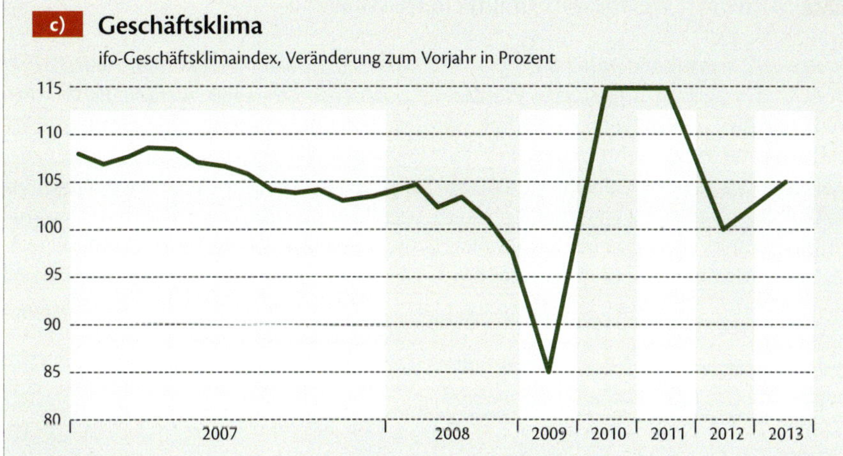

Quelle: Wirtschaftswoche

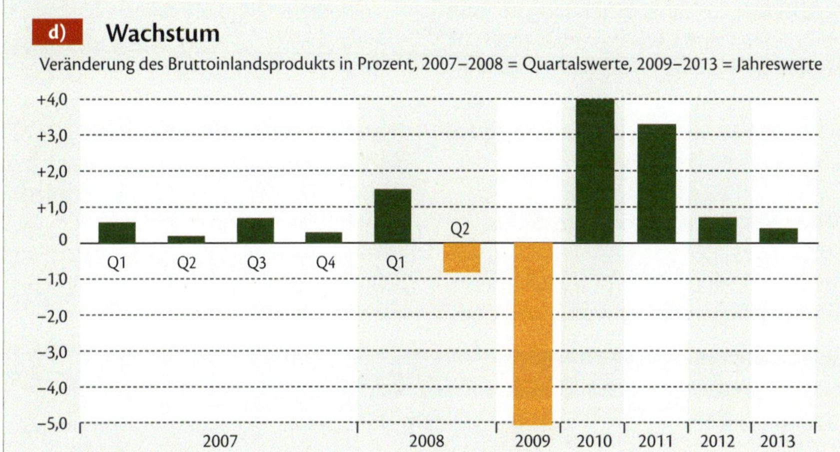

Quelle: Wirtschaftswoche

Zeichnung: Bengen

M32 Stichwort: Wettbewerbspolitik in Deutschland

Wettbewerb in der Marktwirtschaft

Freier und möglichst ungestörter Wettbewerb auf den unterschiedlichen Märkten wird als Garant für die Leistungsfähigkeit des Marktsystems angesehen: Nur durch die Konkurrenz möglichst zahlreicher Anbieter um die Gunst möglichst zahlreicher Nachfrager kann es demnach zu optimaler Güterproduktion und zu optimalem Güteraustausch kommen.

In der Realität zeigt sich jedoch, dass sich die Umsetzung (...) tatsächlichen Wettbewerbs in zahlreichen Wirtschaftsbereichen schwierig gestaltet. Tendenzen der Konzentration ökonomischer Macht sowie Kooperation auf der Angebotsseite führen zu unvollständigem Wettbewerb. Für die Anbieter ist es durchaus reizvoll, einen zu starken Wettbewerb zu vermeiden. So lassen sich vergleichsweise hohe Gewinne erzielen, ohne dass zusätzliche Ressourcen für das Bestehen im Wettbewerb aufgebracht werden müssen.

Notwendigkeit staatlicher Eingriffe: Wettbewerbspolitik

Vor diesem Hintergrund ist staatliches Eingreifen zur Sicherung des Wettbewerbs notwendig. Die dafür angewandten wirtschaftspolitischen Strategien werden als Wettbewerbspolitik bezeichnet. Übergeordnete Zielsetzung der Wettbewerbspolitik ist, den marktwirtschaftlichen Wettbewerb zu schützen bzw. durchzusetzen. Zur Wettbewerbspolitik zählen die folgenden Aufgaben:

- Verbot von Kartellen (Unternehmensabsprachen mit dem Ziel der Wettbewerbsbeschränkung).
- Überwachung und ggf. Unterbindung von Unternehmenszusammenschlüssen bzw. Fusionen.
- Verbot der gezielten Behinderung von Konkurrenzunternehmen.
- Gezielte Überwachung von Unternehmen, die auf Märkten mit wenig Konkurrenz agieren. Verhinderung des Missbrauchs marktbeherrschender Stellungen.

Institutionen der Wettbewerbspolitik

Mehrere Institutionen in der Bundesrepublik Deutschland befassen sich damit, den marktwirtschaftlichen Wettbewerb zu sichern. Dies allein schon deutet auf die hohe wirtschaftspolitische Bedeutung einer erfolgreichen Wettbewerbspolitik hin.

Institution	Aufgabe(n)
Bundeskartellamt	Unabhängige Bundesbehörde zur Durchsetzung des Gesetzes gegen Wettbewerbsbeschränkungen (GWP). Weitreichende Ermittlungs- und Sanktionsbefugnisse (Erlass von Auflagen, Untersagung, Verhängung von Geldbußen) in den Bereichen Kartellverbot, Missbrauchsaufsicht und Fusionskontrolle.
Monopolkommission	Unabhängiges Expertengremium zur Beratung der Bundesregierung in Fragen der Wettbewerbspolitik. Regelmäßige Begutachtung der Unternehmenskonzentration in Deutschland.
Bundeswirtschaftsministerium	In Einzelfällen Erteilung von Ausnahmegenehmigungen für Unternehmenszusammenschlüsse (sofern ein gesamtwirtschaftliches Interesse vorliegt).
Europäische Kommission	Durchsetzung des marktwirtschaftlichen Wettbewerbs in Fällen mit EU-weiter Bedeutung.

Dirk Lange (Hg.): Grundwissen Wirtschaft, Berlin (Cornelsen) 2011, S. 102

M33 Leitbilder der Wettbewerbspolitik

Die Ansichten über die Sicherstellung des Wettbewerbs haben sich im Laufe der Wirtschaftsgeschichte mehrmals gewandelt. Modellartig können wir von folgenden Schulen und ihren Leitbildern ausgehen:

- Klassischer Liberalismus (A. Smith, J. St. Mill): Der klassische Liberalismus sprach sich für Beseitigung aller staatlichen Wettbewerbshindernisse (Zölle, Zünfte usw.) aus. Ökonomische Gefahren durch einen wirtschaftlichen Konzentrationsprozess und eine Wettbewerbsbeschränkung wurden nicht gesehen.
- Sozialisten: (...) Insbesondere in der staat-

lich gelenkten Wirtschaft nach K. Marx war eine Konkurrenz zwischen Unternehmen (...) nicht vorgesehen. Demokratische Sozialisten, die sich für eine Gemischtwirtschaft aussprechen, sehen in den Konzentrationsprozessen erhebliche Gefahren für die wirtschaftliche und gesellschaftliche Entwicklung der Demokratie und fordern daher starke Kontrollen und staatliche Sanktionen bei Missbrauch.

- Neoklassik (L. Walras, A. Marshall): Die neoklassischen Ökonomen entwickelten die Leitidee für eine Wettbewerbspolitik, in der sich der Staat in das Wirtschaftsgeschehen nicht einzumischen braucht, da auf den Märkten vollständige Konkurrenz herrscht.
- Ordoliberalismus (W. Eucken): Walter Eucken und andere Ökonomen des sog. Ordoliberalismus (s. S. 87) setzten sich in den 50er-Jahren des 20. Jh. für eine aktive Bekämpfung von Wettbewerbsbeschränkungen ein. Sie wirkten an der Verabschiedung des deutschen „Gesetzes gegen Wettbewerbsbeschränkungen" von 1958 und der Gründung der Bundeskartellbehörde mit. (...)
- Neoliberalismus (Chicago School, F. A. Hayek): Neoliberalen Ökonomen geht eine aktive Wettbewerbspolitik des Staates zu weit. Sie gehen davon aus, dass die Selbstheilungskräfte des Marktes ein staatliches Eingreifen unnötig machen. (...)
- Neue Umweltökonomie: Aus der Sicht der neuen Umweltökonomie hat sich Wettbewerb als ein unverzichtbares wirtschaftliches Strukturprinzip erwiesen, das durch wirtschaftliche Konzentrationsprozesse ständig bedroht wird. Eine reine Wettbewerbspolitik konnte diese Prozesse bislang nicht verhindern. Das Marktversagen und die zunehmende Macht großer transnational agierender Konzerne führt zu der Notwendigkeit sozialökologischer Mindeststandards und politisch-rechtlicher Instrumente.

Holger Rogall: Volkswirtschaftslehre für Sozialwissenschaftler, Wiesbaden (Springer) 2006, S. 233 f.

M 34 Wettbewerbspolitik

Neben dem Schutz des marktwirtschaftlichen Wettbewerbs steht auch die Förderung des marktwirtschaftlichen Wettbewerbs in verschiedenen Bereichen im Mittelpunkt der staatlichen Wirtschaftspolitik:

Nach: http://www.juergen-paetzold.de

M35 Dem Staat, was des Staates ist

Das Pendel der Privatisierung hat weit ausgeschlagen; auf diesem Pendel saßen die Regierung Kohl und die Regierung Schröder, und sie schwangen mit dem Pendel mit; darauf saßen auch die Landesregierungen (...); darauf saßen auch viele Kommunen, die sich darüber freuten, so ihre Schulden loszuwerden. Es war eine euphorische Zeit, und die Privatisierung, auch die in Deutschland, war Teil eines historischen Megatrends, der dem Markt sehr viel und dem Staat sehr wenig zutraute, der daran glaubte, dass der Markt fast alles besser und billiger machen könne als der Staat.

Also verkauften Bund, Länder und Gemeinden (weil der Staat sich ja nicht in die Wirtschaft einmischen soll) ihre Anteile an großen Firmen, um so ihre Haushalte zu sanieren. Aber dabei blieb es nicht: Sie gaben auch ihren Einfluss auf Unternehmen der Daseinsvorsorge auf, sie zogen sich aus Tätigkeiten zurück, die bis dahin als die ureigenen des Staats gegolten hatten: Abwasserbeseitigung, Verkehrsbetriebe, Trinkwasserversorgung, Müllentsorgung und kommunale Wohnungswirtschaft wurden auf Privatunternehmen übertragen; das klappte da und dort gut, das klappte oftmals auch nicht. Die Kommerzialisierer fragten, und es war eigentlich nur eine rhetorische Frage: Wir akzeptieren doch kommerzielle Restaurants und Friseurgeschäfte – warum soll es dann keine kommerziellen Krankenhäuser, Versorgungsbetriebe, Schulen und Kindergärten geben? Wie selbstverständlich ging der Zeitgeist davon aus, dass sich die Qualität öffentlicher Dienstleistung verbessern wird, wenn die bisherigen Praktiken und das bisherige Ethos der Behörden durch kommerzielle Vorgehensweisen ersetzt werden.

Etwa 25 Jahre dauerte diese Zeit der Euphorie, in der Privatisierung bisweilen auch zum Selbstzweck geriet oder in der frühere Staatsmonopole einfach durch Privatmonopole ersetzt wurden, die noch weniger auf Kundenwünsche eingingen als der Staat und die überhöhte Preise kassierten. Die Teil-Privatisierung der Bahn ist ein vorerst letzter Akt. Ansonsten steht das Privatisierungs-Pendel still und zittert: Bürgerentscheide stemmen sich erfolgreich gegen weitere Verkäufe kommunaler Betriebe. Hier und da holen sich die Kommunen die Dienstleistungen wieder von den Privaten zurück. Und auf den Programmen der Tagungen von Städten und Gemeinden steht nicht mehr Privatisierung, sondern Rekommunalisierung. Und dort wird, wie kürzlich auf dem „2. Zukunftskongress des Deutschen Städte- und Gemeindetages“ in Bonn, auf den Zusammenhang zwischen Demokratie und Daseinsvorsorge hingewiesen: Eine Demokratie funktioniert anders als ein Markt.

Auf dem Markt haben die Menschen Anspruch auf Güter und Leistungen, wenn und weil sie imstande sind, sich diese auf dem Markt zu kaufen. Zu den Kennzeichen der Demokratie gehört es hingegen, dass man bestimmte Dinge nicht kaufen kann; dazu gehört das Recht zu wählen oder das Recht auf einen fairen Prozess; dazu gehört aber auch der Anspruch auf bestimmte öffentliche Leistungen. Stellt man diese Leistungen mit den Mitteln des Marktes bereit, geht die innere Bindung an den Bürgerstatus verloren.

Allenthalben ist daher die Erkenntnis gewachsen, dass Privatisierung, wenn sie erfolgreich und gemeinwohlverträglich sein soll, kräftige Steuerung braucht – auf Englisch heißt das Governance, auf Neudeutsch Regulierung. Ernst Ulrich von Weizsäcker fasst in seinem großen Bericht an den Club of Rome über die „Grenzen der Privatisierung“ seine Untersuchungen so zusammen: Die erfolgreichen Privatisierungen „haben eines gemeinsam: einen starken Staat, der die Spielregeln definiert und notfalls auch durchsetzt“.

Heribert Prantl: Privatisierungen. Dem Staat, was des Staates ist, Süddeutsche Zeitung v. 17.5.2010, in: http://www.sueddeutsche.de (Zugriff: 16.3.2014)

Privatisierung – versteht sich der Landkreis Lippe in Nordrhein-Westfalen als Konzern? Aufnahme 2014

M36 Kritik am Wachstumsparadigma

Beim derzeitigen Wissens- und Könnensstand der Menschheit führen Wirtschaftswachstum und materielle Wohlstandsmehrung dazu, dass immer mehr Länder die Tragfähigkeitsgrenze der Erde durchbrechen und dadurch die Grundlagen ihres bisherigen Erfolges zerstören. Dieser Befund ist ebenso ernüchternd wie besorgniserregend. Von den 158 datenmäßig erfassten Ländern haben etwa 250 Jahre nach Anbruch der Moderne und dem Beginn der Industrialisierung erst 43 einen Entwicklungsstand erreicht, der hinsichtlich der Lebenserwartung und des Bildungsstands der Bevölkerung sowie der pro Kopf erwirtschafteten Gütermenge den heutigen Vorstellungen und Erwartungen von Westeuropäern, Nordamerikanern oder Japanern entspricht. In diesen 43 Ländern lebt mit etwa einer Milliarde Menschen recht genau ein Siebentel der Weltbevölkerung. So weit der ernüchternde Befund.

Der besorgniserregende Befund ist, dass sich kein einziges dieser Länder innerhalb der Tragfähigkeitsgrenzen der Erde befindet. Soll heißen: Sie verbrauchen Regenerierbares scheller, als die Erde es zu regenerieren vermag, erzeugen mehr Schadstoffe, als von Luft, Wasser und Böden abgebaut werden können, und setzen bei allem Nicht-Regenerierbarem darauf, dass dem Menschengeschlecht schon etwas einfallen werde, wenn dieses zur Neige geht.

So wirtschaften sie munter drauf los und kümmern sich nicht darum, dass die Weltbevölkerung, wirtschaftete sie wie beispielsweise die US-Amerikaner, vier Globen benötigen würde – und folgte sie den angeblich so ressourcen- und umweltbewussten Deutschen immerhin noch 2,6.

Diesen Reichen stehen jene gegenüber, welche die Erde nicht überfordern, dafür aber materiell arm sind. Ihnen können derzeit 57 Länder zugerechnet werden, unter ihnen so bedeutende wie Indien. Insgesamt leben in diesen Ländern mit rund 2,7 Milliarden Menschen knapp zwei Fünftel der Weltbevölkerung. Die Kehrseite für ihren zumeist nicht freiwillig schonlichen Umgang mit Umwelt und Ressourcen ist neben einem niedrigen materiellen Lebensstandard eine im weltweiten Vergleich geringe Lebenserwartung und Bildung.

Zu einer dritten Gruppe gehören gegenwärtig 58 Länder, unter ihnen ein Schwergewicht wie China, mit einer Gesamtbevölkerung von rund 2,5 Milliarden Menschen. Kennzeichnend für diese Gruppe ist, dass sie zwar mehrheitlich noch weit von der Wohlhabenheit der Arrivierten entfernt ist, aber dennoch schon jetzt die Tragfähigkeitsgrenzen der Erde zum Teil erheblich überschreitet und mit jedem weiteren Schritt in Richtung Wohlhabenheit weiter hinter sich lässt.

Ist das also die Alternative, welche die Menschheit 250 Jahre nach ihrem großen Aufbruch hat: lange, gesunde Leben bei guter Bildung und einem im internationalen und historischen Vergleich hohen Wohlstandsniveau bei gleichzeitiger Zerstörung ihrer Lebensgrundlagen oder Wahrung eben dieser Grundlagen bei Leben, die in den Worten des britischen Philosophen Thomas Hobbes zumeist elend, brutal und kurz sind?

Das ist die eigentliche Wachstums- und Wohlstandsfrage, die der Menschheit auf den Nägeln brennen müsste – und nicht, ob mehr Wachstum und materieller Wohlstand wünschenswert seien, nicht zuletzt, weil dadurch möglicherweise zusätzliche Arbeitsplätze entstehen, Renten leichter zu finanzieren sind oder Staatshaushalte besser ausgeglichen werden können. Denn diese Fragen sind banal. Die Antwort auf sie steht nämlich von vornherein fest: Es ist ein eindeutiges Ja – zumindest auf kurze Sicht.

Aber was ist mit dieser Antwort gewonnen? Oder anders gewendet: Was nutzt es gut beschäftigten Erwerbstätigen, auskömmlich versorgten Rentnern und Politikern, die aus dem Vollen schöpfen können, wenn zugleich eine überforderte Erde unter ihren Füßen zerbröselt?

Meinhard Miegel/Ulrich Brand: Kritik am Wachstumsparadigma. Zwei Positionen, in: Aus Politik und Zeitgeschichte Nr. 27–28/2012, Bonn (Bundeszentrale für politische Bildung) 2012, S. 3 f.

Handlungsfeld Vollbeschäftigung

Die Lage in einer Volkswirtschaft hat unmittelbare Auswirkungen auf den Arbeitsmarkt. Ein Anstieg der Wirtschaftsleistung geht zumeist mit einem hohen Beschäftigungsniveau einher und umgekehrt. Andererseits haben die Arbeitnehmer durch ihre Leistung einen großen Einfluss auf die wirtschaftliche Lage eines Landes. Dementsprechend ist es ein zentrales Anliegen von Wirtschaftspolitik, das Beschäftigungsniveau in der Marktwirtschaft zu beeinflussen und Vollbeschäftigung herzustellen. Darunter wird eine wirtschaftliche Situation verstanden, in der das Produktionspotenzial einer Volkswirtschaft ausreichend genutzt wird. Dies bedeutet für den Arbeitsmarkt, dass der Beschäftigungsgrad hoch ist und dass die Zahl der offenen Stellen in der Volkswirtschaft mit der Zahl der Arbeitssuchenden übereinstimmt. Alle arbeitswilligen Arbeitnehmer können also einen zumutbaren Arbeitsplatz finden. Man geht jedoch davon aus, dass immer eine bestimmte Menge an Arbeitnehmern den Arbeitsplatz gerade wechselt, sodass Vollbeschäftigung nicht erst bei einer Arbeitslosenquote von 0 Prozent vorliegt, sondern bereits bei 2 Prozent.

Protest der Bühnen-Kellerkinder. *Zeichnung: Wiedenroth*

1. Beschreiben Sie die grundsätzlichen Ziele und Maßnahmen der „Agenda 2010“.
2. Interpretieren Sie die Karikatur auf S. 125.
3. Analysieren Sie die Beschäftigungsentwicklung in der BRD innerhalb der letzten 30 Jahre.
4. Begründen Sie mögliche Zusammenhänge zwischen Bildung und Arbeitsmarkt.
5. Vergleichen Sie unterschiedliche Strategien der Arbeitsmarktpolitik.
6. Nehmen Sie Stellung zur Reform der Arbeitsmarktpolitik in der BRD seit 2010.
7. Diskutieren Sie, inwieweit Bildungspolitik zugleich auch Arbeitsmarktpolitik ist.
8. Beurteilen Sie: Handelt es sich beim Bildungsföderalismus um ein sinnvolles bildungspolitisches Prinzip?
9. Interpretieren Sie die obenstehende Karikatur.

M37 Stichwort: Arbeitsmarktpolitik

Am Arbeitsmarkt treffen die Nachfrage nach und das Angebot von Arbeitskraft aufeinander. Besteht ein ausgeglichenes Verhältnis zwischen Arbeitsangebot und Arbeitsnachfrage, so liegt Vollbeschäftigung vor. Übertrifft die Arbeitsnachfrage das Arbeitsangebot, besteht ein Arbeitskräftemangel. Übertrifft jedoch das Arbeitsangebot die Arbeitsnachfrage, kommt es zu Arbeitslosigkeit.
Arbeitslosigkeit kann ihren Ursprung auch in kurzfristigen Übergängen bei der Aufnahme einer neuen Arbeitsstelle bzw. beim Eintritt in das Berufsleben haben (friktionelle Arbeitslosigkeit bzw. Sucharbeitslosigkeit). In gesamtwirtschaftlicher Hinsicht problematisch sind jedoch Formen tendenziell mittel- bis langfristiger Arbeitslosigkeit, wie die konjunkturelle Arbeitslosigkeit (Arbeitslosigkeit im Zusammenhang mit einer negativen gesamtwirtschaftlichen Entwicklung) und die strukturelle Arbeitslosigkeit (Arbeitslosigkeit in Zusammenhang mit strukturellen Änderungen des Wirtschaftssystems. Beispiel: Aufgabe ganzer Wirtschaftszweige, deren Arbeitnehmer die Anforderungen neuer Wirtschaftszweige nur unzureichend erfüllen).
In der Bundesrepublik Deutschland treten konjunkturelle und auch strukturelle Arbeitslosigkeit seit Mitte der 1970er-Jahre verstärkt in Erscheinung. (...) Man spricht von einer ansteigenden Sockelarbeitslosigkeit, also derjenigen Arbeitslosigkeit, die auch bei weitgehender konjunktureller Erholung bestehen bleibt. Als besonders problematisch wird dabei das Phänomen der Langzeitarbeitslosigkeit (länger als 12 Monate arbeitssuchend) angesehen.

Arbeitslosigkeit als wirtschaftspolitische Herausforderung
Da ein hohes Ausmaß relativ lang anhaltender Arbeitslosigkeit mit sehr problematischen ökonomischen und sozialen Folgen einhergeht, besteht dringender Bedarf nach geeigneten politischen Gegenmaßnahmen. Die wesentlichen wirtschaftlichen Probleme sind dabei der Wegfall von Steuereinnahmen bei gleichzeitiger Ausweitung der Sozialausgaben und der Verlust von Kaufkraft. Sozial wirkt sich dies negativ auf Lebensstandard und Lebensqualität aus, das Selbstbild und die Bereitschaft zur gesellschaftlichen Teilhabe leiden darunter. Die Sicherung eines hohen Beschäftigungsstands stellt daher eine der zentralen wirtschaftspolitischen Leitlinien in der BRD dar.
Wirtschaftspolitische Maßnahmen, die auf eine Verringerung bzw. Beseitigung der Arbeitslosigkeit abzielen, werden im Politikfeld der Arbeitsmarktpolitik zusammengefasst.

Strategien der Arbeitsmarktpolitik
Unterschieden wird (...) zwischen passiver und aktiver Arbeitsmarktpolitik:

- Passive Arbeitsmarktpolitik beinhaltet Maßnahmen zur Verringerung der individuellen wirtschaftlichen Folgen von Arbeitslosigkeit. Die Umsetzung erfolgt über finanzielle Lohnersatzleistungen aus dem Sozialversicherungssystem (Arbeitslosenversicherung) sowie aus Steuermitteln (Grundsicherung nach zwölf Monaten).
- Aktive Arbeitsmarktpolitik umfasst Maßnahmen zur Unterstützung der Rückkehr von Arbeitslosen in den regulären Arbeitsmarkt. Sie wird über Vermittlung und Beratung, Qualifikationsmaßnahmen, Mobilitätsförderungen, Zuschüsse zu Unternehmensgründungen sowie z. T. auch über die staatliche Bereitstellung von Arbeitsmöglichkeiten (Arbeitsbeschaffungsmaßnahmen) umgesetzt.

Zum Bereich der aktiven Arbeitsmarktpolitik zählen nicht nur Maßnahmen zur Bekämpfung bereits vorhandener Arbeitslosigkeit. Zunehmend gewinnen hier auch politische Eingriffe an Bedeutung, die zum Ziel haben, zur Schaffung neuer Arbeitsplätze beizutragen: So verstehen sich etwa Bestrebungen nach einer Deregulierung des Arbeitsmarktes als beschäftigungsfördernde Arbeitsmarktpolitik. Die konkreten arbeitsmarktrelevanten Auswirkungen – etwa die Lockerung des Kündigungsschutzes – sind dabei im Einzelfall umstritten.
In jüngerer Zeit hat sich zudem das Leitbild einer aktivierenden Arbeitsmarktpolitik herausgebildet. Die aktivierende Arbeitsmarktpolitik setzt dabei verstärkt auf die Eigenverantwortung der Arbeitslosen und setzt Anreize zu einer möglichst zügigen Arbeitsaufnahme. Dies geschieht insbesondere über eine vergleichsweise niedrige Ausgestaltung der staatlichen Lohnersatzleistungen. Eine Arbeit soll auch dann aufgenommen werden, wenn sie nur zum Teil der individuellen Ausbildung bzw. den eigenen Vorstellungen entspricht.

Dirk Lange (Hg.): Grundwissen Wirtschaft, Berlin (Cornelsen) 2011, S. 106/107

M38 Reform der Arbeitsmarktpolitik – die Agenda 2010

Mit dem Reformprogramm der Agenda 2010 bzw. den hierin enthaltenen Hartz-Gesetzen setzte die rot-grüne Regierungskoalition unter Bundeskanzler Gerhard Schröder (1998–2005) in der BRD ein arbeitsmarktpolitisches Reformvorhaben mit weit reichenden Folgen um. Zum Kernbereich dieses Reformvorhabens zählte insbesondere eine Hinwendung zu einer verstärkt aktivierend ausgerichteten Arbeitsmarktpolitik. Im Einzelnen sind hierbei die folgenden Maßnahmen hervorzuheben:

- Zusammenlegung von Arbeitslosenhilfe und Sozialhilfe zum Arbeitslosengeld II auf einem Niveau unterhalb der bisherigen Sozialhilfe.
- Reduzierung der Bezugsdauer des Arbeitslosengeldes (60 Prozent des vorherigen Einkommens, finanziert aus der Arbeitslosenversicherung) auf maximal 18 Monate, für über 58-Jährige auf 24 Monate.
- Verschärfung der Zumutbarkeitsregeln: Für Empfänger des Arbeitslosengelds II ist grundsätzlich jede angebotene legale Arbeit zumutbar, es sei denn, sie wird rechtswidrig entlohnt. Bei der Erziehung oder Pflege von Angehörigen gelten Ausnahmen.
- Möglichkeit zur Kürzung des Leistungsanspruchs bei Ablehnung einer angebotenen Arbeit.

Dirk Lange (Hg.): Grundwissen Wirtschaft, Berlin (Cornelsen) 2011, S. 107

M39 Arbeitslosengeld II: Höhe des Regelsatzes ab 1.1.2014

Personenkreis – Regelbedarf für	Betrag
volljährige Alleinstehende, Alleinerziehende und Personen mit minderjährigem Lebenspartner	391,00 Euro
volljährige Partner innerhalb einer Bedarfsgemeinschaft	353,00 Euro
Personen unter 25 Jahren, die ohne Zustimmung des Trägers umgezogen sind	299,00 Euro
Personen unter 25 Jahren im Haushalt der Eltern	313,00 Euro
Kinder 14 bis 17 Jahre	296,00 Euro
Kinder 6 bis 13 Jahre	261,00 Euro
Kinder 0 bis 5 Jahren	229,00 Euro

Nach: http://www.sozialleistungen.info (Zugriff: 5.8.2014)

M40 Agenda 2010 – eine Bilanz

Als Gerhard Schröder die größte Sozialreform in der Geschichte der Bundesrepublik verkündete, galt Deutschland als „kranker Mann Europas". Die Zahl der Arbeitslosen war auf mehr als vier Millionen geklettert. Die Wirtschaftsleistung wuchs nicht mehr. Der Staat ächzte unter wachsenden Sozialausgaben. Der Kanzler hatte deshalb eine entscheidende Botschaft: So wie es war, konnte es nicht bleiben.

Die Agenda 2010 war geboren, die heute vor allem mit Hartz IV gleichgesetzt wird. Dabei verbergen sich hinter Schröders Kurswechsel ein gutes Dutzend Reformbausteine, vor allem aber der Generalumbau des Arbeitsmarkts. Er geht zurück auf einen 343 Seiten starken Bericht zur Bekämpfung der Arbeitslosigkeit, im August 2002 vorgestellt vom früheren VW-Arbeitsdirektor Peter Hartz im Französischen Dom in Berlin. Der Kern der Agenda-Gesetze ist noch heute gültig. (...)

2003 trat bereits das „Erste Gesetz für moderne Dienstleistungen" (Hartz I) in Kraft. In den Arbeitsagenturen wurden Personal-Service-Agenturen (PSA) eingerichtet. Sie sollten Arbeitslose anstellen und an Firmen verleihen. Auch der Einsatz von Leiharbeitern wurde unkomplizierter: Zeitarbeitsfirmen konnten fortan ihre Arbeitskräfte anheuern und wieder entlassen, wenn beim Entleiher keine Nachfrage mehr bestand. Die PSA wurden schnell wieder abgeschafft. Und auch der von der rot-grünen Regierung erhoffte „Klebeeffekt" blieb weitgehend aus. Die Entleiher sollten Leiharbeiter in die Stammbelegschaft übernehmen, doch die hoffen darauf meist vergeblich.

Dafür ist die Zahl der Leiharbeiter rasant auf

800 000 gestiegen – mit positiven und negativen Effekten, wie das Institut für Arbeitsmarkt- und Berufsforschung (IAB) feststellte. Bei der Hälfte der Leiharbeit handele es sich um zusätzliche Jobs, sagen die IAB-Forscher, andererseits verdränge Leiharbeit reguläre Beschäftigung, wenn Firmen das Instrument missbrauchen, um Kosten zu senken und den Kündigungsschutz zu umgehen.

Eine andere Wunderwaffe im Kampf gegen die Massenarbeitslosigkeit sollten die Zuschüsse für die Ich-AGs sein (Hartz II). Die Regierung wollte Arbeitslose fördern, die sich selbstständig machen und einen Kleinbetrieb eröffnen. Auch die Ich-AG wurde 2006 wieder abgeschafft – zu groß war das Kuddelmuddel bei den verschiedenen Hilfen für Existenzgründer. Der zweite Teil von Hartz II ist geblieben, die Privilegien für die Minijobs. (...)

2003 erhöhte die Bundesregierung die Verdienstobergrenze für geringfügig Beschäftigte von 325 auf 400 Euro. Minijobs neben einer Haupttätigkeit wurden abgabenfrei. Die Anzahl der ausschließlich als Minijobber Tätigen steigerte sich auf heute knapp fünf Millionen. Die Anzahl der nebenberuflichen Minijobber wuchs seit 2002 um 1,4 auf derzeit 2,7 Millionen.

Die Bilanz fällt zwiespältig aus. Für die einen sind die Minijobs eine Niedriglohnfalle. Vor allem Hausfrauen würden gerne mehr arbeiten, bekämen aber keine Jobs, meldet das Statistische Bundesamt. Die Mini-Stellen sind nur selten eine Brücke zu einem festen Vollzeitjob. Außerdem fanden IAB-Forscher heraus, dass Minijobs im Einzelhandel oder Gastgewerbe reguläre Vollzeitjobs verdrängen können – auch das war nicht im Sinne der Erfinder. Für Rentner oder Studenten sind die Minijobs dagegen ideal, um etwas hinzuzuverdienen.

Als weitgehend gelungen gilt Hartz III. Anfang 2004 wurde die „Bundesanstalt für Arbeit" in die „Bundesagentur für Arbeit" umgewandelt: Aus dem angeschlagenen Behördenkoloss sollte ein moderner Dienstleister werden. Ein Jahr später trat die Hartz-IV-Reform in Kraft, Sozialhilfe und Arbeitslosenhilfe wurden damit zum Arbeitslosengeld II zusammengelegt. (...)

Zeichnung: Erl

Kommunen und Arbeitsagenturen arbeiten nun zusammen. Die „Betreuung aus einer Hand" sollte die Vermittlung effektiver machen. Das im Vergleich zu Hartz IV höhere Arbeitslosengeld I wird, von Ausnahmen für Ältere abgesehen, nur noch für zwölf Monate gezahlt.

Kurz nach Reformstart suchten mehr als fünf Millionen Menschen einen Job. In der Statistik tauchten auf einmal viele auf, die vorher nicht gemeldet waren, um die sich aber auch keiner richtig gekümmert hatte. Später begann das deutsche Jobwunder: Die Zahl der Erwerbslosen sank um zwei Millionen, die der Langzeitarbeitslosen um 40 Prozent auf gut eine Million. Der Beitrag zur Arbeitslosenversicherung fiel von 6,5 auf 3,0 Prozent.

Sind diese Erfolge auf die Agenda-Reformen zurückzuführen oder auf den Aufschwung der Wirtschaft? Darüber streiten Politiker und Ökonomen bis heute. Sicher ist: Hartz IV ist in Deutschland zu einer Chiffre geworden für Abstieg und Armut, Hartz IV ist ganz unten, wo kaum einer freiwillig landen will. Das IAB stellt fest: Mit der Reform sei der Druck gewachsen, eine Arbeit anzunehmen – auch zu niedrigen Löhnen.

Thomas Öchsner: Schröders Reform des Arbeitsmarktes. Was von der Agenda 2010 geblieben ist, Süddeutsche Zeitung v. 9.3.2013, in: http://www.sueddeutsche.de (Zugriff: 26.4.14)

M 41 Entwicklung der Erwerbslosenzahl bis 2013

In absoluten Zahlen und in Prozent aller zivilen Erwerbspersonen, 1980 bis 2013

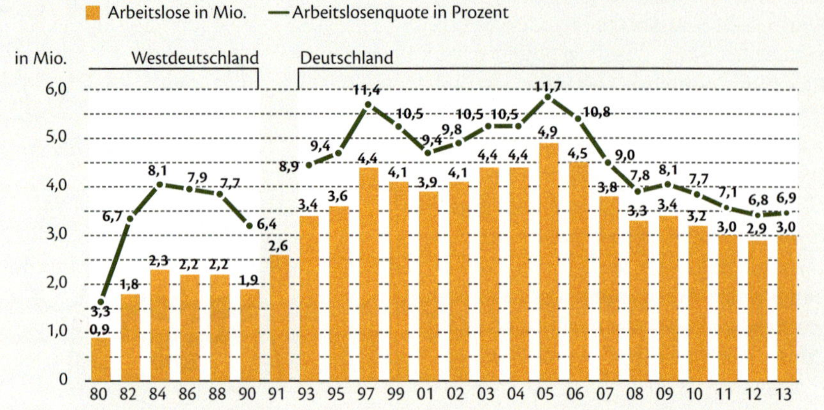

Quelle: Bundesagentur für Arbeit

M 42 Mit Bildung gegen den Fachkräftemangel

Die Krise ist noch nicht richtig überstanden, da schiebt sich hierzulande schon das nächste ökonomische Problem immer stärker in den Vordergrund. Dieses ist freilich schwerwiegender, weil es die Wirtschaft lange beschäftigen wird und weil es schwer wird, es zu lösen. Die Rede ist vom Fachkräftemangel, der die Volkswirtschaft schon heute Milliarden kostet und künftig noch teurer werden wird. Dass es zu wenig gut qualifizierte Menschen in Deutschland gibt, liegt zunächst an der demografischen Entwicklung: Es werden zu wenig Kinder geboren. Doch wird der Mangel dadurch verschärft, dass ein großer Teil der schrumpfenden Bevölkerung nicht in der Lage ist und sein wird, einer qualifizierten Beschäftigung nachzugehen. Fachleute schätzen, dass dies schon auf 15 bis 20 Prozent der Jugendlichen zutrifft. Sie kommen oft aus sozial schwachen Familien, die meisten haben einen Migrationshintergrund.

Dass sich die Lage verbessern wird, ist nicht zu erkennen. Ganz im Gegenteil: In sozial schwachen Familien werden relativ viele Kinder geboren. Wie ihren Eltern gelingt es auch ihnen selten, den Teufelskreis aus sozialer Schwäche, Bildungsarmut und geringer beruflicher Qualifikation zu durchbrechen. Viele werden nur einer gering qualifizierten Beschäftigung nachgehen können, viele werden vom Staat leben. Dass dieser Weg oft von Generation zu Generation „weitervererbt" wird, liegt daran, dass zum Beispiel Kinder und Jugendliche mit Migrationshintergrund wesentlich seltener als andere einen Schulabschluss erreichen und noch seltener eine Berufsausbildung abschließen. (...)

Rund ein Fünftel der jungen Menschen scheint für den Fachkräfte-Arbeitsmarkt verloren zu sein. Doch die Lage ist noch dramatischer. So hat eine Umfrage des Deutschen Industrie- und Handelskammertages zutage gefördert, dass mehr als die Hälfte der Unternehmen zumindest einen Teil der Lehrlinge, die ja einen Schulabschluss haben, zunächst in die Nachhilfe schicken muss. Offenbar haben viele Jugendliche in der (Haupt-)Schule zu wenig gelernt, um ausbildungsreif zu sein. (...)

Immer wieder ist zu hören, dass daran nicht viel geändert werden könne. Wenn das Elternhaus keine Anregungen biete, könnten die Bildungseinrichtungen wenig bewirken. Und die Eltern erreiche man kaum. Mit diesem Fatalismus wird sich ein Mittelständler, der einen Einbruch seines Geschäfts befürchtet, weil er keinen Nachwuchs findet, freilich nur schwer abfinden. Das sollte er auch nicht. Denn solange in kaum einem anderen Industrieland der Bildungserfolg so stark von der Herkunft abhängt wie in Deutschland, muss es möglich sein, Potenziale zu heben. (...)

Dass man Kinder aus der Unterschicht wirksam fördern kann, beweisen Modellversuche. Wissenschaftlich gut untersucht ist das Perry-Vorschulprojekt der amerikanischen Bildungsorganisation High Scope. In Michigan kamen zwischen 1962 und 1967 gut 120 afroamerikanische Kinder im Alter von drei und vier Jahren in den Genuss einer qualifizierten Vorschulbildung. Davon profitieren sie noch heute. Sie wurden zwar nicht intelligenter, aber ihre Motivation wuchs so stark, dass sie in der Schule und im Beruf wesentlich erfolgreicher sind als eine Vergleichsgruppe, welche die Vorschule nicht besuchte. Sie leben deshalb deutlich seltener von staatlichen Leistungen. Diese Vorteile geben sie auch an ihre Kinder weiter. Der Ökonom James Heckmann hat ausgerechnet, dass sich jeder Dollar, der in dieses Vorhaben gesteckt wurde, jährlich mit 17 Prozent verzinst hat. Immer wieder hat der Nobelpreisträger frühe und späte Bildungsmaßnahmen verglichen und ist eindeutig zu dem Schluss gekommen, dass frühe Bildung viel mehr bewirkt.

Im Perry-Projekt war die Rendite nach Ansicht von Fachleuten so hoch, weil die Vorschulkinder zum einen von guten Lehrern nach einem ausgefeilten pädagogischen Konzept unterrichtet wurden und weil zum anderen ein enger Kontakt zu den Eltern aufgebaut wurde. Dass ohne Eltern weniger geht, glauben viele Pädagogen. Deshalb müssen gerade Einrichtungen in sozialen Brennpunkten überlegen, wie sie die Eltern ins Boot holen können; von alleine werden sie nicht kommen. Auch in Deutschland zeigt eine kleine, aber wachsende Zahl von Kitas, dass diese schwierige Aufgabe bewältigt werden kann.

Vielversprechend ist der aus Großbritannien stammende Early-Excellence-Ansatz, dem wissenschaftliche Studien Erfolg bescheinigen. Auch er basiert auf einem anspruchsvollen Bildungskonzept und einer engen Zusammenarbeit mit den Eltern. Stiftungen von Unternehmern unterstützen Kindertagesstätten, die nach diesem Konzept arbeiten. Dort weiß man, dass eine volkswirtschaftliche Rendite winkt, weil der Fachkräftemangel entschärft und die Sozialsysteme entlastet werden. Man weiß auch, dass die Teilnehmer selbst profitieren: zum einen ökonomisch, weil sie später wahrscheinlich mehr verdienen, und zum anderen seelisch. Denn ein Leben in Abhängigkeit vom Staat und geringer gesellschaftlicher Teilhabe empfinden viele Menschen als entwürdigend.

Lisa Becker: Arbeitsmarkt. Mit Bildung gegen den Fachkräftemangel, faz.net v. 3.8.2010, in: http://www.faz.net (Zugriff: 12.3.2014)

M 43 Bildungsausgaben im internationalen Vergleich

Ausgaben je Schüler/-in bzw. Studierenden vom Primär- bis zum Tertiärbereich (s. M44) in Relation zum Bruttoinlandsprodukt je Einwohner/-in 2010 in Prozent

Lesehilfe: Die Bildungsausgaben je Bildungsteilnehmer/-in vom Primär- bis zum Tertiärbereich (10299 US-Dollar) entsprachen in Deutschland im Jahr 2010 27,2 % des BIP je Einwohner/-in

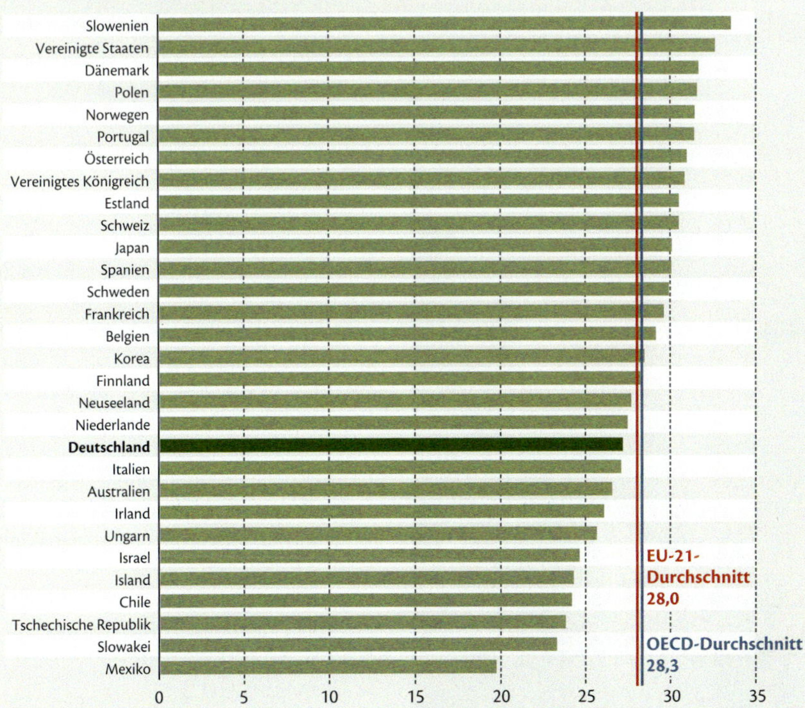

Quelle: OECD, Stat. Bundesamt, 2014

M44 Stichwort: Bildungspolitik

Das Bildungssystem umfasst unterschiedliche Institutionen, deren Aufgabe in der Vermittlung und Entwicklung bestimmter Wissensbestände und Fähigkeiten besteht. Unterschieden werden hierbei fünf verschiedene Ebenen:

Elementarbereich	Frühkindliche Bildung in Kinderkrippen und -tagesstätten
Primarbereich	Grundschule
Sekundarbereich I	Bildungsgang bis zum ersten Schulabschluss (Haupt-, Realschulabschluss oder Zugangsberechtigung zur gymnasialen Oberstufe)
Sekundarbereich II	Bildungsgang bis zur Hochschulreife (gymnasiale Oberstufe) bzw. bis zu einem Berufsabschluss (duale Berufsausbildung)
Tertiärbereich	Studium an Universitäten und Fachhochschulen

Die Bildungsprozesse erfüllen die folgenden Grundfunktionen:

- Sozialisation: Vermittlung gesellschaftlich gewünschter Sicht- und Verhaltensweisen und somit Ermöglichung der Integration in die Gesellschaft.
- Qualifikation: Vermittlung von Kenntnissen und Fähigkeiten, die im beruflichen, privaten und gesellschaftlichen Kontext genutzt werden können.
- Selektion: Zuweisung von Zugangsmöglichkeiten und sozialen Positionen anhand bestimmter Kriterien.

Insbesondere die Qualifikations- und Selektionsfunktion des Bildungssystems sind in wirtschaftlicher Hinsicht bedeutsam. Hier werden die Qualifikationen vermittelt, die im Wirtschaftsleben benötigt werden.

Bildungspolitischer Handlungsbedarf

In der BRD kam es im Jahr 2001 zum sog. „Pisa-Schock“. Eine internationale Vergleichsstudie (Pisa-Studie) der Organisation für wirtschaftliche Zusammenarbeit und Entwicklung (OECD) bescheinigte dem deutschen Bildungssystem deutliche Leistungsdefizite. Diese beziehen sich besonders auf die wirtschaftlich bedeutsamen Funktionen des Bildungssystems:

- Qualifikationsfunktion: Vergleichsweise unzureichende Qualifikationsniveaus in wesentlichen Lernbereichen.
- Selektionsfunktion: Deutlich ausgeprägter Zusammenhang zwischen sozialer Herkunft und Bildungserfolg, insbesondere im Zusammenhang mit dem stark gegliederten Schulsystem.

Vor dem Hintergrund dieser Defizite wurde und wird in der BRD deutlicher bildungspolitischer Handlungsbedarf festgestellt.

Rahmenbedingungen und Strategien der Bildungspolitik

In der BRD besteht ein stark ausgeprägter Bildungsföderalismus, der eine hohe Eigenverantwortung der Bundesländer und seit 2006 sogar ein bildungspolitisches Kooperationsverbot zwischen Bund und Ländern vorsieht. Eine schnelle und bundesweite Weiterentwicklung des Bildungssystems wird so erschwert. Ungeachtet dessen wurden in der Vergangenheit v. a. in den folgenden Bereichen bildungspolitische Maßnahmen ergriffen:

- Ausbau der frühkindlichen Bildung,
- Schulstrukturreformen in einigen Bundesländern,
- punktuelle Förderung von Hochschulen (über Finanzierungsprogramme).

Dirk Lange (Hg.): Grundwissen Wirtschaft, Berlin (Cornelsen) 2011, S. 112

Bildungspolitik als wirtschaftspolitische Aufgabe. Demonstration von Junglehrerinnen und Junglehrern in München, März 2014

M45 Die Bildungshoheit der Länder

a) Pro Bildungsföderalismus

Deutschlands Föderalismus ist gewachsen; er entsprang nicht einer Laune der Väter und Mütter des Grundgesetzes. Die Jahre 1806, 1815, 1848 und 1871 stehen für diesen Kulturföderalismus, der den deutschen Gliedstaaten die Gestaltungshoheit in Kultur und Schule zuwies. Die Weimarer Republik und der Nationalsozialismus haben diesen Grundsatz nicht aufgehoben, sondern nur vorübergehend annulliert. Dass das Grundgesetz 1949 wieder am Föderalismus an knüpfte, hat vor allem mit dem Wunsch zu tun, einer neuerlichen Entstehung eines uniformierten Zentralstaates und einer totalitären Kulturpolitik vorzubeugen.

Gerade die Schulhoheit der deutschen Länder ist Kern ihrer Eigenstaatlichkeit. Das ist deshalb von Vorteil, weil der Föderalismus in allen Bereichen Wettbewerb garantiert – selbst im schulischen. Es war und bleibt richtig, dass noch nie ein Bundestag oder eine Bundesregierung Gestaltungsrechte im Schulbereich hatten (...).

Föderalismus bedeutet Wettbewerb und Ringen um die besten Lösungen. Mehr wettbewerbfördernder Föderalismus ist also gefragt und nicht weniger.

Allerdings ist dafür eine Kultusministerkonferenz (KMK) notwendig, die Vereinbarungen über schulische Anforderungen nicht immer als Kompromiss eines Kompromisses, also auf dem untersten Anspruchslevel, festklopft und Vereinbarungen über Standards nicht immer nur – zum Beispiel auf Intervention eines kleinen Bundeslandes – auf dem untersten Kompromissniveau positioniert. Das Grundgesetz schreibt Einheitlichkeit der Lebensverhältnisse in Deutschland vor. Richtig! Einheitlichkeit dann aber bitte im Schulbereich nicht auf dem untersten, sondern auf dem obersten Niveau. Hier wird es höchste Zeit, dass die Kultusministerkonferenz (KMK) den föderalen Wettbewerb wieder in Kraft setzt.

Josef Kraus: Schulpolitik braucht einen starken Föderalismus, in: http://www.lehrerverband.de/foed.htm (24.10.2010)

b) Kontra Bildungsföderalismus

Die eine Landesregierung experimentiert stärker mit Ganztagsschulen oder Gesamtschulen, die andere setzt konsequent auf die dreigliedrige Struktur. Das eine Land erhebt einen Fächerkanon zum verbindlichen Abiturmaßstab, das andere schätzt die Wahlfreiheit der Schüler höher. Das eine Land möchte die Chancengleichheit mit der sechsstufigen Grundschule durchsetzen, das andere die Chancengerechtigkeit mit dem Abitur nach zwölf Jahren. In den Siebzigerjahren wurden manche Länderschulsysteme mit Rahmenrichtlinien politisiert, denen eine gänzlich andere Zielvorstellung vom reifen Menschen zugrunde lag als im Nachbarbundesland. Die Wettbewerbsvielfalt hat bis heute keine klare Aussage darüber erbracht, welcher Weg der bessere sei; sie hat hingegen die Mobilität von Familien massiv eingeschränkt. Landesbildungspolitiker und Landesbildungsinteressengruppen haben sich in diesem Wettbewerb sehr viel stärker selbst verwirklichen können als die Schüler – aber ohne sich wirklich Wettbewerbsbedingungen zu unterwerfen. Ein echter Wettbewerb hat irgendwann ein Ergebnis. Der Bildungswettbewerb führt so, wie er stattfindet, nicht zu einem Ergebnis, sondern zu eifersüchtig gehüteten regionalen Bildungs-Clustern aus Landespolitikern und GEW-Funktionären, Lehrerverbänden und Schulbeamten, die sich eher abschotten, als von anderen Bundesländern lernen zu wollen.

Torsten Kraul: Stoppt den Bildungsföderalismus! In: Welt-Online v. 13.6.2002, in: http://www.welt.de (Zugriff: 24.10.2010)

Handlungsfeld außenwirtschaftliches Gleichgewicht

In einer globalisierten Welt sind Volkswirtschaften intensiv über nationale Grenzen hinweg vernetzt. Waren und Dienstleistungen werden nicht nur auf Binnenmärkten, sondern vielfach auch international gehandelt. Das Verhältnis zwischen Import und Export einer Volkswirtschaft hat dabei Einflüsse sowohl nach innen als auch nach außen. Wirtschaftspolitische Maßnahmen, die auf den heimischen Wirtschaftsstandort oder auf den Außenhandel abzielen, sind vor diesem Hintergrund sehr bedeutsam. Nach dem Stabilitätsgesetz wird hier ein außenwirtschaftliches Gleichgewicht angestrebt. Dieses liegt dann vor, wenn die vom Ausland empfangenen Zahlungseingänge den Zahlungseingängen entsprechen, die im gleichen Zeitraum ins Ausland geflossen sind. Darüber hinaus spricht der Sachverständigenrat zur Begutachtung der gesamtwirtschaftlichen Entwicklung dann von außenwirtschaftlichem Gleichgewicht, wenn bei Zahlungsbilanzgleichgewicht von außenwirtschaftlicher Seite keine negativen Auswirkungen auf den Geldwert und die Beschäftigung im Inland zu erwarten sind.

Zeichnung: Mester

1. Stellen Sie die Situation am Wirtschaftsstandort Deutschland anhand ausgewählter Standortfaktoren dar.
2. Erläutern Sie, warum ein internationaler Standortwettbewerb besteht und welche Folgen dieser hat.
3. Erörtern Sie unterschiedliche Ansatzpunkte der Standortpolitik.
4. Skizzieren Sie die Einbindung des Wirtschaftsstandorts Deutschland in den internationalen Güterhandel.
5. Erklären Sie Ziele und Ansatzpunkte der Außenhandelspolitik.
6. Beschreiben Sie die Entwicklung der deutschen Leistungsbilanz.
7. Erläutern Sie, warum Leistungsbilanzdefizite vielfach kritisch eingeschätzt werden (M 54, M 55).
8. Nehmen Sie Stellung zu der Frage, ob Deutschland seinen Exportüberschuss zurückfahren sollte.
9. Interpretieren Sie die obenstehende Karikatur.

M 46 Der Standort Deutschland im Vergleich

Aus einer Umfrage unter 808 Managern von internationalen Unternehmen:

a) „Welche drei Länder sind derzeit aus Ihrer Sicht die attraktivsten Investitionsstandorte weltweit?"
Angaben in Prozent, Vorjahreswerte in Klammern

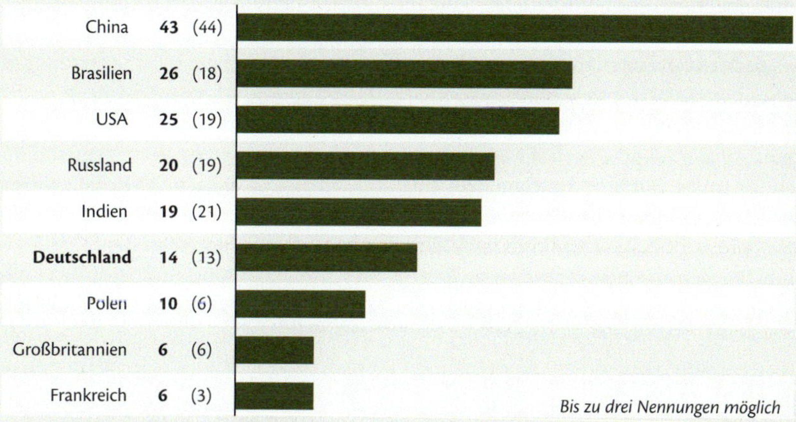

b) „Sind Sie zuversichtlich, dass Deutschland bzw. Europa die gegenwärtige Krise überwinden wird?"
■ Ja, sehr ■ Ja, ziemlich ■ Nein, eher nicht ■ Nein, überhaupt nicht ■ keine Angabe
Angaben in Prozent

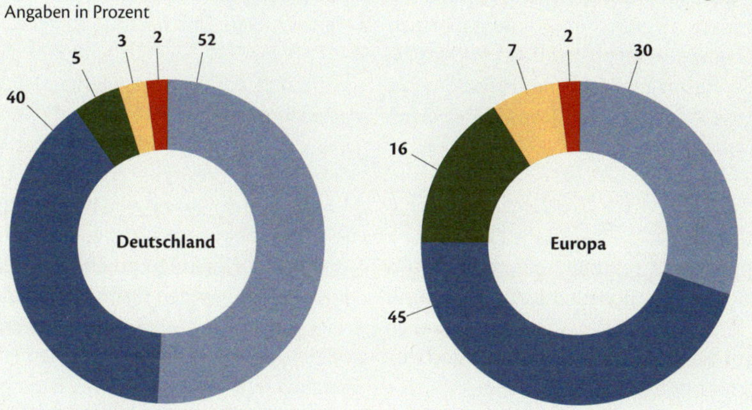

Quelle: Standort Deutschland 2013, Ernst & Young

M 47 Invest in Germany

Werbekampagne der deutschen Botschaft in London, 2006: Das deutsche Supermodel Claudia Schiffer stellt ein Poster vor, mit dem sie zu Investitionen in den Standort Deutschland aufruft. Deutschland wird darauf als innovatives und positives europäisches Land dargestellt

M48 Stichwort: Standortpolitik

Die zunehmende weltwirtschaftliche Vernetzung hat dazu beigetragen, dass Unternehmen nicht mehr nur auf nationaler Ebene miteinander konkurrieren. Der wirtschaftliche Wettbewerb wird mittlerweile grenzüberschreitend, also international, ausgetragen. Doch nicht nur Unternehmen stehen im internationalen Wettbewerb – dasselbe gilt auch für ganze Wirtschaftsräume, von der Stadt über die Region bis zur Volkswirtschaft. Man spricht in diesem Zusammenhang vom internationalen Standortwettbewerb. Dieser Standortwettbewerb ist dadurch gekennzeichnet, dass Wirtschaftsräume grenzüberschreitend darum konkurrieren, möglichst attraktiv für unternehmerische Investitionen (i. d. R. durch Ansiedlungen von Unternehmen bzw. Produktionsstätten mit den daraus folgenden Arbeitsplatzeffekten) zu sein. Die Konkurrenzfähigkeit im internationalen Standortwettbewerb hängt dabei maßgeblich von der Ausprägung bestimmter Faktoren ab, die diese Attraktivität als Investitionsziel beeinflussen.

Standortfaktoren: Vor- oder Nachteil im Standortwettbewerb

Entsprechende Faktoren, die im Standortwettbewerb von Bedeutung sind, werden als Standortfaktoren bezeichnet. Unterschieden werden hier harte Standortfaktoren und weiche Standortfaktoren.

- Harte Standortfaktoren können in Form erwartbarer Kosten veranschlagt und dementsprechend in die Kostenrechnung eines Unternehmens integriert werden.
- Weiche Standortfaktoren können nicht direkt in die Kostenrechnung eines Unternehmens integriert werden, sind für die Standortwahl jedoch trotzdem von hoher Bedeutung.

Die Ausprägung sowohl harter als auch weicher Standortfaktoren ist für die Wettbewerbsfähigkeit eines Wirtschaftsstandortes entscheidend. Je nach Wirtschaftszweig sind dabei die einzelnen Standortfaktoren unterschiedlich wichtig. Um die Qualität eines Wirtschaftsstandorts zu beurteilen, müssen die einzelnen Faktoren nicht nur isoliert, sondern in ihrer Gesamtheit gesehen werden: So wäre das vergleichsweise hohe Lohnniveau in Deutschland für sich gesehen durchaus ein Standortnachteil. Zieht man jedoch das gleichzeitig überdurchschnittliche Qualifikations- und Produktivitätsniveau hinzu, relativiert sich diese Einschätzung deutlich.

Wirtschaftspolitik als Beeinflussung von Standortfaktoren

Vor dem Hintergrund des internationalen Standortwettbewerbs ergibt sich für die Wirtschaftspolitik ein wichtiges Aufgabenfeld: die möglichst günstige Beeinflussung von Standortfaktoren durch wirtschaftspolitische Maßnahmen. Dabei hängen die Entwicklung und Umsetzung entsprechender Maßnahmen von der entsprechenden Zielsetzung (z. B. Verbesserung der Bedingungen für Unternehmen bestimmter Zukunftsbranchen) und der gegebenen Standortsituation ab. In der Bundesrepublik ist z. B. die Investition in Bildung und Forschung sinnvol-

Harte Standortfaktoren	Weiche Standortfaktoren
Verwaltungshandeln (Flexibilität und Schnelligkeit)	Unternehmensfreundlichkeit der Verwaltung
Verfügbarkeit qualifizierter Arbeitnehmer	Image als Wirtschaftsstandort
Berufliche Ausbildungseinrichtungen	Schulen, Betreuungs- und Bildungseinrichtungen
Forschungseinrichtungen (wissenschaftliche Kooperationsmöglichkeiten)	Mentalität der Bevölkerung / Arbeitseinstellung
Regionaler Absatzmarkt	Soziales Klima
Nähe zu Zulieferern	Freizeitwert
Verkehrsanbindung	Stadtbild / Innenstadtattraktivität
Steuern, Abgaben, Subventionen	Wohnwert
Lohnniveau	Kulturangebot
Flächenverfügbarkeit	

Nach: Thomas Salmen: Standortwahl der Unternehmen. Ein Überblick über empirische Gründe, Prozesse und Kriterien der unternehmerischen Entscheidungsfindung, Marburg (Tectum) 2001, S. 30 ler als der Versuch, mit allen Mitteln die Arbeitskosten zu senken. Im Rahmen der Standortpolitik werden politische Maßnahmen insbesondere auf den folgenden Politikfeldern ergriffen:

- Infrastrukturförderung: Maßnahmen, die sich auf wirtschaftlich relevante Aspekte der Infrastruktur eines Standortes beziehen. Zum Beispiel: Investitionsprogramme zur Verbesserung der Verkehrsinfrastruktur, Förderung der Ansiedelung aufeinander bezogener Branchen, Investitionen in kulturelles Angebot.
- Strukturpolitik: Maßnahmen zur Bewältigung des wirtschaftlichen Strukturwandels (Veränderung der Wirtschaftsstruktur durch Bedeutungsverschiebungen einzelner Wirtschaftsbereiche, z. B. Abkehr vom Steinkohlebergbau und Zuwendung zu erneuerbaren Energien).
- Steuer- und Abgabenpolitik: Maßnahmen, die die Steuer- und Abgabenbelastung von Unternehmen betreffen. Zum Beispiel: Rückführung der Belastung des Faktors Arbeit, Steuererleichterungen für bestimmte Branchen.
- Bildungspolitik: Maßnahmen, die darauf abzielen, die Qualifikationsstruktur der Erwerbsbevölkerung zu fördern. Zum Beispiel: Investitionen in Schulen und Universitäten, Förderung von Aus- und Weiterbildung.
- Forschungspolitik: Maßnahmen, die darauf abzielen, wissenschaftliche Innovationen zu fördern, die wiederum wirtschaftlich genutzt werden können. Zum Beispiel: finanzielle Förderung bestimmter Forschungsbereiche.

Dirk Lange (Hg.): Grundwissen Wirtschaft, Berlin (Cornelsen) 2011, S. 104 f.

M 49 Direktinvestitionen

Direktinvestitionen: Kapitaleinlagen (z.B. Aufbau einer Produktionsstätte) einer ausländischen Firma in einem Land

■ Länder außerhalb der EU ■ Andere EU-Länder ■ EWU (Europäische Währungsunion)-Länder
Angaben in Mrd. Euro, Stand am Jahresende

a) Deutsche Direktinvestitionen im Ausland

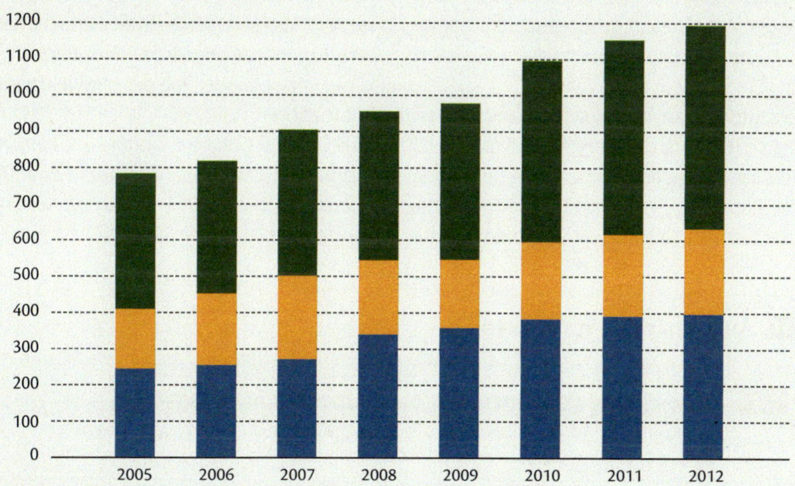

b) Ausländische Direktinvestitionen in Deutschland

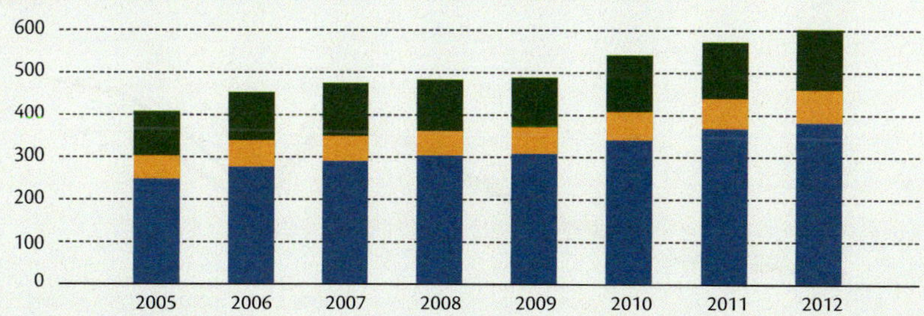

Quelle: Deutsche Bundesbank

Direktinvestitionen: Kapitalanlagen (z. B. Aufbau einer Produktionsstätte) einer ausländischen Firma in einem Land

M50 Der Bundeswirtschaftsminister in China

Eigentlich ist es ein ganz schöner Morgen in Peking. Hinter einem bräunlichen Nebelschleier lässt sich die Sonne vermuten. Ein paar unverwüstliche Radfahrer kämpfen sich ohne Mundschutz an der endlosen Blechlawine vorbei. Mehr als fünf Millionen Fahrzeuge verstopfen tagein, tagaus die autobahnähnlichen Straßen der 20-Millionen-Metropole. Mit 193 Mikrogramm pro Kubikmeter liegt die Feinstaubbelastung an diesem Mittwoch für chinesische Verhältnisse im mittleren Bereich. Im Winter wird schon mal das Vierfache erreicht.

Kein Problem also, oder? Im fernen Europa schrillen bei 50 Mikrogramm die Alarmglocken.

„Nicht schlecht", staunt Wirtschaftsminister Sigmar Gabriel, als er wenig später den BMW-Stand auf der Pekinger Automesse besucht. Der bayerische Konzern präsentiert sich auf der Karossen-Schau mit zehn Neuentwicklungen. „China ist der größte Markt für die BMW-Gruppe", schwärmt Karsten Engel, Vorstandschef der hiesigen Landesgesellschaft. Jede zweite Luxuslimousine der 7er-Serie wird inzwischen im fernöstlichen Riesenreich verkauft. Auch die fetten SUV sind sehr gefragt. „Die Chinesen sind sehr prestigebewusst", so Engel: „Das nächste Auto soll immer besser sein als das alte."

Trotz des schon heute schier unstillbaren Rohstoffhungers, des Verkehrskollapses und einer lebensfeindlich verpesteten Luft noch mehr Fahrzeuge – passt das zusammen? Ja, findet Gabriel: „Die Vorstellung, man könnte den Chinesen empfehlen, bei ihrer Entwicklung auf Autos zu verzichten, ist illusorisch und ein bisschen imperialistisch", sagt der SPD-Chef. „Man braucht, wenn man den Smog wegkriegen will, neue Autos." Schnell lässt er sich zu einem bronzeanthrazitfarbenen BMW i3 führen, dem kompakten Elektroauto des deutschen Herstellers. „Wie groß ist die Reichweite?", fragt er. 150 Kilometer findet er „nicht schlecht". (...)

China mit seinen 1,4 Milliarden Menschen ist für die deutsche Industrie ein gigantischer Markt. Mehr als 2500 Unternehmen aus Germany machen hier Geschäfte. Alleine der Elektrokonzern Siemens beschäftigt 32 000 Menschen. Beim Autozulieferer Bosch sind es 35 000. Der Autoriese Volkswagen macht im offiziell kommunistischen Riesenreich mit 89 000 Leuten die Hälfte seines weltweiten Nettogewinns. Gabriel hofft, dass Deutschland mit seinem Know-how beim Umweltschutz in China punkten kann. Auch in Deutschland seien nach dem Zweiten Weltkrieg Flüsse und Umwelt dramatisch verschmutzt gewesen, referiert er auf dem Energieeffizienz-Forum: „Heute schwimmen im Rhein wieder alle Fische." China müsse umsteuern, auch um seiner Volkswirtschaft spätere Kosten zu ersparen, sagt Gabriel. Da klingt er fast wieder wie der Umweltminister von einst.

Karl Doemens: Sigmar Gabriel in China. Kein Mann des Öko-Imperialismus, Frankfurter Rundschau v. 23.4.2014, in: http://www.fr-online.de/politik (Zugriff: 25.4.2014)

M51 Außenhandel: Statistiken

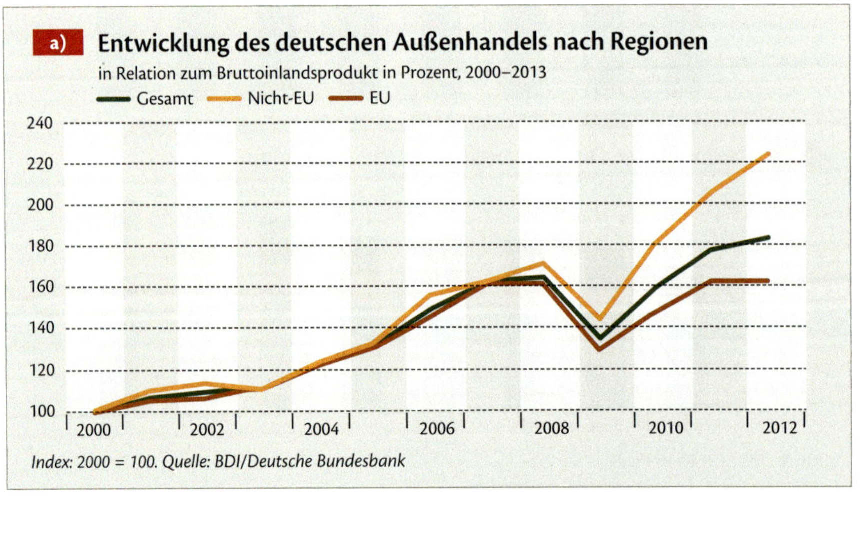

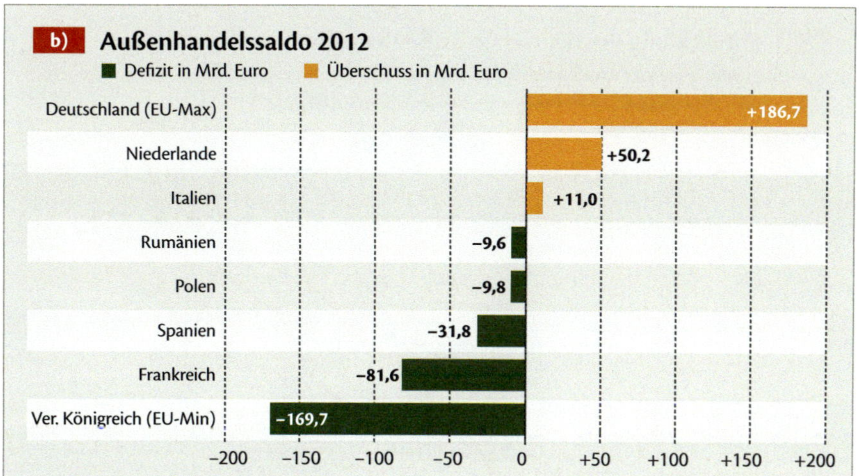

Quelle: Eurostat, Statistisches Bundesamt 2013

Außenhandelssaldo: Exporte abzüglich Importe innerhalb eines Jahres

M52 Stichwort: Außenhandelspolitik

Unter Handelspolitik versteht man einerseits die gezielte wirtschaftspolitische Beeinflussung des internationalen Güterhandels durch tarifäre Handelshemmnisse bzw. nicht tarifäre Handelshemmnisse bzw. auch die Reduktion oder Beseitigung derselben (Handelsliberalisierung). Unter Handelspolitik versteht man andererseits auch jenen Teilbereich der realen Außenwirtschaftstheorie, in dem die Wirkungen der verschiedenen Maßnahmen der Handelspolitik untersucht werden (auch *Theorie der Handelspolitik*).

Man unterscheidet allg. zwischen tarifären und nicht tarifären Handelshemmnissen:

a) Tarifäre Hemmnisse setzen an den Preisen der international gehandelten Güter an, indem sie einen Keil zwischen den Weltmarktpreis und den im Inland zustande kommenden Preis treiben. Das bekannteste Beispiel dafür ist ein Zoll, der den heimischen Preis des importierten Gutes über den Weltmarktpreis anhebt. Nun können auch die heimischen Produzenten des Importersatzgutes einen höheren Preis erzielen. Ähnliches gilt für eine Exportsubvention, wenn der Weltmarktpreis unter dem Binnenmarktpreis liegt.

b) Nicht tarifäre Handelshemmnisse können sehr viele verschiedene Formen annehmen. Am bekanntesten sind Importquoten und freiwillige Exportbeschränkungen. Andere Formen nicht tarifärer Handelshemmnisse sind administrative Barrieren, diskriminierende Regulierungen etc. Mengenbeschränkungen ziehen ähnliche Preiseffekte nach sich, wie sie bei tarifären Hemmnissen direkt eingeführt werden. Eine Importquote kann z. B. ähnlich wie ein Zoll den heimischen Preis über den Weltmarktpreis erhöhen. Bei geringer Anzahl heimischer Anbieter von Importersatzgütern führen Mengenbeschränkungen viel leichter zur Erhöhung der Marktmacht als tarifäre Maßnahmen.

c) Handelspolitik bei vollständiger Konkurrenz: Die Theorie der Handelspolitik untersucht die Wirkungen verschiedener handelspolitischer Maßnahmen. Dabei interessiert v. a., unter welchen Bedingungen ein Land durch solche Maßnahmen eine Wohlfahrtssteigerung erreichen kann und mit welcher Konsequenz dies für die anderen Länder verbunden ist.

Springer Gabler Verlag (Hg.): Gabler Wirtschaftslexikon, Stichwort: Handelspolitik, in: http://wirtschaftslexikon.gabler.de (Zugriff: 2.5.2014)

M 53 Entwicklung des deutschen Außenhandels

Import, Export und Exportüberschuss in absoluten Zahlen, 1991 bis 2012

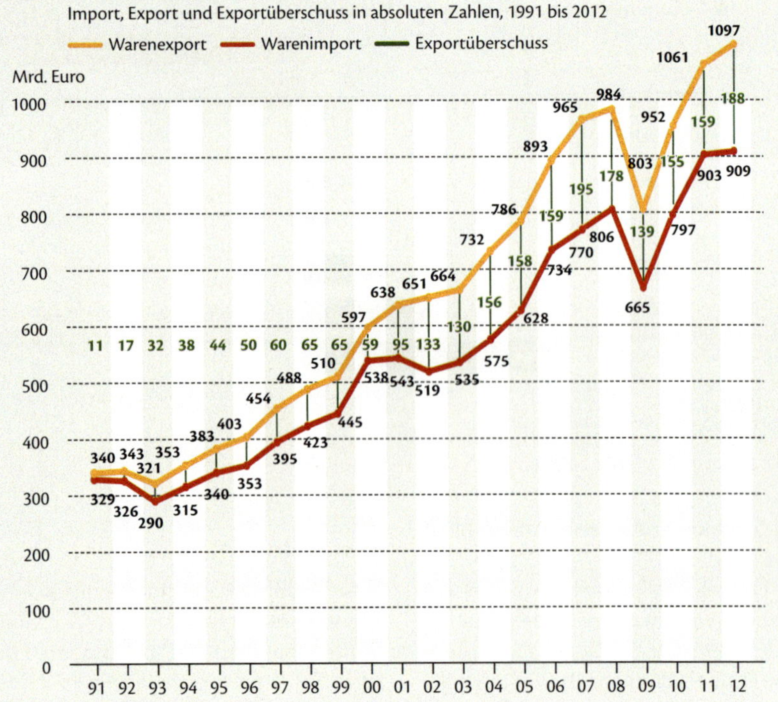

Quelle: Stat. Bundesamt

M 54 Kritik an der deutschen Außenhandelsstärke

Ein Sturm der Entrüstung fegt gegenwärtig über Deutschland hinweg. Zahlreiche Kommentatoren, aber auch die EU-Kommission und das amerikanische Finanzministerium rügten in den vergangenen Wochen die Überschüsse in der deutschen Leistungsbilanz.

Die internationale Kritik nimmt Anstoß am hohen Exportüberschuss des Landes und fordert dessen Abbau. Dabei hätte Deutschland selbst allen Grund, sein Geschäftsmodell zu überdenken: Seit dem Jahr 2000 haben deutsche Unternehmen und Anleger in großem Stil im Ausland investiert – und dabei viel Geld verloren. Deshalb könnte es sinnvoll sein, weniger im Ausland und mehr im Inland zu investieren. Allerdings würden einige Volkswirtschaften, etwa in Ostmitteleuropa, unter diesem Strategiewechsel leiden. Denn ein Abbau der deutschen Überschüsse in der Leistungsbilanz würde unweigerlich zu geringeren Investitionen im Ausland führen.

Klagen über die deutschen Leistungsbilanzüberschüsse sind nicht neu, aber selten ist die Kritik so massiv gewesen (...). Besonders hart ging der Ökonom und Kolumnist der New York Times, Paul Krugman, mit Deutschland ins Gericht. „Diese deprimierenden Deutschen", schrieb Krugman, und er holte weit aus: Während die südeuropäischen Krisenländer ihre Leistungsbilanzdefizite abbauten, produziere Deutschland weiter enorme Überschüsse. Dies sei „sehr schlecht für Europa", weil es dadurch noch schwerer werde, die Krise im Süden zu überwinden.

Die Londoner Financial Times kommentierte, die Deutschen hätten so viel Geld, dass sie gewiss einen Tag länger auf Rhodos Urlaub machen oder eine zusätzliche Designerhandtasche aus Mailand kaufen könnten. Martin Wolf nannte Deutschland in der gleichen Zeitung eine „Belastung für die Welt".

EU-Währungskommissar Olli Rehn hat eine Prüfung der deutschen Überschüsse eingeleitet und Deutschland aufgefordert, sowohl die Binnennachfrage als auch die inländischen Investitionen zu stärken. Insbesondere die Förderung der Binnennachfrage wird immer wieder als Wundermittel empfohlen.

Hert Dieter: Deutschlands zweischneidiges Geschäftsmodell, SWP-Aktuell, Nr. 68, November 2013, in: www.swp-berlin.org/de (Zugriff: 6.8.2014)

M 55 Fragen und Antworten zum deutschen Exportüberschuss

Was bedeutet „Leistungsbilanzüberschuss"?
Die Leistungsbilanz bildet den Zahlungsverkehr eines Landes mit dem Rest der Welt ab. Von den Zuflüssen werden die Abflüsse abgezogen. Hauptteil der Leistungsbilanz ist die Handelsbilanz, also Exporte minus Importe. Ein deutscher Überschuss bedeutet: Deutschland nimmt mehr aus dem Ausland ein, als es dorthin zahlt. Diese Einnahmen leiht Deutschland ans Ausland, das damit seine Defizite finanziert, zum Beispiel deutsche Waren kauft. Leistungsbilanzüberschuss bedeutet also: Das Ausland verschuldet sich bei Deutschland.

Wie hoch ist der deutsche Überschuss?
Hoch. In den vergangenen Jahren lag er über sechs Prozent der Wirtschaftsleistung. Höhere Werte erzielen nur kleine Exportstaaten wie die Schweiz, Taiwan oder die Ölexportländer.

Wo kommen die Überschüsse her?
Vor allem aus dem Exportüberschuss. Deutschland hat wettbewerbsfähige Waren. Die schwache Lohnentwicklung der vergangenen Jahre machte deutsche Waren auf dem Weltmarkt noch preiswerter. Daneben drückte sie die inländische Nachfrage und damit die Importe, was die Außenhandelsüberschüsse wachsen ließ.

Warum werden die Überschüsse kritisiert?
Erstens zieht Deutschland durch seine Überschüsse Gelder aus dem Ausland ab und sorgt dadurch dort für eine schwächere Konjunktur. Das hat es gerade den Euro-Krisenstaaten schwer gemacht, aus der Rezession herauszukommen. Zweitens: Zwar werden die Außenhandelsdefizite vieler Länder kritisiert und damit ihre hohe Verschuldung. Die deutschen Überschüsse sind aber nur die andere Seite derselben Medaille: Die Defizite/Schulden des Auslands sind die deutschen Überschüsse/Forderungen. Drittens sind die Überschüsse auch für Deutschland schädlich. Denn es hat seine Einnahmen ins Ausland verliehen und dabei oft kein gutes Händchen bewiesen. Seit 2004 beläuft sich der Verlust der Auslandsanlagen auf rund 370 Milliarden Euro. Denn mit den Geldern wurden zum Beispiel Immobilienblasen im Ausland finanziert. Viertens macht die Exportabhängigkeit die deutsche Konjunktur anfällig für Weltmarkt-Schwankungen und drückt insgesamt das Wirtschaftswachstum, da die inländische Nachfrage vernachlässigt wird.
Stephan Kaufmann/Peter Riesbeck: Exportstärke. Der gefährliche Erfolg, Berliner Zeitung v. 13.11.2013, in: http://www.berliner-zeitung.de (Zugriff: 29.4.2014)

M 56 Leistungsbilanzüberschuss und -defizit

in Prozent des Bruttoinlandprodukts, Prognose für 2013 und 2014

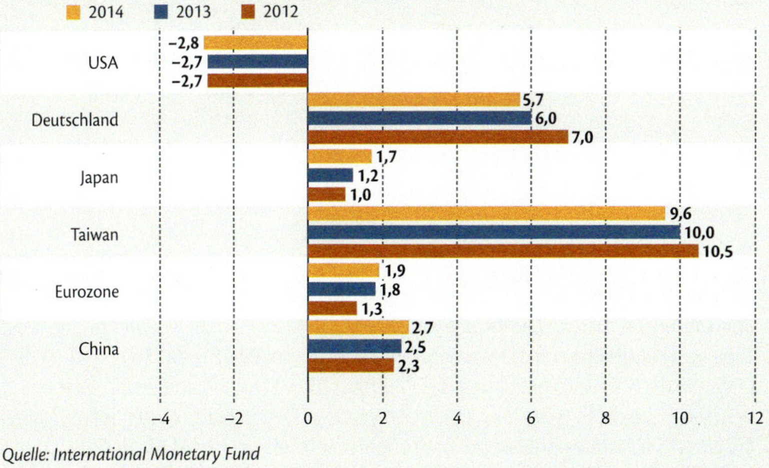

Quelle: International Monetary Fund

Handlungsfeld Preisniveaustabilität

Der Güteraustausch wird in einer Marktwirtschaft über den Markt-/Preismechanismus organisiert. In Abhängigkeit von Angebot und Nachfrage bildet sich dabei in der gesamten Volkswirtschaft und bei den in ihr gehandelten Gütern ein bestimmtes Preisniveau heraus. Das Preisniveau wiederum hat Auswirkungen auf die wirtschaftliche Lage von Haushalten und Unternehmen. Dementsprechend zielen auch viele wirtschaftspolitische Maßnahmen v. a. auf die Beeinflussung der Geldmenge ab. Erzielt werden soll Preisniveaustabiltät. Dabei handelt es sich ebenfalls um ein wirtschaftspolitisches Ziel nach dem Stabilitätsgesetz. Es bedeutet, dass die Preise über einen möglichst langen Zeitraum möglichst unverändert bleiben sollen. Das Ziel gilt als erreicht, wenn die Inflationsrate möglichst gering gehalten werden kann. Preisniveaustabilität ist das Ziel der Bundesbank, aber auch der Europäischen Zentralbank.

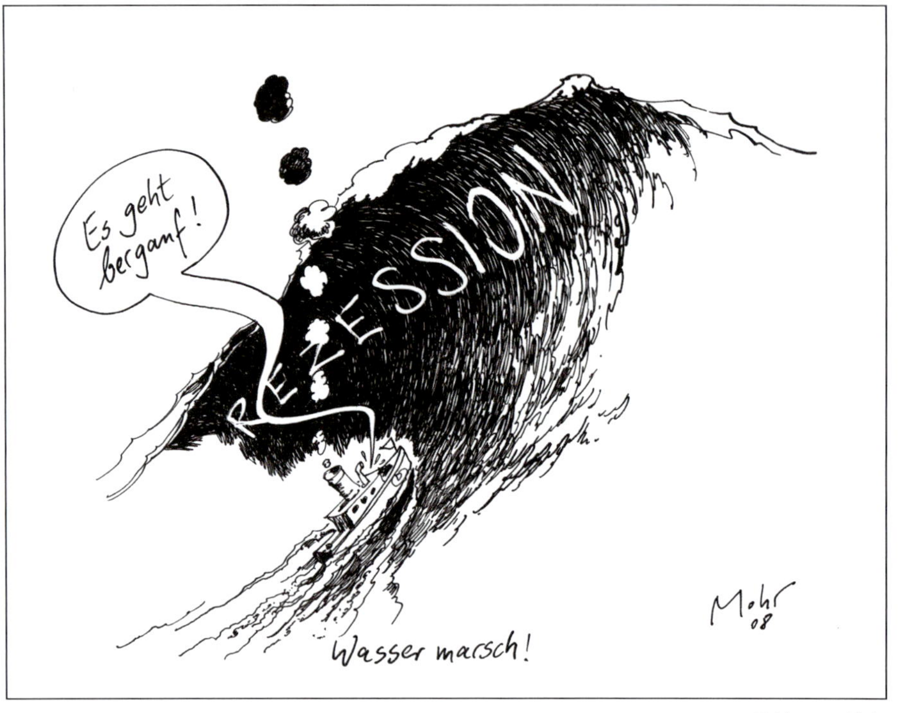

Zeichnung: Mohr

1. Erläutern Sie kurz, was man unter Inflation und Deflation versteht (**M 57**).
2. Begründen Sie, warum das Preisniveau in einer Volkswirtschaft Auswirkungen auf die Lage von Haushalten und Unternehmen haben kann (**M 57** bis **M 59**).
3. Erklären Sie, wie die Entwicklung des Preisniveaus in Deutschland ermittelt wird.
4. Beurteilen Sie die Entwicklung des Preisniveaus in Deutschland in den letzten Jahren.
5. Erläutern Sie Ansatzpunkte und Instrumente der Geldpolitik (**M 60** bis **M 62**).
6. Stellen Sie die wirtschaftspolitischen Ansätze der keynesianischen und der Monetaristischen Geldpolitik einander vergleichend gegenüber.
7. Erläutern Sie, was unter „gefühlter" Inflation verstanden wird.
8. Diskutieren Sie: Welche Einflüsse kann das Phänomen der gefühlten Inflation auf die Akteure in einer Volkswirtschaft entfalten?

M57 Preisniveau: Inflation und Deflation

Das zentrale Ziel staatlicher Geldpolitik besteht in der Sicherung der Preisniveaustabilität. Preisniveaustabilität ist dann gegeben, wenn sich das durchschnittliche Niveau der Preise von Waren und Dienstleistungen in einer Volkswirtschaft über einen bestimmten Zeitraum hinweg im Vergleich zur Vorperiode nicht maßgeblich verändert. Die Entwicklung des Preisniveaus wird über den Verbraucherpreisindex dargestellt. Hierzu wird regelmäßig die Preisentwicklung der Güter eines repräsentativen Warenkorbs ermittelt, der alle relevanten Waren und Dienstleistungen in unterschiedlicher Gewichtung enthält.

Veränderungen des Preisniveaus: Inflation und Deflation

- Bei einer Inflation handelt es sich um einen deutlichen und anhaltenden Anstieg des Preisniveaus. Im Austausch gegen einen gegebenen Geldbetrag erhalten die Nachfrager weniger Gütereinheiten als zuvor. Deshalb wird in diesem Zusammenhang auch von einer Geldentwertung gesprochen. Das Geld verliert in diesem Zusammenhang seine Wertaufbewahrungsfunktion. Dies bedeutet zum einen, dass es nur noch bedingt als Zahlungsmittel einsetzbar ist (erhaltenes Geld muss unmittelbar in Güter umgetauscht werden, um der Geldentwertung zuvorzukommen) sowie zum anderen, dass die Sparneigung der Bevölkerung weitgehend zum Erliegen kommt. Dies hat gravierende Folgen für die Volkswirtschaft: Aufgrund mangelnder Spareinlagen können keine Kredite für wirtschaftliche Investitionen mehr gewährt werden. Ein mitunter massives Sinken des gesamtwirtschaftlichen Produktionsniveaus und damit einhergehende steigende Arbeitslosigkeit und Einkommensverluste sind die Folgen, die wiederum den Ausgangspunkt für einen sich selbst verstärkenden negativen Prozess bilden können.
- Bei einer Deflation hingegen kommt es zu einem deutlichen und anhaltenden Sinken des Preisniveaus. Im Austausch gegen einen gegebenen Geldbetrag erhalten die Nachfrager mehr Gütereinheiten als zuvor. Eine ausgeprägte Deflation geht jedoch mit in gesamtwirtschaftlicher Hinsicht problematischen Folgen einher: Insbesondere allgemein niedrigere Gewinnerwartungen der Unternehmen bedingen eine Drosselung des Produktionsniveaus und einen Verzicht auf unternehmerische Investitionen (z.B. Neubau einer Fertigungsanlage). Ein Anstieg der Arbeitslosigkeit und damit einhergehende Einkommensverluste führen wiederum zu einem Absinken der Konsumnachfrage, wodurch sich die negative Wirkungskette zusätzlich verstärken kann. Das gesamtwirtschaftliche Leistungsniveau wird insgesamt stark negativ beeinflusst. (...)

Ursachen von Inflation und Deflation

Im Rahmen einer Inflation übersteigt die im Umlauf befindliche Geldmenge grundsätzlich die realwirtschaftlich vorhandene Gütermenge. Dies kann Folge einer konjunkturellen Überhitzung sein, die mit einem Nachfrageüberschuss einhergeht. Dieser fungiert schließlich als Auslöser für Preissteigerungen. Hieraus folgende Lohnsteigerungen können wiederum erneute Preissteigerungen bedingen usw. Dieser (...) Prozess wird auch als „Lohn-Preis-Spirale" bezeichnet.

Anzumerken ist hierbei jedoch, dass Lohnsteigerungen keinesfalls per se inflationssteigernd wirken. Ein entsprechender Zusammenhang gilt allenfalls unter den Bedingungen einer sich bereits abzeichnenden Inflation bzw. im Falle sehr massiver Lohnsteigerungen.

Eine Inflation muss zudem nicht zwingend mit einer konjunkturellen Überhitzung in Zusammenhang stehen. Auslöser kann auch eine Geldpolitik sein, die eine starke Geldmengenausweitung anstrebt. Eine solche geldpolitische Strategie kann verfolgt werden, um Wachstumsimpulse insbesondere über die Ausweitung der Kreditbasis zu schaffen. Eine Geldmengenausweitung kann auch dazu dienen, staatliche Ausgaben zu finanzieren. Damit riskiert man allerdings, dass sich inflationäre Entwicklungen verschärfen. Es kann dadurch zu einer rapiden und kontinuierlich zunehmenden Geldentwertung kommen, die als Hyperinflation bezeichnet wird.

Eine Deflation ist durch einen Überschuss der Gütermenge gegenüber der Geldmenge gekennzeichnet. Mögliche Gründe hierfür können eine zu starke Geldmengenreduzierung der Zentralbank, eine Überproduktion bei Nachfragerückgang sowie eine starke Importabhängigkeit (Geldabfluss in ausländische Volkswirtschaften) sein.

Dirk Lange (Hg.): Grundwissen Wirtschaft, Berlin (Cornelsen) 2011, S. 186 f.

M58 Die Entwicklung der Preise in Deutschland

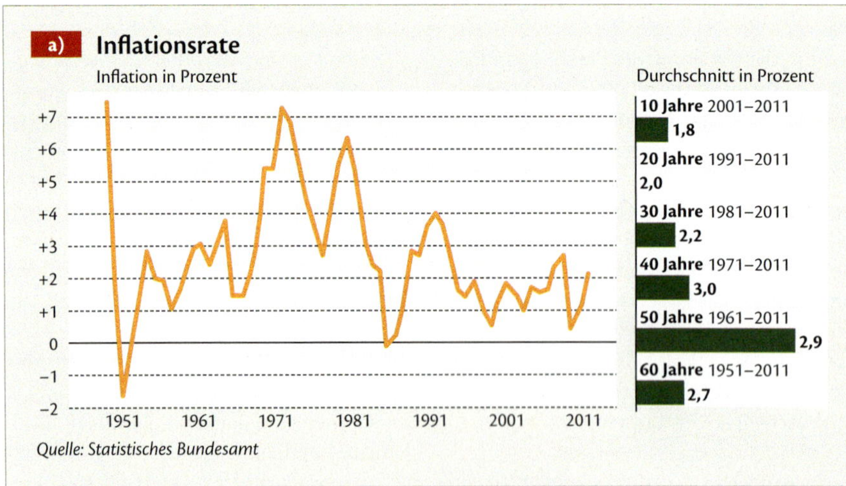

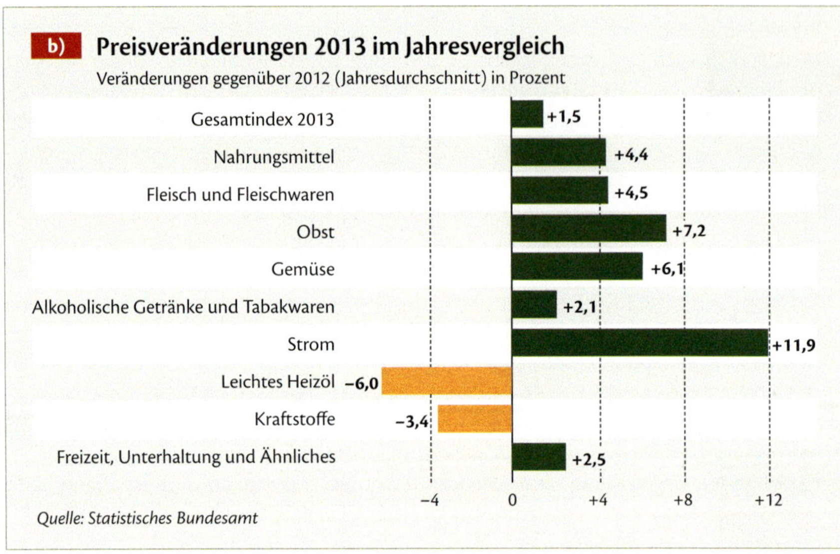

M59 Konsumforscher warnt: Inflationsgefahr

Niedrige Zinsen sollen das Wachstum ankurbeln. Tatsächlich sitzt bei den deutschen Verbrauchern das Geld derzeit locker. Doch die Geldpolitik der EZB kann gravierende Folgen für die Altersvorsorge haben, warnen Konsumexperten.

Die Niedrigzinspolitik der Europäischen Zentralbank ist aus Sicht von Konsumforschern für Deutschland nicht ohne Gefahr. „Vor dem Hintergrund der noch relativ robusten Konjunktur, die wir haben, ist das Zinsniveau aus meiner Einschätzung zu niedrig. Es liegt für viele Anlagen noch unter der Inflationsrate", sagte Rolf Bürkl vom Marktforschungsunternehmen GfK (*Gesellschaft für Konsumforschung*) in einem Gespräch mit der Nachrichtenagentur dpa in Nürnberg. „Das ist auf Dauer keine gute Entwicklung, weil die Sparguthaben einer ständigen Entwertung unterliegen."

„Kurzfristig, wenn man von der Entwertung der Sparguthaben absieht, gibt es positive Effekte, weil die Investitionen stimuliert werden", schilderte der Konsumspezialist die Folgen der jüngsten Leitzinssenkung auf das Rekordtief von 0,5 Prozent.

Zudem befeuerten die niedrigen Zinsen die Kauflaune, wodurch der private Konsum zu einer stabilen Säule des deutschen Wirtschaftswachstums werde. „Mittel- und langfristig ist das aber eher negativ zu sehen, gerade mit Blick auf die private Altersvorsorge", warnte Bürkl. „Da wird Kapital entwertet, das später in den Rentnerhaushalten fehlen wird." Aktuell profitiert der Konsum in Deutschland vom herrschenden Zinsniveau, weil die Sparer ihr Geld lieber ausgeben, als es zu schlechten Konditionen bei der Bank anzulegen. So investieren viele in werthaltige Anschaffungen wie Immobilien, was laut Bürkl wiederum das Geschäft von Handwerkern und beispielsweise Küchenherstellern ankurbelt – und damit das Wirtschaftswachstum stützt.

„Aber das wird sicherlich nicht endlos weitergehen, dass der Konsum davon profitieren kann", betonte Bürkl. Derzeit jedoch gebe es nur wenige sichere Alternativen. „Dafür müsste man ein höheres Risiko eingehen, doch davor scheuen viele Haushalte zurück." Obwohl etwa der Dax gerade eine rasante Rally hingelegt habe, zögerten viele Menschen, mit ihrem Ersparten an der Börse zu spekulieren.

„Da sind sehr viele Privatanleger durch das Platzen der Dotcom-Blase doch stark verunsichert. Und bei anderen Anlagen im Ausland – ich erinnere an Lehman Brothers – haben einige schmerzliche Erfahrungen gemacht und viel Geld verloren." Entsprechend bleibe vielen Sparern derzeit nichts weiter übrig, als die niedrigen Zinsen zu schlucken. Einen Trost hat Bürkl für sie: „Es ist nicht zu erwarten, dass das Zinsniveau auch für Anlagen noch weiter nach unten geht, weil die Zinsen schon extrem niedrig sind."

dpa: Inflationsgefahr. Konsumforscher warnt vor niedrigem EZB-Zins, Handelsblatt v. 24.5.2013, in: http://www.handelsblatt.com (Zugriff: 2.5.2014)

Dotcom-Blase: Kunstbegriff für eine im März 2000 geplatzte Spekulationsblase, die besonders Unternehmen der New Economy betraf und vor allem in Industrieländern zu Vermögensverlusten für Kleinanleger führte. Der Begriff Dotcom bezieht sich dabei auf die Internet-Domain-Endung „.com" (engl. für Commercial)

M 60 Zentralbank und Geldpolitik

In seinen Funktionen als Zahlungsmittel, Recheneinheit und Wertaufbewahrungsmittel kommt Geld in ökonomischen Prozessen eine zentrale Bedeutung zu. Die Versorgung einer Volkswirtschaft mit Geld gehört deshalb zu den zentralen wirtschaftspolitischen Aufgaben. Entsprechende wirtschaftspolitische Maßnahmen, die die Steuerung des Geldumlaufs in der Volkswirtschaft betreffen, werden als Geldpolitik bezeichnet. Der Geldpolitik werden aus theoretischer Perspektive unterschiedliche Zielsetzungen zugewiesen. Während die Nachfragetheorie geldpolitische Maßnahmen als wichtigen Beitrag zur Schaffung von Wachstums- und Beschäftigungsimpulsen ansieht, begreift die Angebotstheorie Geldpolitik in erster Linie als Mittel zur Sicherung der Preisniveaustabilität. Wesentliche Träger der Geldpolitik sind die Zentralbanken. Da Deutschland Mitglied der Eurozone ist, ist hier die Europäische Zentralbank (EZB) mit Sitz in Frankfurt am Main die zentrale Institution. Weitere wichtige Zentralbanken sind das Federal Reserve System (FED) in den USA sowie die Bank of Japan. Die Geldpolitik der EZB ist in erster Linie angebotstheoretisch orientiert, also primär dem Ziel der Preisniveaustabilität verpflichtet. Ergänzend sollen jedoch auch Impulse für wirtschaftliches Wachstum und die Sicherung von Beschäftigung geschaffen werden. Letztgenanntes gilt jedoch nur, soweit dabei die übergeordnete Zielsetzung der Preisniveaustabilität nicht beeinträchtigt wird.

Instrumente der Geldpolitik

Zur Umsetzung ihrer geldpolitischen Zielsetzungen greifen Zentralbanken auf unterschiedliche Instrumente zurück. Im Kern geht es dabei um die Steuerung der in Umlauf befindlichen Geldmenge. Dafür sind die wichtigsten Elemente:

– Offenmarktgeschäfte/Hauptrefinanzierung: Im Rahmen von Offenmarktgeschäften werden Wertpapiere mit einer festgelegten Laufzeit zwischen den Geschäftsbanken und der Zentralbank gehandelt. Dieser Handel stellt für die Geschäftsbanken ein wichtiges Instrument zur Refinanzierung dar. Die Zentralbank steuert die Offenmarktgeschäfte über ei-

M 61 Die Leitzinsen der EZB und der FED

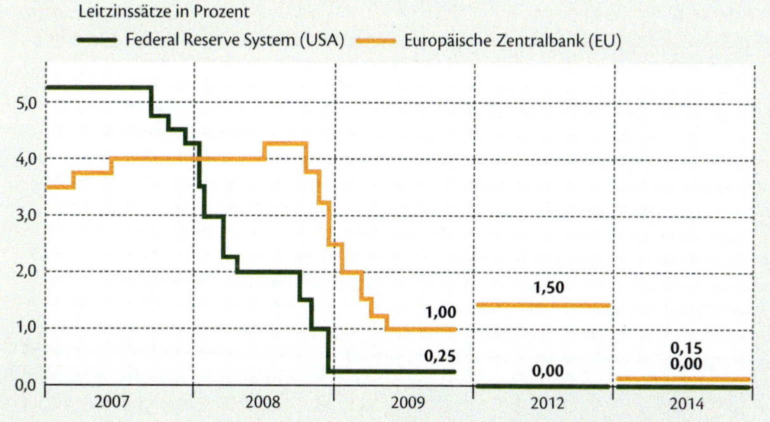

Quelle: F.A.Z., Thomson Reuters

nen Zinssatz, den sog. Hauptrefinanzierungssatz. Dieser Zinssatz wird vielfach auch als Leitzins bezeichnet. Die Zentralbank kann den Geldumlauf über Veränderungen des Hauptrefinanzierungssatzes steuern: Wird beispielsweise der Zinssatz erhöht, besteht für die Banken ein erhöhter Anreiz, in die von der Zentralbank angebotenen Wertpapiere zu investieren. Die im Umlauf befindliche Geldmenge sinkt dadurch, das allgemeine Preisniveau wird gedämpft. Da die Banken zugleich über weniger Geld für die Kreditvergabe verfügen, steigen auch die Kreditzinsen. Die Geldschöpfung wird verlangsamt, und kreditfinanzierte Investitionen gehen zurück.

- Spitzenrefinanzierung: Für die kurzfristige Refinanzierung (i. d. R. über Nacht) können Geschäftsbanken von der Zentralbank Geld zum Spitzenrefinanzierungssatz leihen. Auch Veränderungen dieses Zinssatzes wirken sich (über eine Übertragung der Refinanzierungskosten in das Kreditgeschäft) entsprechend auf die Geldmenge aus.
- Mindestreserve: Auch über die Veränderung des Mindestreservesatzes kann die Zentralbank die Geldmenge steuern. Ein höherer Mindestreservesatz wirkt sich dabei dämpfend, ein niedrigerer fördernd auf das Kreditgeschäft der Banken aus.

Dirk Lange (Hg.): Grundwissen Wirtschaft, Berlin (Cornelsen) 2011, S. 184

M62 Wirtschaftstheorie und Geldpolitik

Keynesianische Geldpolitik

Unter keynesianischer Geldpolitik wird der Versuch verstanden, durch die Veränderung der Geldmenge und des Zinssatzes Wirtschaftspolitik zu betreiben (...). So soll z. B. in einer Rezession mit Wachstumsschwäche und Arbeitslosigkeit durch eine Geldmengenerhöhung mit geldpolitischen Instrumenten eine Zinssenkung (und) damit eine Erhöhung der Nachfrage und der Investitionen erreicht werden. Der Erfolg einer derartigen Geldpolitik hängt aber von den folgenden Faktoren ab:

- Zinselastizität der Geldmenge: (*Hierunter*) wird die Reaktion des Zinssatzes auf eine Geldmengenveränderung verstanden. Sinken die Zinsen aufgrund einer Geldmengenerhöhung nur wenig, fallen die Erfolge der Geldpolitik nur gering aus.
- Investitionselastizität der Zinsen: (*Hierunter*) wird die Reaktion der Investitionen auf eine Veränderung des Zinssatzes verstanden. Ist z. B. die Investitionselastizität sehr gering, finden auf eine Zinssenkung kaum zusätzliche Investitionen statt.
- Multiplikatorwirkung: (*Hierunter*) wird die Erhöhung der gesamtwirtschaftlichen Nachfrage aufgrund eines Nachfrageimpulses nach mehreren Wirtschaftsumläufen verstanden. Ist der Multiplikator niedrig, ist auch der Erfolg der Geldpolitik gering.

(...)

Monetaristische Geldpolitik

Der Monetarismus hält die keynesianistische Geldtheorie für falsch. Er geht davon aus, dass die Geldmenge keinen Einfluss auf den Zinssatz und damit auf die Investition und Beschäftigung, sondern ausschließlich auf das Preisniveau hat. Hiernach führt eine steigende Geldmenge zu Inflation. (...) Die Konsequenzen aus dieser Theorie sind eindeutig: Eine Geldpolitik zur Einflussnahme auf das Wirtschaftsgeschehen ist sinnlos. Vielmehr dient die Geldpolitik nur der Inflationsbekämpfung. Der Staat (...) muss die Geldmenge begrenzen, damit keine Inflation entsteht (Geldmenge sollte nur in Höhe der Steigerung des BIP wachsen).

Holger Rogall: Volkswirtschaftslehre für Sozialwissenschaftler. Eine Einführung, Wiesbaden (Springer) 2006, S. 265 f.

M63 „Gefühlte" Inflation

Verbraucherumfragen zeigen, dass Menschen die Inflation häufig als stärker empfinden, als man aufgrund der tatsächlichen Preisindizes erwarten würde. Welche Faktoren spielen bei der Inflationswahrnehmung der Menschen eine Rolle? Eine Reihe wissenschaftlicher Studien kam zu folgenden Ergebnissen:

Preisanstiegen wird mehr Beachtung geschenkt als stabilen oder sinkenden Preisen.

Darüber hinaus bleiben uns Preissteigerungen länger im Gedächtnis. In der Regel fallen uns stabile oder zurückgehende Preise weniger auf, obwohl diese auch in die Berechnung der durchschnittlichen Teuerungsrate einfließen.

- Häufig getätigte Anschaffungen werden stärker wahrgenommen. In den letzten Jahren sind die Preise einiger häufig erworbener Waren bzw. in Anspruch genommener Dienstleistungen überdurchschnittlich angestiegen. Beispiele hierfür sind Benzin, Brot und Busfahrkarten. Wir messen Änderungen der Preise für diese Güter oft zu große Bedeutung bei, wenn wir über Inflation nachdenken. Dies kann dazu führen, dass wir die tatsächliche Preissteigerungsrate überschätzen.
- Selten erworbene Güter sowie Zahlungen per Lastschriftverfahren sind weniger präsent. Ein beträchtlicher Anteil des Budgets privater Haushalte wird für Waren und Dienstleistungen ausgegeben, die wir nicht so häufig kaufen bzw. nutzen. Hier sind z. B. Autos und Urlaubsreisen zu nennen. Es gibt auch Güter, die oft per automatischem Bankeinzug (Lastschrift oder Dauerauftrag) bezahlt werden, wie Mietzahlungen oder Telefonrechnungen. Diese Ausgaben und die diesbezüglichen Preisänderungen kommen uns in der Regel nicht in den Sinn, wenn wir uns mit dem Thema Inflation beschäftigen.
- „Persönliche" Inflation. Der Harmonisierte Verbraucherpreisindex (HVPI) basiert auf einem aus bestimmten Waren und Dienstleistungen bestehenden Warenkorb. Dieser ist repräsentativ für alle privaten Haushalte. Diejenigen Haushalte, die eine überdurchschnittliche Inflation erleben, sind sich dieser Tatsache unter Umständen stärker bewusst als jene, die von einer unterdurchschnittlichen Teuerungsrate profitieren.
  Beispiel: Steigen die Spritpreise weitaus mehr als die Preise anderer Waren und Dienstleistungen, so kann es sein, dass die Menschen, die häufig Auto fahren, eine den HVPI übersteigende Inflationsrate wahrnehmen, weil sie mehr Geld für Benzin ausgeben als der Durchschnitt. Im Gegensatz dazu werden diejenigen, die selten oder nie mit dem Auto unterwegs sind, die „persönliche" Inflationsrate als niedriger empfinden.
- Inflationsraten beziehen sich auf einen Einjahreszeitraum, aber unsere Erinnerung reicht weiter zurück. Der HVPI wird üblicherweise als Jahreswachstumsrate gemeldet. Das bedeutet, dass beispielsweise das allgemeine Preisniveau im Januar 2009 mit jenem vom Januar 2008 verglichen wird. In die Inflationswahrnehmung der Menschen fließen jedoch manchmal auch Preise aus Jahren mit ein, die bereits länger zurückliegen. Über einen langen Zeitraum hinweg steigen Preise in der Regel deutlich an, selbst bei niedrigen jährlichen Inflationsraten. Liegt die Jahresänderungsrate des HVPI z. B. bei 2 Prozent, so wird sich nach zehn Jahren das allgemeine Preisniveau um mehr als 20 Prozent erhöht haben.
- Preis versus Qualitätsänderungen. Ändert sich der Preis eines Produkts, so führen wir dies häufig auf die Inflation zurück. Manchmal geht der neue Preis aber auch mit einer Qualitätsänderung einher. Bei der Ermittlung des HVPI wird daher die qualitätsbedingte Veränderung abgezogen.
  Beispiel: Die Autopreise mögen gestiegen sein, aber bei Neuwagen ist heute oft Standard, was in der Vergangenheit noch Teil der Sonderausstattung war, wie z. B. ein Navigationssystem, eine Klimaanlage oder Airbags. In diesen Fällen ist der höhere Preis zum Teil auf die Qualitätsverbesserung und nicht allein auf die Inflation zurückzuführen. Würden die Autopreise z. B. um durchschnittlich 5 Prozent ansteigen, die Qualitätsverbesserung aber 1 Prozent davon ausmachen, so würde der HVPI für dieses Produkt einen Preisanstieg von 4 Prozent angeben.

Europäische Zentralbank: Was ist Inflation? Gefühlte Inflation, in: http://www.ecb.europa.eu (Zugriff: 8.5.2014)

M 64 Was die amtliche von der gefühlten Inflation unterscheidet

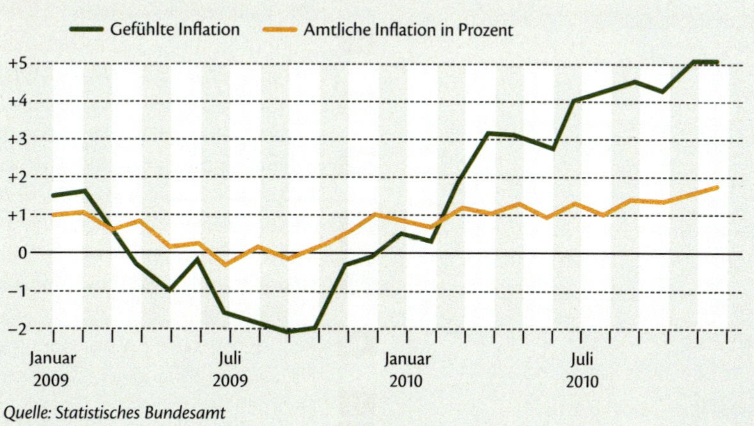

Quelle: Statistisches Bundesamt

Handlungsfeld Umweltschutz

Ökonomisches Handeln erfordert vielfach den Einsatz natürlicher Ressourcen und wirkt sich andererseits häufig auf unsere natürliche Umwelt aus. Ohne regulierende Eingriffe wären mittelfristig schwere ökologische Folgen zu erwarten. Gefragt ist dabei eine Umweltpolitik, die ein Gleichgewicht zwischen Ökonomie und Ökologie anstrebt.

Zeichnung: Mester

1 Erläutern Sie den aktuellen Stand bei der Umsetzung der CO_2-Reduktionsziele in der BRD (**M 65**).
2 Erklären Sie, warum die Bekämpfung des Klimawandels eine Herausforderung im Schnittfeld zwischen Wirtschafts- und Umweltpolitik ist.
3 Skizzieren Sie mögliche Maßnahmen, mit deren Hilfe Deutschland die gesetzten CO_2-Ziele erreichen könnte.
4 Erörtern Sie mögliche Probleme, die mit einer forcierten Politik der CO_2-Reduktion einhergehen könnten (**M 69, M 70**).
5 Entwickeln Sie eine Umfrage zum Thema „Energiewende“. Führen Sie diese Umfrage durch und werten Sie die Ergebnisse aus.
6 Diskutieren Sie: Sollten Industrieunternehmen aus der Finanzierung der Energiewende ausgenommen werden (**M 69, M 70**)?
7 Nennen Sie wichtige Akteure der Umweltpolitik in der BRD.
8 Stellen Sie die Prinzipien staatlicher Umweltpolitik dar.
9 Nennen Sie wichtige umweltpolitische Instrumente und skizzieren Sie deren Ausrichtung.
10 Recherchieren Sie Beispiele für umweltpolitische Eingriffe. Analysieren Sie die Fallbeispiele anhand der Kategorien Akteure, Prinzipien, Ausrichtung.
11 Nehmen Sie Stellung zur Grundsatzkritik von Harald Welzer (**M 73**).
12 Interpretieren Sie die obenstehende Karikatur.

M65 Deutschland könnte CO_2-Ziele verfehlen

Das Tempo der Emissionsminderung von Kohlendioxid reicht nicht aus, um das von der Bundesregierung für 2020 ausgegebene Ziel einer Reduzierung um 40 Prozent gegenüber 1990 zu verwirklichen. „Mit den bisherigen Maßnahmen kann das Ziel nicht erreicht werden", sagte der von der Bundesregierung mit der Überwachung der Fortschritte bei der Energiewende beauftragte Vorsitzende der Arbeitsgemeinschaft Energiebilanzen, Hans-Joachim Ziesing (…).

Der Präsident des Umweltbundesamts, Jochen Flasbarth, hatte mitgeteilt, die etwa 1640 deutschen Energie- und Industrieanlagen, die am Emissionshandel teilnehmen müssen, hätten im vergangenen Jahr 450 Millionen Tonnen Kohlendioxid emittiert. Das sei etwa ein Prozent weniger als im Vorjahr. Insgesamt lägen die CO_2-Emissionen unter der jährlichen Emissionsobergrenze der zweiten Handelsperiode von 452,8 Millionen Tonnen.

Ziesing kommt in einer am Dienstag in dem Fachmagazin „Energiewirtschaftliche Tagesfragen" veröffentlichten Aufsatz zu einer pessimistischeren Einschätzung. Zwar seien die gesamten Emissionen, also nicht nur die der Energiewirtschaft und Industrie, 2011 im Vergleich zum Vorjahr um etwa 2,3 Prozent auf 800 Millionen Tonnen gesunken, doch sei daran vor allem die milde Witterung mit einem deshalb um 5,3 Prozent niedrigerem Primärenergieverbrauch beteiligt.

Diesen Effekt für eine bessere statistische Vergleichbarkeit herausgerechnet, seien die CO_2-Emissionen 2011 in Deutschland um 9,3 Millionen Tonnen oder 1,2 Prozent gestiegen. Grund seien unter anderem der steigende Anteil der Braunkohleverstromung sowie eine kräftige Expansion der Zementwerke, die auch von den historisch niedrigeren Preisen für Emissionszertifikate profitierten. Die durch das Abschalten der Kernkraftwerke weggefallene Stromerzeugung sei durch die schnell wachsenden erneuerbaren Energien überkompensiert worden.

Für die CO_2-Emissionen weist Ziesing eine sich stetig abschwächende Minderung nach. Sei die an die Atmosphäre abgegebene CO_2-Fracht von 1990 bis 2000 im Jahresmittel noch um 15 Millionen Tonnen gesunken, so seien es von 2000 bis 2011 nur noch 8,5 Millionen Tonnen gewesen. Je Einwohner gerechnet sei sie von 13,3 Tonnen (1990) auf 9,6 Tonnen (2009) gesunken, inzwischen aber wieder auf 10 Tonnen gestiegen.

Andreas Mihm: Deutschland droht Ziele zu verpassen. Wirtschaftswachstum lässt Kohlendioxidemission steigen, faz.net v. 10.4.2014, in: http://www.faz.net (Zugriff: 10.5.2014)

M66 Stromerzeugung in Deutschland

Bruttostromerzeugung in Deutschland nach Energieträgern 1990–2013, in Prozent

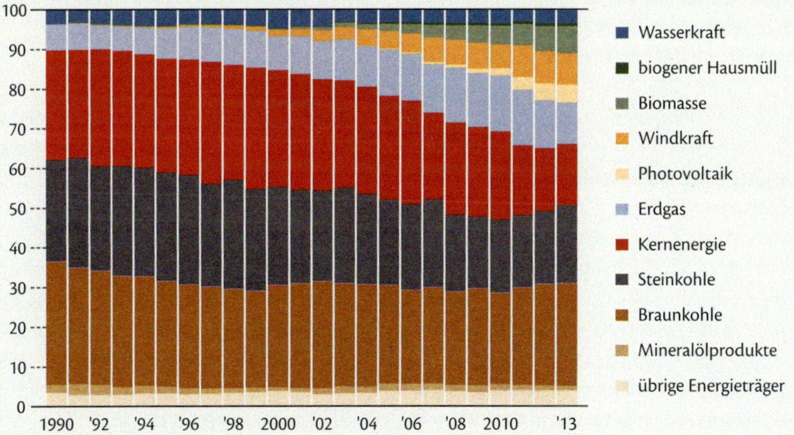

Nach: http://upload.wikimedia.org

anthropogen: vom Menschen verursacht

CCS: Carbon Dioxide Capture and Storage, Verfahren zur Abscheidung und Speicherung von CO_2 im Rahmen der Energieerzeugung

M67 Modell Deutschland: Klimaschutz bis 2050

Der Klimawandel muss gebremst werden, um unsere Lebensgrundlagen zu bewahren. Darin besteht weltweit Einigkeit. Um unter der kritischen Temperaturerhöhung von zwei Grad im Vergleich zu Zeiten vor der Industrialisierung zu bleiben, muss der Ausstoß an klimaschädlichen Treibhausgasen global um 80 Prozent gegenüber 1990 sinken. Die Industrieländer müssen ihre Treibhausgase bis 2050 sogar um 95 Prozent reduzieren. Ohne diese drastische Verminderung der Treibhausgase steuern die Menschen in rasantem Tempo auf eine globale Erderwärmung von bis zu sieben Grad Celsius zu. Dies hätte verheerende Folgen.

Ein Umsteuern ist bisher nicht in Sicht. Jedes Jahr steigen die weltweiten Emissionen weiter, statt zu sinken. Es reicht nicht, anspruchsvolle Ziele lediglich als Utopie zu diskutieren. (...)

Um die globale Klimaerwärmung auf einen Wert von unter 2° C im Vergleich zum vorindustriellen Niveau zu begrenzen, sind bis 2050 weltweit drastische Reduktionen der anthropogenen Emissionen an Treibhausgasen notwendig. Ein international abgestimmter Pfad wird nur möglich sein, wenn die Industrieländer ihre Emissionen so weit reduzieren, dass den Schwellenländern etwas „Luft auf dem Treibhausgaskonto“ für die weitere Entwicklung von Wirtschaft und Wohlstand bleibt.

Ein so eingebettetes Ziel für 2050 bedeutet für Deutschland eine Reduktion der Treibhausgase um ca. 95 Prozent gegenüber dem Emissionsniveau von 1990. Dies heißt, dass im Jahr 2050 weniger als eine Tonne Treibhausgase pro Kopf emittiert werden darf.

Welche Maßnahmen sind notwendig?

- In allen Sektoren (der Volkswirtschaft) müssen signifikante Anstrengungen zur Emissionsminderung unternommen werden, angesichts der Größenordnung der notwendigen Wirkungsbeiträge sind aber die Maßnahmen im Stromsektor (Nachfrage und Erzeugung), im Gebäudesektor (Neu- und Bestandsbauten), im motorisierten Individualverkehr, im Straßengüterverkehr, im Flugverkehr, in der Industrie (einschließlich Prozessemissionen), in der Landwirtschaft sowie im Bereich der Landnutzung und der Forstwirtschaft von besonderer Bedeutung.
- Ohne gravierende Fortschritte bei der Energieeffizienz, aber auch ohne die gleichzeitig massive Erhöhung des Anteils erneuerbarer Energien werden die Emissionsminderungsziele bis 2050 nicht erreicht werden können.
- Ein sehr hoher Anteil der zusätzlich notwendigen Emissionsminderungen (etwa 60 Prozent) betrifft jeweils einen langlebigen Kapitalstock (Gebäude, Kraftwerke, Infrastrukturen etc.). Verzögerte Umsetzungsmaßnahmen führen hier entweder zur Zielverfehlung oder zu stark steigenden Kosten der Klimaschutzpolitik. Im zeitlichen Ablauf sind deshalb Maßnahmen im Bereich der Stromnachfrage (einerseits Effizienz und andererseits Elektrifizierung), der Stromerzeugung, der Gebäude (Neubau und Bestand), der Infrastrukturen (Strom, Gas, Wärme, CO_2, Verkehr) sowie der Verkehrsverlagerung besonders vordringlich.
- Ein sehr hoher Anteil der zusätzlich notwendigen Emissionsminderungen (ebenfalls etwa 60 Prozent) wird, vor allem ab 2030, von Emissionsminderungsoptionen erwartet, bei denen noch erhebliche Innovationen in Bezug auf Technologie, Kosten und Systemintegration/Infrastruktur erzielt werden müssen. Dies betrifft v. a. die Stromerzeugung auf Basis erneuerbarer Energien, die Stromspeicherung und die Strominfrastruktur, die Erzeugung nachhaltiger Biokraftstoffe und die Bereitstellung von nachhaltig erzeugtem Biomethan, die Energieeffizienz in der Industrie, die Energieeffizienz bei konventionellen und elektrischen Fahrzeugen sowie die CCS-Technologie.

Maßnahmen mit Komplementäroptionen

Fortschritte für eine Reihe von zentralen Emissionsminderungsoptionen sind unabdingbar verknüpft mit Komplementäroptionen (ergänzenden Maßnahmen); ohne systematisch angelegte Strategieansätze könnten die angestrebten Emissionsminderungen ins Leere laufen:

- Die Elektrifizierung des motorisierten Individualverkehrs ist unabdingbar verbunden mit einerseits der Erschließung zusätzlicher Stromerzeugungsoptionen auf Basis erneuerbarer Energien (oder CCS) und andererseits der Schaffung intelligenter Stromverteilungsnetze.
- Der massive Einsatz von Biokraftstoffen im Straßen- und Luftverkehr erfordert un-

abdingbar die Verfügbarkeit von Biokraftstoffen, die hohen Nachhaltigkeitsstandards genügen.

- Der Einsatz dezentraler Effizienztechnologien, die zunächst auf Basis von Erdgas betrieben werden (z. B. dezentrale Kraft-Wärme-Kopplung), wie auch die Umstellung der industriellen Prozesswärmeerzeugung auf erneuerbare Energien erfordern mittel- und langfristig die Verfügbarkeit von erheblichen Mengen an Biomethan, das in die Gasnetze eingespeist wird.
- Die Einführung neuer Stromerzeugungsoptionen wie auch die Schaffung der Kapazitäten für Verkehrsverlagerungen bedingen einen langfristigen Vorlauf der jeweiligen Infrastrukturentwicklung (Transport- und Verteilnetz, CO_2-Infrastruktur für CCS, Schienennetz).

Potenzialbegrenzungen

Zumindest für zwei zentrale Emissionsminderungsoptionen, die Nutzung von Biomasse und die Einführung von CCS, müssen Potenzialbegrenzungen berücksichtigt und ein entsprechend aktiver Ansatz für die strategische Ressourcenbewirtschaftung verfolgt werden:

Wenn die Umgestaltung des Energiesystems sich hinsichtlich der Biomasse vor allem auf – begrenzte – einheimische oder in Europa verfügbare Potenziale beschränken soll, müssen Nachhaltigkeitsstandards gesichert sein. Der Einsatz von Biokraftstoffen ist nur unter der Voraussetzung verantwortbar, dass diese nach bindenden Regelungen und gesetzlichen Standards sozial und ökologisch nachhaltig angebaut wurden. Die Einhaltung der Mindeststandards für Nachhaltigkeit muss durch Zertifizierungssysteme überprüft und garantiert werden. Eine Ausweitung des Einsatzes von Biokraftstoffen kann nur beschritten werden, wenn international abgestimmte verpflichtende Mindeststandards die Nachhaltigkeit von allen Agrarrohstoffen gewährleisten. Bei Vorliegen dieser Voraussetzungen müssen Nutzungsprioritäten gesetzt und verfolgt werden. Neben den Nutzungsprioritäten sind im Rahmen einer umfassenden Biomassestrategie auch Prioritäten für die Erschließung des Biomasseaufkommens von besonderer Bedeutung. So sollte der energetischen Nutzung von biogenen Abfällen und Reststoffen vor allem im zeitlichen Verlauf ein Vorrang vor der Nutzung von Energiepflanzen zukommen. (...)

Verbesserte Effizienz

Der klimagerechte Umbau des Energie- und des Verkehrssystems setzt eine erheblich verbesserte Effizienz bei der Nutzung energieintensiver Materialien und Produkte voraus. Mit Blick auf die politischen Umsetzungsinstrumente, deren Ausrichtung und Ausgestaltung sich im Zeitverlauf ändern wird und ändern muss, sind folgende strategischen Ansätze von (...) Bedeutung:

- Die Sicherung einer ausreichenden Akteursvielfalt und wettbewerblicher Märkte bildet eine Schlüsselbedingung zur Entwicklung robuster und effizient gestalteter Klimaschutzpfade. Unzureichende Akteursvielfalt vergrößert die Gefahr von Lock-in-Effekten und kann die notwendigen Innovationsprozesse behindern (...).
- In allen Bereichen müssen die politischen Umsetzungsmaßnahmen auch einen stetigen und gezielten Innovationsprozess fördern, mit dem Klimaschutzoptionen schnellstmöglich zur Marktreife gebracht werden. (...)
- Die signifikante Bepreisung des Ausstoßes von Treibhausgasen bildet eine notwendige Grundlage einer ambitionierten und erfolgreichen Klimapolitik. (...)
- Die Entwicklung von Infrastrukturen für die Umgestaltung des Energie- und Verkehrssystems muss mit langem Vorlauf und damit mit erheblichen Unsicherheiten geplant und vorangetrieben werden. Hier entsteht ein neues Feld staatlicher Verantwortung und Zuständigkeit.

Schließlich muss eine sorgfältige Analyse der langfristigen Umsetzungsstrategien und der kurz- bis mittelfristig angelegten politischen Instrumente die Konsistenz von kurz- und mittelfristigen sowie langfristigen Lösungsbeiträgen berücksichtigen. Nicht alle Lösungsansätze, die in den langfristigen Zielstrukturen keine Rolle mehr spielen können, sind auch kurz- bis mittelfristig problematisch (z. B. die Dezentralisierung der fossilen Energieerzeugung bei langfristig begrenzten Biogaspotenzialen). Zentrale Aspekte sind hier die mittelfristigen Umstiegsstrategien und die Voraussetzung, dass kurz- und mittelfristig keine kontraproduktiven Strukturen geschaffen werden. Gleichzeitig können langfristig notwendige Lösungsbeiträge kurz- und mittelfristig zu problematischen Strukturen führen (z. B. Biokraftstoffe bei unzureichenden Nachhaltigkeitsstandards).

WWF Deutschland: Modell Deutschland. Klimaschutz bis 2050, Frankfurt/M. 2009, S. 1, 10 f.

Das Elektroauto – die Zukunft?

M 68 Wer zahlt was: Strompreise und erneuerbare Energien

Die energieintensive Industrie verbraucht rund die Hälfte des Stroms, und sie zahlt dafür niedrige Preise – aber trotzdem fast nichts für die Energiewende.

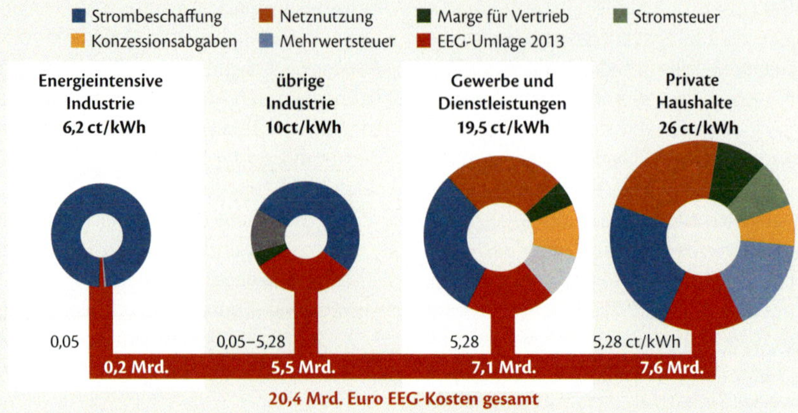

Strompreis 2012: Private Haushalte: 26,4 ct/kWh; Industrie 14,9 ct/kWh

Quelle: BUND, Eurostat

M 69 „Die Kosten fair teilen!"

Aus einer Stellungnahme des Bundes für Umwelt und Naturschutz (BUND):

Die Förderung erneuerbarer Energien muss den Entwicklungen angepasst werden, ohne deren Ausbau zu verzögern oder gar zu deckeln. Mit der Debatte um die Strompreise hat das wenig zu tun. Denn die Ökostrom-Förderung ist nicht allein verantwortlich für die Preisentwicklung:

Seit Einführung der EEG-Umlage im Jahr 2000 stieg der Strompreis bis 2013 um etwa 13 Cent/kWh. Die Umlage zur Förderung der Erneuerbaren macht davon jedoch nur 5,3 Cent aus. Etwa sechzig Prozent der bisherigen Preiserhöhungen haben also nichts mit den Erneuerbaren zu tun. 2014 wird die EEG-Umlage auf rund 6,3 Cent steigen. Bei einem Haushaltsstrompreis von etwa 27 Cent/kWh macht die Förderung der Erneuerbaren Energien auch dann nur gut ein Fünftel der Stromkosten aus.

Der Strompreis setzt sich für private Endverbraucher aus drei Teilen zusammen: ein Drittel für Energiebeschaffung und Vertrieb, ein Fünftel für die Nutzung der Stromnetze und ein Teil für Steuern und Abgaben (etwa 45 Prozent). Zu Letzteren gehört die Umlage nach dem Erneuerbare-Energien-Gesetz (EEG-Umlage), über die der Ausbau der Erneuerbaren finanziert wird. Jedoch ist der Strompreis nicht für alle Verbraucher gleich hoch: Die Industrie zahlt deutlich weniger als Handel, Gewerbe oder Privathaushalte.

Dies hat mehrere Ursachen: Die stromintensive Industrie wird von der Finanzierung der Energiewende weitgehend verschont. Der Staat lädt die Kosten einseitig bei den übrigen Verbrauchern ab: bei privaten Haushalten, Gewerbe, Handel, Dienstleistungen und nicht-begünstigten Industrieunternehmen. Stromintensive Betriebe sind durch eine „Besondere Ausgleichsregelung" ganz oder teilweise von der Umlage befreit.

Diese Regelung wurde immer mehr ausgeweitet, zuletzt von der schwarz-gelben Bundesregierung: 2003 waren es nur 59 privilegierte Unternehmen, für 2013 sind rund 2370 Anträge auf Befreiung von der EEG-Umlage gestellt. Dies führt dazu, dass Unternehmen, die besonders viel Strom verbrauchen, nur wenig für die Erneuerbaren zahlen. Alle anderen Verbraucher müssen deshalb gut 1 Cent/kWh mehr bezahlen.

Auch Großbetriebe, die ihren Strom selbst erzeugen, sind von der Umlage befreit. Dieses Privileg nehmen ebenso immer mehr Betriebe in Anspruch, sodass die Entlastungssumme hier 2014 schon bei etwa 2,4 Mrd. Euro liegt. Die Mehrkosten für alle anderen: rund 0,7 Cent/kWh. Würden die Kosten gerecht verteilt, könnte die EEG-Umlage 2014 rund 2 Cent niedriger liegen.

Bund für Umwelt und Naturschutz Deutschland: Energiewende. Kosten fair teilen, in: http://www.bund.net (Zugriff: 14.6.2014)

EEG-Umlage: Kostenbeitrag, den Stromkunden über ihre Rechnung zum Ausbau der Erneuerbaren Energien leisten. Die EEG-Umlage wird auf den regulären Strompreis aufgeschlagen

M 70 „Steigende Stromkosten setzen die Industrie unter Druck!"

Aus einer Stellungnahme der Hessischen Unternehmerverbände:

Knapp die Hälfte des in Deutschland verbrauchten Stroms benötigt die Industrie. Die Stromkosten für die Industrie betragen im Jahr 2012 voraussichtlich 25,3 Mrd. Euro. Für viele Industriezweige sind sie ein wichtiger Kostenfaktor und mitentscheidend bei der Frage, ob im Inland weiterhin investiert werden kann. Ohne die Befreiungen der Industrie von Umlagen und Abgaben lägen die Stromkosten rund 8 Mrd. Euro höher.

Den größten Anteil an den Befreiungen haben energieintensive Unternehmen, die im internationalen Wettbewerb stehen. (...)

Die Industrie ist unverzichtbar für unseren Wohlstand! Die deutsche Industrie erbringt ein Viertel der gesamten Wirtschaftsleistung und sichert gut 5 Millionen Arbeitsplätze im verarbeitenden Gewerbe. Davon arbeitet allein knapp eine Million Beschäftigte in energieintensiven Branchen. Eine Stärke der deutschen Wirtschaft sind die geschlossenen Wertschöpfungsketten über viele Wirtschaftszweige hinweg. Die Industrie ist insbesondere im Grundstoffbereich für viele Wertschöpfungsketten unerlässlich, z. B. Aluminium, Kupfer und Stahl, zu denen auch die Produktion von Anlagen zur Stromerzeugung aus erneuerbaren Energien gehört: Beispielsweise benötigt allein der Bau einer Offshore-Windkraftanlage bis zu 30 Tonnen Kupfer.

Die Industrie ist die Grundlage des Erfolges als Exportnation. Es gilt daher, die industrielle Wertschöpfung in Deutschland zu stärken und einer schleichenden Deindustrialisierung entgegenzuwirken. In Europa gibt es neben Deutschland und Italien kein weiteres großes Land mit einer solch breiten industriellen Basis. (...)

Bei den Industriestrompreisen befindet sich Deutschland mit im europäischen Spitzenfeld. Beispielsweise ist bei einem jährlichen Stromverbrauch zwischen 70 und 150 Gigawattstunden (GWh) – dies entspricht der durchschnittlichen Abnahme einer mittelgroßen Papierfabrik oder eines mittleren Chemieunternehmens – der deutsche Industriestrompreis im 2. Halbjahr 2011 knapp doppelt so hoch wie in Frankreich (D: 10 ct/kWh, F: 5,57 ct/kWh).

Deutschland ist zudem im europäischen Vergleich vorne bei den Staatslasten für die Industrie. In Deutschland beträgt der Anteil staatlich induzierter Lasten 27,9 Prozent. Zum Vergleich: Italien 23,7 Prozent, Niederlande 18,1 Prozent, Großbritannien 4,4 Prozent. Hauptgrund sind die staatlich verursachten Preisanstiege durch EEG-Umlage, Stromsteuer und europäische CO_2-Obergrenze.

Steigende Stromkosten setzen die Industrie zunehmend unter Druck: Ein Beispiel hierfür ist die Entscheidung des Automobilzulieferers SGL Carbon aus Wiesbaden, eine neue und energieintensive Fertigung in den USA statt in Deutschland aufzubauen.

Steigt der Strompreis nur um einen Cent pro Kilowattstunde, muss beispielsweise allein die Chemiebranche Mehrkosten von 500 Millionen Euro pro Jahr tragen. (...)

Demonstration in Berlin gegen die Verabschiedung des Erneuerbare-Energien-Gesetzes, Juni 2014. Die Demonstranten sind u. a. nicht einverstanden mit den Sonderregelungen für die energieintensive Industrie (s. M 68)

Deutsche Unternehmen sind wegen ihres hohen Anteils stromintensiver Grundstofferzeugung besonders stark durch emissionshandelsbedingte Strompreissteigerungen betroffen. Allein für die deutsche Industrie belaufen sich diese Zusatzkosten auf ca. 2,9 Mrd. Euro pro Jahr. Es ist daher richtig, dass energieintensive Unternehmen für die emissionshandelsbedingten Strompreissteigerungen (indirekte CO_2-Kosten) Kompensationszahlungen erhalten können. In diesem Sinne hat sich Deutschland auf EU-Ebene für die Möglichkeit einer Kompensation stark gemacht.

Für die Kompensation sind im Energie- und Klimafonds rd. 500 Mio. Euro ursprünglich veranschlagt. Darüber hinausgehender Bedarf soll aus dem Bundeshaushalt gedeckt werden. Der deutsche Vorschlag für eine Strompreiskompensation wird im zweiten Halbjahr dieses Jahres beihilferechtlich von der EU-Kommission geprüft werden.

Vereinigung der Hessischen Unternehmerverbände: Energiepolitik. Ausnahmen für die Industrie, in: http://vhu.dl (Zugriff: 31.5.2014)

M71 Umweltpolitik: Akteure, Ziele, Instrumente in Deutschland

Umweltpolitik umfasst all jene institutionellen, rechtlichen und politischen Maßnahmen, die auf die Erhaltung und Verbesserung der natürlichen Lebenswelt von Mensch und Tier zielen. Erste Forderungen nach umweltpolitischen Maßnahmen fanden u. a. mit dem im Jahr 1972 eingeleiteten Umweltprogramm der Vereinten Nationen (UNEP) zunehmend Gehör auf der internationalen Ebene. Die Entstehung des gesonderten Politikbereichs Umweltpolitik ist in Deutschland außerdem eng an gesellschaftspolitische Prozesse, wie die Ende der 1970er-Jahre aufkommende Umwelt- und Anti-Atomkraftbewegung, die Bildung grün-alternativer Parteien sowie die Atomreaktor-Katastrophe in Tschernobyl von 1986, gekoppelt. Heute ist Umweltpolitik weltweit verbreitet. Über 100 Staaten haben Umweltministerien eingerichtet und in einer Vielzahl von Ländern hat Umweltschutz Verfassungsrang.

Direkte und indirekte Akteure

Da umweltpolitische Maßnahmen und eine nachhaltige Entwicklung vielfältige Ziele und Handlungsfelder umfassen, sind alle aufgerufen, sich an diesen Prozessen zu beteiligen. Dazu zählen zum einen alle staatlichen bzw. direkten Akteure, die direkt an der Einführung entsprechender Gesetze und Regelungen mitwirken. Zum anderen gehören dazu alle nicht-staatlichen bzw. indirekten Akteure, die Einfluss auf die direkten Akteure ausüben.

Staatliche Akteure der Umweltpolitik

In Deutschland wurde die Umweltpolitik als neues Politikfeld 1970 durch die SPD/FDP-geführte Regierung im Rahmen eines Sofortprogramms eingeführt. Eine entsprechende institutionelle Verankerung erfolgte 1971 durch die Einberufung des Sachverständigenrates für Umweltfragen und 1974 durch die Gründung des Umweltbundesamtes (UBA). 1986 wurde das Bundesministerium für Umwelt, Naturschutz und Reaktorsicherheit (BMU) gegründet. Als weiterer staatlicher Akteur kam 1993 das Bundesamt für Naturschutz (BfN) hinzu. Im Zuge der Etablierung staatlicher Akteure folgten auch wichtige Eckpunkte der Umweltgesetzgebung, so z. B. das Abfallbeseitigungsgesetz (1972), das Bundesnaturschutzgesetz (1976) und das Chemikaliengesetz (1980). Mit der 2001 eingeführten Nationalen Nachhaltigkeitsstrategie „Perspektiven für Deutschland" folgten zudem weitere staatliche Organe.

Zusammen mit den übergeordneten internationalen Organisationen (z. B. Vereinte Nationen), den EU-Einrichtungen (z. B. die Generaldirektion Umwelt der Kommission) sowie den Landes- und Kommunalbehörden des Umwelt- und Naturschutzes sind die nationalstaatlichen Akteure Teil eines differenzierten Mehrebenensystems im Bereich der Umweltpolitik.

Grundgesetz Art. 20a:
Der Staat schützt auch in Verantwortung für die künftigen Generationen die natürlichen Lebensgrundlagen und die Tiere im Rahmen der verfassungsmäßigen Ordnung durch die Gesetzgebung und nach Maßgabe von Gesetz und Recht durch die vollziehende Gewalt und die Rechtsprechung

Akteursebene	Maßnahmen
Direkte Akteure	
Globale Ebene	Internat. Verträge, Konventionen (inkl. Protokollen)
Supranationale Ebene (z. B. EU)	Verordnungen, Richtlinien, Programme
Nationale Ebene	Gesetze, Verordnungen, Richtlinien, Förderprogramme
Regionale Ebene (z. B. Bundesländer)	Gesetze, Verordnungen, Förderprogramme
Kommunale Ebene	Planungsrecht, Beschaffung, städtebauliche Verträge
Indirekte Akteure	
Unternehmen	Nachhaltige Unternehmensgestaltung (Produkt- und Produktionsgestaltung z. B. mittels Öko-Audits, Öko-Controlling)
Initiativen, NGOs (z. B. Umweltverbände, Kirchen)	Agendaarbeit, öffentlicher Druck, „Aktionen", Publikationen, Politikberatung
Konsumenten	Nachhaltiger Konsum und Finanzanlagen (z. B. Einkauf von Öko-Produkten, Boykotts), Stärkung der Verbraucherverbände

Nicht-staatliche Akteure der Umweltpolitik

Neben dem Staat spielen auch vielfältige nicht-staatliche Akteure im Bereich der Umweltpolitik und einer nachhaltigen Entwicklung eine wichtige Rolle. Sie stellen die notwendige Basis für erfolgreiche Veränderungen, nehmen an der öffentlichen Diskussion um Umweltschutz teil und beeinflussen durch ihre Entscheidungen und Handlungen das weitere Vorgehen maßgeblich.

- Umweltverbände: Sie sind gemeinsam mit der Umweltbewegung öffentlichkeitswirksame umweltpolitische Akteure der Zivilgesellschaft. Mit ihren über vier Millionen Mitgliedern repräsentieren sie einen hohen Grad der Organisation des gesellschaftlichen Umweltinteresses. Viele Umweltverbände verfügen zudem über entsprechende organisatorische, finanzielle und publizistische Kapazitäten, um Defizite im Umweltschutz analysieren, kritisieren und entsprechend auf die Tagesordnung der Politik bringen zu können.
- Umweltwissenschaft: Ihren Problemanalysen und ihrer Politikberatung kommen heutzutage erhebliche Bedeutung zu. Hierzu zählen auch wissenschaftliche Beratungsgremien wie der Sachverständigenrat für Umweltfragen (SRU) und der Rat für Nachhaltige Entwicklung.
- Medien: Sie stellen nicht nur das Medium anderer umweltpolitischer Akteure dar, sondern wirken durch Auswahl und Darstellung der Informationen selbst auf die Umweltpolitik ein.
- Privatpersonen: Jeder Bürger hat prinzipiell die Möglichkeit, über politische Partizipation die Umweltpolitik zu beeinflussen sowie über ein gezieltes Konsumverhalten (z. B. Wahl umweltfreundlicher Produkte) und eine entsprechende Lebensweise umweltpolitische Ziele zu unterstützen.
- Wirtschaftsverbände: Neben Umwelt-Industrien, die wichtige Technologien für den Umweltschutz bieten, nehmen zunehmend Unternehmensverbände eine Akteursrolle in der Umweltpolitik ein. So leisten Bundesverbände wie B.A.U.M. e.V. und UnternehmensGrün e. V. Öffentlichkeits- und Lobbyarbeit im Sinne einer ökologischen Ausrichtung und Erneuerung der Wirtschaft. Darüber hinaus haben diverse Wirtschaftsverbände eigenständige umweltpolitische Positionen entwickelt und sich in Selbstverpflichtungserklärungen eigene umweltpolitische Ziele gesetzt. Da dahinter oftmals die Hoffnung steht, neue rechtsverbindliche Regelungen seitens des Staates vermeiden zu können, ist diese Entwicklung kritisch zu verfolgen.

Ziele

Generelles Ziel der Umweltpolitik ist, das Verhalten der privaten und öffentlichen Produzenten und Konsumenten direkt oder indirekt so zu beeinflussen, dass Umweltbelastungen reduziert oder vermieden werden.

B.A.U.M.: Bundesdeutscher Arbeitskreis für Umweltbewusstes Management e. V.

Exemplarische Ziele für ausgewählte Umweltbereiche:

Natur und Landwirtschaft	Chemikalien und Biozide
Erhaltung und Wiederherstellung von Lebensräumen für Tier- und Pflanzenarten	Vorrecht der menschlichen Gesundheit gegenüber ökonomischem Nutzen
Luft	**Abfallwirtschaft**
Nachhaltige Verbesserung der Luftqualität in stark belasteten Gebieten	Aufbau einer weitgehenden Kreislaufwirtschaft
Wasser und Gewässer	**Lärmbelästigung**
Reduzierung der Schadstoff- und Nährstoffbelastung	Minderung des Verkehrslärms

Dirk Lange (Hg.): Grundwissen Wirtschaft, Berlin (Cornelsen) 2011, S. 240–241
Tab auf S. 150 aus: Holger Rogall: Ökologische Ökonomie. Eine Einführung. Wiesbaden (VS Verlag für Sozialwissenschaften) 2008, S. 238

M72 Umweltpolitik: Instrumente

Prinzipien staatlicher Umweltpolitik

Auswahl und Ausgestaltung umweltpolitischer Instrumente richten sich u. a. nach den folgenden vier Prinzipien:

Vorsorgeprinzip

d. h. Umweltschäden sind schon im Vorfeld zu vermeiden. (Instrument: nahezu alle)
- zumeist kostengünstiger als Schadensbehebung;
- Vermeidung bzw. Reduzierung zukünftiger Umweltschäden;
- Anreiz für innovative Unternehmen;
- schwere Durchsetzbarkeit;
- erfordert langfristige Ausrichtung;
- Vorsorgeaufwand ist politisch festzulegen.

Verursacherprinzip

d. h. der Schadensverursacher trägt auch die Kosten zur Vermeidung, Reduzierung oder Beseitigung (Instrument: z. B. Auflagen, Abgaben, Zertifikate)
- entspricht gängigem Gerechtigkeitsempfinden;
- verhindert ökonomische und ökologische Schäden, die durch falsche Anreize ausgelöst wurden;
- zum Teil unbekannte Ursachen und Verursacher;
- Schadensmaß nicht immer (monetär) errechenbar;
- ggf. Konflikt mit wachstums- und beschäftigungspolitischen Zielen

Gemeinlastprinzip

d. h. der Staat finanziert Umweltschutzmaßnahmen aus Steuern (Instrument: z. B. Subventionen)
- schnell und relativ leicht einsetzbar;
- geringe Widerstände, da ökonomische Last für den Einzelnen nicht direkt spürbar ist;
- kein Anreiz für Verursacher zur Reduzierung seiner Umweltbelastungen;
- tendenziell ungerecht.

Kooperationsprinzip

d. h. möglichst alle Akteure wirken an umweltpolitischen Entscheidungen und Maßnahmen mit. (Instrument: z. B. Einspruchsrechte, Selbstverpflichtungen)
- besserer Informationsfluss und größere Handlungskompetenz;
- Glättung bzw. Vermeidung von Konflikten;
- ggf. fehlende Entscheidungs- und Mitwirkungsstrukturen;
- Verhandlungsergebnisse abhängig vom Informationsstand und der Macht der Beteiligten.

Ausrichtung der Instrumente

Die umweltökonomischen Instrumente lassen sich fünf Gruppen zuordnen:
- regulative Instrumente, die eine bestimmte Verhaltensweise verlangen (z. B. Ge- und Verbote, Grenzwertsetzung);
- planerische Instrumente, die sich auf ausgewählte Gebiete oder Aufgabenbereiche beziehen (z. B. Abfallentsorgungsplanung, Regionalplanung);
- anreizorientierte/marktwirtschaftliche Instrumente, die nachhaltiges Handeln belohnen bzw. umweltschädliches Handeln kostenintensiver machen (z. B. Subventionen für Umweltforschung, Steuern, Abgaben, Lizenzen und Zertifikate);
- kooperativ-partizipative Instrumente, die auf gemeinsame Entscheidungen verschiedener Akteure zielen (z. B. Runde Tische, Anhörungen, freiwillige Selbstverpflichtung, Absprachen, Verhandlungen und Branchenabkommen);
- informativ-erzieherische Instrumente, die das Verhalten der Akteure indirekt beeinflussen (z. B. Umwelterziehung, Umweltzeichen, Betriebs- und Produktprüfungen).

Drei klassische umweltpolitische Instrumente
- Auflagen umfassen Verbote (z. B. Verbot des Insektizids DDT), Gebote (z. B. Abgasnormen für Kfz) und Grenzwerte (z. B. Mengenbegrenzung an Schwefeldioxid-, Stickstoffoxid- und Kohlenmonoxid-Emissionen eines Kraftwerks).
- Eine Politik der Abgaben verlangt, dass der Verursacher des betreffenden Schadstoffes für die von ihm verursachte Menge an Emissionen zahlt. Solche Ökosteuern können an der Endproduktmenge (z. B. phosphathaltige Waschmittel), an den Produktionsmitteln (z. B. Energie) und an der Schadstoffemission selbst ansetzen.
- Zertifikate (Emissionserlaubnisscheine) erlauben den Verursachern die Emission einer bestimmten Schadstoffmenge innerhalb einer Region.

Dirk Lange (Hg.): Grundwissen Wirtschaft, Berlin (Cornelsen) 2011, S. 242

Kriterien zur Bewertung der Instrumente:
- Ökologische Wirksamkeit
- Ökonomische Effizienz
- Fortlaufende Anreizwirkung

M73 Ist die Party bald vorbei?

Der Sozialpsychologe Harald Welzer zur Frage, was Grundlage neuer Umweltpolitik sein müsste:

Eine Wissenschaftlergruppe (...) hat unlängst in der Zeitschrift „nature" eine Debatte zu „planetary boundaries" (*planetarischen Grenzen*) angestoßen, in der es um die Übernutzung von zehn zentralen Überlebensressourcen geht. Drei dieser Boundaries sind bereits überschritten. Gleichwohl verhalten sich die Volkswirtschaften, die Marktteilnehmer und die Gesellschaften immer noch so, als hätten sie es mit einem physikalisch grenzenlosen Universum zu tun. (...)

Aber je aufdringlicher die „Krisenerscheinungen" werden – der Finanzkollaps und die „Eurokrise" gehören dazu –, desto intensiver richten sich alle Anstrengungen darauf, den Status quo ante zu restaurieren. Dabei intensiviert die Gesellschaft, wie gesagt, auch heute die Bemühungen, mit denen sie bislang erfolgreich gewesen ist: Sie bohrt (...) tiefer und mit größeren Risiken, oder sie nutzt Ölschiefer und Ölsände, deren Extraktion mit erheblich größeren Umweltkosten verbunden sind als das Einleiten sprudelnder Ölquellen in Pipelines, die direkt zu den Raffinerien fuhren. (...) Solche Beispiele ließen sich endlos vermehren; ihr gemeinsamer Nenner ist jedenfalls die Handlungsstrategie, die den Industriekapitalismus von jeher gekennzeichnet hat und die immer noch sein Bewegungsgesetz bildet: Expansion.

Der Clou dabei ist: Die expansiven Strategien werden desto mehr intensiviert, je deutlicher (...) die Knappheiten zunehmen. Daran ändert übrigens kein Nachhaltigkeitszertifikat irgendetwas – oft wird das Problem sogar durch das Nachhaltigkeitsargument verschärft. Man nennt „nachwachsenden Rohstoff", was erst mal die Verwandlung von kleinbäuerlichen Strukturen oder Regenwald in Monokulturen von Ölpflanzen voraussetzt. Biosprit ist das Methadon der fossilen Wirtschaft; und es wird auch hier zusätzlich, nicht stattdessen konsumiert. Aber zurück zu den Knappheiten. Die sind ökonomisch grundsätzlich wünschenswert: Je knapper die Ressource, desto größer die unbefriedigte Nachfrage, desto höher der erzielbare Preis. Deshalb gibt es an der Chicagoer Rohstoffbörse (CBOT) Standing ovations, wenn es irgendwo auf der Welt eine Missernte gibt oder eine Überschwemmung, die landwirtschaftliche Erträge vernichtet. (...)

Deshalb läuft der Extraktivismus unter kapitalistischen Bedingungen gerade dann immer schneller, wenn das Ende der Fahnenstange in Sicht kommt. Also gilt es, jetzt noch so viel wie möglich herauszuholen. Auf diese Weise wirkt die Kultur des ALLES IMMER selbstbeschleunigend, und der Alarmismus der Ökos und der Klimaforscher ebenfalls, macht er doch deutlich, dass die Party womöglich bald vorbei sein könnte. Anders gesagt: So führen Ökobewegung und heißlaufender Extraktivismus nicht nur eine erstaunlich friedliche Koexistenz, sondern beschleunigen sich wechselseitig. Vielleicht löst das das Rätsel, wieso unablässig „Erdgipfel" zur Rettung des Planeten stattfinden, obwohl kein einziger je zu einer wirklichen Veränderung, geschweige denn zu einer Trendumkehr geführt hat.

So kann man in Abwandlung einer Formulierung von Ernst Bloch sagen: Was die Ökobewegung in den vergangenen Jahrzehnten gemacht hat, war richtig, nur was sie nicht gemacht hat, war falsch. Sie hat sich auf die Kritik der Auswüchse eines Wirtschaftssystems konzentriert, dessen Problematik nicht in seinen Fehlern, sondern in seinem Funktionieren besteht. Nicht seine Dysfunktionalitäten und „Übertreibungen" zerstören die künftigen Überlebensgrundlagen, sondern sein ganz normaler Erfolg. (...)

Der Niedergang wird sich nicht gleichermaßen auf alle Gruppen auswirken; auch das Scheitern hat seine eigene Ungleichzeitigkeit und Ungerechtigkeit. Diejenigen, die sich Reichtums- und Organisationsvorteile gesichert haben, werden besser mit dem sich vollziehenden Scheitern zurechtkommen als die, die gar nichts haben. Und noch ein Unterschied: Die meisten Kulturen, die gescheitert sind, haben dafür erheblich mehr Zeit benötigt als die vielleicht insgesamt 250 Jahre, die der Kapitalismus für Aufstieg, Konsolidierung, Universalisierung und Abstieg gebraucht haben wird. Aber die gesteigerte Umschlagsgeschwindigkeit ist nur folgerichtig: Eine Kultur, deren Credo Hochgeschwindigkeitskonsum ist, schafft natürlich auch ihren eigenen Untergang in Rekordzeit.

Harald Welzer: Selbst denken. Eine Anleitung zum Widerstand, Frankfurt/Main (Fischer) 2013, S. 91–94

Extraktivismus (hier): eine auf Rohstoff-Export und häufig auf Raubbau begründete Volkswirtschaft

Handlungsfeld sozialer Ausgleich

Marktwirtschaftlicher Wettbewerb führt zwangsläufig zu Verteilungsergebnissen, die durch Ungleichheit gekennzeichnet sind. Wenngleich der Markt aus theoretischer Sicht besonders effiziente Verteilungsergebnisse ermöglicht, bedeutet dies nicht zwangsläufig, dass diese Ergebnisse auch den Anspruch einer gerechten Verteilung erfüllen. Hier setzen wirtschaftspolitische Konzepte und Maßnahmen an, die auf eine Beeinflussung der Einkommens- und Vermögensverteilung innerhalb einer Gesellschaft abzielen. Neben Freiheit stellt Gerechtigkeit einen der höchsten Grundwerte im sozialen und demokratischen Staat Bundesrepublik Deutschland dar. Wie alle Grundwerte ist soziale Gerechtigkeit eine übergeordnete gesellschaftliche Zielvorstellung. Der Wert der sozialen Gerechtigkeit wirkt prägend auf das menschliche Zusammenleben und erzeugt Verhaltensorientierungen. Deshalb ist der soziale Ausgleich wesentlicher Bestandteil der Sozialen Marktwirtschaft als Wirtschaftsordnung der BRD.

Wir müssen draußen bleiben. *Zeichnung: Frank*

1. Beschreiben Sie das Bild auf S. 156. Diskutieren Sie anschließend im Kurs Ihre Eindrücke.
2. Fassen Sie den Text **M 75** strukturiert zusammen.
3. Analysieren Sie die obenstehende Karikatur.
4. Erörtern Sie mögliche gesellschaftliche, ökonomische und politische Folgen zunehmender sozialer Ungleichheit.
5. Erläutern Sie das Gerechtigkeitskonzept nach **M 74** und **M 75**.
6. Erläutern Sie die Theorie der Gerechtigkeit nach John Rawls (**M 77**).
7. Recherchieren Sie weitere Informationen zu sozialen Lagen in der BRD.
8. Diskutieren Sie auf der Grundlage Ihrer Rechercheergebnisse: In welchen Bereichen sind möglicherweise (sozial-)politische Maßnahmen gefragt?
9. Nehmen Sie Stellung zur Debatte um eine potenziell stärkere Besteuerung höherer Einkommen (**M 78**). Recherchieren Sie hierzu weitere Informationen.
10. Stellen Sie zusammenfassend wesentliche Herausforderungen im Zusammenhang mit dem Ziel des sozialen Ausgleichs in der BRD dar.

M74 Was ist Gerechtigkeit? – Zwei Erklärungen

a) Jeder bekommt, was ihm zusteht

Generell kann man sagen: Der Begriff Gerechtigkeit bezeichnet ein Prinzip, mit dem das soziale Zusammenleben einer Gemeinschaft so geordnet werden kann, dass jedem das zukommt, was ihm zusteht. Die klassische Kurzformel für dieses Gerechtigkeitsprinzip stammt von Platon und in Weiterführung von Aristoteles: Suum cuique, jedem das Seine.

Was aber ist das jeweils „Seine", das einem zusteht, und *wer* entscheidet, *was wem* zusteht? *Das* im Einzelfall zu bestimmen, ist jeweils strittig und nicht eindeutig festzulegen. Es ist abhängig von kulturellen und sozialen Kontexten sowie konkreten Machtverhältnissen. Gerechtigkeit zielt – so kann man sagen – im Grundsatz auf die Zuteilung und Gewährleistung dessen, was einem jeden als das Seinige zukommt und worauf er einen Anspruch hat. (...)

Gerechtigkeit gehört für Aristoteles zu den fünf Kardinaltugenden und ist für ihn unter sozialem Gesichtspunkt das höchste ethische Gut. Dieses höchste ethische Gut dient als kritische Norm, nach der reale gesellschaftliche Zustände beurteilt werden sollen. Das ist deshalb nötig, weil eine Gesellschaft zwar gut funktionieren kann, aber deshalb noch nicht gerecht ist. Eine Gesellschaft kann zwar gut organisiert sein. Sie kann auch wirtschaftlich erfolgreich und außenpolitisch stark sein. Das alles macht diese Gesellschaft ethisch gesehen noch nicht „gut". Denn es ist ja möglich, dass all das erkauft wird mit Diskriminierungen, mit Gewalt gegen Minderheiten oder zustande kommt durch organisiertes Bandentum oder anderes.

Nach Aristoteles bzw. Platon ist das Funktionieren eines Gemeinwesens erst dann ethisch zu rechtfertigen, wenn es dem Prinzip der Gerechtigkeit entspricht bzw. sich an diesem Prinzip orientiert. Gerechtigkeit ist also die Idee einer schlechthin höchsten Rechtfertigung menschlichen Zusammenlebens.

Gerechtigkeit – was ist das? Eine ethische Provokation, Vortrag anlässlich des Epiphaniasseminars am 4.1.2008, in: http://www.diakonische-bildung-bethel.de (Zugriff: 22.7.2014)

b) Recht auf Teilhabe

Gerechtigkeit ist institutionalisiertes Menschenrecht. Gerechtigkeit herrscht, wenn Menschen ein gleiches Recht auf politische Teilhabe besitzen und unter dem Schutz demokratisch erzeugter und wirksam durchgesetzter Gesetze ihre Freiheit genießen und ihr Leben selbstbestimmt gestalten können. Gerechtigkeit herrscht, wenn das Recht alle gleich behandelt und das Eigentum sicher ist. Daher war für Immanuel Kant, Wilhelm von Humboldt und den klassischen Liberalismus mit der Errichtung einer demokratisch verfassten und rechtsstaatlich organisierten Marktgesellschaft allen Forderungen der Gerechtigkeit Genüge getan.

Der Sozialstaat der Gegenwart begnügt sich jedoch nicht mit diesem rechtsstaatlichen Gerechtigkeitsverständnis. Er will soziale Gerechtigkeit, eine gerechte Verteilung der Güter. Welche Gerechtigkeit durch die sozialstaatliche Ausweitung des Rechtsstaates und durch die sozialstaatliche Korrektur der Verteilungsräson eines freien Marktes jedoch verwirklicht werden soll, ist heftig umstritten. Mit dem Übergang zum Sozialstaat verliert der Gerechtigkeitsbegriff seine klare Kontur. Was soziale Gerechtigkeit genau ist, was Verteilungsgerechtigkeit verlangt, auf welches normative Fundament der Sozialstaat gestellt werden sollte – all das ist völlig unklar. Angesichts dieser Ratlosigkeit sollte man einen vorsichtigen und behutsamen Umgang mit dem Begriff der sozialen Gerechtigkeit erwarten. Doch die Wirklichkeit sieht anders aus. Eine überbordende Gerechtigkeitsrhetorik prägt das öffentliche Gespräch sozialstaatlicher Demokratien und den politischen Markt der Wählerbewirtschaftung.

Das konzeptuelle Herzstück dieser Rhetorik ist das Distributionsparadigma: Je mehr dem Markt und den marktspezifischen, leistungsabhängigen Erwerbserfolgen kollektiv entzogen sowie der marktunabhängigen und leistungsunabhängigen Verteilungsräson des Staates übergeben wird, umso gerechter ist die Gesellschaft, umso menschlicher der Markt, umso humaner und ziviler der Kapitalismus.

Wolfgang Kersting: Was ist Gerechtigkeit?, in: Roman Herzog Institut (Hg.): Was ist Gerechtigkeit – und wie lässt sie sich verwirklichen, München (Roman Herzog Institut) 2009, S. 6

M75 Der neue Sinn für Gerechtigkeit

Ungleichheit galt unter Ökonomen lange Zeit als etwas Gutes. Doch die Stimmung hat sich gedreht. Jetzt plädieren Ökonomen für mehr Gleichheit: Die unterschiedliche Vermögensverteilung schade der Gesellschaft.

Im Kampf gegen die Krise hatte die amerikanische Zentralbank vor einigen Jahren eine einfache Idee: Pumpt sie nur viele Milliarden Dollar in den Finanzsektor, so fließt ein Teil davon an die Finanzmärkte und treibt dort Aktienkurse, Anleihe- und Immobilienpreise in die Höhe. Das macht die Amerikaner reicher, sie geben mehr Geld aus, und die Wirtschaft zieht sich selbst am Schopf aus dem Sumpf. Hat das geklappt? Nicht ganz, so Michael Feroli von der US-Investmentbank J. P. Morgan. Zwar sei das Vermögen der Amerikaner seit 2009 um 25 Billionen Dollar gestiegen, ihr Konsum jedoch kaum. Wie kann das sein? Ganz einfach, erklärt Feroli, denn der Vermögenszuwachs kam vor allem den Reichen zugute, und die legen ihr Geld lieber an, als es auszugeben. Der Internationale Währungsfonds (IWF) zieht daraus einen einfachen Schluss: „Die wachsende Ungleichheit schadet der Wirtschaft.“

Nicht nur in den USA, auch in Europa beschäftigt das Thema Ungleichheit wieder die Experten. War sie früher die Domäne linker Ökonomen, so kommt die Kritik inzwischen von allen Seiten. Der IWF plädiert für mehr Gleichheit bei den Einkommen, selbst wirtschaftsliberale Denkfabriken wie die OECD oder die Bertelsmann-Stiftung warnen vor der wachsenden sozialen Kluft. „Ungleichheit schwächt unsere Gesellschaften und unsere Volkswirtschaften“, mahnt OECD-Generalsekretär Angel Gurria. Experten-Runden in Amerika und Europa diskutieren aufgeregt das neue Buch des französischen Ökonomen Thomas Piketty, in dem er versucht zu beweisen, dass die Reichen notwendig immer reicher werden – und die Armen bloß zahlreicher.

Die neue Mode überrascht altgediente Armuts- und Ungleichheits-Kritiker wie den Kölner Soziologen Christoph Butterwegge. „Früher fühlte ich mich oft als einsamer Rufer in der Wüste“, sagt er, „heute ist es in dieser Wüste ganz schön voll geworden.“ Diese Entwicklung sei zwar gut, gleichzeitig aber rätselhaft. Schließlich sei die wachsende Ungleichheit kein neuer Trend, sondern jahrzehntealt. Besonders krass ist die Entwicklung in den USA: Dort verfügt das reichste Prozent der Einwohner mittlerweile über mehr Vermögen als die danach folgenden 99 Prozent. Das mittlere Haushaltseinkommen hingegen ist seit den Achtzigerjahren nicht gestiegen – der Durchschnittsamerikaner hat vom Wirtschaftswachstum nichts. Doch ist dies kein amerikanisches Phänomen. „Seit den Achtzigerjahren nimmt in allen Industrieländern die Ungleichverteilung bei Einkommen und Vermögen zu“, stellt die Organisation für wirtschaftliche Zusammenarbeit und Entwicklung (OECD) fest. Vom Wachstum der vergangenen Jahre hätten vor allem die ohnehin schon Wohlhabenden profitiert, die ärmsten Haushalte fallen zurück. Auch in Deutschland. So sind die Vermögen in keinem Land der Euro-Zone so ungleich verteilt wie hier zu Lande.

Lange galt Ungleichheit in Ökonomen-Kreisen als etwas Gutes. Denn, so hieß es, sie motiviere zur Leistung. Die Chance zum Aufstieg mache die Menschen leistungsbereiter. Daher wurde die Ungleichheit politisch gefördert: In fast allen Industrieländern sind laut OECD die Steuern auf Spitzen- und Kapitaleinkommen in den letzten 30 Jahren gesunken. Gleichzeitig wuchs der Druck auf die Löhne, um die Wirtschaften wettbewerbsfähiger zu machen.

Doch inzwischen hat die Stimmung gedreht. Ungleichheit gilt als schlecht. Woher kommt diese Wende? „Bestimmte Erkenntnisse brauchen einfach eine Weile, bis sie sich durchsetzen“, meint Gustav Horn, Chef des gewerkschaftsnahen Instituts IMK (Institut für Makroökonomie und Konjunkturforschung).

An einer Straßenecke in Berlin

Zudem hat die globale Krise einerseits Armut und Ungleichheit verschärft und gleichzeitig die herrschenden Theorien fragwürdig gemacht. „Der Neoliberalismus hat ein Glaubwürdigkeitsproblem", so Butterwegge. Und das, warnt die OECD, unterminiert den sozialen Zusammenhalt.

Mit derartigen Warnungen will sich die OECD jedoch eher selbst schützen, meint Professor Gerhard Bosch von der Universität Duisburg-Essen. „Die OECD plädiert seit Jahrzehnten dafür, dass der Staat Produkt- und Arbeitsmärkte weniger reguliert", so der Volkswirt. Die meisten Industrieländer hätten dies seit den 1990er-Jahren getan – und die Kluft zwischen Arm und Reich sei gewachsen. „Jetzt hat die OECD Angst, dass die soziale Ungleichheit zu groß wird." Damit vollziehe die OECD keinen Kurswechsel. Vielmehr dienten die Korrekturen dazu, die bisherige Strategie im Wesentlichen fortsetzen zu können, ohne dass sie grundsätzlich infrage gestellt wird.

Auch der IWF scheint nicht sein Herz für die Armen entdeckt zu haben. Er fürchtet die Folgen der Ungleichheit für die Wirtschaft. „Einkommensungleichheit", warnt der Fonds „kann zu nicht-nachhaltigem Wachstum führen." Grund: Es sind gerade die ärmeren Schichten, die ihr Geld komplett ausgeben, so Einkommenszuwächse zurück in den Wirtschaftskreislauf geben und darüber die Konjunktur stützen. Da aber gerade die unteren Einkommensschichten in den vergangenen Jahren abgehängt wurden, haben sie vielfach Kredite aufgenommen, um ihr Konsumniveau beizubehalten oder zu steigern. „Steigende Ungleichheit hat zu exzessiver Schuldenaufnahme der ärmeren Haushalte geführt", so der IWF.

Ganz anders die Wohlhabenden: Sie werden reicher, geben das Geld aber nicht aus, sondern legen es an. Dadurch wächst das Volumen an Anlagekapital immer weiter, die Suche nach rentablen Investments treibt das Geld in immer riskantere Anlageformen. Im Ergebnis „akkumulieren die Wohlhabenden immer mehr Finanzanlagen, die durch Kredite an die Armen gedeckt sind", erklärt der IWF, „das erhöht die Wahrscheinlichkeit von Finanzkrisen."

Während die Experten die Gefahren wachsender Ungleichheit diskutieren, tut die Politik bislang wenig. Im Gegenteil: „Der Befund von IWF und OECD hat sich in der Politik gegenüber den südeuropäischen Krisenländern noch gar nicht niedergeschlagen", meint Volkswirt und Arbeitssoziologe Bosch. „Hier klaffen Worte und Taten weit auseinander."

Diese Untätigkeit, vermutet Horn, könnte ein Ergebnis der gewachsenen Ungleichheit sein: „Reichtum bringt eben auch politische Macht mit sich", sagt er, „warum sonst sollte es so schwierig sein, in Deutschland eine Vermögenssteuer einzuführen?"

Stephan Kaufmann: Der neue Sinn für Gerechtigkeit, Frankfurter Rundschau v. 17.5.2014, S. 14 f.

M 76 Gerechtigkeitsbegriff und Wahrnehmung der Deutschen

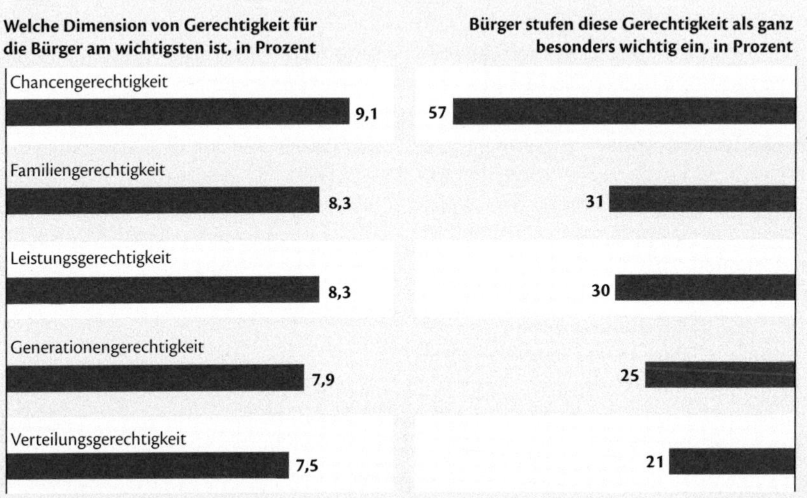

Quelle: Allensbacher Archiv; IfD-Umfrage 11001
Basis: Bundesrepublik Deutschland, Bevölkerung ab 16 Jahre, Stand: 2013

John Rawls (1921–2002), US-amerikanischer Philosoph, der sich intensiv mit Fragen der Gerechtigkeit befasst hat

M77 John Rawls: Theorie der Gerechtigkeit

In der Theorie der Gerechtigkeit als Fairness spielt die ursprüngliche Situation der Gleichheit dieselbe Rolle wie der Naturzustand in der herkömmlichen Theorie des Gesellschaftsvertrags. Dieser Urzustand wird natürlich nicht als ein wirklicher geschichtlicher Zustand vorgestellt, noch weniger als primitives Stadium der Kultur. Er wird als rein theoretische Situation aufgefasst, die so beschaffen ist, dass sie zu einer bestimmten Gerechtigkeitsvorstellung führt.

Zu den wesentlichen Eigenschaften dieser Situation gehört, dass niemand seine Stellung in der Gesellschaft kennt, seine Klasse oder seinen Status, ebenso wenig sein Los bei der Verteilung natürlicher Gaben wie Intelligenz oder Körperkraft. Ich nehme sogar an, dass die Beteiligten ihre Vorstellung vom Guten und ihre besonderen psychologischen Neigungen nicht kennen. Die Grundsätze der Gerechtigkeit werden hinter einem Schleier des Nichtwissens festgelegt. Dies gewährleistet, dass dabei niemand durch die Zufälligkeiten der Natur oder der gesellschaftlichen Umstände bevorzugt oder benachteiligt wird. Da sich alle in der gleichen Lage befinden und niemand Grundsätze ausdenken kann, die ihn aufgrund seiner besonderen Verhältnisse bevorzugen, sind die Grundsätze der Gerechtigkeit das Ergebnis einer fairen Übereinkunft oder Verhandlung. Denn in Anbetracht der Symmetrie aller zwischenmenschlichen Beziehungen ist dieser Urzustand fair gegenüber den moralischen Subjekten, d. h. den vernünftigen Wesen mit eigenen Zielen und – das nehme ich an – der Fähigkeit zu einem Gerechtigkeitsgefühl. Den Urzustand könnte man den angemessenen Ausgangszustand nennen, und damit sind die in ihm getroffenen Grundvereinbarungen fair. Das rechtfertigt die Bezeichnung „Gerechtigkeit als Fairness“: Sie drückt den Gedanken aus, dass die Grundsätze der Gerechtigkeit in einer fairen Ausgangssituation festgelegt werden. Sie will nicht besagen, die Begriffe der Gerechtigkeit und der Fairness seien ein und dasselbe, ebenso wenig wie der Ausdruck „Dichtung als Metapher“ sagen will, Dichtung und Metapher seien dasselbe. Ich behaupte, dass die Menschen im Urzustand zwei (...) Grundsätze wählen würden: einmal die Gleichheit der Grundrechte und -pflichten; zum anderen den Grundsatz, dass soziale und wirtschaftliche Ungleichheiten, etwa verschiedener Reichtum oder verschiedene Macht, nur dann gerecht sind, wenn sich aus ihnen Vorteile für jedermann ergeben, insbesondere für die schwächsten Mitglieder der Gesellschaft. Nach diesen Grundsätzen kann man Institutionen nicht damit rechtfertigen, dass den Unbilden einiger ein größerer Gesamtnutzen gegenüberstehe. Es ist vielleicht zweckmäßig, aber nicht gerecht, dass einige weniger haben, damit es anderen besser geht. Es ist aber nichts Ungerechtes an den größeren Vorteilen weniger, falls es dadurch auch den nicht so Begünstigten besser geht. Die intuitive Vorstellung ist die, dass jedermanns Wohlergehen von der Zusammenarbeit abhängt, ohne die niemand ein befriedigendes Leben hätte, und dass daher die Verteilung der Güter jeden, auch den weniger Begünstigten, geneigt machen sollte, bereitwillig mitzuarbeiten. Die beiden soeben erwähnten Grundsätze dürften eine faire Grundlage dafür sein, dass die Begabteren oder sozial besser Gestellten – was beiden nicht als Verdienst angesehen werden kann – auf die bereitwillige Mitarbeit anderer rechnen können, sofern eine funktionierende Regelung eine notwendige Bedingung für das Wohlergehen aller ist. Sobald man sich für eine Gerechtigkeitsvorstellung entschieden hat, die die Zufälligkeiten der natürlichen Begabung und der gesellschaftlichen Verhältnisse nicht zu politischen und wirtschaftlichen Vorteilen führen lässt, gelangt man zu diesen Grundsätzen. Sie lassen jene Seiten der sozialen Welt aus dem Spiel, die als moralisch willkürlich erscheinen.

John Rawls: Eine Theorie der Gerechtigkeit, Frankfurt/Main (Suhrkamp) 2003, zit. nach: Zentrale für Unterrichtsmedien im Internet e.V. 28.5.2005, in: http://www.zum.de (Zugriff: 15.5.2014)

M 78 Pro und kontra: Große Vermögen stärker besteuern?

Pro

Kerstin Andrae, Politikerin Bündnis 90/Die Grünen:

Über die Hälfte des gesamten Privatvermögens in Deutschland liegt in den Händen von nur 10 Prozent der Haushalte. Dennoch wird Vermögen in Deutschland deutlich weniger besteuert als in anderen Ländern wie der Schweiz oder Luxemburg. Dabei ist die Schere zwischen Arm und Reich in den letzten Jahren immer weiter auseinander gegangen.

Ich halte es daher für gerecht, dass höhere Vermögen und Einkommen stärker zur Haushaltskonsolidierung und zur Finanzierung von Zukunftsausgaben herangezogen werden.

Wir Grünen schlagen dafür die Einführung einer zeitlich befristeten Vermögensabgabe vor. Außerdem wollen wir Erbschaften stärker besteuern und den Spitzensteuersatz auf 49 Prozent anheben.

In den letzten drei Jahren ist die Staatsverschuldung in Deutschland um mehr als 400 Milliarden Euro auf insgesamt über 2000 Milliarden Euro gestiegen.

Es stellt sich daher die Frage: Wer soll dafür aufkommen? Die Schwächsten durch Sozialkürzungen oder zukünftige Generationen durch zusätzliche Verschuldungen?

Ich bin überzeugt, dass es gerecht ist, dass diejenigen die Last tragen, die am meisten leisten können.

Eine Reform der Erbschaftsteuer führt zusätzlich zu einer gerechteren Verteilung und sie schafft den Spielraum für mehr Investitionen, zum Beispiel in ein besseres Bildungssystem. Weil das Aufkommen der Erbschaftsteuer direkt in die Länderhaushalte fließt, erhalten die Länder hierdurch die dringend benötigten Mittel.

Angesichts der gewaltigen Finanzprobleme aller staatlichen Ebenen müssen wir hohe Einkommen stärker besteuern. Ab einem zu versteuernden Einkommen von 80 000 Euro soll daher der Spitzensteuersatz von 49 Prozent greifen. Ich halte das für fair und verkraftbar.

Kerstin Andreae: Ein Beitrag zur Gerechtigkeit, 27.8.2012, in: http://www.braunschweiger-zeitung.de (Zugriff: 17.5.2014)

Kontra

Dr. Markus Kerber, BDI-Hauptgeschäftsführer:

Die Idee einer zusätzlichen Vermögensabgabe kommt unscheinbar daher: Nur eineinhalb Prozent des Vermögens pro Jahr sollen über zehn Jahre als einmalige Sonderabgabe an den Staat abgeführt werden – für den Abbau von Schulden und im Namen der Gerechtigkeit. Doch das Signal, das die Grünen an die Wirtschaft aussenden, ist verheerend: Kommt die Vermögensabgabe, haben viele Unternehmen zehn lange Jahre keine oder kaum eine Rendite zu erwarten. Die nämlich beträgt bei den meisten Unternehmen nur zwei Prozent.

Das bedeutet: Laufende Steuern und Vermögensabgabe wären teilweise so hoch wie der gesamte Gewinn. Da ist die Deckelung der Vermögensabgabe, welche die Besteuerung der Substanz von Unternehmen vermeiden soll, allenfalls ein Trostpflaster.

Wer soll unter den Umständen in den nächsten zehn Jahren in unsere Unternehmen investieren? (...) Unternehmen, die ihre Investoren zehn Jahre lang vertrösten müssen, haben keine Chance im internationalen Wettbewerb um Anlagekapital.

Mit ihren Plänen riskieren die Grünen die weltweite Spitzenstellung, die sich die deutsche Industrie erarbeitet hat. Auch die Frage, ob eine Vermögensabgabe überhaupt rechtlich zulässig wäre, klammern die Grünen aus. Dabei lässt das Grundgesetz eine einmalige Vermögensabgabe nur vor dem Hintergrund einer historischen Ausnahmesituation zu. (...)

Dazu kommt die Frage: Braucht der Staat wirklich mehr Geld? Die Steuereinnahmen sind auf Rekordniveau. In Deutschland gab es Ende 2012 den höchsten Beschäftigungsstand seit der Wiedervereinigung. Unser Land ist auf einem guten Konsolidierungspfad unterwegs. Der Finanzminister freut sich, dass er aufgrund der niedrigen Zinsen viele Milliarden spart. Eine Vermögensabgabe würde die positive wirtschaftliche Entwicklung gefährden. Anstatt riskante Vorschläge für neue Einnahmequellen zu entwickeln, sollte die Politik besser und effizienter wirtschaften. Das Geld dafür steht ihr bereits jetzt zur Verfügung – ganz ohne neue Steuern und Abgaben.

Markus Kerber: Verheerendes Signal, 27.5.2013, in: http://www.braunschweiger-zeitung.de (Zugriff: 16.6.2014)

BDI: Bundesverband der Deutschen Industrie, Interessengruppe der Industrieunternehmen in Deutschland

M79 Stichwort: Sozialer Ausgleich

Wirtschaftliches Handeln führt in der Marktwirtschaft nicht nur zu Produktion und Austausch von Waren und Dienstleistungen. Auch die Gewinnung wirtschaftlicher Einkommen hängt mit dem Marktgeschehen (Produktion und Handel von Gütern) zusammen. Hierbei lassen sich unterschiedliche Einkommensarten unterscheiden:

- Einkommen aus unselbstständiger Arbeit (im Gegenzug für eine bestimmte Arbeitsleistung).
- Einkommen aus unternehmerischer Tätigkeit (Unternehmenserlöse abzüglich der aufgewendeten Kosten).
- Einkommen aus Kapitalbeständen (z. B. Mieteinkünfte, Zinserträge).
- Einkommen aus Umlagesystemen (z. B. Rentenzahlungen, Leistungen der Arbeitslosenversicherung, finanziert aus Beiträgen regulär erwerbstätiger Wirtschaftsakteure).
- Einkommen aus Transferleistungen (z. B. Kindergeld, Arbeitslosengeld II, finanziert aus Steuermitteln, die im Wirtschaftsgeschehen erschlossen werden).

In engem Zusammenhang mit dem jeweils erzielten Einkommen steht das Vermögen eines Wirtschaftsakteurs: Hierunter wird die Gesamtheit aller Güter (z. B. Immobilien, Wertgegenstände) und Ansprüche auf Güter (z. B. Bankguthaben, Bargeld) in seinem Eigentum verstanden.

Das marktwirtschaftliche System bietet das Potenzial, möglichst effiziente Verteilungsergebnisse zu erzielen. (...) Allerdings ist damit keinesfalls gesagt, dass diese Verteilungsergebnisse immer auch möglichst gleichmäßig ausfallen. Dies wird gerade in Bezug auf die Einkommens- und Vermögensbeteiligung sehr deutlich: Hier zeigt sich bei einem Blick auf die Gesamtgesellschaft ein sehr ungleichmäßiges Verteilungsergebnis.

Messung der Einkommensverteilung

Zur Messung der konkreten Ausprägung der jeweiligen Einkommens- und Vermögensverteilung innerhalb einer Volkswirtschaft kommt der sogenannte Gini-Koeffizient zur Anwendung. Hierbei handelt es sich um ein statistisches Maß, das Aussagen über vorliegende Ungleichverteilungen liefert. Je nach vorliegender Ungleichverteilung beträgt der Wert des Gini-Koeffizienten dabei zwischen 0 (absolute Gleichverteilung, das gesamte Einkommen/Vermögen ist gleichmäßig auf alle Haushalte verteilt) und 1 (absolute Ungleichverteilung, das gesamte Einkommen/Vermögen entfällt auf lediglich einen Haushalt).

Sozialer Ausgleich als politische Herausforderung

Die Ungleichverteilung von Einkommen und Vermögen kann zum Teil auf Unterschiede in der ökonomischen Leistung bzw. Leistungsfähigkeit zwischen den einzelnen Wirtschaftsakteuren zurückgeführt werden. Allerdings ist (in Bezug auf die BRD) auch feststellbar, dass in diesem Zusammenhang weitere, weit weniger objektive Einflussfaktoren wirksam werden: Entscheidend ist dabei die Frage der Chancengerechtigkeit – also ob alle Wirtschaftsakteure ähnliche Ausgangsbedingungen für ihr Streben nach individuellem ökonomischen Erfolg vorfinden. Hier zeigt sich: Bereits der Bildungserfolg (die Wahrscheinlichkeit, einen vergleichsweise hohen Bildungsabschluss zu erlangen) hängt nicht allein vom individuellen Leistungsvermögen ab, sondern maßgeblich auch von der jeweiligen sozialen Herkunft (...). Man spricht in diesem Zusammenhang auch von einer Vererbung von Bildungschancen, die Menschen, die bereits in Elternhäusern mit hohem Einkommen/Vermögen aufwachsen, deutlich begünstigt. Dieser Zusammenhang führt wiederum in der Konsequenz zu einer tendenziellen Reproduktion der gegebenen Einkommens- und Vermögensverhältnisse (nur zum Teil von der objektiv gegebenen Leistungsfähigkeit der Wirtschaftsakteure abhängig). Ein weiterer Faktor, der die Einkom-

Frauen und Männer demonstrieren in Berlin für gleichen Lohn für gleiche Arbeit und allgemein für eine Beseitigung des Lohn- und Gehaltsgefälles, 21.3.2013. Laut Statistischem Bundesamt verdienen Frauen in der Bundesrepublik im Schnitt noch immer rund 22 Prozent weniger als ihre männlichen Kollegen mens- und Vermögensverteilung beeinflusst, besteht mit der Variable Geschlecht: Hier zeigt sich zum einen, dass Frauen in Leitungspositionen mit hohem Einkommen unterrepräsentiert sind. Zum anderen ist nachweisbar, dass Frauen im Vergleich zu Männern mit ähnlicher Qualifikation bzw. in ähnlichen Berufsfeldern vielfach ein tendenziell geringeres Einkommen erzielen.

Ein wichtiges Kernprinzip der Sozialen Marktwirtschaft ist der Anspruch, Marktergebnisse – dort wo dies aus politischer Sicht als notwendig angesehen wird – ggf. nach sozialen Gesichtspunkten zu korrigieren bzw. abzumildern. Von zentraler Bedeutung ist hierbei die Distributionsfunktion staatlicher Wirtschaftspolitik, die v. a. über sozialpolitische Maßnahmen realisiert wird. Zielsetzung ist dabei, auf die Einkommens- und Vermögensverteilung innerhalb der Gesellschaft so einzuwirken, dass eine allgemeine Erschließung des erwirtschafteten Wohlstands möglich wird. Einerseits wird dabei durch politische Regelungen darauf hingewirkt, Benachteiligungen im Wirtschaftsprozess abzumildern (z. B. Bildungsförderung für benachteiligte Bevölkerungsgruppen, Regelungen zur Verhinderung von Diskriminierung). Andererseits wird durch staatliche Maßnahmen zum Teil eine Umverteilung angestrebt: Diese soll v. a. durch eine stärkere Beteiligung von Wirtschaftsakteuren mit hohem Einkommen/Vermögen an der Finanzierung öffentlicher Aufgaben, insbesondere auch im Rahmen der sozialen Absicherung (z. B. steuerfinanzierte Sozialleistungen wie das Arbeitslosengeld II) über ein progressives Steuersystem (überproportional ansteigende Besteuerung bei ansteigendem Einkommen/Vermögen) erreicht werden.

Trotz Sozialpolitik und Umverteilung: Auch wenn in der Sozialen Marktwirtschaft bestimmte sozialpolitische Ziele verfolgt werden, wird zugleich im individuellen Streben nach ökonomischem Gewinn die wichtigste Antriebskraft für die Erschließung von Wohlstand gesehen. Es ist umstritten, in welchem Ausmaß sozialpolitische Umverteilung tatsächlich realisiert werden sollte. Während einerseits vor einer Hemmung des produktiven Gewinnstrebens besonders leistungsfähiger Wirtschaftsakteure gewarnt wird, betonen andere Stimmen die große Notwendigkeit einer gerechteren Verteilung des erwirtschafteten Wohlstands.

Dirk Lange (Hg.): Grundwissen Wirtschaft, Berlin (Cornelsen) 2011, S. 98 f.

M 80 Soziale Ungleichheit in Deutschland

Vermögen 2012 in Euro, nach Abzug von Schulden

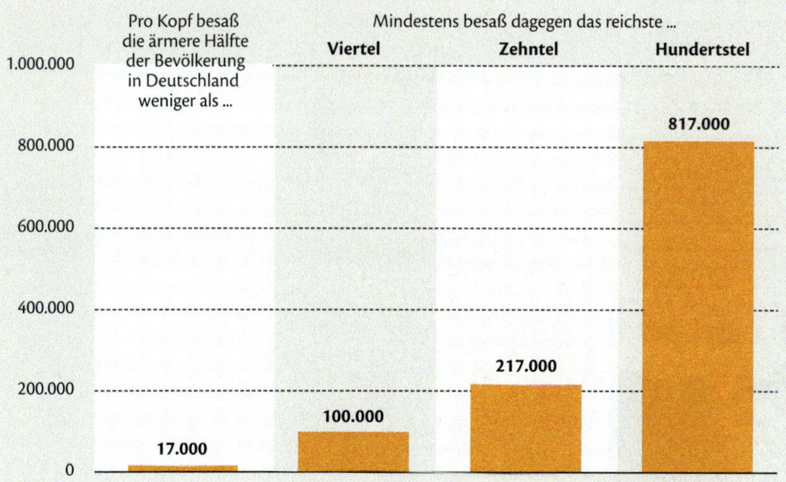

Quelle: Hans-Böckler-Stiftung, Grabka, Westermeier 2014

Kompetenzcheck

Anforderungsbereich I:

- Nennen Sie die zentralen Inhalte des ordoliberalen Programms.
- Zählen Sie die zentralen wirtschaftspolitischen Akteure in der BRD auf.
- Veranschaulichen Sie die Ausgabenseite des Bundeshaushaltes.
- Stellen Sie die wesentlichen Folgen dar, die sich aus einem dauerhaften Exportüberschuss einer Volkswirtschaft ergeben.

Anforderungsbereich II:

- Erläutern Sie die wirtschaftspolitischen Standpunkte einer Partei Ihrer Wahl.
- Vergleichen Sie die wirtschaftspolitischen Standpunkte einer Partei Ihrer Wahl mit den wirtschaftspolitischen Standpunkten der Arbeitnehmerseite und der Arbeitgeberseite.
- Arbeiten Sie anhand eines Beispiels heraus, was im wirtschaftspolitischen Bereich unter einem Zielkonflikt verstanden wird.
- Erklären Sie, warum die Sicherung von Preisniveaustabilität als wichtige wirtschaftspolitische Zielsetzung angesehen wird.
- Erläutern Sie das nachstehend grafisch dargestellte Verfahren. Sehen Sie hier einen wirtschaftspolitischen Bezug?

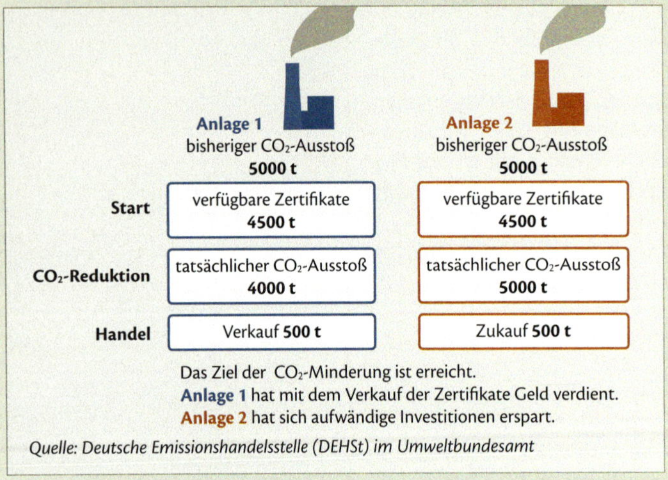

Quelle: Deutsche Emissionshandelsstelle (DEHSt) im Umweltbundesamt

Anforderungsbereich III:

- Nehmen Sie Stellung: Kann ökonomisches Wachstum durch wirtschaftspolitische Maßnahmen beeinflusst werden?
- Beurteilen Sie: Kann der Staat durch erhöhte Bildungsausgaben Arbeitslosigkeit bekämpfen?
- Interpretieren Sie die folgende Karikatur:

Zeichnung: Koufogiorgos

4 Wirtschaftspolitik als internationale Zukunftsaufgabe

Wenn wir die internationalen Aspekte von Wirtschaftspolitik betrachten, so kommen wir am Begriff der Globalisierung nicht vorbei. Dieser wird seit den 1990er-Jahren verstärkt benutzt und beschreibt die weltweite, vor allem wirtschaftliche Verflechtung von Gesellschaften. Darüber hinaus ist Globalisierung ein andauernder vieldimensionaler Prozess, der auch nichtstaatliche internationale Institutionen und Akteure immer stärker einbezieht.
Aber warum gibt es überhaupt Welthandel und – darauf beruhend – Globalisierung? Und welche Folgen hat die Zunahme globaler ökonomischer Beziehungen, die auch die Wirtschaftspolitiken der Staaten vor neue Herausforderungen stellen? Schon für Deutschland und Europa, aber auch global, ergeben sich eine ganze Reihe von Zukunftsaufgaben, insbesondere die Verhinderung globaler Finanz- und Wirtschaftskrisen, die Armutsbekämpfung sowie die Bewahrung der globalen natürlichen Lebensgrundlagen.

Krise, Klima, Armut – globale wirtschaftspolitische Aufgaben

Auch wenn wir es kaum bewusst wahrnehmen: Globalisierung begegnet uns auch im Alltag, etwa in der Kleidung, die wir tragen. Globalisierung hat viele Dimensionen, ist aber kein Naturgesetz. Sie beruht vielmehr auf technischen Entwicklungen und politischen Entscheidungen, die seit etwa den 1970er-Jahren stattfanden oder getroffen wurden. Als wesentliche Ursachen der Globalisierung gelten der technische Fortschritt, insbesondere in der Kommunikationstechnologie, das Bevölkerungswachstum in vielen Ländern, die Containerisierung des Stückguttransports, die politisch vorangetriebene Liberalisierung des Welthandels und die Freisetzung der Finanzmärkte. Das Ende des Kalten Krieges hat durch den Zusammenbruch der planwirtschaftlichen Staaten Osteuropas, insbesondere der Sowjetunion, die geopolitische Lage zusätzlich verändert.

Zeichnung: Mohr

1 Von „Globalisierung" wird seit den 1990er-Jahren gesprochen. Fassen Sie zusammen, welche Entwicklungen der Begriff umschreibt (M 1–M 3, M 12–M 15).

2 Erläutern Sie die Freihandelstheorie als Voraussetzung der Globalisierung. Wie entwickeln die neueren Handelstheorien dieses Denken weiter (M 1–M 6)?

3 Analysieren Sie die Kritik am Freihandel (M 9) und die Kontroverse zwischen Freihandel und Protektionismus in der wirtschaftspolitischen Praxis (M 10).

4 Ein Meilenstein für die Globalisierung der Wirtschaft ist das Abkommen von Bretton-Woods. Beschreiben Sie die machtpolitischen Konstellationen und deren Bedeutung für den Abschluss dieses Abkommens (M 11).

5 Arbeiten Sie heraus, welche Vorteile der Globalisierung genannt werden (M 15).

6 Erörtern Sie gemeinsam, in welchen Alltagserfahrungen sich die Dimensionen der Globalisierung bemerkbar machen. Diskutieren Sie darüber, was davon durch Wirtschaftspolitik verursacht oder beeinflussbar ist (M 12, M 20–M 24).

7 Beschreiben Sie die Kritik an der „neoliberalen" Globalisierung. Arbeiten Sie in Grundzügen heraus, welche Zusammenhänge zwischen sozialer Ungleichheit/Armut, ungezügelten Finanzmärkten und Umweltschäden gesehen werden (M 16–M 24).

8 Nehmen Sie Stellung zur Diskussion um das Zwei-Grad-Ziel der internationalen Klimapolitik (M 25–M 27).

9 Interpretieren Sie obenstehende Karikatur.

M1 Theoretische Begründung des Welthandels durch Adam Smith

Globalisierung gibt es nur, wenn es auch Welthandel gibt. Die Frage danach, warum überhaupt über Grenzen hinweg Waren, Dienstleistungen und Finanzprodukte gehandelt werden, ist also zugleich die Frage nach den Grundlagen der Globalisierung. Begründungen für Welthandel werden in der so genannten Handelstheorie geboten.

Die klassische Theorie für die Entstehung von Handelsbeziehungen postuliert die Theorie der absoluten Kostenvorteile. Diese Theorie wurde von Adam Smith (1723–1790), dem zentralen Denker des klassischen Liberalismus, formuliert. Smith war der Auffassung, dass sich jedes Land auf die Produktion derjenigen Güter konzentrieren sollte, die es absolut gesehen zu den geringsten Kosten herstellen kann. Über zwischenstaatlichen Handel sollten daraufhin Wohlstandsgewinne für alle Beteiligten erschlossen werden. Einmal angenommen, die Länder Deutschland und China könnten sowohl Computer als auch Autos produzieren, würden sich die Kosten für die Produktion jeweils einer Gütereinheit wie folgt gestalten:

	Deutschland	China
Computer	200,00 €	100,00 €
Auto	10 000,00 €	12 000,00 €

Betrachtet man die Produktionskosten, so zeigt sich, dass Deutschland bei der Produktion von Autos, China hingegen bei der von Computern über einen absoluten Kostenvorteil verfügt. Bei einem gleich großen Gesamtbudget beider Länder könnten also mehr Autos in Deutschland als in China und mehr Computer in China als in Deutschland produziert werden. Vor diesem Hintergrund ist es sinnvoll, dass sich Deutschland auf die Autoproduktion und China auf die Computerproduktion konzentriert und die jeweiligen Güter über grenzübergreifenden Handel austauscht.

Dirk Lange (Hg.): Grundwissen Wirtschaft, Berlin (Cornelsen) 2011, S. 124

M2 Welthandel am Beispiel der Jeansproduktion

Die Baumwolle für die Jeans kommt aus Indien oder Usbekistan. Versponnen wird sie in China, Indien, Taiwan oder in der Türkei – mit Maschinen aus der Schweiz. Ihre Farbe bekommt die Jeans in Frankreich. Zugeschnitten und genäht wird in Billiglohnländern: China, Honduras oder Osteuropa. Das Waschen der Jeans („stonewashed"-Aussehen) geschieht z. B. in Nordafrika (Marokko), Osteuropa oder in der Türkei. Nach dem Verkauf in Europa wird die getragene Jeans zur Altkleidersammlung gegeben, in den Niederlanden sortiert und nach Südamerika, Afrika oder Osteuropa exportiert.

Produktionsweg einer Jeans

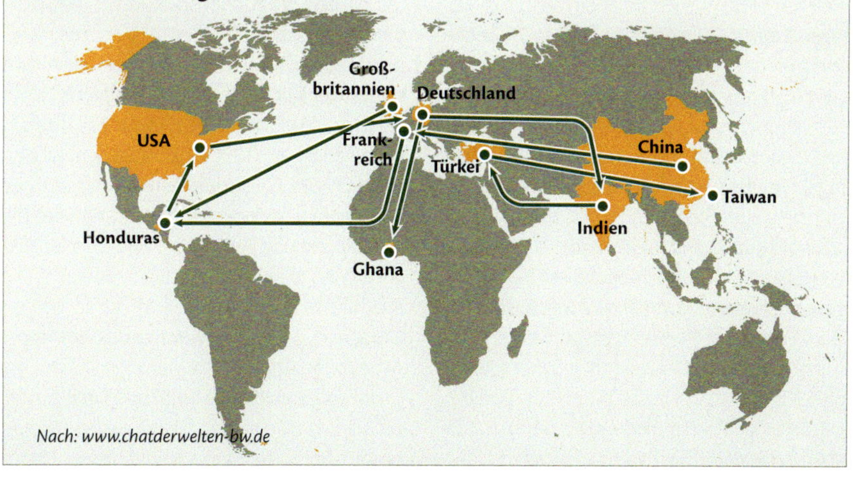

Nach: www.chatderwelten-bw.de

M3 David Ricardo: Handel lohnt immer

Der komparative Vorteil wurde erstmals 1815 von dem Ökonomen Robert Torrens beschrieben. David Ricardo, einer der herausragenden Vertreter der klassischen Lehre der Ökonomie, formalisierte das Theorem dann in seinem 1817 erschienenen Hauptwerk. „On the Principles of Political Economy and Taxation". (...)
Da bei relativen komparativen Vorteilen nur die Kosten- bzw. Preisverhältnisse der Produktionen entscheidend sind, nicht aber die absoluten Kosten bzw. Preise, können sie grundsätzlich von allen Ländern untereinander gewinnbringend im Handel genutzt werden, also völlig unabhängig von den Entwicklungsständen und Produktivitätsniveaus der Länder. Kurz gesagt: Rückständige, wenig produktive Länder können mit fortschrittlichen, hochproduktiven Ländern unter Nutzung ihrer jeweiligen relativen komparativen Vorteile im Handel miteinander gegenseitig Gewinne realisieren.

Gerd Zeitler: Kompendium der sozialökologischen Ökonomik, Komparativer Vorteil aufgewertet, in: http://gerdzeitler.word-press.com (Zugriff: 7.4.2014); zur besseren Unterscheidung zu den absoluten Vorteilen ist im Text von „relativen komparativen" Vorteilen die Rede

M4 Warenhandel 2011 in Milliarden Dollar

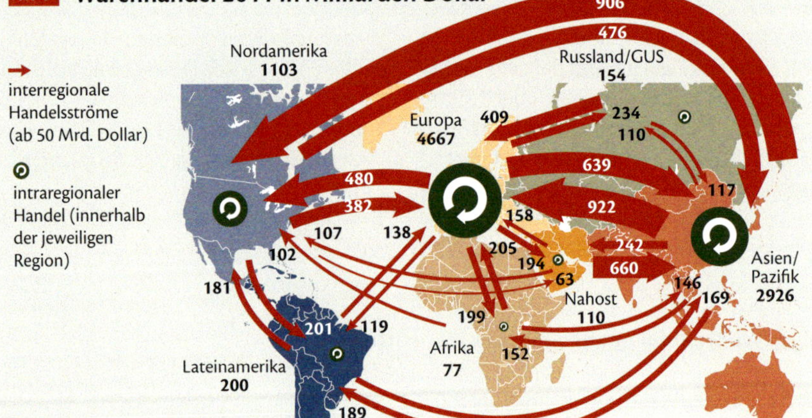

Quelle: World Trade Organization, dpa

M5 Ricardos historische Beispiele England und Portugal

Beide Länder erzeugen Wein und Tuch. Portugal hat bei beiden Produkten absolute Vorteile (s. M 1) gegenüber England: Man kann dort nämlich sowohl Tuch als auch Wein mit weniger Arbeitsaufwand herstellen (...). Gleiche Mengen der beiden Waren werden in Portugal mit 90 bzw. 80 und in England mit 100 bzw. 120 Leuten produziert. Dennoch lohnt es sich nicht nur für England, sondern auch für Portugal, Handel zu treiben, solange die Kostenrelationen zwischen Tuch und Wein unterschiedlich sind. Portugal verzichtet also auf den Export von Tuch. Die auf diese Weise freigesetzte Arbeit kann nämlich besser bei der Herstellung von Wein eingesetzt werden. Portugal nutzt also die Gelegenheit (opportunity, daher „opportunity costs", wenn auf die Gelegenheit „Tuch" verzichtet wird), den zusätzlichen Wein nach England zu verschiffen. Dafür erhält man in England im Austausch eine größere Quantität Tuch (und, wie Ricardo hinzufügt, in besserer Qualität), als sie in Portugal mit der aus der Tuchproduktion in die Weinproduktion umgeleiteten Arbeitsmenge zu produzieren wäre. Die Engländer wiederum stellen weniger Wein her und verlegen sich auf die Produktion von Tuch. Denn das Tuch in Portugal gegen Wein einzutauschen, ist hinsichtlich der Quantität (und Qualität) nur günstig. Durch diese Spezialisierung wird die Herstellung von Tuch und Wein mit der gleichen Menge Arbeit insgesamt gesteigert. Die Produktivität der Arbeit (...) hat in beiden Ländern durch die Ausweitung des Raums der Arbeitsteilung zugenommen.

Elmar Altvater/Birgit Mahnkopf: Grenzen der Globalisierung, Münster (Westfälisches Dampfboot) 1996, S. 203

Opportunity costs (Opportunitätskosten): durch die Entscheidung für eine bestimmte Alternative der Produktion oder des Konsums entgangener Nutzen

M6 Neuere Handelstheorien

Die Erklärungen der klassischen Handelstheorie beruhen weitgehend auf vereinfachten Modellvorstellungen, wie etwa der Annahme, dass nur zwei unterschiedliche Güter zwischen zwei Volkswirtschaften getauscht werden. In der Realität zeigt sich, dass Handel vielfach auch dann stattfindet, wenn unmittelbar kein absoluter oder komparativer Kostenvorteil vorliegt. Beispielsweise findet ein Großteil des Handels zwischen Industrieländern statt, die in ihrer Güterproduktion ähnliche Kostenstrukturen aufweisen. An entsprechenden Beobachtungen setzen neuere Handelstheorien an.

Das Heckscher-Ohlin-Theorem
Die schwedischen Wirtschaftswissenschaftler Eli Heckscher (1879–1952) und Bertil Ohlin (1899–1979) entwickelten in den 1930er-Jahren ein Theorem zur Erklärung grenzüberschreitender Handelsströme. Ihre wichtigste Ausgangsfeststellung ist, dass sich Volkswirtschaften hinsichtlich ihrer Ausstattung mit Produktionsfaktoren (Arbeit, Kapital und Boden) unterscheiden. Internationaler Handel hängt im Rahmen dieser Theorie eng mit dieser unterschiedlichen Faktorausstattung zusammen. Es wird angenommen, dass Volkswirtschaften tendenziell diejenigen Güter verstärkt produzieren und für den Export anbieten, bei deren Produktion die jeweils vorhandenen Produktionsfaktoren besonders stark genutzt werden. Das Heckscher-Ohlin-Theorem bietet damit eine Erklärung dafür, dass sich Volkswirtschaften mit einer Vielzahl an kostengünstigen Arbeitskräften auf die Produktion arbeitsintensiver Güter (z. B. Textilien) spezialisieren, während sich hoch entwickelte Industriestaaten auf die Produktion kapitalintensiver Güter (z. B. IT-Produkte) konzentrieren. Der Güteraustausch findet als grenzüberschreitender Handel zwischen den einzelnen Volkswirtschaften statt. Insgesamt zeichnen sich dabei die folgenden Tendenzen ab:

- Volkswirtschaften mit hohem Kapitalbestand exportieren kapitalintensiv produzierte Güter und importieren arbeitsintensiv produzierte Güter.
- Volkswirtschaften mit großem Arbeitskräftereservoir exportieren arbeitsintensiv produzierte Güter und importieren kapitalintensiv produzierte Güter.

Dirk Lange (Hg.): Grundwissen Wirtschaft, Berlin (Cornelsen) 2011, S. 126

M7 Theorie der monopolistischen Konkurrenz

Internationale Handelsbeziehungen sind durch den Handel mit sehr unterschiedlichen Gütern zwischen einzelnen Volkswirtschaften gekennzeichnet. Unterschieden wird dabei zwischen dem interindustriellen Handel sowie dem intraindustriellen Handel (s. M 8).

- Interindustrieller Handel: Austausch von Gütern unterschiedlicher Produktionssektoren (z. B. von Autos und Agrarprodukten).
- Intraindustrieller Handel: Austausch von Gütern des gleichen Produktionssektors (z. B. von Autos der Marke X und Autos der Marke Y).

In der Realität des grenzüberschreitenden Handels zeigt sich, dass nicht nur der interindustrielle Handel, sondern auch der intraindustrielle Handel von großer Bedeutung ist. So werden etwa zwischen den Industrieländern Deutschland und Japan Autos gehandelt, die sich sowohl in ihrem Wert als auch in ihren Produktionskosten weitgehend ähneln. Erklärt wird dieser Befund durch die Theorie der monopolistischen Konkurrenz, welcher die Annahme zugrunde liegt, dass das Idealbild der vollständigen Konkurrenz in der wirtschaftlichen Realität weitgehend nicht vorzufinden ist. Stattdessen dominiert insbesondere die Marktform der monopolistischen Konkurrenz, bei der zwar zahlreiche Anbieter am Markt aktiv sind, diese zugleich aber nicht vollkommen identische, sondern nur ähnliche Güter anbieten (z. B. unterschiedliche Brotsorten unterschiedlicher Bäckereien). Zudem wird vorausgesetzt, dass Nachfrager über bestimmte individuelle Präferenzen verfügen, die bestimmte Nachfrageentscheidungen nahelegen. Die einzelnen Güter (z. B. Mittelklasseautos unterschiedlicher Hersteller) erscheinen für die Nachfrager dabei als Alternativen, aus denen je nach eigenen Präferenzen und Angebotsbedingungen gewählt werden kann.

Dirk Lange (Hg.): Grundwissen Wirtschaft, Berlin (Cornelsen) 2011, S. 127

M8 Intra- und interindustrieller Handel

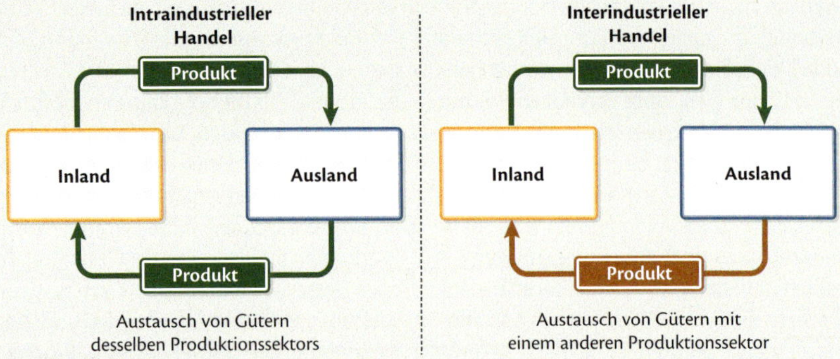

Quelle: http://de.wikipedia.org

M9 Freihandel: Profit nur für wenige

In den Jahren 1763–1764 führte Frankreich durch Edikte Ludwigs XV. die weitgehende Freiheit des Getreidehandels ein, was zu einer ausgiebigen öffentlichen Debatte über die Vor- und Nachteile des Freihandels führte. Einer der damals sehr bekannten Kritiker war der italienische Diplomat und Ökonom Abbé Galiani. Der scharfsichtige Abbé (...) fällte über das Edikt ein vernichtendes Urteil: „Aber – ja ich muss es sagen, so wie das Edikt abgefasst ist, wird es immer drei Übel erzeugen: Es wird die innere Zirkulation hindern, es wird in allen Jahren, wo die Ernte im Mittelmaß bleibt, Hungersnöte hervorrufen, es wird den Ackerbau in Frankreich voll und ganz zugrunde richten" (Abbé Galiani).

Der Grund für diese desaströse Folge des freien Getreidehandels ist simpel. Beim Freihandel gewinnen nicht alle Seiten, sondern einseitig die Seite, die den Handel kontrolliert, während die anderen leer ausgehen. „Schreiben Sie nur mit großen Buchstaben über das Tor des Getreidehandels: Der Profit für den, der ihn führt. (...) Noch deutlicher können Sie sich von dieser Wahrheit bei Holland, Genua und anderen Handelsnationen überzeugen. Die haben kein eigen produziertes Getreide; aber weil sie das Fremde (*Getreide*) von Land zu Land verführen, so haben sie eine blühende Handelsflotte, eine reiche und zufriedene Bevölkerung. (...)" (Abbé Galiani). (...)

In der Sprache der modernen Ökonomie formuliert, gilt der Grundsatz: Wer die Wertschöpfungskette kontrolliert, kann sich den Profit aneignen.

Ulrich Berger/Christoph Stein: Exportorientierung statt Binnenmarkt – Entwicklung. Das zweite Scheitern des Liberalismus –Teil 2, telepolis v. 11.4.2005, in: http://www.telepolis.de (Zugriff: 13.4.2014)

Markt am Stadtrand von Jaunde, der Hauptstadt Kameruns. Dort verkaufen einheimische Bauern ihre Geflügelprodukte. Kamerun importierte im Jahr 2004 mit 24 000 Tonnen das Zwanzigfache an Geflügel wie acht Jahre zuvor (978 Tonnen). Drei Viertel des tiefgekühlten Hähnchenfleisches kommen aus der Europäischen Union (EU). Die massiven Proteste der Bevölkerung bewirkten schließlich ein Umsteuern. Im Jahr 2005 wurden wirksame Importbeschränkungen erlassen, die die Importe von Geflügel wieder auf das Niveau von 1996 zurückführten

M 10 Handelsliberalismus oder Protektionismus?

In der Praxis werden die Globalisierung und die Handelstheorien als ihre theoretische Grundlage kontrovers diskutiert. Abgesehen von einem grundsätzlichen kapitalismuskritischen Standpunkt können zwei gegensätzliche Konzepte festgehalten werden: Freihandel bzw. Handelsliberalismus einerseits und Protektionismus andererseits.

a) Handelsliberalismus

Der Handelsliberalismus orientiert sich grundsätzlich an der Denkrichtung des Wirtschaftsliberalismus, die einem möglichst ungestörten Spiel der Marktkräfte weitgehend positive Wirkungen (insbesondere in Form der effizienten Gestaltung von Produktions- und Verteilungsprozessen) zuschreibt. Dementsprechend befürwortet der Handelsliberalismus die weitgehende Umsetzung von Freihandel, also einen grenzüberschreitenden Güteraustausch, der durch keinerlei Handelsbeschränkungen beeinflusst wird. Die folgenden positiven Effekte des Freihandels werden häufig genannt:

- Eine Steigerung von Wohlstand und Lebensqualität durch Produktions- und Absatzausweitung, durch höhere Produktvielfalt sowie durch die Vermeidung von Effizienzverlusten durch Handelsbeschränkungen (meist zusätzliche Kosten).
- Potenziale zur wirtschaftlichen, politischen und gesellschaftlichen Entwicklung auch für bisher gering entwickelte Volkswirtschaften (Entwicklungsländer).
- Innovationspotenziale durch internationalen Wettbewerb.

b) Protektionismus

Demgegenüber vertraut der Ansatz des Protektionismus nicht auf das freie Spiel der Marktkräfte und strebt eine Beschränkung des internationalen Freihandels an. Diese Sichtweise wird insbesondere durch die folgenden Argumente begründet:

- Der Aufbau internationaler Handelsbeziehungen geht notwendigerweise mit Prozessen der Spezialisierung einher. Gefragt ist dabei eine Konzentration auf die Produktion derjenigen Güter, die auf internationalen Märkten absetzbar sind. Entsprechende Spezialisierungsprozesse können dazu führen, dass ganze Wirtschaftszweige international gesehen nicht wettbewerbsfähig sind. Die dort produzierten Güter können nicht exportiert, stattdessen aber deutlich günstiger aus dem Ausland importiert werden. Das hat zum Teil tief greifende Veränderungen der Wirtschaftsstruktur zur Folge. Entsprechende Strukturanpassungen gehen jedoch mit hohen sozialen Kosten (Massenarbeitslosigkeit) und politischen Herausforderungen (Gestaltung des Strukturwandels) einher.
- Der Eintritt in den internationalen Wettbewerb hat unterschiedliche Folgen für entwickelte und weniger entwickelte Länder. Während die hoch entwickelten Länder Wohlstandsgewinne und Innovationsimpulse relativ einfach erreichen können, besteht für die weniger entwickelten Länder die Gefahr dauerhafter Abhängigkeitsbeziehungen (mit einer Beschränkung auf die Produktion einfacher, arbeitsintensiver Güter) und eines ruinösen Wettlaufs um die geringsten Löhne sowie niedrigste Sozial- und Umweltstandards.
- Im Fall von Produktinnovationen wird befürchtet, dass ein zu früher Eintritt in den internationalen Wettbewerb die Erfolgsaussichten des neuen Produktes negativ beeinflussen könnte.
- Zudem wird die Gefahr von Ungleichgewichten gesehen. Diese entstehen, wenn einzelne Volkswirtschaften dauerhaft hohe Exportüberschüsse erzielen, die wiederum durch massive Importüberschüsse anderer Volkswirtschaften gegenfinanziert werden. Insbesondere für Länder mit hoher Importquote ergeben sich hieraus negative Folgen in Form einer zu geringen Binnennachfrage sowie hoher Schulden.

Protektionistische Maßnahmen beziehen sich vor diesem Hintergrund immer auf einen abgegrenzten Wirtschaftsraum (in der Regel eine Volkswirtschaft) und zielen darauf ab, inländische Produzenten gezielt vor ausländischer Konkurrenz zu schützen. Dazu gibt es die folgenden Instrumente:

- Zölle (Abgaben auf ausländische Güter, die im Inland verkauft werden sollen),
- Subventionen (staatliche Leistungen an inländische Unternehmen, um diese vor internationalem Wettbewerb zu schützen),
- Auflagen (z. B. Standards),
- Verbote,
- Quotierung (Importquoten).

Dirk Lange (Hg.): Grundwissen Wirtschaft, Berlin (Cornelsen) 2011, S. 128 f.

Bretton Woods ist ein Ort im US-Bundesstaat New Hampshire

M 11 Bretton Woods: der Einstieg in Freihandel und „Liberalisierung“ nach 1945

Gegen Ende des Zweiten Weltkriegs verfolgten die USA die Wiederherstellung Europas als Wirtschaftszentrum und damit als wichtiger Handelspartner der USA sowie als „Bollwerk gegen den Kommunismus“ (Sowjetunion). Welthandel sollte ohne Probleme und Handelsbarrieren möglich sein. Dazu diente – noch vor dem Kriegsende – das Abkommen von Bretton Woods.

Das Bretton-Woods-Abkommen wurde im Juli 1944 von 44 Ländern unterzeichnet und trat 1946 in Kraft. Vereinbarungsgemäß wurden in der Zwischenzeit der Internationale Währungsfonds (IWF) und die Weltbank als Sonderorganisationen der Vereinten Nationen gegründet. Aufgabe des IWF war es zunächst, ein internationales Zahlungssystem aufzubauen und die vorgesehene Konvertibilität der Währungen sicherzustellen; später verlagerte sich sein Schwerpunkt auf die Vergabe kurzfristiger Kredite zur Überwindung von Wirtschaftskrisen. Die Weltbank war in den ersten Jahren damit beschäftigt, den Wiederaufbau Europas zu finanzieren, und widmete sich anschließend der langfristigen Finanzhilfe für Entwicklungsländer. (…)

Geldpolitisch wurde mit dem Abkommen der sogenannte Gold-Devisen-Standard mit dem US-Dollar als Leitwährung eingeführt (…). Das heißt im Einzelnen,

- die Wechselkurse der übrigen Währungen zum US-Dollar wurden periodisch festgelegt,
- die Zentralbanken der übrigen Währungen mussten sich verpflichten, die jeweiligen Kurse innerhalb einer Bandbreite von einem Prozent zum US-Dollar zu stabilisieren, und
- die USA mussten sich verpflichten, US-Dollars aus den Reserven fremder Zentralbanken jederzeit auf Verlangen zu einer festen Parität in Gold zu tauschen.

1948 wurde das Bretton-Woods-Abkommen durch die Havanna-Charta ergänzt, mit der erstmals in der Wirtschaftsgeschichte eine multilaterale „Handelsliberalisierung“ ausdrücklich als erstrebenswertes Ziel vereinbart wurde. Im selben Jahr trat dann (…) das Allgemeine Zoll- und Handelsabkommen (GATT) als konkrete Ausgestaltung der Havanna-Charta in Kraft. Damit wurde – wiederum zunächst im Interesse US-amerikanischer Akteure – der entscheidende erste Schritt in Richtung „Handelsliberalisierung“ unternommen.

Gerd Zeitler: Kompendium der sozialökologischen Ökonomik, Bretton-Woods-System (deutsch), http://gerdzeitler.wordpress.com (Zugriff: 7.4.2014)

Der US-Finanzminister Henry Morgenthau Jr. (Mitte) im Gespräch mit Kanadas Finanzminister J. L. Lesley (links) und dem sowjetischen Delegierten M. S. Stepanow am Rande der Tagung in Bretton Woods (1. bis 22. Juli 1944)

M 12 Dimensionen der Globalisierung

Nach: dtv-Atlas Politik, München 2010, S. 240

M 13 Globalisierung = Wachstum

Die Globalisierung ist keineswegs ein junges Phänomen. Einige Analytiker argumentieren, dass die Weltwirtschaft vor 100 Jahren genauso globalisiert war wie heute. Heute sind Handel und Finanzdienstleistungen jedoch viel weiter entwickelt und tiefer integriert als zur damaligen Zeit. Der auffallendste Aspekt in diesem Zusammenhang ist die Integration der Finanzmärkte, die durch moderne elektronische Kommunikation ermöglicht wurde. Das 20. Jahrhundert ist gekennzeichnet von einem einzigartigen Wirtschaftswachstum, durch das sich das weltweite Pro-Kopf-BIP fast verfünffacht hat. Dieses Wachstum war jedoch nicht beständig – die stärkste Expansion erfolgte in der zweiten Hälfte des Jahrhunderts, einer Zeit mit einer raschen Zunahme des Handels, die mit einer Liberalisierung einherging – zuerst für den Handel und normalerweise etwas später für den Finanzsektor.

Der IWF-Stab: Globalisierung: Bedrohung oder Chance, III. Einzigartiges Wachstum, zunehmende Ungleichheit: Einkommenstrends im 20. Jahrhundert, http://www.imf.org (Zugriff: 7.4.2014)

M 14 Weltweites reales Wirtschaftswachstum

Veränderung gegen Vorjahr in Prozent

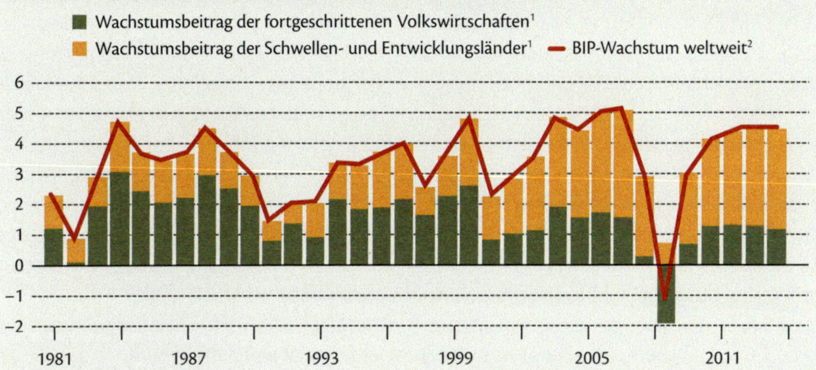

Quelle: IWF, WEO Okt. 2009

1) Prozentpunkte, 2) In Prozent gegenüber dem Vorjahr

M 15 „Von der Globalisierung können alle profitieren"

Von der Globalisierung können alle Länder profitieren, egal ob reich oder arm – wenn das Land nur bereit ist, sich für den internationalen Handel zu öffnen. Es genügt allerdings nicht, sich lediglich dem Weltmarkt zu öffnen; dies muss auf eine strategische Art und Weise geschehen, die den Eigenheiten des Landes entspricht. So kann es aus dem Handel auch profitieren. Für die Globalisierung gibt es kein Patentrezept, starre Vorschriften können die Wirtschaftsleistung eines Landes in den Untergang führen. Durch die Wahl des besten Wegs, am internationalen Handel zu partizipieren, kann ein Land sowohl wirtschaftlich als auch sozial erfolgreich wachsen.

Globalisierung und Lohnentwicklung

Durch die Nutzung der komparativen Vorteile eines Landes, also was es zu niedrigeren Opportunitätskosten als andere Länder zu produzieren in der Lage ist, kann es vom Handel große Vorteile ziehen. Und da jedes Land einen komparativen Vorteil besitzt, bedeutet dies, dass theoretisch jedes Land auch vom Handel profitieren kann. Es gibt einige eindrückliche Beispiele dafür, dass die Globalisierung dazu beiträgt, die Länder weiterzuentwickeln und höhere Einkommen oder ein höheres BIP zu erzielen. Studien wurden in den 1990er-Jahren an Volkseinkommen auf der ganzen Welt durchgeführt, und die Ergebnisse zeigten, dass sich das Einkommen der reichen globalisierten Ländern um 2 Prozent pro Jahr erhöhte. Die Ergebnisse zeigten auch, dass die armen, stärker globalisierten Ländern einen höheren Anstieg der Einkommen pro Jahr verzeichnen als arme, weniger globalisierte Länder. Genau genommen hatten nach diesen Studien die armen, stärker globalisierten Länder einen Einkommensanstieg in Höhe von 5 Prozent pro Jahr; die armen, weniger globalisierten Länder hingegen hatten einen Rückgang von 1 Prozent pro Jahr. (...)

Auf die Beurteilungskriterien kommt es an

Viele Menschen sind aus mehreren Gründen gegen die Globalisierung. Sie sagen, dass es falsch sei, Arbeitnehmern im Ausland nur einen sehr kleinen Bruchteil von dem Preis zu zahlen, für den ein Artikel in den reicheren Ländern verkauft wird. Nach einem Beispiel in einem Artikel von Jagdish Bhagwhati kann eine Designer-Jacke in New York durchaus 190 US-Dollar und mehr kosten, während der Arbeiter im Ausland lediglich 60 Cent pro Stunde verdient. Aus Sicht der Globalisierungskritiker ein eindeutiger Beweis für Billigarbeit und Dumpinglöhne. Natürlich wären 60 Cent pro Stunde in einem reicheren Land ein äußerst unfairer Lohn. Auch bezieht sich der Preis von 190 US-Dollar auf eine spezielle Jacke; nicht alle Jacken verkaufen sich, und zudem entstehen Kosten für Entwicklung, Material, Transport etc. In der Tat steht im gleichen Artikel von Bhagwhati auch, dass Arbeiter, die in Vietnam für ein ausländisches Unternehmen tätig sind, mehr verdienen als Arbeitnehmer, die nicht bei diesen internationalen Unternehmen beschäftigt sind. (...) Auswirkungen der Globalisierung in diesem Bereich erkennt man somit, wenn man nicht die Arbeiterlöhne zwischen einzelnen Ländern, sondern vielmehr innerhalb eines Landes vergleicht. (...)

Vorteile im Alltag

Güter des täglichen Bedarfs können dort produziert werden, wo die Herstellung am günstigsten ist. Für den Verbraucher bringt das sinkende Preise und damit finanzielle Einsparungen mit sich. Lebensmittel, die im eigenen Land nicht oder nur mit großem Aufwand angebaut werden können, welcher sich auf den Preis auswirken würde, sind durch Globalisierung günstig auf dem internationalen Markt erhältlich. Das trifft auch auf die Viehzucht zu. Der Lebensunterhalt für den Verbraucher wird also billiger. (...)

Vorteile für Firmen, Handel und Arbeitsmarkt

Der Arbeitsmarkt profitiert von verstärktem Handel. Das erhöht die wirtschaftliche Gesamtleistung. Einzelnen Menschen ist es möglich, einen Arbeitsplatz auch im Ausland anzunehmen. Firmen können ihren Standort erweitern und neue Arbeitsplätze schaffen. Unternehmen und Privatpersonen haben die Möglichkeit, ihr Vermögen dort anzulegen, wo es am rentabelsten ist. Eine Beschränkung auf das eigene Land entfällt.

Manuel Fuchs: Vorteile der Globalisierung, o. J., in: http://www.globalisierung-fakten.de (Zugriff: 25.6.2014)

M 16 Die Globalisierung als neoliberales Projekt

Globalisierung = Neoliberalismus

„Globalisierung ist unvermeidbar." Die Wahrheit? Diese Aussage ist nicht nur falsch, sondern absichtlich verwirrend. Neoliberale haben die „Globalisierung" zum evolutionären Prozess erklärt, um die Debatte zu beenden. Sie sagen gerne „Globalisierung ist unvermeidbar" und „Es gibt keine Alternative", um die Opposition einzuschüchtern. Die Verwirrung rührt daher, dass verschiedene Menschen den Begriff Globalisierung unterschiedlich verwenden – deshalb versuche ich ihn ganz zu vermeiden. Für einige bezieht sich der Begriff auf eine allmähliche „Internationalisierung" der globalen Gesellschaft. (...) Andere, z. B. die Globalisierungsgegner, beziehen den Begriff auf das herrschende Wirtschaftssystem. Ihre Botschaft wäre viel klarer, wenn sie sich Neoliberalismusgegner nennen würden. Es ist absoluter Unsinn zu behaupten, dass neoliberale Wirtschaft unvermeidlich sei.

Die neoliberale Wende

In den frühen 80er-Jahren des 20. Jahrhunderts fand eine historische Veränderung im herrschenden Wirtschaftssystem statt, als Ronald Reagan in den USA und Margaret Thatcher in Großbritannien an die Macht kamen – beide fest im Griff von „Big Business", den modernen Nachfolgern der Händlerklasse aus Adam Smith' und David Ricardos Zeit. Die Wende wurde nicht offiziell angekündigt, sondern schlich sich eher verstohlen in den öffentlichen Bereich. Außerhalb der USA erhielt diese neue Politik den Namen „Neoliberalismus", obwohl „Besitzismus" oder vielleicht „Finanzkolonialismus" passendere Namen wären. Im Gegensatz zu allen früheren basierte diese ökonomische Idee nicht auf empirischer

Beobachtung oder dem objektiven Testen von Modellen, sondern war ein von oben aufgesetztes politisches Projekt mit einer Ideologie, die die kühnsten Träume der Geschäftswelt und des reichsten Teils der amerikanischen Gesellschaft erfüllt. Träume von der unregulierten Freiheit, einfach nach Belieben ihre ureigensten Interessen zu befriedigen, ohne sich von sozialen oder ökologischen Belangen stören zu lassen. Neoliberalismus kann als eine extremistische Variante der neoklassischen Ökonomie betrachtet werden, bei der Geld das einzige ist, das zählt. (...)
Die neoliberale Ideologie beruht auf folgenden Prinzipien, die sowohl nationale als auch internationale Wirtschaftsbeziehungen in einer idealen Welt regeln sollen: 1. uneingeschränkter Kapitalverkehr über Grenzen hinweg in einem Währungssystem mit freien Wechselkursen ohne Kapitalverkehrskontrollen; 2. Beseitigung aller Restriktionen des freien Flusses von Gütern und Arbeitskräften; 3. minimale staatliche Eingriffe in die Märkte; 4. Abschaffung aller direkten und indirekten Subventionen für die heimische Industrie und 5. Privatisierung staatlicher Unternehmen. Die Theorie besagt, solch ein System bringe allen Weltbürgern die meisten Vorteile.
Die Hauptinstrumente dieses Systems sind drei internationale Institutionen, in denen fast alle Länder Mitglieder sind, die aber faktisch unter Kontrolle der USA und ihrer engsten Alliierten stehen, nämlich der Internationale Währungsfonds (IWF), die Weltbank und die Welthandelsorganisation.

Ross Jackson: Occupy World Street, Stuttgart (Hirzel) 2013, S. 103 f., 118 (Übers.: Gaiapiraten-Übersetzerteam)

M 17 „Im Namen einer zukunftsfähigen Welt“

Boniface Mabanza, Literaturwissenschaftler, Philosoph und Theologe aus dem Kongo, arbeitet seit 2008 bei der kirchlichen Arbeitsstelle Südliches Afrika. Er kritisiert die globalisierte Landwirtschaft:

Für die Produktion von Soja werden kleinbäuerliche Familienbetriebe verdrängt, ganze Familien werden vertrieben und Landkonflikte verschlimmert. Der Regenwald, Heimat der indigenen Bevölkerung und Lunge der gesamten Menschheit, wird zerstört. Der eigentlich so wichtige Anbau von Grundnahrungsmitteln geht zurück. Die Anwendung von Pestiziden verseucht den Boden und kontaminiert die Flüsse. Entsprechend leidet die Gesundheit der Menschen. (...) Im Namen all dieser Opfer in Lateinamerika melde ich mich hier zu Wort.
Soja landet in der EU u. a. in der Massentierhaltung, die die EU-Kommission massiv fördert, und zwar zulasten von hiesigen Familienbetrieben, die unter strengen ökologischen und tierschutzrechtlichen Auflagen arbeiten wollen. Mit dieser massiven Förderung der Massentierhaltung ist die Existenz der kleinbäuerlichen Betriebe auch in Europa bedroht. (...) Im Namen der Opfer der EU-Agrarpolitik auch in Europa melde ich mich hier zu Wort. (...)
Die Überproduktion aus der EU-Agrarindustrie landet in Entwicklungsländern. (...) Weil die EU-Kommission Produktion und Export subventioniert, können die lokalen Produzenten mit den aus Europa stammenden Produkten nicht konkurrieren. (...) Dies ist der Fall für Hähnchen-Teile, die von den europäischen Produzenten aussortiert und in Ghana, im Kongo und anderen afrikanischen Ländern ganz billig auf den Märkten angeboten werden. (...) Mit der im Rahmen der Verhandlungen um die Wirtschaftspartnerschaftsabkommen (EPAs) angestrebten Abschaffung von so genannten „Handelshemmnissen“ werden sich die Produktionsbedingungen vor Ort und damit die Ernährungslage weiter dramatisch verschlechtern. (...) Im Namen aller Opfer der EU-Agrarpolitik in Afrika, besonders im Namen aller Kinder, die faktisch ermordet werden, melde ich mich hier zu Wort.
Wie man anhand der hier erwähnten Zusammenhänge erkennen kann, hat der Tod von Millionen Kindern in Entwicklungsländern nicht in erster Linie mit naturbedingten Nahrungsmittelverknappungen zu tun, sondern mit einem System, das Profit vor Menschen stellt. Nur so ist es zu erklären, dass sogar das Spekulieren mit Nahrungsmitteln erlaubt ist. (...) Wer sich im Zeitalter mächtiger Nahrungsmittelkonzerne auf Stellvertreterdemokratie verlässt, kann nur verlieren. Nur von unten können wir den notwendigen Druck erzeugen, um die Rahmenbedingungen für eine partizipative Demokratie zu gestalten.

Kirchliche Arbeitsstelle Südliches Afrika: In wessen Namen?, KASA-newsletter 2/2013, in: http://www.woek.de (Zugriff: 28.6.2014)

Derivate: Finanzinstrumente, deren Preise sich nach den Kursschwankungen oder den Preiserwartungen anderer Investments richten. Sie sind so konstruiert, dass sie die Schwankungen der Preise dieser Anlageobjekte überproportional nachvollziehen. Daher lassen sie sich sowohl zur Absicherung gegen Wertverluste als auch zur Spekulation auf Kursgewinne des Basiswerts verwenden

M18 Explosion des globalen Finanzvermögens

In wenigen Jahrzehnten hat sich das globale Finanzvermögen gegenüber der realen Wirtschaftsleistung vervielfacht und scheinbar verselbstständigt. Das ist möglich durch die moderne und globale Kommunikationstechnik im Finanzsektor und durch die Vielzahl neuer so genannter Finanzinstrumente (z. B. Derivate). Die Globalisierung der Finanzmärkte war eine wesentliche Voraussetzung für die Wirtschafts- und Finanzkrise 2008/2009.

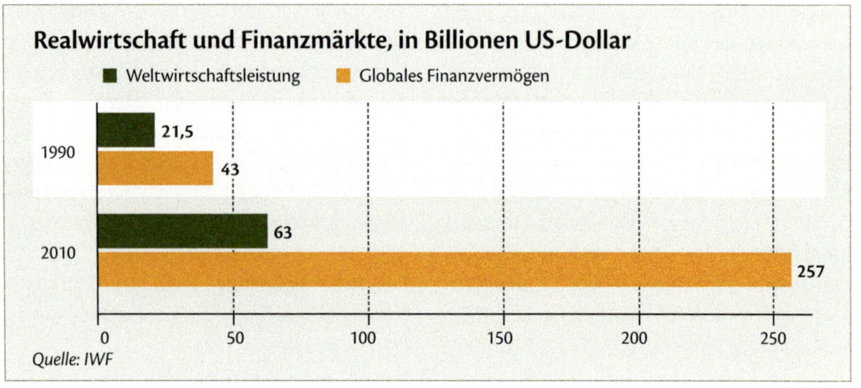

ILO (International Labour Organization): Die Internationale Arbeitsorganisation ist eine Sonderorganisation der Vereinten Nationen mit Hauptsitz in Genf

M19 Mehr Ungleichheit trotz globalen Wirtschaftswachstums

Die Weltwirtschaft wächst und wächst und wächst. Doch nicht jeder profitiert. Im Gegenteil: In den vergangenen 30 Jahren hat sich die Ungleichheit weltweit vergrößert, kritisiert Juan Somavia, Chef der Internationalen Arbeitsorganisation ILO. An diesem Trend habe auch die jüngste Krise nichts geändert. Seitdem Banken und Finanzmärkte gerettet seien, kehrten viele Regierungen wieder zu ihrer alten Politik zurück. „Es sieht so aus, als seien manche Finanzinstitute zu groß, um zu scheitern", sagte Somavia, „während viele Menschen zu klein sind, um eine Rolle zu spielen." Insgesamt gesehen wird die Welt tatsächlich immer reicher. Nach Berechnungen der UN-Arbeitsorganisation stieg seit 1980 weltweit die durchschnittliche Wirtschaftsleistung pro Person um 40 Prozent. „Durchschnittswerte sind aber nicht das, was die meisten Menschen erfahren", so Somavia. „Die Märkte haben tendenziell ungleiche Ergebnisse produziert." So verfügten laut ILO die reichsten 20 Prozent der Bevölkerung über 70 Prozent des globalen Reichtums. Die Konzentration setzt sich fort. Denn: Je mehr jemand hat, desto schneller wächst sein Reichtum. Gleichzeitig hätten 75 bis 80 Prozent der Weltbevölkerung keinen Zugang zu elementarem sozialen Schutz. „Die Welt ist ein sehr ungleiches Land", so Somavia. Ein Grund für die Armut ist Arbeitslosigkeit. Weltweit suchen laut ILO 205 Millionen Menschen vergeblich einen Job. Zähle man jene hinzu, die weniger arbeiten als sie möchten, verdopple sich die Zahl. Aber auch für die Arbeitenden wird das Leben immer härter. In den Entwicklungsländern ist rund die Hälfte aller Erwerbstätigen im sogenannten informellen Sektor oder als Tagelöhner tätig, also weitgehend ohne sozialen Schutz oder Rechte. In den Industrieländern wiederum „ist die atypische Beschäftigung auf dem Vormarsch", so Somavia. Auch in Europa: In der Gruppe der 25- bis 49-Jährigen „konnten rund 73 Prozent der Beschäftigten keinen festen Arbeitsplatz finden und üben unfreiwillig eine befristete Tätigkeit aus". Die Arbeitsproduktivität hat sich gut entwickelt, die Arbeitnehmer produzieren am Tag immer mehr – die Löhne hielten laut ILO jedoch nicht Schritt. Folge sind massiv steigende Gewinne, die jedoch nicht zu einem Investitionsboom geführt hätten. Zunehmende Ungleichheit, Prekarisierung und Armut stellen laut Somavia eine große Gefahr dar. Das Vertrauen der Menschen in Politik und Wirtschaft habe einen historischen Tiefstand erreicht. Dazu habe die Krise beigetragen, für deren Lösung ausgerechnet jene zahlten, die nicht für sie verantwortlich waren. „Enttäuschte soziale Bestrebungen legen den Keim für soziale und politische Instabilität", warnte Somavia. (…) Der ILO-Chef fordert daher „eine neue Ära sozialer Gerechtigkeit".

Stephan Kaufmann: „Die Welt ist ein sehr ungleiches Land", Berliner Zeitung v. 7.6.2011, in: http://www.berliner-zeitung.de (Zugriff: 1.4.2014)

M20 Drei globale Krisen

Vor der gefährlichen Finanzkrise hatten kritische Ökonomen lange gewarnt. Doch die Staats- und Finanzchefs der wichtigsten Wirtschaftsmächte zeigten sich als Meister der Verdrängung – selbst dann noch, als sie im Jahr 2008 tatsächlich ausbrach. Anders als bei der Großen Depression ab 1929 kamen sie immerhin rasch zusammen und verhinderten mit hohen Staatsausgaben und -garantien die befürchtete Kaskade ökonomischer Zusammenbrüche. Doch schon morgen könnte die Welt erneut am Abgrund stehen. Denn weiter gehende Konsequenzen werden blockiert, ob durchgreifende Transparenzvorschriften, Kontrollinstanzen, Bankabgaben oder die Schließung von Steueroasen. (...) (*s. Kasten unten*)

Noch beschämender ist die Kluft zwischen Beteuerungen und Erreichtem bei der globalen Verteilungs- und Armutskrise. Seit Jahrzehnten versprechen die reichen Länder vollmundig, dass sie 0,7 Prozent ihres Bruttosozialproduktes für Hilfsprogramme und die Entwicklung benachteiligter Ökonomien ausgeben werden. Doch ebenfalls seit Jahrzehnten halten sich nur die wenigsten an ihre Verpflichtungen. Viele Rückschritte müssen bei den acht Millenniumszielen bilanziert werden, welche die Vereinten Nationen (VN) im Jahr 2000 beschlossen haben, um die Situation der Armen zu verbessern. Die Zahl der Hungernden soll bis 2015 von etwa 800 Millionen Menschen um die Hälfte verringert werden? Tatsächlich ist sie sogar wieder auf eine Milliarde gestiegen. (...) Die wachsende soziale Kluft spaltet viele Gesellschaften auch von innen. In abgelegenen, verelendeten Regionen Indiens etwa flackern zunehmend bürgerkriegsartige Konflikte auf.

Ernüchterung auch bei der Klimakrise: Sie ist ein planetarischer Notfall und die umfassendste Herausforderung, weil sie fast alle Aspekte des Wirtschaftens berührt. Ihre wichtigsten Ursachen – Entwaldung und die übermäßige Verbrennung von Kohle, Öl und Gas – sind die gleichen wie bei den meisten anderen Umwelt- und Ressourcenproblemen wie Knappheit an Wasser oder Boden; diese werden überdies durch die Auswirkungen der Erderwärmung noch weiter verstärkt. (...) Auch wenn Schwellenländer wie Indien, China oder Brasilien heute Mitverantwortung tragen: Die alten Industrienationen müssen aufgrund ihrer historischen Verantwortung in Vorleistung treten. Sie müssen sich ungleich entschlossener, mit viel größerem Tempo als bisher aus dem fossilen Zeitalter befreien und neue Entwicklungs- und Wohlstandsmodelle demonstrieren. Stattdessen auch bei diesem Thema: permanenter Aufschub.

Christiane Grefe: Rio reloaded, in: Aus Politik und Zeitgeschichte 34–35/2010, S. 3–4

M21 Weltweite Armut

So viele Menschen müssen weltweit mit weniger als 1,25 Dollar pro Tag auskommen, Angaben in Milliarden

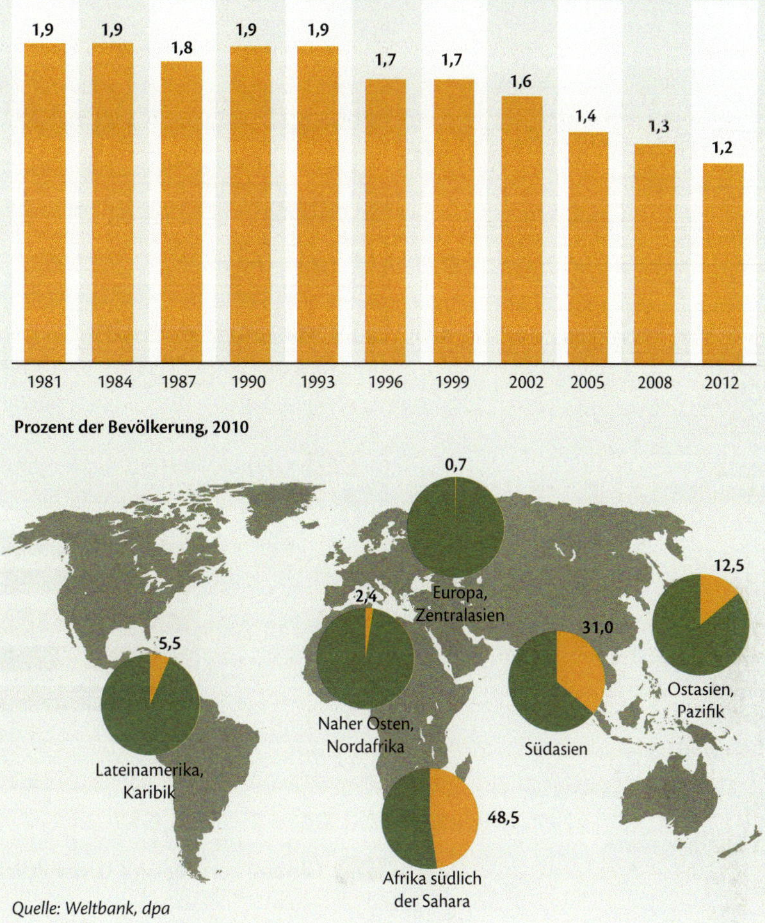

Quelle: Weltbank, dpa

OTC-Derivate 2013 erneut gestiegen

Auf 693 Billionen Dollar ist (Mitte 2013) der „Wert" der ausstehenden (OTC-)Derivate-Kontrakte bei Banken weltweit gestiegen. (...)

Die Zahlen wurden von der „Zentralbank der Zentralbanken" veröffentlicht, der BIS (Bank of International Settlement, Basel). (...)

Ein Jahr zuvor gab die BIS noch ein Derivatevolumen von 639 Billionen Dollar bekannt. (...)

„OTC" bedeutet „Over the Counter" (unreguliert).

MMNews: Derivate-Bombe: Jetzt 700 Billionen, 20.2.2014; in: http://www.mmnews.de (Zugriff: 29.4.2014)

M22 Millennium-Entwicklungsziele

Das Ziel: Eine Welt ohne Armut, Furcht und ökologische Zerstörung
1. Den Anteil der Weltbevölkerung, der unter extremer Armut und Hunger leidet, zu halbieren.
2. Eine Grundschulausbildung für alle Kinder zu ermöglichen.
3. Die Gleichstellung der Geschlechter zu fördern und die Rolle der Frau zu stärken.
4. Die Kindersterblichkeit zu verringern.
5. Die Gesundheit der Mütter zu verbessern.
6. HIV/AIDS, Malaria und andere übertragbare Krankheiten zu bekämpfen.
7. Den Schutz der Umwelt durch ökologische Nachhaltigkeit zu verbessern.
8. Eine weltweite Entwicklungspartnerschaft aufzubauen.
Bis zum Jahre 2015 will die Staatengemeinschaft diese acht Ziele erreichen.

Nach: http://www.crp-infotec.de/04entw/laender/millenniumsziele.html (29.04.2014)

M23 Globale Verteilung der jährlichen Einkommen

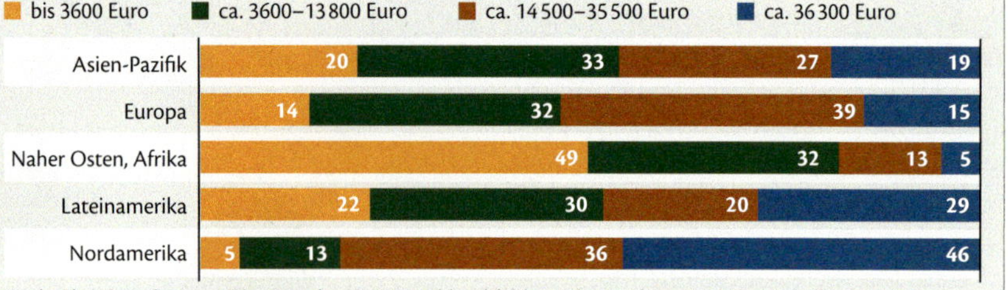

Nach: Christin Bohmann: Die Menschen in Deutschland fühlen sich arm, http://www.welt.de/finanzen/article121197202/Die-Menschen-in-Deutschland-fuehlen-sich-arm.html

M24 Globalisierung und Umweltkrise gehören zusammen

Die gegenwärtige, neoliberale Globalisierung betrachtet die Umwelt fast nur als kostenloses Rohstofflager und als Deponie. Dieses System ist überall mit Umweltgefahren und Umweltschäden verbunden. Die wichtigsten davon sind: die Luft-, Boden- und Wasserverschmutzung bzw. der Mangel an sauberem Trinkwasser, die wachsenden Abfallberge, der Klimawandel, das Ozonloch in der oberen Atmosphäre, die gentechnisch veränderten Lebensmittel, die Abnahme der Ur- bzw. Tropenwälder, das Aussterben zahlloser Tier- und Pflanzenarten, die Abnahme der Bodenfruchtbarkeit und die ungelösten Fragen der Atomenergie. Der mit diesen Problemen verbundene Produktions- und Konsumstil ist nicht globalisierbar: Würden alle Menschen auf der Welt den gleichen Umweltverbrauch haben, so brauchten wir fünf Erdkugeln. Deshalb kann die Globalisierung, d. h. der Versuch der Industrieländer, ihr jetziges Wirtschaftssystem beizubehalten und überall in der Welt durchzusetzen, auf Dauer nicht gelingen.

Die Umweltprobleme sind lokaler, regionaler oder globaler Natur. Nützlich ist auch die Unterscheidung zwischen dem Ressourcenverbrauch (Rohstoffe inkl. Energie) und dem Abfall- bzw. Schadstoffausstoß, d. h. dem Input und dem Output von Unternehmen: während mehr Umsatz und mehr Schadstoffausstoß eines Unternehmens die Umwelt belastet, wird sie durch Reduzierung des Material- oder Energieverbrauchs zunächst entlastet. Aber in allen Ländern der Welt ist der erste Effekt, also die Umweltverschmutzung, weit größer als der zweite, die „Effizienzrevolution". Automotoren sind heute effizienter als vor 20 Jahren, aber dieser Fortschritt wurde durch den Zuwachs an Autos und gefahrenen Kilometern längst überkompensiert. Sieht man sich die Umweltfolgen unseres Wirtschaftssystems im Einzelnen an, so stellt man ferner fest, dass viele davon durch unsere verkehrs- und energieintensive Wirtschaftsweise verursacht werden: die Verschmutzung der Meere, der Klimawandel u. a. Außerdem bemerkt man, dass viele Umweltprobleme beim Menschen zu Gesundheitsproblemen führen – belastete Nahrungsmittel, Allergien, erhöhtes Krebsrisiko, Trinkwassermangel in den sog. Entwicklungsländern u. v. m.

Besonders gravierend erscheint die Klimakatastrophe, die uns nicht droht, sondern schon längst im Gang ist. (...) Die Warnung des *Club of Rome* von 1972, dass das *Wachstum* bald an seine *biophysikalischen Grenzen stoßen* werde, ist nun dabei, sich zu bewahrheiten. Dies zeigen insbesondere die vielen Konflikte um die Rohstoffgewinnung (s. die Kriege um Erdöl) und der überhöhte CO_2-Ausstoß bzw. der Treibhauseffekt. Diese Krisen treten entweder überraschend auf, wie Unfälle von Öltankern, in Chemiefabriken oder Atomkraftwerken, oder sie sind schleichender Natur und fallen deshalb weniger auf, wie das Artensterben oder der Klimawandel. Der dauernde Wettlauf aller Länder um ein hohes Wachstum, zumal es immer noch an dem überholten Maßstab des BSP gemessen wird, werden sich je länger je mehr als Illusion entpuppen. (...)

Die Umweltkrisen sind nicht gleichmäßig über den Globus verteilt, sondern treten in den sog. Entwicklungsländern erheblich häufiger auf

1. durch die Folgen der Klimakatastrophe, die dort gravierender sind als im Norden, wie neuere Computermodelle zeigen;
2. durch die zielstrebige, ja rücksichtslose Ausbeutung ihrer nicht erneuerbaren Ressourcen (Öl, Erze) inkl. des ungebremsten Tropenholzexports;
3. durch die in Entwicklungsländern stärkere industrielle Umweltverschmutzung;
4. durch die nicht nachhaltigen Produktions- und Konsummuster der Industrieländer, die sich die Entwicklungsländer natürlich zum Vorbild nehmen, und
5. auch durch ihre Überschuldung, für die die Industrieländer als Kreditgeber eine Mitverantwortung tragen und die zu noch stärkerem Abbau und Export der Rohstoffe und der Anlage von Monokulturen im Süden führt.

Der *Rohstoffimport* aus den *Entwicklungsländern*, den multinationale Unternehmen durchführen, ist für den Norden absolut unerlässlich. Hierbei kommt es aber immer wieder zu einer Kumpanei zwischen den Konzernen, autoritären Regierungen und den Militärs, die zu erheblichen Schäden in der Natur und bei der einheimischen Bevölkerung führt. Ein schlimmes Beispiel dafür ist Nigeria. So kooperierte Shell eng mit der Diktatur in Nigeria, die mit ihrer Armee brutal gegen die lokale Bevölkerung, ja das ganze Ogoni-Volk vorging, um den Erdölexport zu sichern. Das Paradebeispiel für die ungehemmte Ausbeutung seines Rohstoffreichtums ist jedoch der Kongo. In 2002 ermittelte ein internationaler Expertenbericht, dass 85 multinationale Unternehmen mit den einheimischen Eliten rücksichtslos ihre Geschäfte verfolgen, zu denen regelmäßig Diebstähle, die Fehlleitung öffentlicher Gelder, Schmuggel, Steuerbetrug, Bestechung und die Verletzung von Menschenrechten gehörten. Das ist die eine Seite der Medaille.

Die andere Seite besteht darin, dass sich die Industrieländer zunehmend auf Dienstleistungen konzentrieren und ihre „Schmutzindustrien" wie z. B. metallverarbeitende Betriebe in ärmere Länder verlagern (Umweltdumping!). Durch derartige Industrien werden die Lebensbedingungen der Armen in ihren Stadtvierteln oder Slums oft erheblich beeinträchtigt. Ernst Ulrich von Weizsäcker, der deutsche Umweltexperte, hat als einer der Ersten darauf verwiesen, dass die armen Länder teilweise auch ihre Luft, ihren Boden und ihre Gewässer an den Norden „verkaufen": wenn Urwälder abgeholzt werden, um Rinderfarmen für unseren hohen Fleischverbrauch anzulegen, wenn Europäer Futtermittel aus den Tropen importieren, für deren Anbau uns unsere Flächen zu schade sind (z. B. Soja), oder wenn wir unseren Sondermüll in die Dritte Welt verfrachten. Experten sprechen deshalb vom ökologischen Rucksack oder dem ökologischen Fußabdruck, den der westliche Ressourcenhunger bzw. Wirtschaftsstil überall in der Welt hinterlässt.

Noch immer gilt, dass rund 3/4 aller Umweltschäden der Welt durch weit weniger als 1/4 der Weltbevölkerung verursacht werden. Die neoliberale Globalisierung führt nicht nur zu Umwelt-, sondern auch zu Verteilungsproblemen. Sie verschärft die ökonomische und soziale Kluft zwischen (und innerhalb) den Ländern der Welt und führt dazu, dass die Benachteiligten immer öfter mit Widerstand, Hass oder gar mit Gewalt reagieren. Umweltschutz und soziale Gerechtigkeit sind deshalb untrennbar miteinander verbunden.

Johannes Bickel: Die Bedrohung der Umwelt durch die Globalisierung, in: http://www.globalisierung-online.de (Zugriff: 1.4.2014)

M 25 Das „Zwei-Grad-Ziel" und seine Umsetzung

Das Zwei-Grad-Ziel beschreibt das Ziel der internationalen Klimapolitik, die globale Erwärmung auf weniger als zwei Grad gegenüber dem Niveau vor Beginn der Industrialisierung zu begrenzen. Dieses Ziel ist eine politische Festsetzung, die auf Grundlage wissenschaftlicher Erkenntnisse über die wahrscheinlichen Folgen der globalen Erwärmung erfolgte.
Das Zwei-Grad-Ziel geht auf einen Vorschlag der EU aus dem Jahre 1996 zurück. Er wurde 2005 wiederholt und später von zahlreichen internationalen Organisationen aufgegriffen.
2009 wurde das Ziel im Abschlussdokument der UN-Klimakonferenz in Kopenhagen aufgegriffen und auf der UN-Klimakonferenz in Cancún (Mexiko) im Dezember 2010 erstmals offiziell akzeptiert. Auch die G8-Staaten haben im Juli 2009 dieses klimapolitische Ziel anerkannt.
Wenn allen Menschen dabei das gleiche Emissionsrecht eingeräumt wird, wird als jährliches Budget ein Maximum von zwei Tonnen Kohlendioxid pro Kopf angestrebt. Die meisten unserer CO_2-Emissionen entfallen auf die Bereiche Ernährung, Energie (Strom und Wärme), Mobilität und auf den Konsum, z. B. von Kleidung, Handys usw.

Jährlicher CO_2-Ausstoß pro Kopf

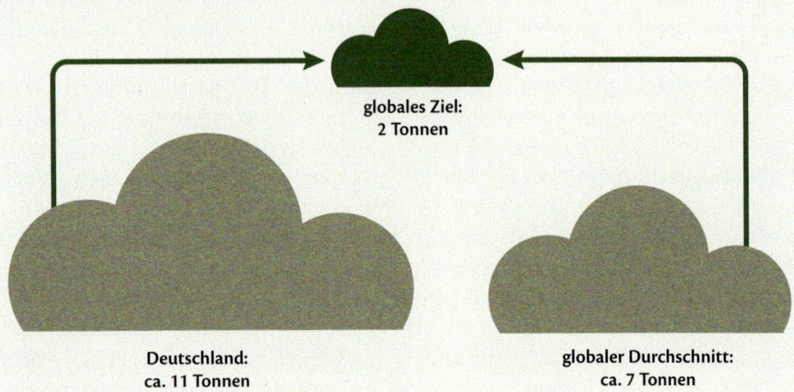

Quelle: UBA, UNFCCC, 2013

M 26 Die größten Klimasünder

Emissionen klimaschädlicher Gase und die jeweils fünf größten Verursacher, Stand 2013

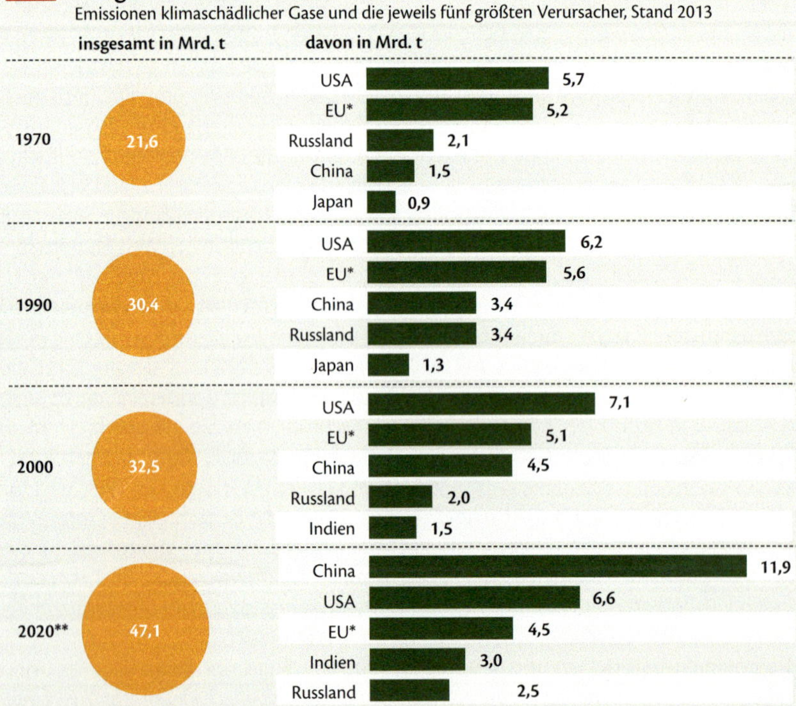

Quelle: BMU, PIK, dpa *berechnet für die EU-27-Länder **Prognose

M27 Paradigmenwechsel in der Klimapolitik?

Neun Monate nach dem enttäuschenden Gipfel von Kopenhagen (2009) ist die Stimmung in der internationalen Klimapolitik schlechter denn je. Nachdem nun auch die Verabschiedung eines Klimagesetzes in den USA geplatzt ist, besteht nur noch eine geringe Chance, dass in den nächsten Jahren ein ehrgeiziger Weltklimavertrag zustande kommt. (...)

Ist die Zwei-Grad-Marke noch sinnvoll?
International durchgesetzt hat das Zwei-Grad-Ziel vor allem die EU. Die Europäer plädieren schon seit 1996 für diese Zwei-Grad-Marke, haben sie 2007 sogar in den Mittelpunkt der ersten EU-Energiestrategie gerückt. In den Monaten vor dem Kopenhagener Klimagipfel ist es ihnen endlich gelungen, auch alle wichtigen Verhandlungspartner auf diese Zielformel einzuschwören – selbst die USA und China. In Kopenhagen fand das Zwei-Grad-Ziel dann zwar erstmals Anerkennung auf UN-Ebene. Aber wie so oft wurden keine Maßnahmen beschlossen, mit denen es auch erreicht werden könnte.
Da schon die bisherigen Emissionen einen Temperaturanstieg von etwa 1,4 Grad gegenüber dem vorindustriellen Zeitalter verursachen, handelt es sich beim Zwei-Grad-Ziel um ein sehr ehrgeiziges Vorhaben. Ohne einen baldigen Durchbruch in den internationalen Klimaverhandlungen wird sich die magische Grenze von zwei Grad nicht mehr einhalten lassen. Das ist nicht nur ein Problem fürs Weltklima, sondern auch für die EU. Denn die Europäer tun sich aus Gründen der Imagepflege sehr schwer damit, ihre hohen Ambitionen an die misslichen Realitäten anzupassen. Es wird aber nicht nur die internationale Verhandlungsmacht der EU stark beeinträchtigen, wenn sie starr an einem unrealistischen Ziel festhält. Auch innerhalb Europas dürfte es immer schwerer werden, eine ehrgeizige Klimapolitik durchzusetzen, wenn diese sich an einem globalen Temperaturziel orientiert, an das aber kaum noch jemand glaubt.
Das klassische politische Reaktionsmuster auf offenkundig nicht mehr erreichbare Ziele ist verblüffend einfach. Kann ein Thema nicht ohnehin komplett von der politischen Agenda genommen werden, kommt es schlicht zu einer Re-Formulierung des ursprünglichen Ziels. Im Falle des Zwei-Grad-Ziels würde sich die europäische Klimapolitik jedoch dem Verdacht der Beliebigkeit aussetzen, wenn sie für eine Erhöhung der Leitplanke auf 2,5 oder drei Grad plädieren würde.

Paradigmenwechsel?
Politisch weitaus leichter zu kommunizieren wäre ein schwächeres Ziel hingegen, wenn man gleichzeitig auch die Zielkategorie wechselt, etwa mit einem Grenzwert für die maximale Konzentration von Treibhausgasen in der Atmosphäre. Das neue Globalziel läge dann nicht bei 2,5 Grad, sondern bei 500 ppm CO_2-Äquivalenten. Doch statt solch naheliegende Auswege zu beschreiten, sollte die EU-Klimapolitik besser den Mut aufbringen, einen Paradigmenwechsel voranzutreiben – weg von absoluten Grenzwerten im Klimasystem, hin zu flexiblen klimapolitischen Zielpfaden.
Die Definition von globalen klimatologischen Schwellenwerten ist in einer wissenschaftlichen Perspektive sicherlich sinnvoll. Auf dieser Basis ein weltweites Emissionsbudget bis 2050 festzulegen und dieses gerecht auf einzelne Länder zu verteilen, wäre durchaus rational. Politisch aber ist solch ein Ansatz illusorisch. Auf internationaler Ebene fehlen derzeit die Institutionen und Instrumente, um ein solches Regime zu implementieren. Eine strategiegeleitete Klimapolitik kann sich nicht darauf beschränken, als verlängerter Arm der Klimaforschung fungieren zu wollen. Sie muss bei der Setzung von Zielen auch die Rahmenbedingungen internationaler Politik mitreflektieren, zudem die innenpolitischen Verhältnisse und wirtschaftlichen Interessen der wichtigsten Akteure.
Die EU könnte ihrer Verantwortung für das Weltklima durchaus gerecht werden, wenn sie sich am Ziel einer „schnellstmöglichen und kontinuierlichen Dekarbonisierung" orientiert. Sie müsste es sich zur Aufgabe machen, anderen Industrie- und Schwellenländern zu beweisen, dass die Transformation zu einer „low carbon economy" technologisch möglich und ökonomisch erfolgreich ist, mit positiven Effekten nicht nur fürs Klima, sondern auch für Energiepreise und Versorgungssicherheit. Gelingt dies, werden große Verschmutzerländer wie die USA und China schon aus Eigeninteresse folgen, auch ohne umfassenden Weltklimavertrag.
Oliver Geden: Erderwärmung: Die EU und ihr 2-Grad-Ziel, Die Presse, Print-Ausgabe v. 29.7.2010, in: http://diepresse.com (Zugriff: 21.7.2014)

ppm: parts per million (Teile von einer Million). In Wissenschaft und Technik der millionste Teil eines Ganzen, so wie Prozent (%) für den hundertsten Teil steht. Der Begriff wird vor allem für die Messung des Kohlendioxidgehalts in der Atmosphäre verwendet. Die Konzentration von Treibhausgasen in der Atmosphäre ist gegenüber dem Stand vor der industriellen Revolution bereits von 280 ppm Kohlendioxidäquivalenten auf heute 430 ppm gestiegen und erhöht sich jährlich um über 2 ppm. Nach heutigem wissenschaftlichen Stand darf die Konzentration von 450 ppm keinesfalls überschritten werden, wenn eine weitere Verstärkung des Klimawandels vermieden werden soll

Globale Akteure – „Global Governance“

Wer hat Einfluss auf die globale Wirtschaft? Wer könnte die genannten Probleme bearbeiten? Hier sind in erster Linie Institutionen und Organisationen zu nennen. Internationale Institutionen sind Normen, Regeln, Programme und die damit verbundenen Netzwerke von Akteuren, die die Politik von Staaten oder nichtstaatlichen Akteuren beeinflussen. Die Vereinten Nationen (UNO) sind zwar als internationale Organisation weithin anerkannt, bilden jedoch lediglich einen zwischenstaatlichen Zusammenschluss von 193 Staaten. Es gibt keine Weltregierung, die für die globale Wirtschaftspolitik verantwortlich ist. Es gibt aber das Konzept der „Global Governance“, das internationale Politik ermöglichen soll.

Tatsächlich sind es neben den ökonomisch und militärisch größten Einzelstaaten dieser Welt – allen voran die USA – einige wenige nichtstaatliche Akteure, die die Weichen der globalen Wirtschaft stellen. Vorrangig sind dies die Welthandelsorganisation (World Trade Organization, WTO), die Weltbank und der Internationale Währungsfonds (IWF, International Monetary Fund, IMF). Ihre Politik war und ist eng verwoben mit den Großmächten – USA, EU, China etc. – und ihren besonderer Strukturen (z. B. mit der G8). Eine nicht zu unterschätzende Rolle spielen auch die großen transnationalen Konzerne. Auch soziale Bewegungen, die sich gegen die Folgen von Globalisierung wehren, sind inzwischen vielfach global aufgestellt und versuchen vorrangig durch Aufklärungskampagnen ein Bewusstsein für die Notwendigkeit von Reformen zu schaffen.

Zeichnung: Koufogiorgos

1 Fassen Sie zusammen, worin die Kernaussagen des Konzepts der „Global Governance“ und die Hauptargumente seiner Kritiker bestehen (M 28–M 30).

2 Gestalten Sie eine Übersicht oder ein Schaubild der Ihnen bekannten staatlichen und nichtstaatlichen Akteure der Globalisierung (M 31, M 33, M 37–M 42).

3 Diskutieren Sie die Gründe für die große Bedeutung von WTO, Weltbank und IWF. Beachten Sie dabei deren Entstehungsgeschichte, deren demokratische Legitimation und die kritischen Argumente, die deren Politik entgegengebracht werden (M 31–M 35).

4 Diskutieren Sie anhand der Materialien (M 29–M 30, M 33–M 35, M 40–M 41) die gegenwärtigen Strukturen der globalen Institutionen und die Einflussmöglichkeiten der verschiedenen Akteure bis hin zu den großen Nationalstaaten. Wo sehen Sie Veränderungsbedarf und -chancen?

5 Interpretieren Sie die obenstehende Karikatur.

M28 Global Governance

Der Versuch zur Bewältigung der globalen Herausforderungen wird unter dem Schlagwort Global Governance diskutiert. Der Begriff grenzt sich bewusst von der Vorstellung einer Global Government – also einer Art „Weltregierung" – ab und ist am besten mit „Weltordnungspolitik" zu übersetzen. Grunderkenntnis ist dabei, dass sich bei Globalisierung der Probleme auch „die" Politik globalisieren muss. Dies bezieht sich nicht nur auf die Zusammenarbeit zwischen den Staaten (...), sondern auch auf die Entwicklung eines neuen Politikmodells, bei dem staatliche und nichtstaatliche Akteure auf verschiedenen Ebenen zusammenarbeiten. Somit meint Global Governance:

- erstens die Neudefinition staatlicher Souveränität,
- zweitens die Verdichtung und Verrechtlichung der internationalen Beziehungen,
- drittens die Erweiterung des Kreises der Akteure über die Staaten hinaus und
- viertens ein neues Verständnis von Außenpolitik, bei dem ein am „Weltgemeinwohl" orientiertes Verständnis vorherrscht und das gemeinsame Überlebensinteresse der gesamten Menschheit in den Vordergrund rückt.

Für eine Global-Governance-Architektur werden fünf Säulen als maßgeblich angesehen:

- eine Welthandelsordnung,
- eine internationale Wettbewerbsordnung,
- eine Weltwährungs- und Finanzordnung,
- eine Weltsozialordnung und
- eine Weltökologieordnung.

Im Mittelpunkt globaler Strategiekonzepte stehen das System der Vereinten Nationen sowie internationale Regime (Zusammenschluss) wie etwa die WTO, aber auch regionale Zusammenschlüsse wie etwa die Europäische Union, die als regionale Kerne einer solchen Entwicklung wirken können. Der Nationalstaat bleibt weiterhin zuständig für den innergesellschaftlichen Interessenausgleich, die Koordination verschiedener Akteursgruppen, für autoritative Entscheidungen und für die Umsetzung der auf internationaler Ebene getroffenen Entscheidungen.

ENGAGEMENT GLOBAL GmbH: Konzept und Säulen des Global Governance; in: http://www.chatderwelten-bw.de (Zugriff: 10.4.2014)

M29 Die Krise der Governance-Institutionen

Zwar wurde seit dem Ausbruch der Finanzkrise vor nunmehr sechs Jahren auf verschiedenen Ebenen an den seit Beginn der 1970er-Jahre entstandenen Regulierungsdefiziten herumlaboriert (neue Rücklagevorschriften für Banken, Schritte zur erneuten Trennung von Geschäfts- und Investmentbanken etc.). Der Internationale Währungsfonds (IWF) erfuhr sogar eine finanzielle Stärkung, von der er vor der großen Krise nicht zu träumen gewagt hätte. Doch im Grunde genommen sind die globalen Institutionen, die zur Steuerung der Weltwirtschaft von heute zur Verfügung stehen, dieselben Institutionen, die für die Nachkriegsordnung von Bretton Woods (s. S. *170*) geschaffen wurden.

Eine erstrangige Rolle spielen natürlich IWF und Weltbank (...). Doch auch die Welthandelsorganisation (WTO) geht auf die Nachkriegsordnung zurück. (...)

Obwohl in den letzten Jahren immer wieder der enorme Reformbedarf unterstrichen wurde, leiden alle Institutionen der Global Governance an einem beträchtlichen Reformstau. Dieser reicht von dem archaischen System, wie die Führungen dieser Einrichtungen einseitig mit den Kandidaten der alten Industrieländer besetzt werden, über das ungerecht zugunsten der Industrieländer ausgerichtete Entscheidungssystem („One dollar – one vote") bis hin zu den inhaltlich-politischen Vorgaben, die sich in den letzten Jahrzehnten weitgehend am sogenannten Washington Consensus orientiert haben, jenem Dreiklang aus Liberalisierung, Deregulierung und Privatisierung, wie ihn die in Washington ansässigen Institutionen für wünschenswert hielten. Gewisse Unterschiede gibt es bei der WTO, weil deren Governance-Modell dem Konsensprinzip folgt und (zumindest theoretisch) jedes Mitgliedsland den Entscheidungen widersprechen kann. Auch gilt bei Verhandlungen das Prinzip, dass erst in allen Fragen Einigkeit hergestellt sein muss, bevor das Gesamtpaket verabschiedet werden kann („single undertaking").

Nichtsdestotrotz steckt auch die WTO in einer tiefen Krise.

Rainer Falk: Wer regiert die Welt?, in: Südlink 165: Global Governance, http://www.inkota.de (Zugriff: 30.4.2014)

M30 Global Governance: Neue Akteure – neues Verständnis?

Als Reaktion auf die Tendenz zur Lähmung der weltwirtschaftlichen Institutionen lässt sich in gewisser Weise die Aufwertung informeller zwischenstaatlicher Entscheidungsgremien, wie der G8, der G20 oder auch völlig neuer Konstellationen wie der BRICS (Brasilien, Russland, Indien, China, Südafrika), verstehen. Vor allem die Gruppe der 20 (wichtigsten Industrie- und Schwellenländer) hat sich nach Ausbruch der Finanzkrise mit dem Anspruch selbst inthronisiert, künftig das führende Forum der weltwirtschaftlichen Koordinierung zu sein. (...). Inzwischen hat sie jedoch viel von ihrem ursprünglichen Schwung eingebüßt.

Das liegt teilweise daran, dass die angestoßenen Finanzmarktreformen im Prozess der Umsetzung kleingeredet und von mächtigen Lobbyinteressen verwässert wurden, teilweise aber auch daran, dass die G20 (...) ihr eigentliches Gründungsthema, die Finanzreform, und die Verdienste um die Verhinderung des weltwirtschaftlichen Absturzes in eine neue Große Depression dadurch relativierte, dass sie eine inhaltliche Kehrtwende „von der Stimulierung zur Konsolidierung" vollzog, die vielerorts in eine brachiale Austeritätspolitik (s. S. 95) mündete.

Ein zentraler Geburtsfehler der G20 (...) liegt jedoch nicht so sehr in ihrer mangelnden oder sinkenden Effizienz, sondern in ihrer mangelnden Repräsentativität. Bis heute ist die G20 ein Kind der G8 geblieben (...). Die große Mehrheit der Mitgliedstaaten der UN bleibt in dem Konstrukt (...) ohne Stimme. (...)

In der WTO zeigte sich mit dem Auftreten der Gruppe der 20 Handelsminister aus Entwicklungsländern eine neue, eigenständige Organisierungstendenz des Südens gegen die Anmaßungen des Nordens, der die Entwicklungsrunde dazu nutzen wollte, dem Rest der Welt die eigene Agenda der sogenannten neuen Themen aufzudrängen – also nicht nur die Liberalisierung des Handels, sondern auch der Dienstleistungen, der Investitionen, des Patentrechts, der staatlichen Auftragsvergabe usw. (...)

Natürlich stehen die neuen Formierungsprozesse im Süden erst am Anfang, aber da sie auch materielle Grundlagen haben (etwa ist der Süd-Süd-Handel das seit Jahren am dynamischsten wachsende Segment des Welthandels), dürften sie kaum mehr rückgängig zu machen sein. (...)

Unklar zum gegenwärtigen Zeitpunkt ist allerdings, wie sich das neue Gewicht des Südens in den etablierten Institutionen der Weltwirtschaft wie IWF und Weltbank niederschlägt. Auch hier versuchen die Industrieländer, die Schwellenländer stärker unter dem Vorzeichen einzubinden (...).

Handelsabkommen unterlaufen globale Ordnungssysteme

(...) Mit der Transatlantischen Handels- und Investitionspartnerschaft (TTIP) und dem Transpazifischen Partnerschaftsabkommen (TPPA) handeln die USA, Europa und einige asiatische Bündnispartner derzeit integrationspolitische Megaprojekte aus, die selbstredend ihren eigenen Interessen folgen. (...) Für den multilateralen Charakter von Global Governance und für die WTO ist die zunehmende Tendenz zu bilateralen oder plurilateralen Freihandelsabkommen allerdings ein empfindlicher Schlag. (...)

Angesichts des Grunddilemmas der Global Governance, des Auseinanderklaffens der ökonomischen Globalisierung einerseits und dem Zurückbleiben der politischen Steuerungsstrukturen auf globaler Ebene andererseits, waren schon immer zwei Zukunftsszenarien denkbar: Während die einen für die Vervollkommnung der ökonomischen Global Governance (einschließlich ihrer Reform und Demokratisierung) plädierten, orientierten andere stärker darauf, die nationalen politischen Spielräume zu bewahren und auszubauen. Letzteres, weil eine perfekte Global Governance im Sinne einer demokratischen Weltregierung auf Dauer Illusion bleiben wird und weil es heute schon unabdingbar ist, die Menschen vor den negativen Auswirkungen der Globalisierung und der Entwicklung in anderen Ländern zu schützen. (...)

Die beiden Grundantworten auf das Dilemma der Globalisierung müssen sich in der Tat nicht grundsätzlich ausschließen. Mit einer pragmatischen und weniger ideologisch im Sinne des Neoliberalismus gedachten Globalisierung könnten Spielräume für eigenständigeres Handeln auf lokaler, nationaler und regionaler Ebene einhergehen – etwa in Form des von den Entwicklungsländern geforderten „development space".

Rainer Falk: Wer regiert die Welt?, in: Südlink 165: Global Governance, http://www.inkota.de (Zugriff: 30.4.2014)

M31 Die „Freihandelsorganisation“ WTO

a) Gründung und Ziele

Gegründet wurde die WTO am 15. April 1994 in Marrakesch, Marokko (*in Kraft getreten am 1. Januar 1995*). (…) Ziel der WTO ist der Abbau von Handelshemmnissen und somit die Liberalisierung des internationalen Handels mit dem weiterführenden Ziel des internationalen Freihandels. Zudem ist sie zuständig für die Streitschlichtung bei Handelskonflikten. Den Kern dieser Anstrengungen bilden die WTO-Verträge (…). Wirtschaftspolitisch verfolgt die WTO eine liberale Außenhandelspolitik, die mit Deregulierung und Privatisierung einhergeht.

Wikipedia: Welthandelsorganisation, http://de.wikipedia.org (Zugriff: 7.4.2014)

b) Grundprinzipien

Die drei Grundpfeiler:

- Allgemeines Zoll- und Handelsabkommen GATT: Regelungen zum Abbau von Handelshemmnissen (Verhandlungsrunden seit 1947, spätere Grundlage für die Gründung der WTO).
- Allgemeines Abkommen über den Handel mit Dienstleistungen (GATS): Regelung des grenzüberschreitenden Handels mit Dienstleistungen.
- Übereinkommen über handelsbezogene Aspekte der Rechte am geistigen Eigentum (TRIPS): verbindliche Regelung urheberrechtlicher Fragen.

Die zentralen Prinzipien (…):

- Prinzip der Meistbegünstigung: Zollvergünstigungen gelten grundsätzlich gegenüber allen Handelspartnern.
- Inländerprinzip: Ausländische Waren und deren Dienstleister sowie deren Anbieter dürfen gegenüber inländischen Waren und deren Dienstleistern sowie deren Anbieter nicht benachteiligt werden.
- Prinzip der Transparenz: Alle nationalen Regelungen zur Beschränkung des Handels sind für die WTO-Mitglieder offenzulegen.
- Prinzip der Gegenseitigkeit: Zugeständnisse im Rahmen multilateraler Verhandlungen sollen grundsätzlich ausgewogen sein. Ausnahme: Verhandlungen zwischen Industrie- und Entwicklungsländern.

Dirk Lange (Hg.): Grundwissen Wirtschaft, Berlin (Cornelsen) 2011, S. 138

M 32 Die Organisationsstruktur der WTO

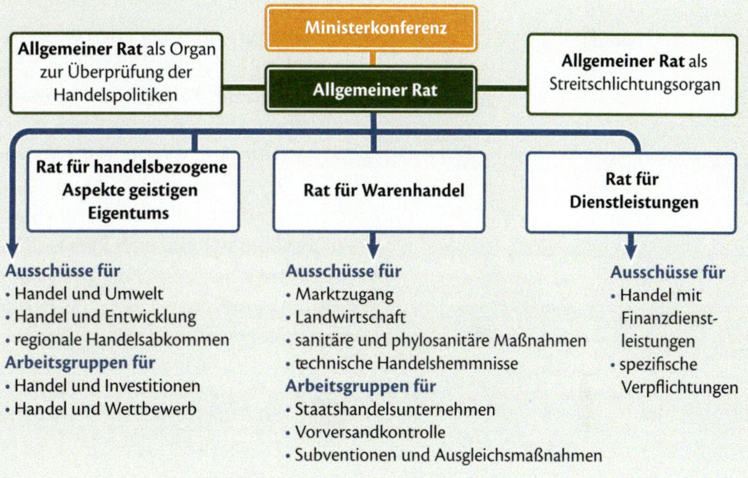

M33 Kritik an der WTO: der Mythos gleicher Wettbewerbsbedingungen

Die Metapher gleicher Wettbewerbsbedingungen, die Fairness andeutet, bezieht sich auf die WTO-Regeln, die gleichermaßen für alle Mitgliedsländer gelten. Aber es ist die Art von Fairness, bei der ein 800-Pfund-Gorilla im Boxring gegen einen 90-Pfund-Schwächling antritt. Für beide mögen die gleichen Regeln gelten, aber raten Sie mal, wer jedes Mal gewinnt! Um in der WTO einen Rechtsstreit mit den USA oder der EU zu führen, braucht man neben viel Geld gut ausgebildete Staatsbeamte, öffentliche Verwaltungsinstitutionen und juristischen Sachverstand – Voraussetzungen, die vielen Entwicklungsländern schlicht fehlen.

Das neoliberale Projekt ist bewusst entworfen worden, um die Entwicklungsländer an ihren „rechtmäßigen Platz“ als Lieferanten billiger Arbeitskräfte und Rohstoffe zu fesseln – eine Form von Finanzkolonialismus. (…) Wichtig: (*Ein solcher*) Kolonialismus erfordert keine Militärherrschaft. So dachte man im 18. Jahrhundert. Wie bereits der ehemalige Staatssekretär John Foster Dulles gesagt haben soll: „Es gibt zwei Wege, die Wirtschaft einer Nation zu übernehmen: militärische Gewalt und Finanzmittel.“

Ross Jackson: Occupy World Street, Stuttgart (Hirzel) 2013, S. 119 f. (Übers.: Gaiapiraten-Übersetzerteam)

Im Yong Kim, Präsident der Weltbank, und Christine Lagarde, Präsidentin des Internationalen Währungsfonds (IWF), bei einem Meeting in Washington, Oktober 2013

M34 IWF und Weltbank: Herren des Geldes

a) Der IWF

Der IWF (*IMF*) begann seine Tätigkeit im Mai 1946. Damals zählte er 39 Mitglieder (*2014: 188*). Die Kernaufgaben des IMF bestehen darin, die internationale Zusammenarbeit bei der Währungspolitik zu fördern, zur Stabilisierung von Wechselkursen beizutragen und den laufenden internationalen Zahlungs- bzw. den freien Devisenverkehr von staatlichen Beschränkungen freizuhalten. Um diese Aufgaben zu erfüllen, unterliegt die Geldpolitik der Mitglieder einer Überwachung durch den IMF. Zudem verfügt der IMF über verschiedene Möglichkeiten der Kreditvergabe.

Beim Beitritt zum IMF zahlt jedes Mitglied eine Einlagequote. (...) Die Quoten der einzelnen Staaten werden aus ökonomischen Größen wie Bruttoinlandsprodukt, Anteil am Welthandel, Kapitalflüsse und Währungsreserven errechnet. Sie werden vom Fonds als Geldreserve genutzt und bilden die Basis für die Ermittlung der Summe, die die Mitglieder jederzeit und ohne Auflage ausleihen können (Reservetranche). (...)

Da sich auch der Stimmenanteil der einzelnen Staaten nach den jeweiligen Quoten richtet, haben die ökonomisch entwickelten Staaten einen überdurchschnittlich hohen Einfluss.

Bundeszentrale für politische Bildung: Zahlen und Fakten Globalisierung, 30.6.2010, in: http://www.bpb.de (Zugriff: 7.4.2014)

b) Die Weltbank

Die Weltbank ist ebenso wie der IWF eine Sonderorganisation der UNO. Die Voraussetzung für die Mitgliedschaft in der Weltbank ist die Mitgliedschaft im IWF. Die Organisation der Weltbank ist an die des IWF angelehnt.

Die ursprünglichen Ziele waren der Wiederaufbau Westeuropas und Japans nach dem Zweiten Weltkrieg. Heute steht die Beseitigung der Armut in der Dritten Welt im Vordergrund. Durch die Kreditvergabe und Beratung sowie durch technische Hilfe soll wirtschaftliches Wachstum in Entwicklungsländern gefördert werden. Die Verbesserung der Infrastruktur und Bereitstellung von öffentlichen Gütern (wie Bildung und Gesundheitsversorgung) sowie der Umweltschutz stehen dabei im Vordergrund. Die Weltbank vergibt projektbezogene Kredite, z. B. für Verkehrswege (...).

Unter anderem wegen der engen Verknüpfung der Weltbank mit dem IWF wird auch dieser Organisation immer wieder vorgeworfen, die Vergabe der Kredite erfolge nach den Interessen der Industrieländer und deren lokal agierenden Konzernen.

Landeszentrale für politische Bildung Baden-Württemberg: Globalisierung Online, in: https://www.chatderwelten-bw.de (Zugriff: 10.4.2014)

M35 So funktioniert der Internationale Währungsfonds (IWF)

Gouverneursrat
- oberstes Gremium
- trifft sich einmal pro Jahr
- je 1 Vertreter der 187 Mitgliedsländer (in der Regel der Finanzminister oder der Chef der Notenbank)

bestimmt und wählt

Exekutivdirektorium
- zuständig für das tägliche Geschäft
- besetzt mit 24 Direktoren (einer davon geschäftsführend)

je 1 Vertreter aus USA, Japan, Deutschland, Frankreich, Großbritannien

und **19 gewählte Vertreter** aus anderen Ländern

Quoten

Das Stimmengewicht der Gouverneure und Direktoren hängt vom Kapitalanteil (sogenannte Quote) ihrer Länder am Fonds ab*:

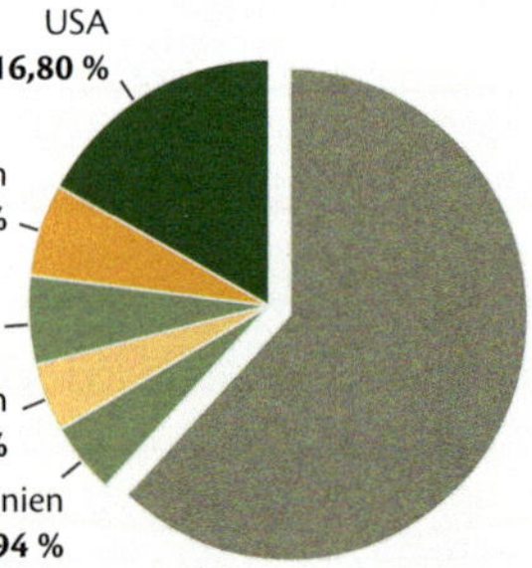

Wichtige Beschlüsse erfordern mindestens 85 % der Stimmen

Quelle: dpa, Stand März 2012 *daneben haben alle Mitglieder Basisstimmen*

M36 Weltbank und IWF: Bedeutungsverlust oder Wandel?

Auf der IWF- und Weltbank-Tagung im April 2014 war auch die 2010 beschlossene Reform ein wichtiges Thema. Damals wurde auf dem Hintergrund der globalen Finanz- und Wirtschaftskrise vereinbart, die Mittel des IWF deutlich zu erhöhen. Da die aufstrebenden Wirtschaftsmächte zugleich ihren Einfluss stärken wollten, einigten sich die 188 IWF-Staaten schließlich auf eine Mittelaufstockung und eine Reform der Stimmrechte.

China sollte (*dabei*) auf Rang drei hinter Japan aufrücken, und die übrigen, nichtwestlichen G20-Länder, insbesondere Indien, Brasilien und Südafrika, sollten einen höheren Stimmenanteil auf Kosten der überrepräsentierten Westeuropäer bekommen (s. M 37). Selbst die USA sollten 0,2 Prozentpunkte abgeben – die Sperrminorität wäre nicht gefährdet. Auslösender Moment für die Reformbereitschaft der etablierten Mächte war die Unfähigkeit des IWF, den neuen Herausforderungen der Finanzkrise mit ausreichend Mitteln zu begegnen. Durch die Reform würde sich mit den zusätzlich eingezahlten Geldern der Schwellenländer das „Eigenkapital“ des IWF fast verdoppeln und auf 720 Milliarden Dollar steigen.

Bis heute konnte der Beschluss nicht umgesetzt werden. Hauptgrund: Die republikanische Mehrheit im US-Repräsentantenhaus weigert sich, das von Präsident Barack Obama unterzeichnete Abkommen zu ratifizieren. Vordergründig wollen die Republikaner in Zeiten der „Sparzwänge“ und hohen Haushaltsdefizite kein zusätzliches Geld an eine internationale Organisation „verschenken“. Tatsächlich aber befürchten sie – nicht ganz unbegründet –, dass durch die Ratifizierung die USA ihre Kontrolle über den IWF verlieren könnten. Zwar wissen auch die Republikaner, dass die Sperrminorität nicht gefährdet wäre. Aber durch die Umverteilung der Stimmrechte könnten sich in Zukunft auch andere Länder, beispielsweise die BRICS (Brasilien, Russland, Indien, China, Südafrika), zu einer Sperrminorität zusammenfinden und Washingtons Missbrauch des IWF als geopolitisches Instrument blockieren. (…)

Die Rolle des Fonds war schon lange ein offenes Geheimnis – und wurde dennoch vom Westen stets kategorisch abgestritten. Nun hat die Obama-Administration im Rahmen ihrer Auseinandersetzung mit den Republikanern die Dummheit begangen, genau das – und auch noch explizit – zuzugeben. In einem Schreiben betont Finanzminister Jacob Lew, „wie entscheidend der IWF für die nationalen Sicherheitsinteressen der USA ist“ und eine weitere Aufschiebung der Ratifizierung der Reform den Zusammenhalt und die Funktion der internationalen Finanzorganisation gefährden würde. Während es in diesem Streit zwischen Obama und den Republikanern darum geht, ob der reformierte oder nicht reformierte IWF den strategischen Interessen der USA besser dient, wird das offizielle Eingeständnis Washingtons „das Vertrauen in die Aktivitäten des IWF noch mehr beschädigen“, kommentierte Mitte März der südkoreanische Finanzexperte und Stratege Yong Kwon in der Zeitschrift The Diplomat. (…)

Die Suche nach alternativen Strukturen hat längst begonnen. Das Abschlusskommuniqué des Treffens der Finanzminister und der Zentralbankchefs der G20-Länder am Sitz des IWF enthält denn auch ein Ultimatum an die USA und eine versteckte Drohung, notfalls auch ohne Washington weiterzumachen: „Wenn die 2010 beschlossenen Reformen nicht bis Ende des Jahres ratifiziert sind, werden wir uns wieder an das IWF wenden, um auf den bestehenden Fundamenten weiter aufzubauen und Optionen für die nächsten Schritte zu entwickeln“, steht im Papier der 20 „führenden Wirtschaftsmächte“ der Welt.

Rainer Rupp: Washingtons Bulldogge, in: junge welt v. 15.4.2014, S. 9

M 37 Schwellenländer gewinnen an Einfluss

neue Stimmrechtsanteile bei der Weltbank in Prozent

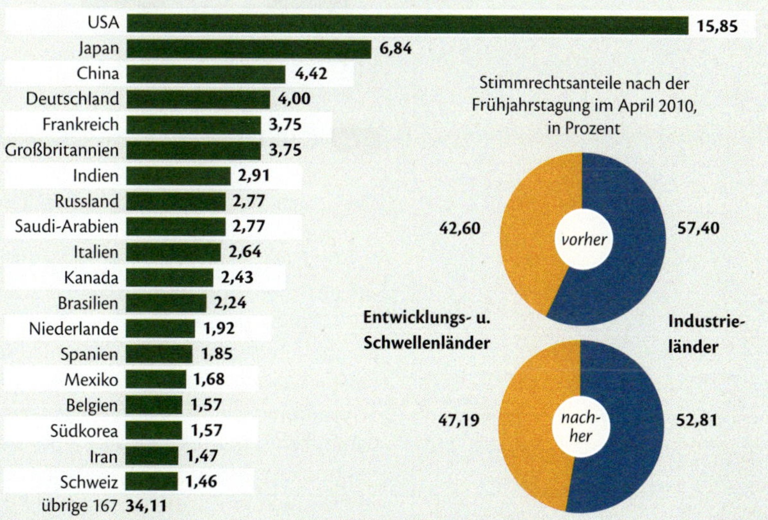

Quelle: World Bank, dpa

OECD-Mitglieder 2014:
Australien
Belgien
Chile
Dänemark
Deutschland
Estland
Finnland
Frankreich
Griechenland
Irland
Island
Israel
Italien
Japan
Kanada
Korea
Luxemburg
Mexiko
Neuseeland
Niederlande
Norwegen
Österreich
Polen
Portugal
Schweden
Schweiz
Slowakische Republik
Slowenien
Spanien
Tschechische Republik
Türkei
Ungarn
Vereinigtes Königreich
Vereinigte Staaten

M38 OECD: Forum für den multilateralen Austausch

Mit der Organisation für wirtschaftliche Zusammenarbeit und Entwicklung (engl.: Organization for Economic Cooperation and Development, OECD) besteht ein wichtiges Forum des multilateralen Austauschs zwischen Regierungen von Industrieländern, die sich den Prinzipien der Marktwirtschaft und Demokratie verpflichtet fühlen. Insgesamt 34 Länder sind Mitglied der 1961 gegründeten Organisation (2011), die sich den folgenden grundsätzlichen Zielsetzungen widmet:

- Förderung nachhaltigen wirtschaftlichen Wachstums,
- Ausweitung der Beschäftigung,
- Anhebung des allgemeinen Lebensstandards,
- Förderung des Welthandels,
- Erhaltung finanzieller Stabilität.

Im Mittelpunkt steht dabei der zwischenstaatliche Austausch, der letztlich zu einer Verbesserung der Wirksamkeit sowie einer vertieften Koordination der (Wirtschafts-)Politik der Mitgliedstaaten beitragen soll.

Dirk Lange (Hg.): Grundwissen Wirtschaft, Berlin (Cornelsen) 2011, S. 142

M38 G8-Gipfel: Der Club der Mächtigen

Bei der Gruppe der Acht (G8) handelt es sich um einen informellen Zusammenschluss der sieben führenden Wirtschaftsnationen und Russlands. Die EU-Kommission ist mit Beobachterstatus beteiligt. Im März 2014 beschloss die Mehrheit der Mitgliedstaaten aufgrund der Krise in der Ukraine, auf der Ebene der G8 vorerst nicht mehr mit Russland zusammenzuarbeiten.

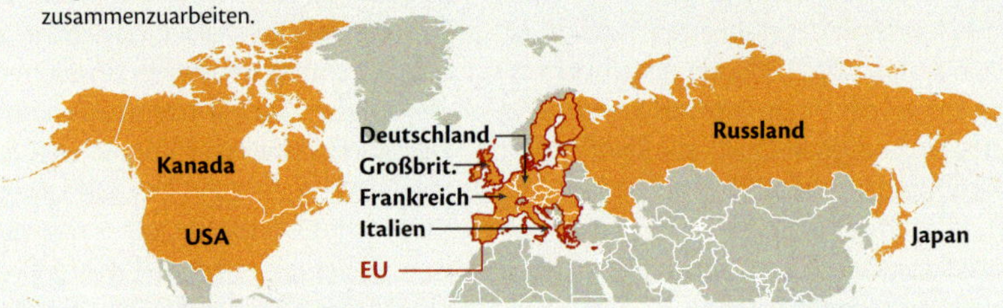

Arbeitsprinzip G8-Gipfel:
- Ist keine internationale Organisation
- Stützt sich auf keinen internationalen Vertrag
- Hat keine formellen Kriterien für die Aufnahme neuer Mitglieder, keine Satzung und kein ständiges Sekretariat

Das Gastgeberland eines Gipfels übernimmt für ein Kalenderjahr den Vorsitz:
- Organisiert Gipfeltreffen sowie Minister-, Experten- und Arbeitstreffen
- Erarbeitet einen Terminkalender
- Koordiniert die laufende Arbeit der G8

Die Diskussionen der Staats- und Regierungschefs finden im kleinen Kreis statt: Zugelassen sind nur engste Mitarbeiter; Entscheidungen werden nach dem Konsensprinzip getroffen. Die Gipfeltreffen finden nach dem Rotationsprinzip jedes Jahr in einem der Mitgliedsstaaten statt.

Auf die G8-Mitglieder entfallen:

49 % des Weltexports
51% der Industrieproduktion
49% der IWF-Aktiva

60 bis 80 Veranstaltungen finden im Laufe eines Jahres im G8-Format statt.

Quelle: rianovosti

M40 G20: Integration von Schwellenländern

Die Gruppe der zwanzig wichtigsten Industrie- und Schwellenländer (G20) besteht seit 1999 parallel zur G8. Auch hierbei handelt es sich um einen informellen Zusammenschluss für multilaterale Verhandlungen, unter bewusster Integration der wichtigsten aufstrebenden Wirtschaftsnationen. Inhaltlicher Schwerpunkt der G20 sind Fragen des Finanzsystems bzw. der Finanz- und Währungspolitik. So nahm gerade die G20 eine zentrale Rolle im Zuge der politischen Auseinandersetzung mit der globalen Finanz- und Wirtschaftskrise seit 2007 ein.

Kritisiert wird in diesem Zusammenhang jedoch, dass mit dem Bedeutungsgewinn der G20 eine Umgehung bereits bestehender multilateraler Strukturen (insbesondere der Vereinten Nationen) einhergehe, wodurch deren Anliegen in den Hintergrund gerieten. Zudem wird aus kritischer Perspektive darauf verwiesen, dass die G20 zwar aufstrebende Schwellenländer integriert, Entwicklungsländer jedoch nicht an ihren Beratungen und Entscheidungen beteiligt.

Dirk Lange (Hg.): Grundwissen Wirtschaft, Berlin (Cornelsen) 2011, S. 143

M41 Transnationale Konzerne in der Verantwortung

Die Liberalisierung des Welthandels und die Entstehung sogenannter Global Player, also global tätiger und politisch mächtiger Unternehmen, sind zwei Seiten der gleichen Medaille. Unternehmen haben ein grundsätzliches Interesse an einem möglichst liberalen Handelsregime, in dessen Rahmen sie nach der „globalen Optimierung von Wertschöpfungsketten" trachten. Dazu nutzen sie komparative Vorteile und verlagern Produktionsschritte an den Standort, der für diese die günstigsten Bedingungen bietet. (…)
Als Global Player werden transnationale Unternehmen zumeist wegen ihrer wirtschaftlichen und politischen Macht bezeichnet. (…)
Ein beliebtes Instrument zur Darstellung ist ein Vergleich zwischen dem Jahresumsatz globaler Unternehmen und dem Bruttoinlandsprodukt verschiedener Länder. Unter den so bemessenen 100 größten „Volkswirtschaften" der Welt befanden sich im Jahr 2011 insgesamt 17 Unternehmen. Royal Dutch Shell landete als umsatzstärkstes Unternehmen vor Taiwan und Argentinien auf Platz 24. (…)
Die weitaus größte Zahl transnationaler Unternehmen (*kommt*) nach wie vor aus hoch entwickelten Ländern, und auch der Grad der Verflechtung (durch Direktinvestitionen) ist zwischen diesen weiterhin am höchsten. Insbesondere die unternehmerischen Direktinvestitionen in Entwicklungs- und Schwellenländern und die Auswirkungen, die diese dort haben, stehen im Zentrum der Aufmerksamkeit und Kritik. (…)
Die Globalisierung, hier in erster Linie verstanden als Liberalisierung des Handels, bietet global tätigen Unternehmen nicht nur Potenziale zur Kostenoptimierung. Sie führt auch dazu, dass Unternehmen mit neuen Problemlagen konfrontiert werden oder zu deren Verschärfung beitragen. Dies wird insbesondere in der vor allem von zivilgesellschaftlichen Akteuren getragenen globalisierungskritischen Debatte betont. Problemfelder, die in diesem Zusammenhang diskutiert werden, sind etwa die Nichteinhaltung von Arbeits- und Sozialstandards, Menschenrechts-, Umwelt- und Anti-Korruptionsnormen, die Zunahme und Verschärfung von innerstaatlichen Gewaltkonflikten, aber auch die Vermeidung von Steueraufkommen.

Melanie Coni-Zimmer/Annegret Flohr: Transnationale Unternehmen: Problemverursacher und Lösungspartner?, in: Aus Politik und Zeitgeschichte 1–3/2014, S. 34–36

Transnationale Konzerne: Unternehmen, die neben dem Hauptsitz in einem Staat auch die Kontrolle über im Ausland ansässige Tochterunternehmen ausüben. Ihre Zahl stieg etwa seit Mitte der 1980er-Jahre stetig an, bis der Zuwachs mit dem Ausbruch der weltweiten Finanzkrise 2008 vorübergehend ins Stocken kam

M42 Opposition gegen neoliberale Globalisierung

Die Folgen der vielfach als neoliberal bezeichneten Globalisierung führten alsbald auch zu Protesten aus den Gesellschaften. Stärker als in etablierten Formen politischer Repräsentation (Parteien) zeigt sich dieser Widerstand in Gestalt der so genannten Nichtregierungsorganisationen – z. B. Attac, Oxfam –, in den Kirchen oder bei globalen Diskussionsforen wie dem Weltsozialforum.

Es ist schon imposant: 60 000 Menschen aus allen Kontinenten der Welt versammeln sich zum Weltsozialforum an einem Ort auf der Südhalbkugel, um über die Folgen der Globalisierung zu diskutieren: Porto Alegre im Süden Brasiliens. Die Inhalte der Diskussionen sind typisch für heutige Globalisierungskritik: Verschuldung, Rassismus, Sexismus, Welthandel, Gentechnik und neue ethische Fragen. Ein Grundsatzpapier betont, dass das Weltsozialforum Teil eines Prozesses ist. Das wichtigste Grundprinzip ist die Opposition der Zivilgesellschaft gegen den Neoliberalismus, die Welt des Kapitalismus und jede Form des Imperialismus. Im Zentrum der Aufmerksamkeit liege der Mensch. Hierarchien werden abgelehnt. Parteien oder Gruppen bestimmen das Forum nicht, doch Politiker dürfen kommen, wenn sie zu den Prinzipien stehen. Ziel des Weltsozialforums ist, dass alle, die gegen die Entmenschlichung in der Welt arbeiten, Erfahrungen austauschen und an einer Globalisierung der Solidarität bauen: eine Lobby für weltweite Gerechtigkeit.

Gudrun Fischer: Porto Alegre oder Druck aus dem Süden; in: ATTAC Deutschland/Publik Forum (Hg.): Globalisierung: Eine andere Welt ist möglich, Oberursel 2010, S. 8

Veranstaltung auf dem Weltsozialforum in Tunis, März 2013

Wie ist nachhaltige globale Wirtschaftspolitik möglich?

Die vor allem wirtschaftlich getriebene Globalisierung erfasst zunehmend auch die letzten Winkel der Erde. Die Globalisierung und ihre Probleme, aber ebenso ihre Chancen, erfordern globale politische Entscheidungen und damit eine globale Wirtschaftspolitik.
Aufgabe einer solchen Wirtschaftspolitik ist nichts Geringeres als eine globale nachhaltige Entwicklung. Nach dem Wunsch der Vereinten Nationen sollen endlich die Armut bzw. die Schere zwischen Arm und Reich, die miserable Gesundheitsversorgung, die schlechte Bildung und andere schwerwiegende Mängel in vielen Staaten dieser Erde überwunden werden.
Als nachhaltig wird eine Entwicklung bezeichnet, die den Bedürfnissen der jetzigen Generation dient, ohne die Möglichkeiten künftiger Generationen zu gefährden. Sie soll auch deren Bedürfnisse befriedigen und dabei Umweltgesichtspunkte gleichberechtigt mit sozialen und wirtschaftlichen berücksichtigen. Dies soll also nach einem Wohlstandsmodell geschehen, das die ökologischen Grenzen des Planeten beachtet und den Klimawandel in Grenzen hält. Globaler Maßstab hierfür sind die so genannten Millenniumsziele.

Zeichnung: Mester

1. Skizzieren Sie die wichtigsten globalen Probleme und deren Zusammenhang mit einer länderübergreifenden Wirtschaftspolitik (M 42–M 43, M 47– M 48).
2. Die Millenniumsziele geben auch Zielorientierungen für eine nachhaltige globale Wirtschaftspolitik bzw. Entwicklungspolitik. Beschreiben Sie diese Ziele und ihre derzeitige Umsetzung (M 43–M 44, M 47). Beachten Sie dabei das „Messproblem" (M 46).
3. Freihandel ist nicht unumstritten (M 9– M 11). Sammeln Sie die wichtigsten Argumente Pro und Kontra. Diskutieren Sie auf dieser Basis, ob die Vereinbarungen von Bali den in den Millenniumszielen angesprochenen Zielen gerecht werden (M 50– M 51).
4. Der Klimawandel erfordert – global – eine andere Wirtschaftspolitik. Analysieren Sie an diesem Beispiel die Problematik der öffentlichen Güter (M 52– M 54).
5. Erarbeiten Sie einen Überblick zu den allgemeinen Grundlagen alternativer Gesellschafts- und Wirtschaftspolitik (M 56).
6. Interpretieren Sie die obenstehende Karikatur.

M43 Die Millenniumsziele und der Stand ihrer Umsetzung

1. Ziel: Beseitigung der extremen Armut und des Hungers

Zielvorgabe 1.A: Zwischen 1990 und 2015 den Anteil der Menschen halbieren, deren Einkommen weniger als 1 Dollar pro Tag beträgt.

Zielvorgabe 1.B: Produktive Vollbeschäftigung und menschenwürdige Arbeit für alle, einschließlich Frauen und junger Menschen, verwirklichen.

Zielvorgabe 1.C: Zwischen 1990 und 2015 den Anteil der Menschen halbieren, die Hunger leiden.

Auf einen Blick:
- Die Armutsquoten wurden halbiert. 2010 lebten etwa 700 Millionen weniger Menschen in extremer Armut als 1990.
- Durch die Wirtschafts- und Finanzkrise ist die Beschäftigungslücke weltweit um 67 Millionen Menschen angewachsen.
- Trotz großer Fortschritte geht noch jeder achte Mensch hungrig zu Bett.
- Weltweit ist beinahe jedes sechste Kind unter fünf Jahren untergewichtig, jedes vierte leidet an Wachstumshemmung.
- Übergewicht – ebenfalls ein Aspekt von Mangelernährung – betrifft heute weltweit schätzungsweise 7 Prozent der Kinder unter fünf Jahren; ein Viertel dieser Kinder lebt in Afrika südlich der Sahara.

2. Ziel: Verwirklichung der allgemeinen Grundschulbildung

Zielvorgabe: Bis zum Jahr 2015 sicherstellen, dass Kinder in der ganzen Welt, Jungen wie Mädchen, eine Grundschulbildung vollständig abschließen können.

Auf einen Blick:
- 2011 besuchten 57 Millionen Kinder im Grundschulalter keine Schule. Im Jahr 2000 waren es noch 102 Millionen.
- Mehr als die Hälfte der Kinder, die keine Schule besuchen, lebt in Afrika südlich der Sahara.
- Weltweit verfügen 123 Millionen Jugendliche zwischen 15 und 24 Jahren nicht über grundlegende Lese- und Schreibfähigkeiten; 61 Prozent davon sind junge Frauen.

3. Ziel: Förderung der Gleichstellung der Geschlechter und Ermächtigung der Frauen

Zielvorgabe: Das Geschlechtergefälle in der Grund- und Sekundarschulbildung beseitigen, vorzugsweise bis 2005 und auf allen Bildungsebenen bis spätestens 2015.

Auf einen Blick:
- Die Grundschulebene kommt der Geschlechterparität am nächsten, doch nur 2 von 130 Ländern haben dieses Ziel auf allen Bildungsebenen erreicht.
- Weltweit waren 40 von 100 unselbstständig Erwerbstätigen im nichtlandwirtschaftlichen Sektor Frauen.
- Zum 31. Januar 2013 lag der durchschnittliche Frauenanteil in den Parlamenten weltweit bei knapp über 20 Prozent.

4. Ziel: Senkung der Kindersterblichkeit

Zielvorgabe: Zwischen 1990 und 2015 die Sterblichkeitsrate von Kindern unter fünf Jahren um zwei Drittel senken.

Auf einen Blick:
- Seit 1990 ist die Sterblichkeitsrate von Kindern um 41 Prozent gesunken; täglich sterben 14 000 Kinder weniger.
- Dennoch starben 2011 6,9 Millionen Kinder unter fünf Jahren – zumeist an vermeidbaren Krankheiten.
- In Afrika südlich der Sahara stirbt jedes neunte Kind vor seinem fünften Geburtstag; mehr als das 16-fache des Durchschnittswerts für die entwickelten Regionen.

5. Ziel: Verbesserung der Gesundheit von Müttern

Zielvorgabe 5.A: Zwischen 1990 und 2015 die Müttersterblichkeit um drei Viertel senken.

Zielvorgabe 5.B: Bis 2015 den allgemeinen Zugang zu reproduktiver Gesundheit verwirklichen.

Auf einen Blick:
- In Ostasien, Nordafrika und Südasien ist die Müttersterblichkeit um rund zwei Drittel gesunken.
- In den Entwicklungsregionen nehmen nur die Hälfte der Schwangeren die empfohlenen vier Vorsorgetermine wahr.
- Weltweit geben rund 140 Millionen verheirateter oder in einer Partnerschaft lebender Frauen an, dass sie nicht oder erst später schwanger werden möchten, dass sie aber nicht verhüten.

6. Ziel: Bekämpfung von HIV/Aids, Malaria und anderen Krankheiten

Zielvorgabe 6.A: Bis 2015 die Ausbreitung von HIV/Aids zum Stillstand bringen und allmählich umkehren.

Zielvorgabe 6.B: Bis 2010 den allgemeinen Zugang zu HIV/Aids-Behandlung für alle, die sie benötigen, verwirklichen.

Zielvorgabe 6.C: Bis 2015 die Ausbreitung von Malaria und anderen schweren Krankheiten zum Stillstand bringen und allmählich umkehren.

Auf einen Blick:

- 2011 lag die Zahl der HIV-Infektionen bei Kindern unter 15 Jahren um 230 000 unter dem Wert von 2001.
- Ende 2011 erhielten 8 Millionen Menschen eine antiretrovirale HIV-Therapie.
- In den 2000er-Jahren konnten 1,1 Millionen Malariatodesfälle abgewendet werden.
- Zwischen 1995 und 2011 retteten Tuberkulosebehandlungen rund 20 Millionen Menschenleben.

7. Ziel: Sicherung der ökologischen Nachhaltigkeit

Zielvorgabe 7.A: Die Grundsätze der nachhaltigen Entwicklung in einzelstaatliche Politiken und Programme integrieren und den Verlust von Umweltressourcen umkehren.

Zielvorgabe 7.B: Den Verlust an biologischer Vielfalt reduzieren, mit einer signifikanten Reduzierung der Verlustrate bis 2010.

Zielvorgabe 7.C: Bis 2015 den Anteil der Bevölkerung halbieren, der keinen nachhaltigen Zugang zu einwandfreiem Trinkwasser und grundlegenden sanitären Einrichtungen hat.

Zielvorgabe 7.D: Bis 2020 eine erhebliche Verbesserung der Lebensbedingungen von mindestens 100 Millionen Slumbewohnern herbeiführen.

Auf einen Blick:

- Seit 1990 ist der CO_2-Ausstoß weltweit um mehr als 46 Prozent gestiegen (s. *M 52*).
- Fast ein Drittel der Fischbestände der Meere sind überfischt.
- Trotz einer Zunahme der Schutzgebiete sind viele Arten vom Aussterben bedroht.
- Seit 1990 haben mehr als 2,1 Milliarden Menschen Zugang zu verbesserten Wasserquellen und fast 1,9 Milliarden zu verbesserten sanitären Einrichtungen erhalten.
- In den Entwicklungsländern leben schätzungsweise 863 Millionen Menschen in Slums.

8. Ziel: Aufbau einer weltweiten Entwicklungspartnerschaft

Zielvorgabe 8.A: Ein offenes, regelgestütztes, berechenbares und nicht diskriminierendes Handels- und Finanzsystem weiterentwickeln.

Zielvorgabe 8.B und C: Den besonderen Bedürfnissen der am wenigsten entwickelten Länder, der Binnenentwicklungsländer und der kleinen Inselentwicklungsländer Rechnung tragen.

Zielvorgabe 8.D: Die Verschuldung der Entwicklungsländer umfassend angehen.

Zielvorgabe 8.E: In Zusammenarbeit mit dem Privatsektor dafür sorgen, dass die Vorteile der neuen Technologien, insbesondere der Informations- und Kommunikationstechnologien, genutzt werden können.

Auf einen Blick:

- 2012 belief sich die öffentliche Entwicklungshilfe auf knapp 126 Milliarden US-Dollar.
- 83 Prozent der Exporte aus am wenigsten entwickelten Ländern gelangen zollfrei in die entwickelten Länder.
- Der Schuldendienst der Entwicklungsländer zehrt nur 3 Prozent ihrer Exporteinnahmen auf.
- In den Entwicklungsländern nutzen 31 Prozent der Bevölkerung das Internet, verglichen mit 77 Prozent in den entwickelten Ländern.

Zusammenstellung aus: Vereinte Nationen (Hg.): Millenniums-Entwicklungsziele. Bericht 2013, New York 2013, S. 6–56

M 44 Das Beispiel Entwicklungshilfe

Anteil der Entwicklungshilfe-Gelder 2010 in Prozent des BIP

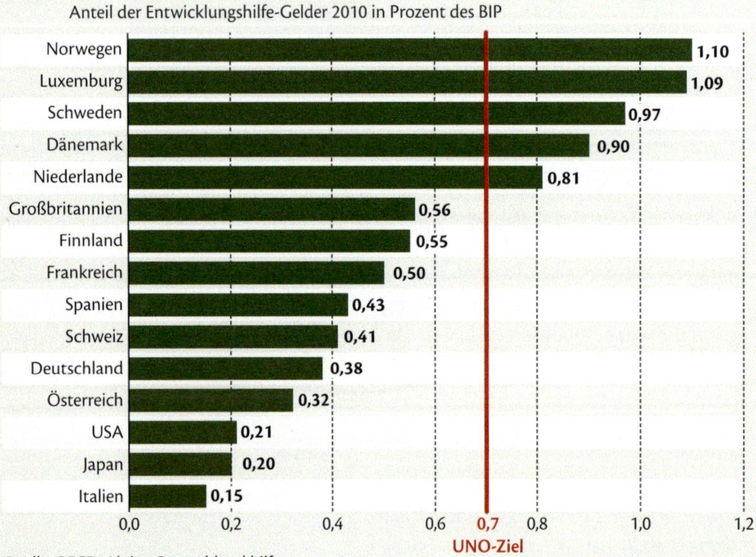

Quelle: OECD, Aktion Deutschland hilft

M 45 Erfolge und Misserfolge am Beispiel Armutsbekämpfung

Stand der Umsetzung des Millenninumsziels 1a: Halbierung des Anteils von Menschen, die weniger als 1,25 Dollar/Tag haben

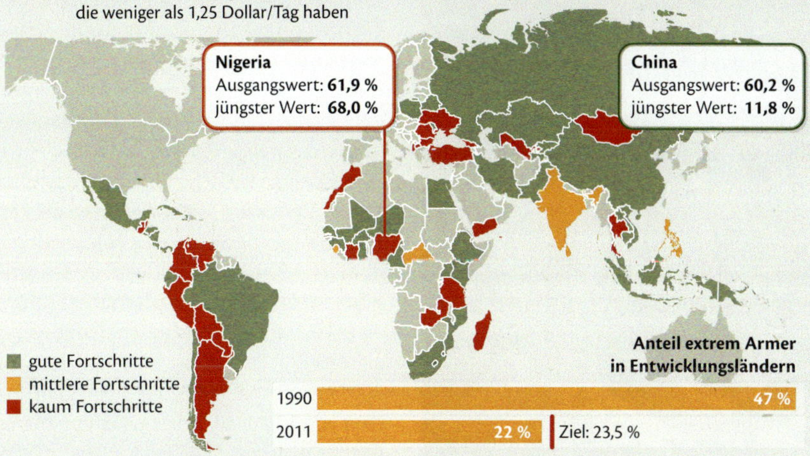

Quelle: World Development Indicators 2011, Weltbank
Infotext/P. Sobotta, S. Weber, http://www.taz.de (Zugriff: 3.5.2014)

M 46 Wie misst man eigentlich Armut? – umstrittene Messverfahren

Das erste Millenniumsziel ist dem Kampf gegen die Armut gewidmet: Bis 2015 sollen der Anteil der extrem armen Menschen und der Anteil der Hungernden halbiert werden. Als Vergleichsjahr und Ausgangspunkt wurde freilich nicht das Jahr 2000 gewählt, sondern das Jahr 1990. Eine clever gewählte Basis, denn bei der Verabschiedung des Plans im September 2000 hatte zum Beispiel China das angestrebte Ziel schon beinahe erreicht. (...)

Wie definiert man extreme Armut, und wie misst man Fortschritte? Im Jahr 2000 wird festgelegt: Als extrem arm gilt, wer weniger als einen Dollar pro Tag ausgibt – gemessen in internationalen Kaufkraftdollars (PPP-Dollar). Dazu wird für jedes Land der Erde festgelegt, wie viele Rupien, Pesos, Dinare und so weiter einem Kaufkraftdollar entsprechen.

Doch warum gerade genau ein Dollar? Diese Grenze ergibt sich aus dem Durchschnitt der nationalen Armutsgrenzen von zehn Ländern, die zufällig greifbar sind (...). Als Basis für die Kaufkraftberechnung in den verschiedenen Ländern dienen die Ergebnisse von Konsumstudien für 1985. Der Umrechnungsfaktor in PPP-Dollar wird von da an jedes Jahr gemäß der jeweiligen Inflationsrate angepasst. Die Preissteigerungen werden allerdings von der Weltbank ermittelt und weichen zum Teil deutlich von den national festgestellten Inflationsraten ab.

Mit der Zeit klaffen Armutsgrenze und tatsächliche Kaufkraft immer offensichtlicher auseinander. Deshalb werden 1999 eine neue Armutsgrenze (1,08 PPP-Dollar/Tag) und ein neues Basisjahr (1993) festgelegt. (...) (*2008 wird ein weiteres Mal*) eine neue Armutsgrenze und ein neues Bezugsjahr festgelegt, diesmal sind es 1,25 PPP-Dollar/Tag – zugrunde gelegt wird die Kaufkraft der einzelnen Währungen von 2005. Erneut bleibt die Anhebung weit hinter der zwischenzeitlichen Inflation in den USA zurück. Doch dieses Mal hat die Weltbank Tausende Forscher in alle Welt geschickt. Sie stellen typische Warenkörbe zusammen, vergleichen Preise und errechnen daraus neue Umrechnungsfaktoren für die Kaufkraft. Das überraschende Ergebnis: In den meisten Ländern können die Menschen für ihr Geld viel weniger kaufen als bisher angenommen. In Indien zum Beispiel ist ein Dollar nicht fünfmal so viel wert wie in den USA, sondern nur dreimal so viel. Die Menschen sind also viel ärmer als bisher gedacht. (...)

Und wieder wird gleich mehrfach gemogelt: Die Armutsgrenze steigt gegenüber 1990 nur um 25 Prozent, obwohl die Inflation in den USA den Dollar mittlerweile um über 45 Prozent entwertet hat. Doch für diese erneut abgesenkte Armutsgrenze findet die Weltbank eine neue Begründung: Die 1,25 PPP-Dollar entsprechen dem Durchschnitt der nationalen Armutsgrenzen der 15 ärmsten Staaten der Erde. Das freilich sind ganz andere Länder

Eine Wäscherei im indischen Mumbai. Dort gibt es oft Löhne im Bereich der statistischen Armutsgrenzen. Doch ob nun 1,25 oder 2 Dollar pro Tag angenommen werden: Für die Menschen bedeuten diese unterschiedlichen Einstufungen keinen Unterschied. Es reicht in jedem Fall gerade zum Überleben

als jene, die 1990 herangezogen wurden. Die Konsequenz: Einem Inder mag es heute schlechter gehen als vor 20 Jahren. Jetzt wird nicht mehr die indische, sondern die niedrigere nepalesische Armutsgrenze zum Maßstab gemacht – und schon geht es ihm relativ besser. Statt zu den extrem Armen zählt er nur noch zu den Armen. Statistisch zählt das als Fortschritt. (...)

Die Weltbank hat mittlerweile selbst erkannt, dass es nicht sinnvoll ist, eine einheitliche Armutsgrenze für die gesamte Welt zu definieren. In besonders armen Ländern mag die Grenze von 1,25 PPP-Dollar aussagekräftig sein. In Ländern mit mittlerem Einkommen oder gar Schwellenländern wie Brasilien oder China hält selbst die Bank inzwischen eine Grenze von zwei Kaufkraftdollar für sehr viel relevanter. Doch würde sie daraus Konsequenzen ziehen und neue Armutsgrenzen definieren, hätte das für die „Erfolgsmeldungen" verheerende Folgen.

Das hat einen einfachen Grund: In den ärmsten Ländern kann selbst die Weltbank kaum Fortschritte messen – egal, wie niedrig die Armutsgrenze angesetzt wird. In den afrikanischen Ländern südlich der Sahara sank der Anteil extrem armer Menschen mit weniger als 1,25 PPP-Dollar/Tag zwischen 1990 und 2005 gerade mal von 57 auf 51 Prozent. In Indien von 51 auf 42 Prozent. Nähme man die Grenze von zwei PPP-Dollar, wären die Fortschritte noch geringer. (...)

Globale „Erfolge" kann die Weltbank nur deshalb melden, weil die Armut in den Schwellenländern wie China oder Brasilien zurückgegangen ist – wenn man die Grenze von 1,25 PPP-Dollar zugrunde legt. Doch würde man in diesen Schwellenländern die 2-Dollar-Grenze heranziehen (...), würden auch dort die Verbesserungen viel bescheidener ausfallen. Das Millenniumsziel „Halbierung der Armut" wäre nicht annähernd erreichbar.

Karl-Albrecht Immel/Klaus Tränkle: Aktenzeichen Armut. Globalisierung in Texten und Grafiken, Wuppertal (Hammer) 2011, S. 21–23, 30f.

M 47 Gründe für Fortschritte und Hinterherhinken

Die Fortschritte in einzelnen Regionen und Ländern lassen sich im Vergleich zu den Ländern, die im Verzug sind, summarisch auf folgende Positivfaktoren zurückführen: ein entwicklungsorientiertes Verhalten von Regierungen und Eliten, das die Orientierung an den Millenniumszielen sowie die Partizipation der Bevölkerung und ihre Eigentümerschaft (ownership) an der Entwicklung einschließt; funktionierende Regierungen und Verwaltungen, gepaart mit Rechtsstaatlichkeit; Armutsbekämpfung durch eine staatliche Rahmensetzung, die die Privatwirtschaft fördert und nicht knebelt; Mobilisierung einheimischer (finanzieller) Ressourcen; materielle und immaterielle Infrastrukturausstattung, wie Hebung des Bildungs- und Ausbildungsstandes der Bevölkerung; ein der Entwicklung förderliches mentales und kulturelles Umfeld; Anerkennung der wichtigen Rolle der Frauen im Entwicklungsprozess; Industrialisierung und Ausnutzen der internationalen Arbeitsteilung; Eindämmung des Bevölkerungsanstiegs; effiziente Nutzung der von außen gewährten Unterstützung im Sinne von Hilfe zur Selbsthilfe und einer selbstbestimmten Entwicklung sowie äußerer und innerer Frieden.

Zwei Ursachenbündel sind für das Zurückbleiben verantwortlich: jene Faktoren, die nach der Verabschiedung der Millenniumserklärung besonders virulent wurden, wie die nach den Terroranschlägen vom September 2001 erfolgten Prioritätensetzungen, bei denen für manche Industrieländer militärische und sicherheitspolitische Gesichtspunkte wichtiger wurden als zivilgesellschaftliche und entwicklungspolitische; die deutliche Zunahme von zerfallenden, kollabierenden und von kriegerischen Konflikten heimgesuchten Staaten; der Klimawandel mit seinen akuter werdenden negativen, in vielen Entwicklungsländern verheerenden Auswirkungen; die in den vergangenen Jahren aufgetretenen Nahrungs- und Energiekrisen; die globale Finanz- und Wirtschaftskrise. Hinzu kommen Faktoren, die schon immer von großer Bedeutung waren und beachtet werden müssen, wenn eine Wende zum Besseren eingeläutet werden soll, wie das Bevölkerungswachstum (die Erdbevölkerung – im Jahr 1990 belief sie sich auf 5,3 Milliarden – wird von jetzt 6,9 Milliarden auf 9 Milliarden Menschen im Jahr 2050 anwachsen); korrupte Eliten, die nicht am Gesamtwohl des Landes und der Armutsbekämpfung interessiert sind; schlechtes Regierungs- und Verwaltungshandeln; die weitgehende Vernachlässigung der ländlichen Regionen, der (traditionellen) Landwirtschaft und des informellen Sektors; ein entwicklungsfeindliches Umfeld (Bildung, Ausbildung und Wissen sowie tolerante, auch für den Wandel offene Kulturen werden immer noch nicht als wesentliche Schlüsselfaktoren für die persönliche wie auch die allgemeine Entwicklung anerkannt und gefördert); Schwierigkeiten, die auf feindliche Ökosysteme, die Binnenlage ohne Meereszugang und kriegerische Auseinandersetzungen zurückzuführen sind; das Festhalten an teuren, ökologisch schädlichen fossilen Energien, statt den Reichtum an heimischen solaren bzw. biologischen Rohstoffen stärker zu nutzen.

Die Industrieländer haben es bislang weitgehend versäumt, wirksame Schritte zur Verbesserung der weltwirtschaftlichen und ökologischen Rahmenbedingungen umzusetzen und allen Entwicklungsländern eine faire Teilhabe an der internationalen Norm- und Regelsetzung und der internationalen Arbeitsteilung zu ermöglichen.

Uwe Holtz: Die Millenniumsentwicklungsziele – eine gemischte Bilanz; in: Aus Politik und Zeitgeschichte 10/2010, S. 6 f.

M 48 Wachsender Reichtum weltweit – die andere Seite der Armut

Im vergangenen Jahr wurden 210 Personen Milliardäre und sind damit in den exklusiven Club der 1426 Personen aufgestiegen, die zusammen ein Nettovermögen von 5,4 Billionen US-Dollar besitzen. Unternehmensgewinne, Gehälter von CEOs (Chief Executive Officers) und Börsenkurse verzeichnen täglich neue Rekorde. (…) Das Vermögen des reichsten Prozents der Weltbevölkerung beläuft sich auf 110 Billionen US-Dollar – das ist 65 Mal so viel wie das Vermögen der ärmsten Hälfte der Weltbevölkerung.

Vor dem Hintergrund der letzten globalen Finanzkrise überraschen diese Zahlen zunächst. Bei genauerem Hinsehen zeigt sich jedoch, dass im Zuge der Finanzkrise zwar der Anteil, den das Vermögen der Reichsten ausmacht, kurzzeitig schrumpfte, dass sich aber die Reichen alles – und mehr – zurückgeholt haben. In den USA landeten 95 Prozent des Wachstums nach der Krise (2009 bis 2012) auf den Konten des reichsten Prozents der Bevölkerung, während 90 Prozent der Menschen ärmer geworden sind. Die Rezession hat den Trend zur Konzentration von Vermögen nicht gestoppt: Der Anteil des nationalen Einkommens in den USA, der an das reichste Zehntel der Bevölkerung fließt, beträgt 50,4 Prozent – der höchste Stand seit dem Ersten Weltkrieg. (…)

Während die Eliten weltweit immer reicher werden, bleibt die Mehrheit der Menschen von diesem wachsenden Wohlstand ausgeschlossen. Aktienkurse und Unternehmensgewinne erreichen nie geahnte Höhen, doch die Löhne und Gehälter als Anteil des Bruttoinlandsprodukts (BIP) stagnieren. Eine Zahl zur Illustration: Das kombinierte Vermögen der zehn reichsten Personen in Europa ist höher als die Konjunkturprogramme, die die Europäische Union (EU) zwischen 2008 und 2010 aufgelegt hat: 217 Mrd. Euro im Vergleich zu 200 Mrd. Euro. Dabei treffen die Sparmaßnahmen im Zuge der Krise ärmere Menschen ausgesprochen hart, während sie die Reichen noch reicher machen. Die Sparmaßnahmen wirken sich aber auch in nie gesehenem Maße auf die Mittelschicht aus.

Die Reichen entfernen sich in vielen Ländern – was das Vermögen betrifft – zunehmend vom Rest der Bevölkerung. Die World Top Incomes Database enthält Daten aus 26 Ländern und zeigt, wie hoch der Anteil des Einkommens vor Steuern ist, der seit den 1980er-Jahren an das reichste Prozent der Bevölkerung geht. (…) Das reichste Prozent der Menschen in China, Portugal und den USA hat seinen Anteil am nationalen Einkommen seit 1980 mehr als verdoppelt – und die Lage spitzt sich weiter zu. Sogar in Ländern, die für eine gleichmäßigere Einkommensverteilung

bekannt sind, z. B. Schweden und Norwegen, ist der Anteil des Einkommens des reichsten Prozents um mehr als 50 Prozent gestiegen. Sehr wahrscheinlich ist die tatsächliche Konzentration des Reichtums noch eklatanter, da ein bedeutender Anteil des Vermögens der Reichen in Steueroasen versteckt ist. (...)
Auch in den bevölkerungsreichen Ländern mit mittlerem Einkommen verschärft sich die ungleiche Einkommens- und Vermögensverteilung. Diese Länder sind wichtig, weil dort heute die Mehrzahl der Armen weltweit lebt. Vor der Globalisierung verzeichneten die Länder eine wesentlich geringere Ausprägung der ungleichen Einkommensverteilung. (...)
Einigen Ländern gelingt es, sich dem Trend zu widersetzen. So konnten in den vergangenen zehn Jahren manche südamerikanischen Länder die Ungleichheit mindern, wobei man jedoch nicht verschweigen darf, dass einige von ihnen zu den Ländern gehörten, die weltweit die stärkste Ungleichheit aufwiesen. (...)
Unter den G20-Ländern verzeichnen im Allgemeinen die Schwellenländer eine stärkere Ungleichheit (einschließlich Südafrika, Brasilien, Mexiko, Russland, Argentinien, China und der Türkei), während in Industrieländern die Ungleichheit tendenziell weniger stark ausgeprägt ist (Frankreich, Deutschland, Kanada, Italien und Australien). Aber auch das scheint sich gerade zu ändern, denn G20-Länder mit hohem Einkommen (ausgenommen Südkorea) sehen eine stärker werdende Ungleichheit, während in Brasilien, Mexiko und Argentinien die Ungleichheit abnimmt.

Ricardo Fuentes-Nieva/Nick Galasso: Ökonomie und Politik der globalen Ungleichheit; in: Informationsbrief Weltwirtschaft & Entwicklung, W&E-Hintergrund, Februar 2014, S. 1 f.

M 49 Der Anteil des nationalen Einkommens, der an das reichste Prozent der Bevölkerung geht

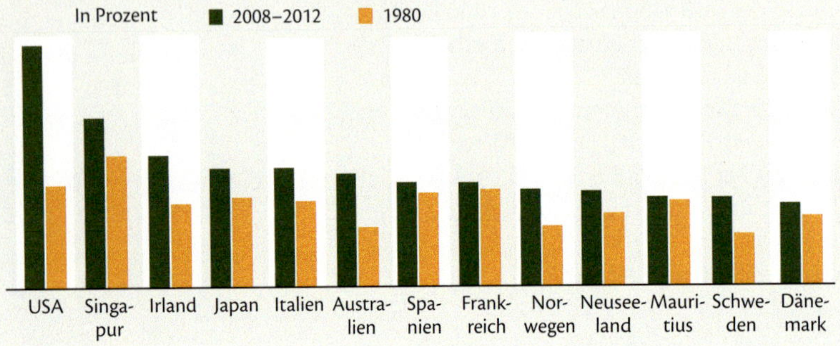

Quelle: The World Top Incomes Database, 2013

M 50 Bali Dezember 2013: Wiederauferstehung von Freihandel und WTO

Vom 3.–7. Dezember 2013 trafen sich auf der indonesischen Insel Bali die 159 Mitglieder zur WTO-Ministerkonferenz. Der neue brasilianische Generaldirektor Azevedo konnte am Ende die Verabschiedung des Bali-Pakts verkünden.

Es ist ein historisches Abkommen. Nicht so sehr wegen seines Inhalts, sondern weil es das erste weltweit gültige Handelsabkommen seit Gründung der WTO (...) sein wird. Der Bali-Vorgänger, die 2001 gestartete Doha-Runde, ist seit Jahren klinisch tot.
Der Pakt kommt keine Sekunde zu früh. (...)
Kurz nach Ausbruch der Krise im Jahr 2008 versprachen die zwanzig führenden Wirtschaftsnationen (G20) hoch und heilig, keine neuen Handelshemmnisse aufzubauen.
Passiert ist seither das genaue Gegenteil. Zwischen 2008 und August 2013 haben die G20 genau 1527 handelshemmende Maßnahmen eingeführt, zählt die unabhängige Organisation „Free Trade Alert". Deutlich mehr als alle wirtschaftlich schwächeren Staaten zusammen. (...)
Der Bali-Pakt bringt nun eine Reihe von Erleichterungen für den Welthandel. Am Kernthema, das schon die Doha-Runde auf die Intensivstation brachte, rührt der neue Vertrag aber kaum: an der Landwirtschaft. (...) Noch immer subventionieren die EU und die USA ihre Bauern mit zig Milliarden Euro. So verkauften allein im Vorjahr subventionierte Landwirte aus Deutschland 47 000 Tonnen Geflügelfleischreste billigst nach Afrika. (...)
Auch wenn hier nicht direkt der Export gefördert wurde, verschlechtern diese Subventionen die Situation der Bauern in den Importländern. Noch schlimmer ist das bei echten Exportförderungen. Schon 2005 hat die WTO deren Abschaffung bis Ende 2013 beschlossen.
Umgesetzt wurde der Schritt mangels einer Einigung in der Doha-Runde nie. Mit dem Pakt von Bali sollen Exportsubventionen nun endlich gesenkt und Importquoten weitgehend gestrichen werden. Aber auch hier sind nicht alle gleich: Die USA dürfen als einziges Industrieland auch in Zukunft die Einfuhr von Agrarprodukten begrenzen.

Matthias Auer: WTO-Einigung: Die Wiedergeburt des Freihandels, Die Presse v. 7.12.2013

Doha-Runde: Paket von Aufträgen, die die Wirtschafts- und Handelsminister der WTO-Mitgliedstaaten 2001 auf ihrer vierten Konferenz in Doha (Katar) bearbeiten und bis 2005 abschließen sollten.
Zentrales Ziel der Doha-Runde war die Verbesserung der Lage der Entwicklungsländer im Welthandel. Die in der Doha-Erklärung vereinbarten Verhandlungsziele umfassen u. a. eine weitere Marktöffnung im Bereich der Landwirtschaft sowie Investitionen, Wettbewerb, öffentliches Beschaffungswesen und Handelserleichterungen

Zeichnung: Mester

M51 Bali: Neue Strategie mit den üblichen Verlierern und Gewinnern

Während in der Presse der Abschluss der Verhandlungen (*in Bali*) als Erfolg gefeiert wurde, fällt die entwicklungspolitische Bilanz ernüchternd aus. (...) Die afrikanischen Länder und die am wenigsten entwickelten Länder (Lowest Developed Countries/LDCs) gehören zu den Verlierern der WTO-Verhandlungen auf Bali. Sie tragen die Kosten für die Umsetzung der Vereinbarungen zur Handelserleichterung, erhalten dafür aber keine Beschlüsse in den für sie wichtigen Bereichen. In der Frage des 100-prozentigen zoll- und quotenfreien Marktzugangs für die LDCs wurden keine Fortschritte gemacht. (...)

Auch in der Baumwollfrage konnten die afrikanischen Länder keinen Erfolg für sich verbuchen. Die Baumwollsubventionen, die vor acht Jahren von der WTO als illegal eingestuft wurden, sollen nun regelmäßig überwacht werden. Im Oktober 2013 hatten die vier Baumwollländer Benin, Burkina Faso, Mali und Tschad noch einen Vorschlag vorgelegt, der den zoll- und quotenfreien Zugang für LDC-Baumwollexporte und die Abschaffung der Exportsubventionen forderte. Er wurde allerdings nicht in den Verhandlungstext für Bali aufgenommen.

Bei den Exportsubventionen wird bedauert, dass das Ziel der Abschaffung aller Formen von Exportsubventionen, wie es in der Hongkong-Ministererklärung (*der WTO, 2005*) festgehalten war, bis 2013 nicht erreicht wurde. In der EU sind zwar alle Exportsubventionen auf null gesetzt, allerdings behält sich die EU vor, sie in Krisenzeiten wieder zu aktivieren. Entscheidender für die Entwicklungsländer sind mittlerweile die Auswirkungen der Direktzahlungen auf die Wettbewerbsfähigkeit der EU. (...)

Das wichtigste Ergebnis ist, dass Indien einige Grundnahrungsmittel im Rahmen von staatlichen Lagerhaltungsprogrammen fördern darf, ohne dass die USA das Land vor das WTO-Schiedsgericht zerren können. Damit sowohl Indien als auch die USA zufrieden sind, ist einerseits von einer Interimslösung bis zum Finden einer dauerhaften Lösung die Rede als auch davon, dass diese Ausnahmeregelung maximal für vier Jahre gewährt wird. Experten empfehlen insbesondere im Reisbereich ein Monitoring der Auswirkungen auf die Ernährungssicherheit von Drittländern. (...)

Der Bali-Deal zeigt den Industrieländern und den Konzernen, dass auch bei der WTO noch etwas zu holen ist und sie eine wunderbare Ergänzung zu bilateralen Freihandelsabkommen darstellt. Die Strategie der „kleinen Pakete" könnte Schule machen. Handelspolitik wird also nicht nur in Washington und Brüssel, sondern nach wie vor auch in Genf (*dem Sitz der WTO*) gemacht.

Oxfam: Kein Grund zum Feiern – Die WTO-Verhandlungen in Bali am 29.1.2014, in: http://www.oxfam.de (Zugriff: 5.5.2014)

M52 Ernst, aber nicht hoffnungslos (5. Sachstandsbericht)

Der Weltklimarat der Vereinten Nationen (IPCC, Intergovernmental Panel on Climate Change) ist ein wissenschaftliches zwischenstaatliches Gremium, das von der Weltorganisation für Meteorologie (WMO) und dem Umweltprogramm der Vereinten Nationen (UNEP) ins Leben gerufen wurde. Er veröffentlicht die Sachstandsberichte zum Klimawandel, so auch den des Jahres 2014.

Zwischen den Jahren 2000 und 2010 legte die Kohlendioxid-Konzentration in der Atmosphäre jedes Jahr um 2,2 Prozent zu (...).

China produzierte im Jahr 2010 – absolut gerechnet – 8,3 Milliarden Tonnen CO_2-Äquivalent, ein Plus von 240 Prozent im Vergleich zu 1990 und Platz eins. Es folgten die USA mit 6,1 Milliarden Tonnen, Russland (1,7), Indien (1,5) und auf Platz fünf Japan mit 1,3 Milliarden Tonnen Kohlendioxidäquivalent. Deutschland führt den zweiten Teil der Tabelle an, die Bundesrepublik war 2010 für 0,8 Milliarden Tonnen Kohlendioxidäquivalente verantwortlich. (...)

Die größte Treibhausgas-Quelle war dem Bericht zufolge der Energiesektor, der im Jahr 2010 weltweit 37 Prozent der Emissionen verursachte. Die indirekten Emissionen eingerechnet, schlägt die Industrie mit 32 Prozent zu Buche, der Verkehr mit gut 14 Prozent. Landnutzungsänderungen, hauptsächlich Abholzung und Flächenumwidmung in der Landwirtschaft, waren für fast ein Viertel aller Treibhausgase verantwortlich. (...)

Läuft die bisherige Entwicklung des Treibhausgas-Ausstoßes ungebremst weiter, muss bis 2100 mit einer Erderwärmung (gegenüber vorindustriellem Niveau) von 3,7 bis 4,8 Grad Celsius gerechnet werden, schreiben die Autoren. Ohne weiteren Klimaschutz wären damit Klimaänderungen zu erwarten, auf die sich die Menschheit nur schwer einstellen kann. (...)

Noch aber ist es möglich, das auf dem UN-Klimagipfel 2010 im mexikanischen Cancún beschlossene Zwei-Grad-Limit (s. S. 178) einzuhalten.

Redaktion Weltklimabericht 2014: Sachstands-Kapitel 3: Das steht drin, Berlin (Gutwetterverlag) 2014, in: http://www.ipcc14.de (Zugriff: 6.5.2014)

M53 Die größten Klimasünder

Seit Beginn der Industrialisierung vor etwa 150 Jahren trägt der Mensch zum Klimawandel bei; rund 40 Gase sind beteiligt, bedeutsam sind vor allem: Kohlendioxid (CO_2), Methan (CH_4) und Fluorchlorkohlenwasserstoff (FCKW)

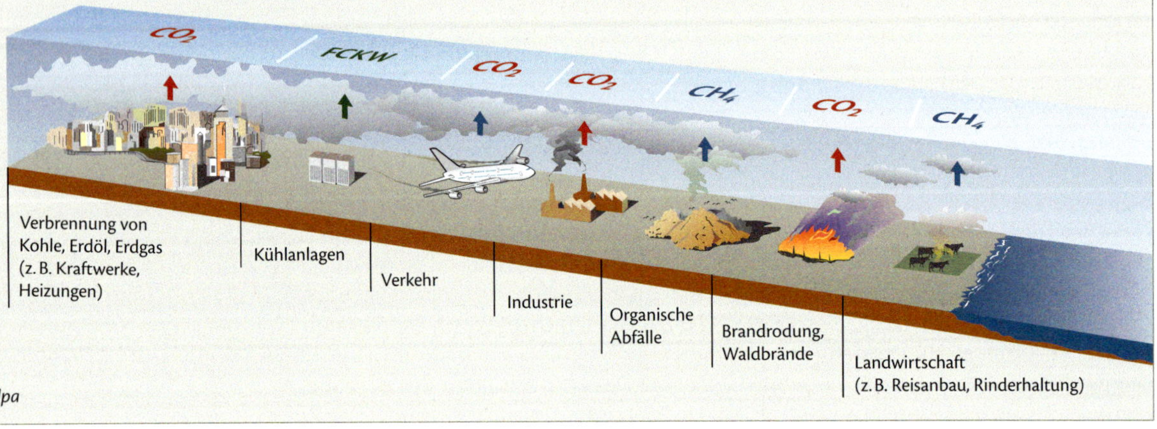

Quelle: dpa

M54 „Warum tut keiner was?" – Das Problem öffentlicher Güter

Aus Sicht der neoklassischen Volkswirtschaft hat das Problem, dass bisher keine ernsthaften Reduzierungen der Treibhausgase gelingen, auch mit dem Charakter von Luft bzw. Klima als „öffentlichem Gut" sowie mit dem so genannten Trittbrettfahrereffekt zu tun.

Wesentliches Merkmal öffentlicher Güter ist es, dass niemand davon ausgeschlossen werden kann, sie zu nutzen (z. B. Polizeiwesen, Landesverteidigung, Infrastruktur wie Verkehrswege, Dämme, Straßenbeleuchtung u. Ä.). Auch wichtige Teilbereiche der Natur (z. B. Luft) weisen dieses für öffentliche Güter kennzeichnende Merkmal, nämlich die

Nichtanwendbarkeit des Ausschlussprinzips auf. Wegen der fehlenden privaten Eigentumsrechte an Luft und anderen natürlichen Ressourcen kann niemand von deren Nutzung ausgeschlossen werden. Güter, für die das Ausschlussprinzip nicht gilt, können nicht auf Märkten gehandelt werden.
Die Ursache liegt darin, dass sich viele Personen als Trittbrettfahrer verhalten, d. h., sie wollen die öffentlichen Güter zwar nutzen, sind aber nicht bereit, dafür eine Gegenleistung zu erbringen, weil sie wissen, dass sie nicht von der unentgeltlichen Nutzung dieser Güter ausgeschlossen werden können. Weil der Markt bei der Bereitstellung öffentlicher Güter versagt, muss für die Inanspruchnahme dieser Güter keine direkte Gegenleistung (z. B. Kaufpreis, Miete o. Ä.) erbracht werden. Bei Gütern, für deren Nutzung nichts bezahlt werden muss, gibt es aber auch keinen wirtschaftlichen Anreiz, sparsam mit ihnen umzugehen. Sie werden daher häufig überbeansprucht.
Das gilt auch für die Natur, die von Unternehmen unentgeltlich als Produktionsfaktor genutzt werden kann, indem sie beispielsweise als Auffangbecken für Emissionen (Gase, Ruße, Abwässer usw.) dient (– Deponiefunktion der Umwelt). Infolge der Überbeanspruchung ergeben sich Umweltbelastung und Umweltverschmutzung.

Victor Lüpertz: Problemorientierte Einführung in die Volkswirtschaftslehre, Darmstadt (Winkler) 2009, S. 30 f.

M55 Volkswirtschaftliche Kosten des Klimawandels

Die Kosten des Klimawandels betreffen die direkten Klimaschäden (z.B. Unwetter), die Mittel zur Begrenzung des Klimawandels (z. B. Subventionen für Ökostrom) und auch die Anpassungsmaßnahmen (z. B. Deichbau). Zur Berechnung werden Wirtschaftsdaten mit Klimamodellen gekoppelt. Durch Simulationen werden dann die Kosten bestimmter Auswirkungen oder Maßnahmen ermittelt.

Ohne stärkere Maßnahmen zur Bekämpfung des Klimawandels könnten sich die Kosten der Auswirkungen in Deutschland laut Deutschem Institut für Wirtschaftsforschung (DIW) bis zum Jahr 2050 auf insgesamt knapp 800 Milliarden Euro belaufen. Von diesen 800 Milliarden Euro würden ca. 330 Milliarden Euro auf direkte Kosten durch Klimaschäden entfallen (*plus ca. 300 Mrd. Euro für erhöhte Energiepreise und ca. 170 Mrd. Euro für Anpassungsmaßnahmen*). (...)
Der ehemalige Chefökonom der Weltbank, Sir Nicholas Stern, hat im Auftrag der britischen Regierung in einem rund 650 Seiten fassenden Bericht den derzeitigen Wissensstand über die wirtschaftlichen Folgen der globalen Erwärmung untersucht.
Dem Stern Review liegt die Annahme zugrunde, dass der globale durchschnittliche Temperaturanstieg in den nächsten ca. 50 Jahren auf zwei bis drei Grad Celsius begrenzt werden kann. Dadurch werde sich der globale Pro-Kopf-Konsum um bis zu 20 Prozent verringern. Dies würde einem Verlust von ungefähr fünf Prozent des globalen Bruttoinlandsprodukts entsprechen. (...)
(*Eine Hauptaussage besteht*) darin, dass der Nutzen frühzeitigen Handelns zur Bekämpfung des Klimawandels die entstehenden Kosten überwiegen wird. Da sich die Klimaschäden ohne geeignete Klimaschutzmaßnahmen mit der Zeit häufen würden, würden auch die Kosten zur Beseitigung der Klimaschäden bzw. zur Anpassung (...) steigen.
Diese Aussage wird auch durch die Berechnungen der Internationalen Energieagentur (IEA) unterstützt. Die Agentur hat berechnet, dass bei einem wie bisher fortschreitenden Ausbau der Energieinfrastruktur bis 2017 das globale Emissionsbudget für eine Stabilisierung des globalen Klimas bei plus 2 Grad Celsius (...) aufgebraucht wäre. Dies würde bedeuten, dass jeglicher weitere Infrastrukturausbau nach diesem Zeitpunkt kohlenstofffrei sein müsste. Durch massive Investitionen in Energieeffizienz wäre es immerhin noch möglich, diesen Zeitpunkt auf 2022 zu verschieben. (...)
Bei der Auswertung von Ergebnissen ökonomischer Klimamodelle (*muss man*) wie bei allen Arten von Modellierungen stets im Hinterkopf behalten, dass es sich um vereinfachende, nur Teilbereiche der Wirklichkeit abdeckende Modelle handelt. (...)
Die Aufgabe von ökonomischen Klimamodellen liegt aber auch nicht darin, punktgenaue Kosten vorherzusagen, sondern Erkenntnisse über Zusammenhänge und mögliche finanzielle Dimensionen zu erlangen.

Maike Venjakob/Florian Mersmann: Kosten des Klimawandels, in: Bundeszentrale für politische Bildung: Dossier Klimawandel, 23.5.2013, in: http://www.bpb.de (Zugriff: 7.5.2014)

M56 Alternative Wirtschafts- und Gesellschaftsmodelle für die Welt

Wachstum mit neuen Attributen

Im aktuellen Umweltdiskurs ist häufig von Wirtschaftswachstum mit neuen Attributen die Rede – grün, nachhaltig, inklusiv, intelligent. (...) (*Diese Ansätze gehen davon aus*), dass wirtschaftliche Entwicklung und Umweltziele Hand in Hand gehen können (...). Durch technologischen Fortschritt soll eine Entkopplung von Wirtschaftswachstum und Umweltzerstörung erreicht werden. Ein effizienterer Einsatz von natürlichen Ressourcen und Energie gilt dabei als Kernstrategie und Quelle für wirtschaftliches Wachstum. Wirtschaftswachstum wird als wünschenswert und notwendig betrachtet für den Wohlstand und Fortschritt der Gesellschaft. Markt- und Preismechanismen gelten als Grundvoraussetzung für ein gut funktionierendes, effizientes und wettbewerbsfähiges Wirtschaftssystem. Die grüne Modernisierung der Wirtschaft setzt auf innovativen Strukturwandel, ohne aber die kapitalistische Logik von Konkurrenz und Wettbewerbsfähigkeit zu verändern. (...)

(*An diesen Modellen*) wird kritisiert, dass die neuen Vorschläge innerhalb der neoliberalen Wirtschaftslogik bleiben und damit bestehende Konsum- und Produktionsweisen nicht hinterfragt würden. Das inhärente Streben nach Profit und Wettbewerbsvorteilen und die Fokussierung auf „freie Märkte" und den Preismechanismus verhindere umfassende Lösungen für soziale und ökologische Probleme. Die Vorschläge seien zudem zu technokratisch und gingen zu wenig auf die Gesellschaft ein, und sie ignorierten bestehende Machtstrukturen – speziell in der Politik, auf Finanzmärkten und in multinationalen Unternehmen. (...) Zusätzlich ist die empirische Evidenz für absolute Entkopplung mehr als mager. Ganz im Gegenteil führen Effizienzverbesserungen durch technologische Lösungen häufig zu Rebound-Effekten, die Umweltprobleme zunehmend verschärfen.

Wachstum als Problem

Was passiert, wenn Plan A – nämlich die Entkopplung von Wirtschaftswachstum und Ressourcenverbrauch – nicht aufgeht? Die Befürworter von wachstumskritischen Ansätzen haken in dieser Frage ein und argumentieren, dass hohe BIP-Wachstumsraten in den entwickelten Ökonomien heutzutage aus moralischen, ökologischen, sozialen und ökonomischen Gründen weder möglich noch wünschenswert seien. Aus einem Vorsichtsprinzip heraus sei eine Debatte nötig, wie eine Wirtschaft ohne Wachstum trotzdem gut – oder sogar besser – funktionieren könnte.

Wachstumskritiker machen das hohe materielle Konsumniveau („overconsumption"), das für eine auf Wachstum getrimmte Wirtschaft nötig ist, für eine Reihe von sozialen und ökologischen Problemen verantwortlich. Wachstum sei nicht mehr Teil der Lösung von Umweltproblemen und Armutsbekämpfung, sondern Teil des Problems geworden. VertreterInnen (*dieser Standpunkte*) (...) betonen die Vorzüge von einem suffizienten (*ausreichenden*) Leben. Durch diese Vorgangsweise erhoffen sich die Befürworter eine doppelte Dividende: Einerseits sollen durch weniger Konsum und weniger Erwerbsarbeit die Lebensqualität und das Wohlbefinden der Menschen steigen und andererseits negative Umweltauswirkungen abgefedert werden. (...)

Wachstumskritische Diskussionen werden von „Mainstream"-ÖkonomInnen, PolitikerInnen und UnternehmerInnen kaum ernst genommen. Sie werden häufig als akademische, intellektuelle Diskussionen der grünen Mittelschicht abgetan, die weder glaubwürdig noch politisch mehrheitsfähig wären. Die Postmaterialisten in ihrem Elfenbeinturm wären naiv zu denken, dass man Wachstum bremsen und begrenzen könnte und die internationalen Konsequenzen der vorgeschlagenen Strategien wären zu wenig durchdacht und ausgereift. Zudem gäbe es keine Evidenz für stabilisierende Wirkungen der Wirtschaft ohne Wachstum, die ein größeres soziales Experiment rechtfertigen würden. (...)

Wohlbefinden der Menschen als Ziel

Nach dem Motto „die Wirtschaft ist für die Menschen da" werden (*bei diesen Ansätzen*) unterschiedliche Wege beschritten – häufig in der bewussten Abwesenheit von Markt und Staat –, die Nutzen für die beteiligten Menschen stiften. Gewinnstreben und Konkurrenz weichen Grundsätzen wie gemeinschaftlichem Wirtschaften und Kooperation. Die Vielfalt von unterschiedlichen Ausprägungen ist groß, weil Menschen im Kollektiv aushandeln, in welcher Form sie gemeinschaftlich wirtschaften möchten. Beispiele reichen von genossenschaftlich organisierten Zusammenschlüssen über regionale Direktvermarkter und Komplementärwährungen bis hin zur Gemeinwohl-Ökonomie und der südamerikanischen Debatte über das Gute Leben. Diese Ansätze fußen häufig in der Kritik, dass weite Bereiche des Lebens kommerzialisiert sind und zu sinnentleerten Tätigkeiten führen. Alternativ wirtschaftende „Inseln des Widerstandes" richten sich häufig gegen vorherrschende Wirtschafts- und Machtstrukturen und/oder ein mutmaßliches Untätigsein von politischen EntscheidungsträgerInnen. Im Gegensatz dazu geht es bei diesen Ansätzen darum, Gemeinschaft zu stärken und meist lokal oder regional im Rahmen von kollektiven Aktionen zu konsumieren und produzieren. (...)

Kritiker (...) führen beispielsweise an, dass Projekte häufig wenig strukturiert seien. Das kann dazu führen, dass sehr ineffizient und unpraktisch gewirtschaftet wird. Zudem könnten Fortschritte und Veränderungen oft nicht messbar und vergleichbar gemacht werden, was helfen würde, um alternative Wirtschaftsformen auf einer breiteren Basis attraktiv zu machen. Auf dieser Grundlage sei zweifelhaft, ob diese Perspektiven aus ihrem Nischendasein hervortreten und politische Gestaltungskraft gewinnen können. Die häufig proklamierten lokalen Wirtschaftskreisläufe werden häufig als Anti-Globalisierungstendenzen und Rückschritt ausgelegt, die durch weniger Arbeitsteilung und ineffizienteres Wirtschaften zu einer Verteuerung von Produkten und Dienstleistungen führen würden und damit weder mehrheitsfähig noch wünschenswert wären. Zudem sei die gemalte Vision einer glücklichen Subsistenzwirtschaft illusorisch, weil nur ganz wenige lokale Alternativwirtschaften ihre Bedürfnisse ohne globale Versorgungsmuster erfüllen könnten.

Elke Pirgmaier: Zukunftsdossier alternative Wirtschafts- und Gesellschaftskonzepte. Reihe Zukunftsdossiers No 3, hg. vom Bundesministerium für Land- und Forstwirtschaft, Umwelt und Wasserwirtschaft (Lebensministerium), Wien 2012, S. 6 ff.

M 57 Öko-Effizienz

Eine Steigerung der Öko-Effizienz führt oft zu ähnlichen Ergebnissen wie die üblichen Effizienzsteigerungen im ökonomischen Wettbewerbsprozess. Die Grafik illustriert die Vervierfachung der Produktion bei vervierfachter Ressourcenproduktivität. Man spricht von „Rebound-Effekten", wenn Einsparungen durch effizientere Technologien durch vermehrte Nutzung und Konsum überkompensiert werden. Die Materialeinsparung führt nämlich auch zu einer Kostensenkung und somit zu einer an den Endverbraucher weitergegebenen Preissenkung, die wiederum einen erhöhten Konsum auslöst. So ist durch effizientere Ressourcennutzung bisher noch selten eine deutliche Umweltentlastung entstanden.

Quelle: dpa

Die EU als Akteur der internationalen Wirtschaftspolitik

Die EU ist neben den USA und China die größte Wirtschaftsmacht der Erde. Aus diesem Grunde ist es auch von globaler wirtschaftspolitischer Bedeutung, welche Ziele die EU in der internationalen Wirtschaftspolitik verfolgt und auf welchen Grundlagen diese beruht. Wie auf der einzelstaatlichen Ebene innerhalb der EU ist es auch in der europäischen Wirtschaftspolitik durchaus strittig, nach welchen Grundlagen die Politik ausgerichtet sein und welche Ziele sie verfolgen soll. Am Beispiel der Diskussionen um das geplante Freihandelsabkommen zwischen der EU und den USA (Transatlantic Trade and Investment Partnership/TTIP) wird dies besonders deutlich. Die Ziele und vermeintlichen Inhalte der vertraulichen Verhandlungen sind seit 2013 in der öffentlichen Diskussion.

Mit der Euro-Einführung schlossen sich 1999 elf der damaligen EU-Mitglieder zu einer europäischen Wirtschafts- und Währungsunion zusammen. Die Mitgliedsländer behalten darin die primäre Zuständigkeit im Bereich der Wirtschaftspolitik, betrachten diese aber als Angelegenheit gemeinsamen Interesses und koordinieren diese entsprechend im Rat

M 58 Die Wirtschafts- und Währungsunion und der Euro – eine Chronologie

Quelle: Bundesministerium der Finanzen, Stand Februar 2014

1 Die Europäische Union ist ein „global player". Stellen Sie zusammen, woraus sich die ökonomische Stärke der Europäischen Union herleiten lässt (**M 59– M 62**). Berücksichtigen Sie dabei die obenstehende Grafik **M 58**.

2 Skizzieren Sie, auf welchen theoretischen Grundlagen und Annahmen die Wirtschaftspolitik der Europäischen Union fußt (**M 58– M 60**).

3 Sammeln Sie aus den Materialien Argumente für und gegen das Freihandelsabkommen zwischen der EU und den USA (**M 65**). Recherchieren Sie hierzu zur Entwicklung der Freihandelsorganisation NAFTA (**M 66**).

4 Diskutieren Sie auf dem Hintergrund der theoretischen Diskussionen und historischen Erfahrungen (**M 1– M 6**, **M 16**, **M 19**) deren Plausibilität (**M 65**).

M59 Wirtschaft und Wirtschaftsstruktur der EU

a) Aspekte der wirtschaftlichen Integration

Ihren Anfang nahm die europäische Integration in der Europäischen Gemeinschaft für Kohle und Stahl und, wie so oft, war die wirtschaftliche Zusammenarbeit auch Motor für soziale und politische Integration. Ausgehend von einer Zollunion wurde das schon früh anvisierte Projekt eines gemeinsamen Binnenmarkts schrittweise verwirklicht. Infolge der Liberalisierungsbemühungen herrscht seit 1993 zwischen den Mitgliedsländern der EU freier Waren-, Dienstleistungs-, Personen- und Kapitalverkehr. Im Hinblick auf die nunmehr 27 *(ab 2013: 28)* Mitgliedsländer kann jedoch noch nicht von einer einheitlichen Wirtschaftsstruktur gesprochen werden, wenngleich es Annäherungen gibt.

Handelsmacht EU?
Die EU spielt heutzutage eine wichtige Rolle in der Weltwirtschaft, muss sich aber zunehmend gegen erstarkende Volkswirtschaften wie die Volksrepublik China behaupten. Auf dem Welthandelsmarkt tritt die EU in Abhängigkeit der Produkte sowohl als Im- als auch als Exporteur auf; ein Großteil der Güter zirkuliert jedoch nur innerhalb der EU.

Die EU und der Euro
Mit Einführung des Euro 1999 begann die Wirtschafts- und Währungsunion, zu der mittlerweile 17 der 27 EU-Mitgliedsländer zählen. Die verbleibenden Länder haben sich entweder bewusst gegen einen Eintritt entschlossen oder sind noch nicht in der Lage, die Konvergenzkritieren zu erfüllen. Doch auch einige Euro-Länder haben es – auch aufgrund der weltweiten Finanz- und Wirtschaftskrise – nicht geschafft, den für sie geltenden Stabilitäts- und Wachstumspakt einzuhalten. Die Folgen der Krise sind noch nicht gänzlich abzuschätzen, wohl aber kann der Europäischen Zentralbank und ihrer Geldpolitik eine wichtige Rolle bei der Krisenbewältigung zugesprochen werden.

Politikfelder der EU
Die EU-Mitgliedsländer haben bereits einen Teil ihrer nationalen Souveränitäten abgegeben, doch weitere Schritte in dieser Richtung sind umstritten. So fordern einige mit Verweis auf die globale Dimension wirtschaftspolitischer Probleme eine stärkere Zentralisierung, z. B. im Bereich der Wirtschafts- und Energiepolitik. Andere wiederum unterstreichen die Chancen eines durch nationale Zuständigkeiten wachsenden Wettbewerbssystems. Ganz allgemein weisen unterschiedliche Politikfelder deutlich unterschiedliche Verfahren und Zuständigkeiten auf.

b) Allgemeine Entwicklungstendenzen der EU

Vor allem in den 1950er- bis 1980er-Jahren griffen durch nationale Ausbildungssysteme, Wohlfahrtsinstitutionen u. Ä. die wohlfahrtsstaatlichen Prinzipien von Ausgleich und Umverteilung. Damit einher gingen relativ stabile Lebensbedingungen und -chancen sowie relativ hohe Lebensstandards. Mit dem Abbau der Wettbewerbsbeschränkungen und den wirtschaftlichen Integrationsmaßnahmen der EU hat sich jedoch die wirtschaftliche Dynamik insgesamt verstärkt. Die gegenwärtige Entwicklung ist daher auch durch eine Vermarktlichung sozioökonomischer Lagen gekennzeichnet. Dies bedeutet, dass die Lebensbedingungen und -chancen der Menschen unter dem zunehmenden Verweis auf Eigenverantwortung viel unmittelbarer den Wettbewerbsmechanismen und der Marktbewertung unterworfen sind. Diese Tendenzen setzen insbesondere schwächere Marktteilnehmer (z. B. gering qualifizierte und ältere Arbeitnehmer), Standorte mit veralteten Industrien und nicht wettbewerbsfähige Branchen unter Druck.
Für die relativ neuen EU-Mitgliedsländer Mittel- und Osteuropas gilt, dass sie durch ihre Mitgliedschaft den Zugang zu Märkten deutlich verbessern konnten, jedoch beim Produktionsfaktor Arbeit Verluste durch Abwanderung besonders qualifizierter Arbeitskräfte hinnehmen müssen. Ebenso fällt ihnen der Anschluss an die produktiveren Industrien Westeuropas und deren hochwertigere Produkte schwer.

c) Entwicklung des Binnenmarkts

Als 1957 die Gründungsländer der EU die Römischen Verträge unterzeichneten, wurde die Europäische Wirtschaftsgemeinschaft (EWG) gegründet, welche die Einrichtung eines gemeinsamen Marktes bis 1970 vorsah. Bei dessen Verwirklichung wurden zwar Fortschritte erzielt, etwa durch die Einführung einheitlicher

Außenzölle, doch insgesamt blieb der Markt, z. B. durch unterschiedliche Sicherheits- und Verpackungsanforderungen, in den einzelnen Mitgliedstaaten unvollkommen und uneinheitlich. Deshalb sah die 1987 in Kraft getretene Einheitliche Europäische Akte die Schaffung eines echten Binnenmarkts ohne Grenzen vor. Bis 1992 beschloss die EU nahezu 280 einzelne Rechtsvorschriften, um abgeschottete nationale Märkte zu öffnen. Vielfach wurden dabei einzelstaatliche Vorschriften durch eine einheitliche europäische Regelung ersetzt. Üblich war jedoch auch eine Einigung zwischen den Mitgliedstaaten, die jeweiligen nationalen Gesetze und technischen Normen anzuerkennen („Grundsatz der gegenseitigen Anerkennung"). Infolge dieser Bestrebungen gibt es seit 1993 zwischen den Mitgliedstaaten die sogenannten vier Freiheiten des Binnenmarkts.

Dirk Lange (Hg.): Grundwissen Wirtschaft, Berlin (Cornelsen) 2011, S. 148 f., 152, 154

M 60 Die Organe der Europäischen Union

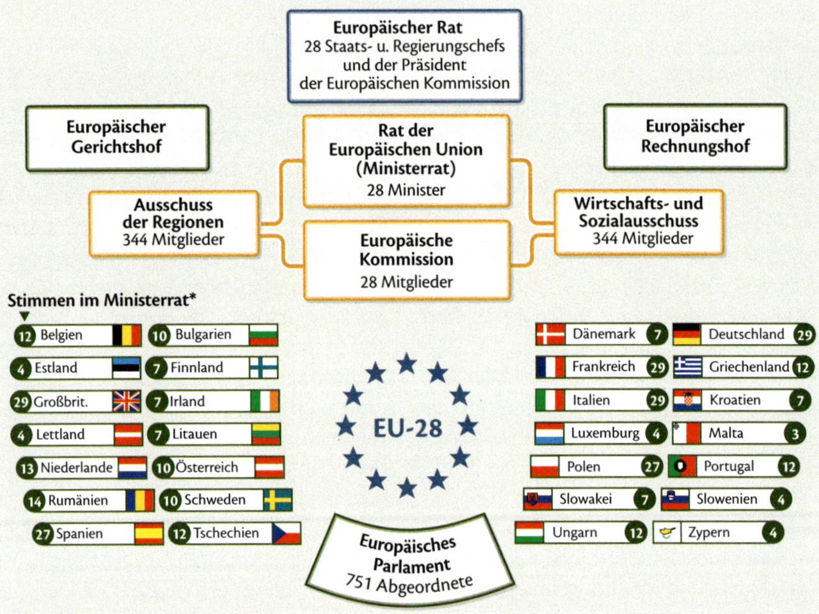

Quelle: Bergmoser + Höller Verlag

**qualifizierte Mehrheit erfordert 260 Stimmen*

M 61 Die vier Freiheiten des EU-Binnenmarktes

Freier Warenverkehr
bedeutet
- Wegfall der Grenzkontrollen
- Vereinheitlichung von Normen
- Gegenseitige Anerkennung von Prüfzertifikaten

Freier Personenverkehr
bedeutet
- Freie Wahl des Wohnsitzes
- Freie Wahl des Arbeitsplatzes
- Niederlassungsfreiheit für Gewerbetreibende und Freiberufler
- Schengener Abkommen

Freier Kapitalverkehr
bedeutet
- Grenzüberschreitender Kapital- und Geldtransfer
- Freie Finanzmärkte
- Ausbau zur Europäischen Währungsunion

Freier Dienstleistungsverkehr
bedeutet
- Grenzüberschreitende Dienstleistungen
- Bank- und Versicherungsdienstleistungen

Quelle: http://eurocons.homac.at/programm/3.5html

M62 Die EU: ökonomisch ein „global player"

Im Hinblick auf die Welthandelsströme repräsentiert die EU die größte Handelsmacht und ist Teil des Welthandelsdreiecks zwischen Nordamerika, Asien/Pazifik und Europa. (…)

Die wichtigsten Import- und Exportwaren der EU sind derzeit Industrieerzeugnisse, allen voran Maschinen und Fahrzeuge. Es folgen Energie und chemische Erzeugnisse und (…) Nahrungsmittel und Rohstoffe.

Mit Blick auf Dienstleistungen entfällt mehr als ein Drittel des weltweiten Verkehrs auf die EU, die damit eine führende Stellung einnimmt. (…)

Auffällig an den Import- und Export-Statistiken der EU-Länder ist, dass wichtige Handelspartner zugleich selbst EU-Mitglieder sind. So gingen beispielsweise im Jahr 2013 allein über 56 Prozent der deutschen Exporte (EU-28: über 61 Prozent) in andere EU-Länder.

Über den EU-Raum hinaus stellen die USA und China die größten Handelspartner der EU dar (s. *M63*). (…)

Aufgrund der hohen Bedeutung des Außenhandels für die EU setzen sich die EU-Mitgliedsländer nachdrücklich für die weltweite Liberalisierung des Handels ein.

Dirk Lange (Hg.): Grundwissen Wirtschaft. Berlin (Cornelsen) 2011, S. 156 (aktualisiert)

Der Hamburger Hafen ist nach Rotterdam der nach Containerumschlag zweitgrößte Hafen Europas. Ohne moderne Containerschiffe und -terminals ist der Welthandel im gegenwärtigen Umfang nicht durchführbar

M63 Außenhandel der EU-28: Herkunfts- und Bestimmungsländer 2012

Anteile an der Warenein- und -ausfuhr insgesamt, in Prozent

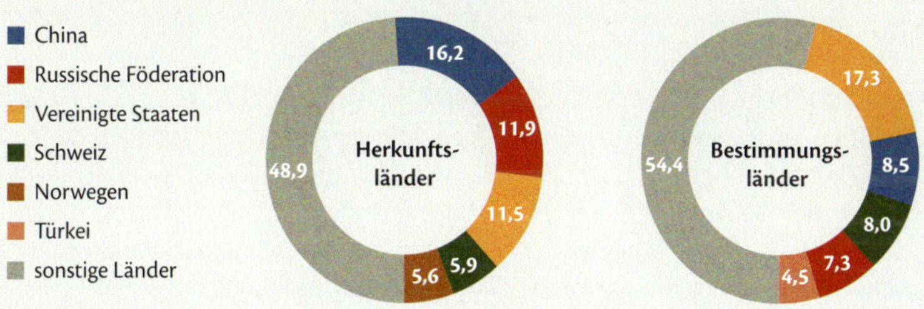

Quelle: UN Comtrade, Statistisches Bundesamt, 2013

M64 Grundzüge europäischer Wirtschaftspolitik

Der Vertrag über die Arbeitsweise der Europäischen Union sieht vor, dass die Mitgliedstaaten ihre Wirtschaftspolitik als gemeinsames Interesse betrachten und diese im Rat koordinieren. (…)

Das derzeit wichtigste Koordinierungsinstrument sind die so genannten Grundzüge der Wirtschaftspolitik der Mitgliedstaaten der Gemeinschaft. (…)

Gekoppelt werden diese Verfahren (*der Koordinierung*) an übergeordnete Wirtschaftsstrategien wie die im Jahr 2000 gestartete Lissabon-Strategie (Ziel: die EU zur wettbewerbsfähigsten Wirtschaft der Welt zu machen und bis 2010 Vollbeschäftigung zu erreichen) und das nachfolgende Wirtschaftsprogramm Europa 2020 (Ziel: intelligentes, nachhaltiges und integratives Wachstum).

Dirk Lange (Hg.): Grundwissen Wirtschaft, Berlin (Cornelsen) 2011, S. 164 (aktualisiert)

TTIP (Transatlantic Trade and Investment Partnership): Das Transatlantische Freihandelsabkommen ist ein Abkommen, das sich in der Verhandlungsphase befindet und die Form eines völkerrechtlichen Vertrags zwischen der Europäischen Union und den USA hat. Andere Staaten sind nicht an den Verhandlungen beteiligt. Die Verhandlungen laufen seit Juli 2013 und werden von der Europäischen Kommission und der US-Regierung geführt

M65 Das Transatlantische Freihandelsabkommen (TTIP)

a) Vorteile ...

Aus einem Interview mit Professor Reinhard Quick, dem Leiter des VCI-Europabüros (VCI = Verband der chemischen Industrie) zum umstrittenen Freihandelsabkommen zwischen der Europäischen Union und den USA:

Worin genau sehen Sie die Chancen des Freihandelsabkommens?

(...) Die Europäische Kommission hat vorgerechnet, dass in der Haushaltskasse einer vierköpfigen Familie jedes Jahr durchschnittlich 545 Euro mehr landen können, wenn das Freihandelsabkommen tatsächlich mit ehrgeizigen Ergebnissen abgeschlossen wird.

Wodurch entsteht dieser ökonomische Vorteil?

Durch Abschaffung der Handelsbarrieren, zum Beispiel Zölle, und durch eine bessere Arbeitsteilung: Jeder konzentriert sich ganz einfach auf das, was er am besten kann. Dadurch können Größenvorteile genutzt werden, indem auf einer Seite des Atlantiks für beide Märkte produziert wird, während andere Teile auf der anderen Seite hergestellt werden. Letztlich mündet das in weniger Kapazitäten mit höherer Produktivität, sodass Kosten und Preise sinken.

Gibt es weitere Vorteile durch TTIP?

Man kann davon ausgehen, dass durch effizientere Produktionsweisen die Angebotsvielfalt zunehmen und auch die Qualität steigen wird. Davon profitieren sowohl die industriellen Kunden als auch die Endverbraucher. Und ein weiterer entscheidender Vorteil betrifft vor allem forschungsintensive Branchen wie die Chemie: Die Ausgaben für Forschung und Entwicklung werden wirtschaftlicher, wenn die Innovationen ungehindert in zwei Märkten vermarktet werden können. Durch TTIP wird also auch der technische Fortschritt zusätzlichen Auftrieb erhalten.

Wäre ein multilateraler Freihandel denn nicht besser als eine bilaterale Lösung?

Die Weltwirtschaft wandelt sich rasant, und die Handelsliberalisierung im Rahmen der WTO ist ins Stocken geraten. Da sich die WTO-Mitglieder derzeit nicht zu einer multilateralen Lösung durchringen können, setzen sie auf bilaterale Abkommen. Diese können eine sinnvolle Ergänzung zu den WTO-Verhandlungen sein. Insbesondere eine engere transatlantische Handelspartnerschaft könnte als „Freihandelsabkommen mit Modellcharakter" dynamische Impulse setzen und zum Beispiel neue Lösungsansätze für die Bekämpfung von Exporthindernissen in anderen Staaten sowie für den verbesserten Zugang zu Rohstoffen entwickeln.

Weniger Schranken – mehr Wohlstand, in: chemie-report 9/2013, S. 16

b) ... oder Nachteile – für wen?

Das TTIP-Vorhaben ist in fünf Punkten zu kritisieren:

1. Der Verdrängungswettbewerb wird sich verschärfen und den Konzentrationsprozess von Macht und Kapital in der Wirtschaft beschleunigen, vor allem, um Kostenvorteile durch höhere Stückzahlen (Skalenerträge) zu erzielen, die neuen Spielraum für die Preisgestaltung schaffen. Die Erfahrung mit dem neoliberalen Verdrängungswettbewerb zeigt aber auch, dass sich im Laufe der Zeit mangels global durchsetzbarer Kartellgesetze Monopole bilden, die ihre Innovationskraft einbüßen und ihre Marktmacht (...) nutzen, um willkürliche Preise durchzusetzen. (...)

2. Der Angriff auf nicht-tarifäre „Handelshemmnisse" (...) wird eine Konvergenz aller Standards auf ein immer tieferes Niveau in Gang setzen. Länder, die ihre Standards erhöhen oder einer in TTIP-Gremien vereinbarten Absenkung oder Abschaffung nicht folgen, können von Unternehmen, deren Exporte dadurch „behindert" oder deren Investitionen dadurch „entwertet" werden, schiedsgerichtlich unter Strafandrohung zur Angleichung gezwungen werden. (...)

3. Wie die Zahl der Konzerne und Handelspartner wird auch die Zahl der Handelsgüter und mit ihnen die Vielfalt des Angebots an den Märkten zurückgehen. Preisgünstig erscheinende einheitliche Massengüter werden sich noch stärker gegen regionale Spezialitäten durchsetzen. Die schon jetzt nicht wettbewerbsfähigen und übermäßig importabhängigen Krisenländer der Eurozone werden einen neuen Schub der Deindustrialisierung und Staatsverschuldung erleben. (...)

4. Der TTIP-Block, auf den 47 Prozent des Weltsozialprodukts und 44 Prozent des Welthandels entfällt, wird seine Macht zur Knebelung kleinerer Länder einsetzen, um sie, unter Preisdiktat, in die Rolle willfähriger

Zulieferer von Rohstoffen und Zwischenprodukten zu zwingen. (...)
5. Durch den verstärkten Konzentrationsprozess und die absurde territoriale Spezialisierung werden häufigere und längere Transportwege anfallen und die transportbedingten Emissionen und Umweltbelastungen in die Höhe treiben.

Gerd Zeitler: Kompendium der sozialökologischen Ökonomik, Freihandelsabkommen EU–USA, in: http://gerdzeitler.wordpress.com (Zugriff: 7.4.2014)

M66 20 Jahre NAFTA – eine Bilanz

Die NAFTA (North American Free Trade Agreement, Nordamerikanisches Freihandelsabkommen) ist eine am 1.1.1994 zwischen den Vereinigten Staaten von Amerika, Kanada und Mexiko in Kraft getretene Vereinbarung zur Schaffung einer Freihandelszone. Sie soll zur Förderung des Handels zwischen den Mitgliedstaaten und zur Erleichterung von Investitionen beitragen.

Das 20-jährige Jubiläum der nordamerikanischen Freihandelszone NAFTA wird in den USA kontrovers diskutiert. Während Vertreter der Wirtschaft die NAFTA zumeist als Erfolg feiern, sehen Kritiker in ihr eine Bedrohung für Arbeitnehmer und den Wohlstand der Mittelschicht. Der US-Handel mit Mexiko ist seit 1993 deutlich stärker gewachsen als der mit Kanada. Gleichzeitig hat sich die US-Gesamtbilanz im NAFTA-Handel seit ihrer Gründung um rund 59 Mrd. US$ verschlechtert.

Dem Jubiläum des am 1.1.94 in Kraft getretenen North American Free Trade Agreement wurde in den USA eine erhöhte Aufmerksamkeit zuteil, da die US-Handelspolitik als Instrument zur Schaffung von Wohlstand und Beschäftigung zunehmend in den Fokus rückt. Ein wichtiger Grund dafür sind die ambitionierten Bestrebungen der Regierung, neue Freihandelsabkommen mit der EU und wichtigen asiatischen Partnerländern voranzutreiben. Kritiker dieser Initiativen führen die NAFTA als Beispiel für die negativen Effekte einer Handelsliberalisierung an. (...)

Unbestritten ist, dass sich die US-Handelsbeziehungen mit Kanada und Mexiko seit der Bildung der Freihandelszone kräftig ausgeweitet haben. Nach Daten des U.S. Department of Commerce ist der Gesamtwert der mit diesen beiden Ländern ausgetauschten Güter und Dienstleistungen zwischen 1993 und 2012 um 266 Prozent gewachsen. Der Außenhandel mit Mexiko hat dabei mit 442 Prozent deutlich stärker zugenommen als der mit dem auch schon vor der NAFTA wirtschaftlich eng verbundenen Kanada (197 Prozent).

Während sich das US-Handelsbilanzdefizit gegenüber Mexiko und Kanada zwischen 1993 und 2012 um rund 91 Mrd. US-$ erhöhte, legte der US-Überschuss im Dienstleistungsaustausch um knapp 33 Mrd. US-$ zu. Unter dem Strich wurde aus der 1993 noch annähernd ausgeglichenen US-NAFTA-Außenbilanz bis 2012 ein Defizit von rund 59 Mrd. US-$. (...)

Ohne Zweifel dürfte die NAFTA in den beteiligten Staaten für viele positive Wachstumseffekte gesorgt haben. Aber auch Ökonomen stimmen zu, dass sie in den USA nicht nur Gewinner produziert, sondern den Druck auf US-Arbeitslöhne erhöht und wenig zu einer Reduzierung der Einkommensdisparitäten im Lande beigetragen hat.

Die US-Regierung steht derzeit vor der Herausforderung, für ihre Bestrebungen zum Aufbau neuer Handelspartnerschaften zu werben. Dabei kommt sie nicht umhin, auch mögliche negative Folgen einer Handelsliberalisierung zu thematisieren. Ein wichtiger Punkt ist es dabei, von Betriebsverlagerungen ins Ausland betroffenen Amerikanern die Anpassung zu erleichtern. Weitere Überlegungen gehen dahin, in künftigen Freihandelsabkommen höhere Mindeststandards für Arbeits- und Umweltschutz zu setzen.

Entsprechende Fragen spielen auch bei Reformvorschlägen zur NAFTA eine Rolle. Darüber hinaus werden zusätzliche Maßnahmen diskutiert, die ökonomische Integration noch weiter zu vertiefen. So werden etwa beim Warenaustausch an der mexikanisch-amerikanischen Grenze noch überlange Abwicklungszeiten und eine in vielen Grenzregionen nur mangelhaft ausgebaute Transportinfrastruktur beklagt. Eine weitere Möglichkeit wäre die Erhöhung der grenzüberschreitenden Mobilität von Arbeitnehmern. Gerade die letztgenannte Option bleibt aber wegen der damit verbundenen Einwanderungsdebatte stark umstritten.

Germany Trade & Invest: Kontroversen über die 20-jährige NAFTA-Bilanz beeinflussen die aktuelle US-Handelspolitik, 11.2.2014, in: http://www.gtai.de (Zugriff: 12.8.2014)

Kompetenzcheck

Anforderungsbereich I:

- Beschreiben Sie die zentralen Dimensionen der Globalisierung.
- Benennen Sie die wichtigsten Probleme internationaler Wirtschaftspolitik unter den Bedingungen der „neoliberalen" Globalisierung.
- Skizzieren Sie die Grundprinzipien des Welthandels und die Kritik daran.
- Stellen Sie die Millenniumsziele, ihre Messproblematik und den gegenwärtigen Stand der Zielerreichung dar.

Anforderungsbereich II:

- Arbeiten Sie heraus, welche globalen wirtschaftspolitischen Entscheidungen und welche Akteure entscheidend für die gegenwärtige Form der Globalisierung maßgeblich waren und sind.
- Vergleichen Sie – sofern feststellbar – die verschiedenen (wirtschafts-)politischen Herangehensweisen zur Lösung oder Linderung der globalen Finanz- und Wirtschaftskrise, der weltweiten Armut (Millenniumsziele) und der Einhaltung des Zwei-Grad-Zieles (Klimawandel).
- Arbeiten Sie heraus, welche Grundüberzeugungen in diesem Zusammenhang die EU vertritt.
- Ermitteln Sie aus der Sicht der Kritiker die wesentlichen Argumente, warum die „neoliberale" Globalisierung nicht krisentauglich ist und warum sie die drängenden Problem nicht lösen kann.

Anforderungsbereich III:

- Erörtern Sie, ob – und wenn ja, unter welchen Bedingungen – das Freihandelsprinzip als zentrale Grundlage einer globalen Handelspolitik geeignet ist, die Millenniumsziele zu verwirklichen und weltweit eine nachhaltige Form des Wirtschaftens zu ermöglichen.
- Bewerten Sie die Rolle der globalen (wirtschafts-)politischen Machtblöcke und ihrer Institutionen für eine zukunftsfähige globale Wirtschaftspolitik. Welche Interessen spielen nach Ihrer Ansicht eine hervorgehobene Rolle?
- Diskutieren Sie alternative Modelle globaler Wirtschaftspolitik hinsichtlich ihrer Möglichkeiten, die Probleme Krise, Armut und Klimawandel nachhaltig lösen zu können.

5 Methoden in den Sozialwissenschaften

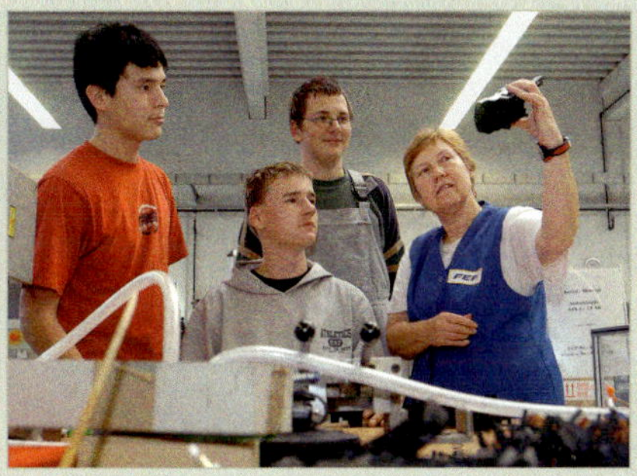

Dieses Kapitel ist nach folgenden Methodengruppen gegliedert:

1. Methoden Politischen Forschens

Beim forschenden Lernen handelt es sich um methodische Zugänge, die es Schülerinnen und Schülern ermöglichen, selbsttätig Wege der politischen Problemlösung zu entdecken, zu begehen und zu reflektieren.

Die Methoden des Politischen Forschens lassen sich in folgende Subkategorien unterscheiden:

- Erhebungsmethoden eröffnen einen Zugang zur politischen Wirklichkeit, indem Informationen gesammelt, Daten erhoben, Quellen gefunden, Beobachtungen durchgeführt oder Materialien gesichtet werden.
- Auswertungsmethoden sind Verfahren, die die Interpretation der Daten kontrollieren. Es handelt sich um systematische Schrittfolgen, die eine Unabhängigkeit von der subjektiven Perspektive des „Forschers" ermöglichen.
- Präsentationsmethoden fassen Ergebnisse und Erkenntnisse der Untersuchung zusammen, stellen diese dar und vermitteln sie an Dritte.

2. Methoden Politischen Handelns

Durch Methoden Politischen Handelns wird erlernt, wie eigene Interessen in die politische Wirklichkeit eingespeist werden können bzw. wie plurale Interessen vermittelt werden. Hier sind vor allem folgende Methoden zu nennen:

- Artikulations- und Interventionsmethoden ermöglichen es, die eigene politische Position zum Ausdruck zu bringen.
- Simulationsmethoden bedienen sich realitätsnaher Inszenierungen des Politischen. Sie ermöglichen es, die Strukturen, Prozesse und Inhalte des Politischen zu erschließen.

Arbeiten mit Texten

M1 Lesen, Notizen machen, Zusammenfassen

Im Folgenden geht es darum, Ihnen beim Lesen und Bearbeiten wissenschaftlicher oder sonst schwieriger Texte zu helfen und die Schwierigkeiten bewusst zu machen. (...)

Vorbereitung der Lektüre
Eine große Gefahr (Verführung!) besteht darin, dass man, sobald die Texte vorliegen, unverzüglich mit Lesen beginnt. Um einen Überblick zu gewinnen, das Verständnis zu verbessern, eine Beurteilung zu ermöglichen und das Gedächtnis zu unterstützen, ist es von Vorteil, das Lesen und Bearbeiten der Texte erst vorzubereiten. (...)

Überblick gewinnen
Auch wenn das richtige Buch, der richtige Artikel vorliegt, auch wenn ich genau weiß, wonach ich suche und was ich mir erarbeiten möchte, so beginne ich immer noch nicht mit Lesen. Ich verschaffe mir zuerst einmal einen Überblick. Ich mache mir anhand des Inhaltsverzeichnisses, der Kapitelüberschriften und Untertiteln ein Bild vom Aufbau des Buches oder Artikels etc. Ich untersuche, was gewichtet wurde, die Ausführlichkeit, den wissenschaftlichen Stil, z. B. arbeitet der Autor eher quantitativ (Zahlen, Statistik etc.) oder qualitativ (Beschreibungen, Schätzungen etc.). Ich mache mir anhand des Literaturverzeichnisses ein Bild, in welchem fachlichen Kontext der Text verfasst wurde und bearbeitet werden will.

Von eigenen Fragen ausgehen
Bevor ich mit dem Lesen beginne, stelle ich mir Fragen zum Inhalt. Was erwarte ich genau? Was weiss ich schon? Wo knüpft dieser Text bei meinem Wissen an? Wo sind allenfalls Schwierigkeiten zu erwarten – bei meinen evtl. mangelnden Vorkenntnissen oder beim Text?
Ein Tip! Nehmen Sie den Titel und das Inhaltsverzeichnis zu Hilfe. Fragen Sie sich zu jeder Überschrift: Was müsste hier dargestellt werden? Welche Auffassung wird der Autor vertreten? Was erwarte ich als deren Begründung? Versuchen Sie das Buch sozusagen im Geiste selber zu „schreiben".
Mit diesen Vorbereitungen haben Sie eine Übersicht und wissen nun, wonach Sie suchen. Somit sind Sie gut vorbereitet, um mit der Lektüre zu beginnen.

Lesen und Bearbeiten des Textes
Eigenheiten wissenschaftlicher Texte: Wissenschaftliche Texte besitzen ihre Zielsetzungen in der Informations-, Wissens- und Erfahrungsvermittlung. Sie sind infolgedessen um äußerste Klarheit und Verständlichkeit bemüht (oder sollten es sein). Folgende Eigenheiten zeichnen einen wissenschaftlichen Text aus:
- *Fachsprache* (Fachterminologie, Wissenschaftsstil etc.);
- *Struktur* (wissenschaftliche Texte besitzen einen bestimmten Aufbau, eine bestimmte Darstellungsweise);
- *Referenzen* auf schon geleistete Forschung, Untersuchungen, Berichte etc.

Fachsprache
Fachterminologie und allgemeine Fremdwörter stellen für verständnisvolles Lesen und Bearbeiten oft ein Hindernis dar. Deren Kenntnisse setzen wissenschaftliche Texte normalerweise voraus. Und das ist legitim, denn Fachleute wollen sich nicht in jedem Texte mit für sie bereits bekannten Bedeutungserklärungen beschäftigen. Fachbegriffe dienen ja gerade dem Ziel der knappen Ausdrucksweise und dem der höchsten Klarheit und Deutlichkeit. Stößt man beim Lesen auf Fachbegriffe, die man nicht versteht, so versucht man vorerst einmal durch den Kontext ein vorläufiges Verständnis zu gewinnen. Aber Achtung! Man darf sich nicht dabei zufrieden geben. Am besten, man sucht mit Hilfe des Begriffs-Indexes (nicht immer vorhanden) alle Textstellen auf, die den Fachbegriff enthalten. So kann man sich ein präziseres Bild von seiner Bedeutung machen. Den besten Aufschluss über die Bedeutung erhält man allerdings erst in Handbüchern des betreffenden Fachgebietes. Für allgemeine Fremdwörter benütze man ein entsprechendes Wörterbuch. Das Ziel ist, dass Sie Ihren Wortschatz sukzessive erweitern.

Struktur
Wissenschaftliche Texte sind stark strukturiert: Kapitel, Unterkapitel, Abschnitte. Jeder dieser Teile besitzt eine bestimmte bedeutungstragende Funktion:
- Jeder Abschnitt drückt einen Hauptgedanken aus.
- Unterkapitel verbinden die Hauptgedanken zu einem umfassenderen Bedeu-

tungsgebilde, z. B. zu einer Beschreibung eines Vorganges, eines Modelles, einer Theorie etc.
- Kapitel verbinden diese Gebilde wieder zu einer umfassenderen Bedeutungseinheit, z.B. Entwicklung einer wissenschaftlichen Hypothese, Beschreibung eines Experimentes etc.

Für die Textbearbeitung ist es unerlässlich, dass man sich den Hauptgedanken jedes Abschnittes genau erarbeitet. Ein Abschnitt besteht in der Regel aus folgenden Aussagearten:
- Kernaussage = Träger des Hauptgedankens (hier sind die Schlüsselwörter anzutreffen);
- Erläuterungen zur Kernaussage (Definitionen, Erklärungen etc.);
- Beispiele zur Kernaussage oder zu den Erläuterungen;
- Strukturangaben: „Wir betrachten zuerst ...." oder „Eine Konsequenz besteht darin..."

Zusätzliche Darstellungen:
- Tabellen, Grafiken, Realbilder, Mikroskopische Aufnahmen etc.

Achten Sie genau darauf, welche Funktionen und Informationen diese Darstellungen im Einzelnen besitzen. Dienen sie der Veranschaulichung, zeigen sie Funktionen auf, sind sie Nachweise für etwas Bestimmtes?

Referenzen

Forschungsresultate und Gedanken gründen oft auf Arbeiten anderer Personen, oder werden durch Aussagen anderer Personen bestätigt. Wenn immer solche Zusammenhänge bestehen, wird in wissenschaftlichen Texten versucht, die korrekte Referenz anzugeben. Wie beim Wortschatz, gilt auch hier, dass, je besser Sie die Literatur eines Fachgebietes kennen, desto einfacher wird das Lesen. Es ist wichtig, dass Sie sich die Namen von Autoren und Wissenschaftern merken. Versuchen Sie die wissenschaftliche Position dieser Personen zu ergründen, damit Sie deren Aussagen zuordnen können.

Markieren

Um sich im Text beim Bearbeiten (oder zu einem späteren Zeitpunkt) schneller orientieren zu können, ist es nützlich, am Textrand Markierungen oder Notizen anzubringen. Es ist ratsam, dies wirklich nur am Rande zu tun, und zwar nur mit Bleistift. Der Text sollte frei bleiben, denn man sollte ihn immer wieder „neu" lesen können. Hat man hingegen im Zuge einer ersten Lektüre in allen Abschnitten mit Leuchtstift oder Kugelschreiber die falschen Sätze als Kernaussagen gekennzeichnet, so ist der Text in der Folge fast nicht mehr lesbar.

Es ist auch hilfreich, einen eigene Markierungskode zu entwickeln: z.B. „!" für Kernaussage, „Def" für wichtige Definitionen, „F" für Fachbegriff etc.

Lesenotizen

Wer beim Lesen laufend Notizen macht, prägt sich nicht nur den Inhalt besser ein, sondern liest auch sorgfältiger. Es ist aber ratsam, nicht einfach Sätze abzuschreiben, sondern eine eigene Formulierungen und Darstellungsformen zu wählen, die einen weiteren Arbeitsschritt umfassen. Zum Beispiel mittels einer skizzenhaften Darstellung der Zusammenhänge können Sie einen Überblick über die einzelnen Informationen erhalten.

Kritisches Lesen

Wissenschaftliche Texte bemühen sich zwar, möglichst objektiv zu sein. Trotzdem ist es wichtig, auf folgende Dinge zu achten:
- Unterschied zwischen Aussagen, die Tatsachen ausdrücken oder bloß Meinungen oder Mutmaßungen des Autors wiedergeben. Hypothesen sollten als solche sorgfältig gekennzeichnet sein. Dabei ist auf die Begründungen und auf allfällige Referenzen auf die Forschung oder Untersuchungen zu achten.
- Auch wissenschaftliche Texte besitzen rhetorische Komponenten. Sie vertreten eine bestimmte Auffassung, verfolgen eine bestimmte Absicht, wollen überzeugen etc.
- Wissenschaftliche Texte sind geprägt durch die historische Entwicklung und evtl. durch die Kultur, in der sie entstanden sind.

Leonard Lutz/Maia Egeli: Arbeiten mit Texten – Anleitungen und Tipps, Zeitschrift „Technische Dokumentation" 9/2001, in: http://www.doku.net (Zugriff: 20.2.2012)

1 Lesen Sie einen längeren Text aus dem Buch nach Absprache im Kurs einzeln streng nach den Angaben in der Anleitung.

2 Tauschen Sie Ihre Erfahrungen aus.

Analyse von Grafiken

Bei Grafiken gibt es verschiedene Darstellungsmöglichkeiten, die häufig auch in Kombination sowie zusammen mit Tabellen auftreten können. Verschiedene Formen von Grafiken sind Standard und mit jeder Tabellenkalkulation selbst zu erzeugen.

M2 Formen von Diagrammen

a Balkendiagramm

„Frauen sollten sich um Kindererziehung kümmern“

Zustimmung in Prozent der Befragten

Gruppe

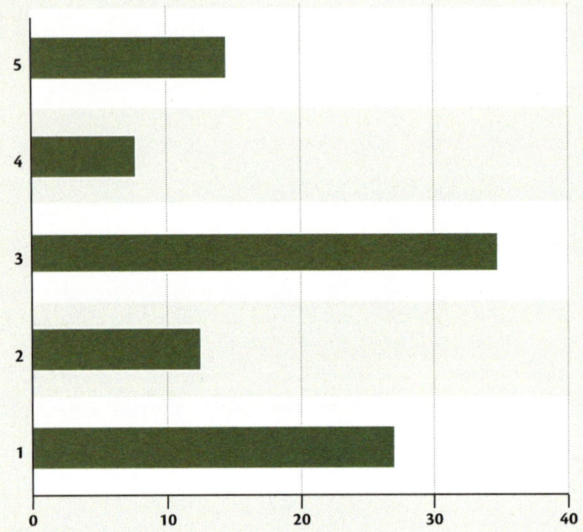

Quelle: Statistisches Bundesamt

b Kreisdiagramm

Deutschlands Energieträger 2008

Anteile am Primärenergieverbrauch in Prozent

Gesamt:
477,8 Mio. Tonnen Steinkohleäq.

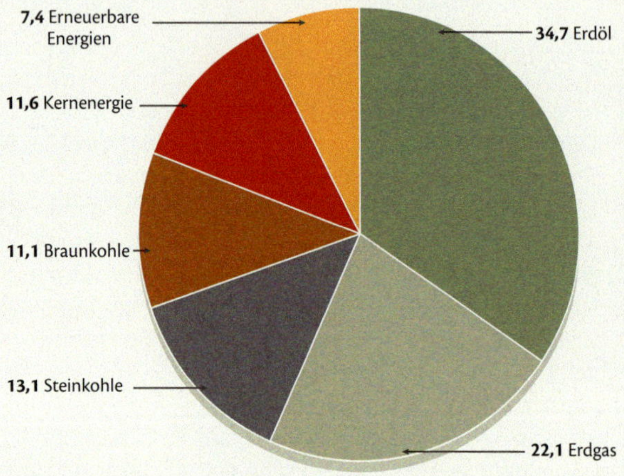

Quelle: Arbeitsgemeinschaft Energiebilanz 2009

c Säulendiagramm

Die „wahre“ Arbeitslosigkeit

Angaben in Millionen

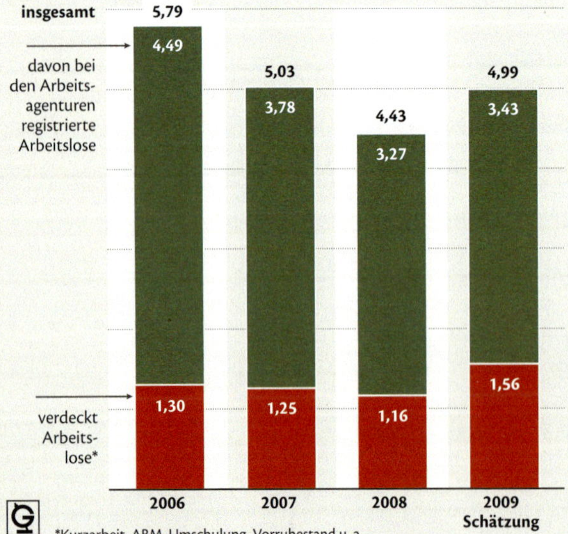

*Kurzarbeit, ABM, Umschulung, Vorruhestand u. a.

Quelle: SVR-Jahresgutachten

Globus 3259

d Liniendiagramm

Weltindustrieproduktion[1] nach Ländergruppen

Index 2008 bis 2010; 1. Quartal 2008 = 100

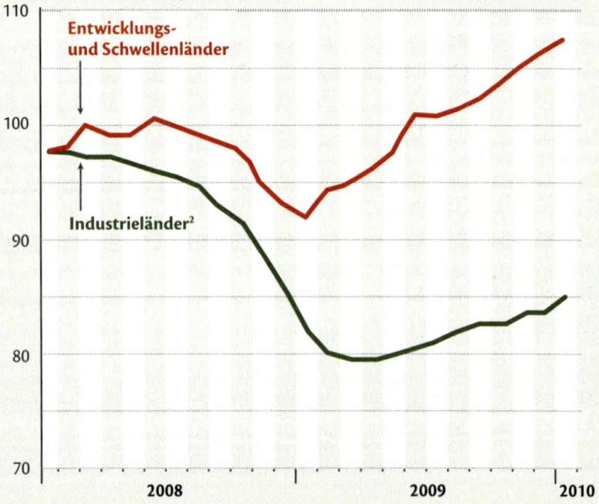

[1] Gewichtet mit Anteilen an der Weltproduktion

[2] OECD-Länder ohne Türkei, Mexiko, Korea und mittelosteuropäische Länder

Nach: Projekt Gemeinschaftsdiagnose, Erholung setzt sich fort – Risiken bleiben groß, Kiel 2010, S. 9

e Spannweitendiagramm

„Ausländer nehmen Arbeitsplätze weg“

Zustimmung in Prozent der Befragten

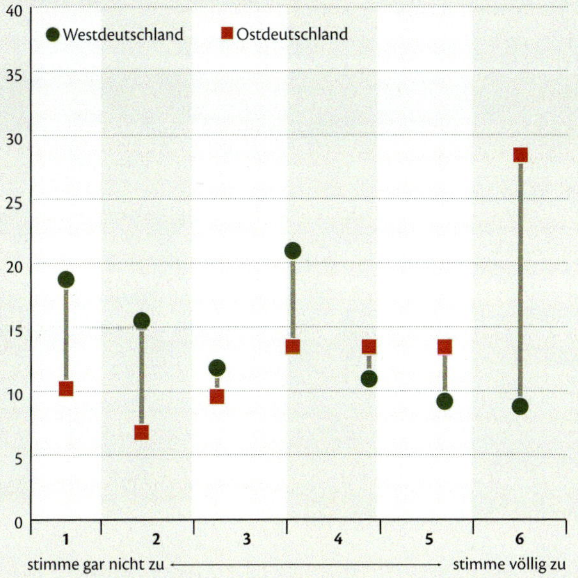

f Flächendiagramm

Erdölförderung großer Konzerne 2004–2008

in Mio. Barrel pro Tag

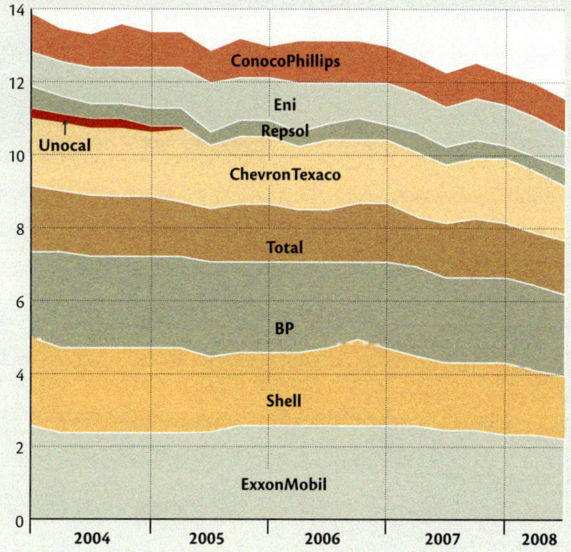

Quelle: Quartalsberichte der Firmen

M3 Stellenwert von Grafiken

Diagramme stellen häufig komplizierte Sachverhalte in einfachen grafischen Formen dar. Weil sie so eindeutig, übersichtlich, grafisch einfach und klar gehalten sind, sind sie ein beliebtes Mittel zur Veranschaulichung, als Verständnishilfe und als Medium zum Einprägen und Behalten. Es erhebt sich jedoch die Frage, ob die Gesichtspunkte der Einfachheit, der Eindeutigkeit und Übersichtlichkeit nicht auch manchmal Gefahren für einen sachgemäßen Umgang mit historischen Problemen und für eine angemessene Erkenntnis mit sich bringen können.

Die statistische Auflistung, die tabellarische Zusammenfassung und die grafische Darstellung heben immer nur einzelne Aspekte aus einem komplizierteren Zusammenhang hervor. Man kann hier von einer inhaltlichen Vereinfachung sprechen, die noch durch die Darstellung mit einfachen grafischen Symbolen verstärkt wird. Man muss sich also davor hüten, so zu tun, als habe man mit einem Diagramm das ganze Problemumfeld abgehandelt. Vielmehr sind gerade dann Gefahren zu bedenken, wenn anhand eines Diagramms nur ein bestimmter Aspekt des dargestellten Problemzusammenhangs, wie z. B. die Verfassungstreue von politischen Parteien, hervorgehoben wird. Im schlimmsten Fall kann dies sogar zur Verkürzung, Verzerrung oder gar zur Verfälschung ausarten, wenn im Bemühen um Verallgemeinerung und eine besonders pointierte Darstellung jegliche inhaltliche Differenzierung unterbleibt.

Ulrich Mayer: Umgang mit Statistiken und Diagrammen, in: Hans-Jürgen Pandel/Joachim Rohlfes (Hg.): Umgang mit Geschichte, Stuttgart 1992, S. 137

1 Analysieren Sie eine aktuelle Infografik aus einer Zeitung in Gruppen.

2 Vergleichen Sie Ihre Ergebnisse.

3 Manipulation mittels Grafiken? Erkunden Sie die Möglichkeiten durch Anwendung einer Tabellenkalkulation.

Analyse von Tabellen

M4 Tabellenformat nach DIN 5008

Kopfbezeichnung / Vorspaltenbezeichnung	Gemeinsame Spaltenbezeichnung		
	Spaltenbezeichnung	Spaltenbezeichnung	Spaltenbezeichnung
Zellenbezeichnung			
Zellenbezeichnung		*Feld bzw. Zelle*	
Zellenbezeichnung			
Insgesamt	Summenzeile (nicht immer vorhanden)		

M5 Checkliste: Umgang mit Tabellen und Statistiken

Soll die Erschließung von Tabellen und Statistiken gelingen, ist es sinnvoll, verschiedene Arbeitsschritte zu berücksichtigen:

Annäherung unter formalen Gesichtspunkten:
- Welche Überschrift hat die Statistik?
- Welche Darstellungsform wird gewählt?
- Welche Zahlenarten liegen vor (absolute oder relative Zahlen, reale oder nominale Zahlen, Prozentzahlen, Indexzahlen)?
- Sind die vorliegenden Zahlen fehlerhaft?
- Wie wurden die vorliegenden Zahlen gewonnen (gezählt, geschätzt, vorläufig oder fortgeschrieben)?
- Welche Größen werden dargestellt? Wofür sind sie ein Indikator?
- Wer hat die Daten erhoben bzw. veröffentlicht?
- Ist die Quelle angegeben?

Beschreibung:
- Gliederungskriterium der Statistik erfassen.
- Die Extremwerte markieren (besonders wichtig bei Zeitreihen).
- Zeitliche Entwicklungen in ihren Tendenzen beschreiben (u. a. gleichmäßig, sprunghaft?).
- Zahlenangaben eventuell bearbeiten (Berechnung von Prozentanteilen, Spalten- bzw. Zeilensummen).
- Ggf. Umsetzung einer Tabelle in ein Kurvendiagramm.
- Zusammenstellung der zentralen Aussagen der Statistik in Form eines „Statistikreferats".
- Veranschaulichung der zentralen Aussagen in Form einer Strukturskizze.

Erklärung:
- Fachlichen Hintergrund der Statistik erfassen.
- Einordnung der zentralen Aussagen in größere Zusammenhänge vollziehen.
- Einordnung der Aussagen der Statistik in größere sachliche und theoretische Zusammenhänge.

Bewertung:
- Kritische Auseinandersetzung mit der Statistik durchführen (u. a.: Ist die Überschrift eindeutig? Passen Überschrift und Inhalt? Ist die Wahl des Zeitraums und der Daten sachlich angemessen? Ist die Darstellungsform angemessen? Ist die Überprüfbarkeit gewährleistet? Ist die Aufbereitung der Daten angemessen [z. B. Wahl des Basisjahres bei Indexzahlen]? Sind Fehler feststellbar? Sind die Daten aussagekräftig und miteinander vergleichbar? Ist der Urheber der Daten seriös?).
- Kritische Auseinandersetzung mit den inhaltlichen Aussagen der Statistik vor dem Hintergrund der Fragestellung des Unterrichts.

Kurt Lach/Peter Massing: Umgang mit Statistiken und Tabellen, in: Methodentraining für den Politikunterricht II, Schwalbach/Ts. (Wochenschau) 2007, S. 30

M6 Lügen mit Statistik

Statistik ist ein Werkzeug. Als solches ist sie wertneutral. Nicht gut oder böse, sondern nützlich oder weniger nützlich. Gut oder böse sind die Zwecke, die diejenigen verfolgen, die Statistiken aufstellen oder in Auftrag geben. „Gute" Statistik dient dem Erkenntnisgewinn. „Böse" Statistik dient der Manipulation. Gute Statistik sucht nach Fragen. Böse Statistik sucht nach Beweisen.

Idealerweise bilden statistische Daten die Basis, von der aus weitere Untersuchungen geplant und Thesen zur Überprüfung formuliert werden. Praktisch ist es meistens umgekehrt: Die These ist vorformuliert, und die Statistik wird herangezogen, um sie zu beweisen. „Die Statistik", hat der langjährige Deutsche-Bank-Chef Hermann Josef Abs einmal gesagt, „ist wie eine Laterne im Hafen. Sie dient dem betrunkenen Seemann mehr zum Halt als zur Erleuchtung."

Statistik ist ein komplexes Werkzeug. Eines mit verschiedenen Methoden und Vorgehensweisen, mit vielen Stellschrauben für den, der mit ihr arbeitet. Für denjenigen, der nach Fragen sucht, bietet sie damit viele Chancen. Für denjenigen, der nur beweisen will, eröffnet sie die Möglichkeit zur Manipulation. Hilfreich sind ihm dabei der große, naive Glaube an alles, was in Form von Zahlen daherkommt, und viele Missverständnisse, die sich, oft aus intellektueller Bequemlichkeit, bei den Lesern von Statistiken breitgemacht haben.

Eines der vielen Missverständnisse um die Statistik ist, dass man mit ihr kausale Zusammenhänge beweisen könnte. Das kann man nicht. Um zu beweisen, dass aus einem bestimmten Umstand A mehr oder weniger zwingend ein Umstand B folgt, muss man A und B inhaltlich verstehen und über die reine Beobachtung hinaus einen Blick sozusagen unter die messbare Oberfläche werfen. Die Statistik wagt diesen Blick nicht. Sie kann nur beobachten, ob und wie häufig A und B empirisch zusammen auftreten. Das kann auf eine Kausalbeziehung hindeuten, muss aber nicht.

Für diese Beobachtung gibt es eine ganze Reihe statistischer Maßzahlen. Eine der einfachsten und bekanntesten ist die sogenannte Korrelation. Sie misst den Zusammenhang zwischen zwei Messgrößen, die man mit einer kontinuierlichen Skala beschreiben kann, wie z. B. Temperatur, Körpergröße usw. Die Korrelation ist auf das Intervall von −1 bis +1 normiert. Liegt sie nahe bei 1, dann treten hohe Werte der Messgröße A sehr häufig zusammen mit hohen Werten der Messgröße B auf, und analog niedrige mit niedrigen; es handelt sich also um einen positiven Zusammenhang, mit A steigt auch B. Liegt die Korrelation nahe bei −1, liegt ein negativer Zusammenhang vor, steigt A, so fällt also B, und umgekehrt. Bei Werten nahe 0 liegt meistens kein Zusammenhang vor.

Klassischerweise kann man bei hoher Korrelation sehr gut Regressionskurven durch die empirische Datenwolke legen, eine Gerade z. B.; bei niedriger Korrelation sind die Datenpunkte mehr oder weniger gleichmäßig im Raum verteilt.

Für andere Skalentypen, qualitative Merkmale (etwa Farben: rot, grün, blau) oder auch ordinale (Rangstufen wie z. B. Schulnoten), gibt es in der Statistik andere Maßzahlen, die ein ähnliches Funktionsprinzip haben und meistens ähnlich angenehm zu handhaben sind. Gerade dass diese Maßzahlen relativ einfach gestrickt sind, verleitet allerdings dazu, sie sehr häufig zu verwenden und auch überzuinterpretieren. Das führt aber in die Irre und oft zu grotesken Ergebnissen. Ein Forscher hat sich beispielsweise einmal den Spaß erlaubt, für eine bestimmte Region zwei Zeitreihen zu vergleichen, nämlich die Geburtenentwicklung und die Storchenpopulation. Beide verliefen nahezu parallel, und eine Berechnung ergab eine Korrelation von 0,7 – also einen recht starken positiven Zusammenhang. Daraus könnte man nun einen statistischen „Beweis" für die alte Kindermär deuten, nach der der Storch die Kinder bringt. (...)

Die Korrelation und ihre Verwandten können also ein Indiz dafür sein, wo man nach kausalen Zusammenhängen durch fachwissenschaftliche Forschung suchen sollte; aber sie ersetzen diese sachlogischen Überlegungen nicht. Das muss man sich klarmachen und von manchem bequemen Begründungsmuster Abschied nehmen.

Christian Roth: Wie lügt man mit Statistik?, Akademische Blätter, 18.1.2011, in: http://akademische-blaetter.de (Zugriff: 20.2.2012)

1 Sammeln Sie Beispiele für Manipulationen mit Statistiken.
2 Erläutern Sie die Art der Manipulation

Historische und systematische Aussagen

Wissenschaftliche Aussagen und Fragestellungen können sich in vielfältiger Weise auf politische, soziale und ökonomische Aspekte und Phänomene beziehen. Dabei ist insbesondere bei der Analyse und Auswertung von Informationen die Unterscheidung zwischen historischen und systematischen Ansätzen von hoher Relevanz.

M7 Historische und systematische Ansätze im Vergleich

Historische und systematische Fragestellung

Das Begriffspaar „historisch/systematisch" ist erst anwendbar, seitdem es das historische Bewusstsein und die historische Methode gibt. Erst seit diesem Augenblick gibt es die Möglichkeit, etwas „historisch" zu sehen und dadurch das „Systematische" vom „Historischen" als etwas Besonderes abzusetzen.

Vor dem Beginn des historischen Bewusstseins war das ganze Denken unbewusst und – ohne dass man es korrekterweise so nennen dürfte – gewissermaßen „systematisch". Man hatte nicht die Möglichkeit, einen Gegenstand „historisch" vor sich hinzustellen, sondern massierte ihn gewissermaßen gleich in das eigene Denken ein. Hierfür nur zwei Beispiele:

- Bereits die griechischen Philosophen kannten natürlich die Lehren ihrer Vorgänger und behandelten sie in ihren Schriften, so etwa Platon und Aristoteles. Aber der Zweck solcher Erörterungen war nicht die philologisch getreue Wiedergabe der Lehrmeinungen der älteren Philosophen. Sie wurden vielmehr lediglich in „systematischer" Absicht zitiert, das heißt: im Zusammenhang der eigenen Argumentationen der zitierenden Autoren. Der Philosophiehistoriker, der wissen will, was die vorplatonischen Philosophen wirklich gedacht und gesagt haben, muss dies also mehr scharfsinnig rekonstruieren, als dass er einfach aus den Schriften der Großen ablesen könnte.
- Die Geschichtswissenschaft entstand als Hof-Historiografie der Fürstenhäuser. Deshalb darf man nicht annehmen, dass das Prinzip oder zumindest das Ergebnis eine „objektive" Darstellung der Geschichte gewesen sei: Natürlich musste die Geschichte so dargestellt werden, dass das auftraggebende Fürstenhaus möglichst gut wegkam.

Historische und systematische Disziplinen

(...) Die Praxis des Wissenschaftsbetriebes jedoch gibt uns sehr bald zu erkennen, dass die einzelnen Wissenschaftsdiziplinen zur Geschichte ihres jeweiligen Gegenstandes offenbar ein ganz verschiedenes Verhältnis haben. In einigen Disziplinen nämlich spielt die Betrachtung und die Interpretation der Geschichte dieses Gegenstandes offenbar eine große Rolle – in anderen wieder nicht. (...) Voran die im engeren Sinne sogenannte „Geschichtswissenschaft", deren Gegenstand vor allem die politischen, sozialen, wirtschaftlichen und rechtlichen Hervorbringungen des Menschen im Laufe seiner Geschichte sind. (...)

Nun gibt es aber an unseren Hochschulen auch Wissenschaften, die ganz anders arbeiten als die historischen Wissenschaften (...). Das sind die systematischen Wissenschaften. Diese Wissenschaften verfolgen eine völlig andere Fragestellung. Sie gehen nicht von zu interpretierenden historischen Zeugnissen aus, sondern von einem jeweils aktuellen Problemzusammenhang (...).

Wie unterscheiden sich historisches und systematisches Denken?

(...) In einer wissenschaftlichen Darstellung vertreten Zitate und Referate dessen, was andere Autoren zu einem Thema gesagt haben, die historische Wahrheit. Indem der Autor andere Autoren zitiert oder referiert, sieht er von seiner Ansicht zu dem Gegenstand ab. Er kann an solchen Stellen nicht einfach sagen, was er für richtig hält, sondern muss das wiedergeben, was andere tatsächlich gesagt haben – (...) auch wenn der Referierende es für systematisch falsch hält, da er sich sonst eines Verstoßes gegen die historische Wahrheit schuldig machen würde.

Die eigenen Ausführungen des Autors hingegen vertreten die systematische Wahrheit – nämlich das, was er selbst nach besten Wissen und Gewissen, nach eigenem Dafürhalten, über eine Sache zu sagen weiß.

Helmut Seiffert: Einführung in die Wissenschaftstheorie 2: Geisteswissenschaftliche Methoden. Phänomenologie, Hermeneutik und historische Methode, Dialektik. München 2006, S. 234–237, 256 f.

Umgang mit Theorien

M8 Was ist eine „Theorie"?

Eine Theorie ist ein vereinfachtes Bild eines Ausschnitts der Realität, der mit diesem Bild beschrieben und erklärt werden soll, um auf dieser Grundlage möglicherweise Prognosen zu machen und Handlungsempfehlungen zu geben. Jeder Theorie liegen mehr oder weniger deutlich ausformulierte Annahmen zugrunde. Es lassen sich Alltagstheorien und wissenschaftliche Theorien unterscheiden. Letztere unterscheiden sich von Ersteren durch höheren Grad an Bewusstheit, ausdrückliche Formulierung, größeren Umfang und meist durch die Einbeziehung von systematischer Beobachtung, die der Prüfung der Theorien dient (empirische Prüfung).
Wikipedia.de (Zugriff: 20.12.2009)

M9 Soziologische Theorieansätze

Es gibt vor allem die folgenden Ansätze:
- mikrosoziologische Theorieansätze: Sie sind auf die Handlungen von Individuen und Kleingruppen bezogen;
- makrosoziologische Theorieansätze: Sie gehen von größeren gesellschaftlichen Strukturzusammenhängen aus;
- Theorien mittlerer Reichweite: Das (...) Theorie- und Erkenntnisprogramm der Theorien mittlerer Reichweite geht davon aus, dass die mikrosoziologischen Theorien zu kurz greifen, weil sie Gesellschaftsstrukturen gar nicht oder nur unvollkommen in den Blick bekommen, und weil die makrosoziologischen Theorien zwar wünschenswert, aber (gegenwärtig) auf einer wirklich konsistenten (*widerspruchsfreien*) Basis nicht formulierbar sind.

Nach: Bernhard Schäfers (Hg.): Grundbegriffe der Soziologie, 6. Aufl. Opladen 2000, S. 340 ff.

M10 Zur Analyse von soziologischen Theorien

Zur Analyse einer Theorie gehören auf jeden Fall die folgenden Aspekte:
- Von welchem Faktenmaterial, von welchen Beobachtungen geht die Theorie aus?
- Welche Zusammenhänge zwischen dem Beobachteten weist die Theorie als wesentlich aus?
- Welche Kriterien stellt die Theorie für diese Zusammenhänge heraus bzw. wie sucht sie diese Zusammenhänge zu deuten?
- Welchen Anspruch hat die Theorie, was will sie erklären?
- Welche Reichweite beansprucht die Theorie und woran kann man die Gültigkeit dieser Theorie messen (z. B. durch eine aus der Theorie hervorgehende Vorhersagbarkeit gesellschaftlicher Ereignisse)?

Gegenüber allen Theorien ist in der Wissenschaft Skepsis angebracht. Zur Kritik von Theorien sollte man sich u. a. folgende Fragen stellen:
- Ist die Auswahl der Theorie aus dem Faktenmaterial richtig und nachvollziehbar?
- Sind die durch die Theorie hergestellten Zusammenhänge gültig?
- Sind die von der Theorie aufgestellten Kriterien passend und erklärend?
- Genügt die Theorie ihren Ansprüchen?
- Erklärt sie wirklich, was sie zu erklären sucht?
- Hat sich die Theorie in der Praxis bestätigt?

Autorentext

Soziologische Theorie: „Theorie ist das Netz, das wir auswerfen, um ‚die Welt' einzufangen – sie zu rationalisieren, zu erklären und zu beherrschen" (Karl Popper [1902–1994], österreichisch-britischer Philosoph, 1934)

mikro (griech.): klein

makro (griech.): groß

1 Fertigen Sie ein Schema zur Einordnung soziologischer Theorien nach dem Text von Schäfers an (M 9).

2 Recherchieren Sie, welchen Theorieansatz der Marxismus hat. Ordnen Sie ihn anschließend als soziologische Theorie begründet in das Schema M 9 ein.

3 Beurteilen Sie, ob der Marxismus plausible Erklärungen für die heutige Gesellschaft liefert.

Galeriegang

Wenn ein Thema oder Problem arbeitsteilig in Gruppen bearbeitet wird, kommt dem Austausch und der Diskussion von Arbeitsergebnissen eine besondere Bedeutung zu. Eine Möglichkeit hierzu ist der *Galeriegang*. Wie in einer Ausstellung werden dabei Arbeitsergebnisse für diejenigen Kursteilnehmer „ausgestellt", die nicht direkt an ihrer Entstehung beteiligt waren. Mit Hilfe des Gangs durch die Galerie der Arbeitsergebnisse können sich alle ein Gesamtbild verschaffen und hieran anschließend in die vertiefende Diskussion/weitere Erarbeitung eintreten.

M11 Die Methode lässt sich in vier Schritte unterteilen:

1. Schritt: Gruppeneinteilung
Der Kurs wird in Arbeitsgruppen eingeteilt. Hierbei gibt es eine entscheidende Regel: Eine Gruppe besteht immer mindestens aus so vielen Mitgliedern, wie es einzelne Arbeitsgruppen gibt. Werden beispielsweise vier verschiedene Arbeitsgruppen eingerichtet, besteht jede dieser Arbeitsgruppen aus mindestens vier Teilnehmerinnen oder Teilnehmern.

2. Schritt: Erarbeitung in Gruppen
Einzelne Themen/Probleme/Materialien werden in Arbeitsgruppen gemäß dem jeweiligem Arbeitsauftrag bearbeitet. Dabei ist innerhalb der Gruppen geklärt, wer für die Einhaltung der Zeit, die Beibehaltung des Bezugs zum Thema und die Mitschrift der erzielten Arbeitsergebnisse zuständig ist. Entscheidend ist, dass alle Gruppenmitglieder in dieser Phase einen guten Überblick über die Ergebnisse bekommen. Eventuell vorhandene offene Fragen sind deshalb zum Schluss dringend zu klären.

3. Schritt: Vorbereitung eines Infoplakats für die Galerie
Die erzielten Ergebnisse werden durch die Arbeitsgruppen in Form eines Infoplakats aufgearbeitet. Dieses Plakat soll die jeweiligen Inhalte möglichst anschaulich, fokussiert und informativ deutlich machen. Entscheidende Maßgabe ist dabei, dass jemand, der nicht an der Erarbeitung beteiligt war, durch das Plakat einen guten Einblick erlangen kann. Alle Gruppenmitglieder machen sich mit den Inhalten und dem Aufbau des Plakats vertraut. Das Plakat wird anschließend an einem geeigneten Ort, wie in einer Galerie, aufgehängt.

4. Schritt: Neue Gruppeneinteilung
Nun werden die Gruppen neu gemischt:
Die Gruppenanzahl bleibt gleich. In jeder Gruppe muss nun mindestens ein Mitglied aus jeder der bisherigen Arbeitsgruppen sein. Wenn es beispielsweise die Gruppen 1, 2, 3 und 4 mit jeweils vier Mitgliedern gegeben hat, gibt es nun die Gruppen A, B, C, D mit jeweils einem Mitglied aus den Gruppen 1, 2, 3 und 4.

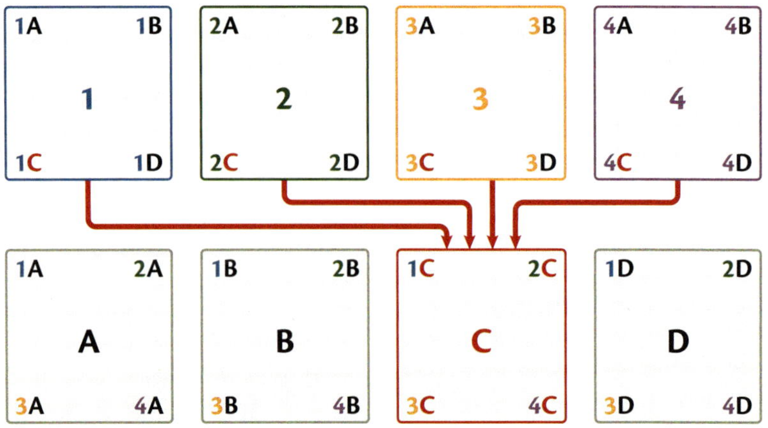

5. Schritt: Galeriegang
Die einzelnen Gruppen besuchen nun die Galerie. Nacheinander werden dabei die einzelnen Infoplakate angesehen. Das Gruppenmitglied, das an der Erarbeitung des jeweiligen Plakats beteiligt war, gibt eine Einführung in die Ergebnisse und beantwortet die Fragen der anderen Gruppenmitglieder. Alle machen sich Notizen zu den jeweils wichtigsten Ergebnissen.

6. Schritt: Diskussion, weitere Erarbeitung
Auf der Grundlage des so erhaltenen Gesamtüberblicks kann in den Arbeitsgruppen oder im gesamten Kurs nun eine vertiefende Diskussion oder Erarbeitung im Rahmen einer übergeordneten Fragestellung beginnen.

Tipps Zur Gestaltung eines Infoplakats:
- Titel groß schreiben und sichtbar platzieren;
- Poster z. B. durch Kästen, Pfeile, Farben und Symbole verständlich strukturieren;
- Text lesbar mit ausreichend Zeilenabstand anfertigen;
- eher sparsamer Texteinsatz;
- Bilder mit Überschriften versehen; Schaubilder statt Tabellen; selbsterklärende Grafiken wählen.

Tipps zur Vorstellung eines Infoplakats:
- Stellen Sie sich seitlich zur Präsentationsfläche.
- Versuchen Sie langsam und deutlich zu sprechen und Pausen zu machen.
- Lesen Sie nicht nur ab, sondern formulieren Sie auch frei.
- Halten Sie den Vortrag kurz – das ist am effektivsten.
- Halten Sie Blickkontakt zum Publikum.
- Ermöglichen Sie Nachfragen und vergewissern Sie sich, dass das Publikum Ihren Ausführungen folgen kann.

Dirk Lange: Das Mitmachheft. Zivilgesellschaft gestalten, Gütersloh (Bertelsmann) 2011. S. 112 f.

Referat

Das Referat ist im Unterschied zur Facharbeit eine Methode der Präsentation, die dazu gedacht ist, Wissen über ein bestimmtes Thema möglichst anschaulich und wirksam einem Publikum – z. B. einem Kurs – zu vermitteln.

M 12 Wie hält man ein Referat?

Wichtige, unbedingt zu beachtende Hinweise:

- Halten Sie Ihren Vortrag frei. Benutzen Sie keinen ausformulierten Text, sondern lediglich Karteikarten oder einen Stichwortzettel.
- Überlegen Sie, welche Teile Ihres Referates auch in der Diskussion zusammen erarbeitet werden können. Diese Teile sollten möglichst nicht referiert werden, sondern gemeinsam zusammengetragen werden.
- Tragen Sie nur vor, was Sie selbst verstehen. Wenn Sie erwarten, dass Ihre Zuhörer die Sätze nicht verstehen, dann formulieren Sie diese in verständliche Sätze um.
- Klären Sie für sich, was das Wesentlichste Ihres Referates ist und was Ihr Referat mit dem Gesamtthema zu tun hat.
- Der Stoff sollte klar gegliedert sein, besonders, wenn er sehr „trocken" ist.
- Zeigen Sie am Anfang Ihres Referates den Zuhörern den roten Faden Ihres Referates und erläutern Sie den roten Faden. Sie können dazu auch eine Folie benutzen und zwischendurch darauf hinweisen, wo Sie gerade sind. Teilzusammenfassungen helfen dem Zuhörer zu erkennen, an welcher Stelle der Gliederung der Referent sich gerade befindet.
- Fachbegriffe und Eigennamen sollen genau ausgewählt und explizit erklärt werden.
- Fassen Sie am Ende kurz zusammen, was das Wichtigste Ihres Referates ist.
- Sorgen Sie für ausreichend Illustration jeder Idee. Versuchen Sie, das Interesse der Zuhörer durch anschauliche Beispiele, aktuelle Geschehnisse oder mit etwas Humor zu erreichen.
- Ganz wichtig: Zeitmanagement. Kontrollieren Sie die Länge Ihres Referates. Überlegen Sie sich vorher, welche Teile des Referates möglicherweise gestrichen werden können.

Folien

- Arbeiten Sie mit Folien oder Handouts, auf denen wichtige Fakten, insbesondere Aufzählungen, nachzulesen sind.
- Wenn Sie Folien benutzen, achten Sie darauf, dass diese kurz und lesbar sind.
- Medien dienen zur Auflockerung und Verdeutlichung der Inhalte eines Referates. Sie sollten begleitend eingestreut werden, können aber auch der Auftakt oder der Abschluss eines Referates sein. Vermeiden Sie „Foliengewitter" – niemals mehr als fünf Folien pro Referat.
- Das Schreiben während des Vortrags auf Overheadprojektor oder Tafel verschafft den Zuhörern eine Pause, benötigt aber mehr Zeit.

Grundlagen zur Vorbereitung einer Präsentation

- Bereiten Sie eine Gliederung mit den zu behandelnden Themen vor. Vergleichen Sie die Gliederung mit den Interessen Ihrer Zuhörer.
- Identifizieren Sie Charakteristika und Wissensstand Ihres Publikums:
  - In welchem Umfang können die Zuhörer an der Planung und Vorbereitung beteiligt werden?
  - Sollen die Zuhörer vorher etwas gelesen haben?
  - Gibt es eine entscheidende Frage- und Problemstellung, die betont werden sollte?

Das Halten eines Referates

- Stellen Sie Augenkontakt zum Publikum her; leiern Sie Ihren Text nicht einfach nur herunter, setzen Sie Betonungen bewusst ein.
- Benutzen Sie Überleitungen, sodass Ihre Zuhörer wissen, wann Sie eine neue Idee einbringen.
- Stellen Sie Fragen, so können Sie das Publikum einbeziehen, zwingen Sie Ihre Zuhörer, aktiv über das Gehörte nachzudenken.
- Erlauben Sie ausreichend Zeit für Fragen und bitten Sie um Feedback bezüglich des Inhalts (haben Sie etwas ausgelassen, was interessant gewesen wäre …), der Schlussfolgerung, Ihres Präsentationsstils.

Nach: http://www.uni-bielefeld.de/soz/organisationssoziologie/pdf/referat.pdf (Zugriff: 20.10.2010)

M 13 Die „goldenen" Regeln des Referierens

1. Reden Sie so frei und ungezwungen wie möglich.

- Hier gilt: Übung macht den Meister. Je öfter Sie referierend vor einer Gruppe stehen, desto mehr Sicherheit werden Sie erlangen.

2. Denken Sie immer an Ihr Publikum. Überfordern und unterfordern Sie es nicht.

- Suchen Sie während der Präsentation Blickkontakt mit Ihrem Publikum. Sie werden in der Regel feststellen können, welche Wirkung der Vortrag auf Ihr Publikum hat.
- Bitten Sie Ihr Publikum nach der Präsentation um ein Feedback. So erhalten Sie wichtige Rückmeldungen und können diese bei der nächsten Gelegenheit berücksichtigen.

3. Versuchen Sie Ihr Publikum ebenso im Blick zu behalten wie die Uhr.

- Achten Sie darauf, während der Präsentation Ihren Blick nicht nur auf einen Teil des Publikums zu richten. Lassen Sie Ihren Blick ruhig wandern. Das Publikum erhält so das Gefühl, direkt angesprochen zu sein.
- Stellen Sie am besten einen Wecker in Ihr Blickfeld. So können Sie unauffällig den zeitlichen Verlauf Ihrer Präsentation überprüfen. Vom ständigen Blick auf die Armbanduhr ist abzuraten.

4. Konzentrieren Sie sich auf das Wesentliche, indem Sie wichtige Punkte besonders betonen.

- Kennzeichnen Sie diese wichtigen Punkte deutlich sichtbar auf Ihren Karteikarten/Ihrer Stichwortliste. So haben Sie sofort im Blick, wann eine besonders relevante Stelle Ihrer Präsentation erreicht ist.

5. Visualisieren Sie, was wichtig ist. Aber erschlagen Sie das Publikum nicht mit Abbildungen, Folien oder Powerpoint-Folien.

- Achten Sie darauf, Ihre (Powerpoint-)Folien möglichst übersichtlich zu gestalten. Denken Sie an eine ausreichende Schriftgröße und verzichten Sie möglichst auf Verzierungen und aufwändige Animationen.

6. Geben Sie am Anfang bekannt, wie Ihr Referat aufgebaut ist.

- Es bietet sich etwa an, Ihre Gliederung zu Beginn mithilfe einer gesonderten Folie vorzustellen.

7. Sagen Sie bei Übergängen, zu welchem Punkt Sie nun kommen.

- Hier könnte jeweils wieder die Gliederungsfolie zum Einsatz kommen.

8. Trennen Sie Ihre eigene Meinung und die Wiedergabe fremden Gedankenguts.

- Achten Sie insbesondere auch darauf, Zitate ausreichend kenntlich zu machen.

9. Fassen Sie am Ende die wesentlichen Ergebnisse und/oder Aussagen Ihres Referates zusammen.

- Hier bietet sich insbesondere das ergänzende Verteilen eines zusammenfassenden Thesenpapiers an.

Nach: Siegfried Frech: Das Referat. In: Bundeszentrale für politische Bildung: Methodentraining II für den Politikunterricht, Bonn 2007, S. 47 (erweitert)

Recherche

Die Recherche ist eine Arbeitstechnik des Journalismus und bedeutet die Beschaffung von neuen und wichtigen Informationen. Die journalistische Recherche kann als Vorbild für die Informationsbeschaffung dienen, die in der Schule wichtig ist. An Information herrscht spätestens seit dem Siegeszug des Internets kein Mangel. Information ist anscheinend schnell beschafft. Aber ist es auch die richtige, ist sie korrekt und noch aktuell, trifft sie auf die Fragestellung zu? Die eigentliche Arbeit der Informationsrecherche muss sich mehr und mehr solchen Fragen widmen. Die Informationsbeschaffung erschöpft sich nämlich nicht im mehr oder weniger zufälligen Auffinden. Entscheidend ist die Prüfung und Einordnung der Information.

M 14 Vorgehen bei der Recherche

Um die unüberschaubare Datenmenge vorzustrukturieren, empfiehlt sich folgendes Vorgehen.

1. Schritt: Planung

Nach der Festlegung eines Themas prüft der politische Bildner, ob überhaupt genügend brauchbare Online-Dokumente verfügbar sind und stellt eine Sammlung von Internet-Adressen zusammen, die als Ausgangspunkt für die Recherche dienen können. Die Internet-Adressen sollten möglichst kommentiert werden. Ob sich ein Online-Dokument als Informationsquelle eignet, lässt sich mit den Kriterien aus M 2 feststellen.

2. Schritt: Erste Recherche

Grundlage der ersten Recherche ist ein klar formulierter Recherche-Auftrag. Dieser Auftrag fordert dazu auf,

- vorgegebene (Start-)Seiten zu besuchen,
- evtl. weitere Online-Seiten ausfindig zu machen,
- die gefundenen Seiten zu selektieren,
- online gefundenes Material durch Abspeichern oder Ausdrucken festzuhalten und
- den Rechercheweg detailliert zu dokumentieren.

Entscheidend ist, dass das festgehaltene Material nur wenige Seiten umfasst.

3. Schritt: Auswertung

Das Ergebnis der ersten Recherche wird ausgewertet, indem

- das festgehaltene Material noch einmal selektiert und bewertet,
- sprachlich erschlossen und
- hinsichtlich der Themenstellung aufbereitet wird.

4. Schritt: Weitere Recherchen

Der Sinn weiterer Recherchen durch den Einsatz zusätzlicher Suchwerkzeuge liegt in der Vertiefung des erworbenen Informationsstandes und der Optimierung der Suchstrategie.

5. Schritt: Aufarbeitung und Vorbereitung der Präsentation

Wie im 3. Schritt werden die Resultate der weiteren Recherchen ausgewertet; zusätzlich geht es nun aber darum, eine Präsentation vorzubereiten

6. Schritt: Präsentation und Diskussion

Entsprechend der Arbeiten in Phase 5 werden die Recherche-Resultate präsentiert und in der Gesamtgruppe kritisch gewürdigt.

Frank Langner: Internet. Methodische Hinweise zum Medieneinsatz, 2002; http://www.sowi-online.de (Zugriff: 16.1.2009)

M 15 Wichtige Fragen zur Recherche auf Internet-Seiten

- Enthält die Seite relevante Informationen?
- Sind die Informationen sachlich korrekt und seriös?
- Sind die Informationen aktuell? Ist ein Aktualisierungsdatum angegeben?
- Ist die Strukturierung der Inhalte transparent, logisch und der Sache angemessen?
- Sind Informationen über den Anbieter gegeben? Wer, welche Einrichtung?
- Werden Quellen und Zitate korrekt angegeben?

Eugen Baacke/Gisela Ruprecht: Politische Bildung @Netz, in: Herbert Kubicek u. a.: Jahrbuch Telekommunikation und Gesellschaft 2000, S. 7 f.

1 Führen Sie eine Recherche zu einem selbstgewählten Thema der Wirtschaftspolitik durch.

Befragung

M 16 Umfrage – Handwerkszeug der Sozialwissenschaften

Umfragen gehören zum Handwerkszeug der Sozialwissenschaften. Je nach Beschaffenheit einer Umfrage und der Auswahl von Befragten unterscheidet man mündliche (vor allem telefonische) Befragungen (Interviews) und schriftliche Befragungen mithilfe von Fragebögen.

Je nachdem, wie die Fragen eines Interviews oder eines Fragebogens formuliert sind, unterscheidet man:

- *strukturierte Interviews:* Themengebiet, Fragenfolge und Antwortvorgaben sind festgelegt. Meist wird mit geschlossenen Fragen gearbeitet, die standardisierte Antwortvorgaben ermöglichen, wie Einfach- und Mehrfachauswahlfragen, Skalenfragen, Maßzahlfragen usw.;
- *Leitfadeninterviews:* Das Themengebiet ist ggf. ohne festgelegte Fragenfolge vorgegeben. Mit offenen Fragen und freien Antworten wird versucht, die Sichtweise der/des Interviewten zum Thema zu erfassen. Standardisierte Antwortvorgaben fehlen in der Regel.

Umfragen werden dann, wenn sie einen Wahrheitsanspruch erheben, sehr aufwändig ausgeführt. Das Verhältnis der Menge und Zusammensetzung der Befragten zur Grundgesamtheit derer, über die Aussagen gemacht werden sollen, ist entscheidend.

In einer Totalerhebung werden alle Individuen der zu untersuchenden Gruppe befragt (z. B. Abgeordnete eines Parlaments). Dies ist nicht immer möglich. Deshalb wird häufig eine Auswahl von Individuen in Stichproben untersucht. Die Stichprobe ist dann repräsentativ, wenn sie ein verkleinertes Abbild der Grundgesamtheit darstellt und ebenso abgegrenzt ist wie die Grundgesamtheit. Dazu werden bestimmte Merkmale der Grundgesamtheit ausgewählt, die aller Wahrscheinlichkeit nach für die Aussage, die getroffen werden soll, entscheidend sind (z. B. Geschlecht, Alter, Wohnort).

Autorentext

M 17 GEO-Umfrage: Was ist gerecht?

Quelle: http://www.geo.de/GEO/kultur/gesellschaft/54795.html (Zugriff: 5.10.2009)

1 Führen Sie nach dem Muster von **M 17** eine Umfrage durch, die die Gerechtigkeitsvorstellung zu aktuellen Themen unter Schülerinnen und Schülern bzw. Eltern bzw. Lehrerinnen und Lehrern Ihrer Schule oder einer entsprechenden Gruppe in Ihrem Stadtteil ermittelt.
Folgende Fragerichtungen könnten dabei zusätzlich eine Rolle spielen:
- Ist es gerecht, wenn die Menschen das zum Leben bekommen, was sie brauchen?
- Ist es gerecht, wenn Kinder aus Familien mit geringerem Einkommen schlechtere Bildungschancen haben als andere?
- Ist es gerecht, wenn Menschen, die mehr verdienen, einen höheren Anteil ihres Einkommens an Steuern zahlen müssen?

Überlegen Sie weitere Fragen.

Fallanalyse

Bei der Fallanalyse wird anhand eines Einzelbeispiels das Allgemeine eines politischen oder sozialen Sachverhalts herausgearbeitet, um Konstellationen und Entwicklungen aufzuzeigen und damit das Verständnis für politische Auseinandersetzungen zu erleichtern. Wichtige Analyse-Instrumente sind hierbei die drei Dimensionen des Politischen sowie der Politikzyklus.

M 18 Worum geht es bei der Fallanalyse?

Ein Fall ist eine zeitlich und räumlich zumeist begrenzte Situation, in der Einzelpersonen agieren, Konflikte austragen oder Probleme zu lösen suchen. Der Fall sollte die Möglichkeit einer *Inhaltsgeneralisierung* erlauben, d. h. individuelle Probleme sollten sich zu einem allgemeinen sozialen oder politischen Sachverhalt verallgemeinern lassen. Auf der *konkreten Lernebene* werden der Fall und die Agierenden untersucht. Auf der *allgemeinen Lernebene* wird die im Fall gespiegelte politische Begebenheit analysiert und beurteilt, um daraus eine Entscheidungsfindung abzuleiten. Mögliche Folgen dieser Entscheidung werden dann, im Sinne einer Rekonkretisierung auf das Fallbeispiel bezogen, untersucht. Den leichtesten Zugang zu einer Fallanalyse finden Jugendliche, wenn sie mit Fällen aus ihrer eigenen Vorstellungs- und Lebenswelt konfrontiert werden. Ausgehend von den eigenen Erfahrungen können sie sich auch ohne politische Vorkenntnisse in den Fall hineindenken. Während ihrer Untersuchung lernen sie, Fragen zu Ereignissen und Lebensbedingungen der untersuchten Personen zu stellen. Der Wechsel vom konkreten Fallbeispiel zur abstrakten allgemeinen Lernebene fällt ihnen eher schwer. Zu Fällen aus der Welt der Politik haben Jugendliche üblicherweise keinen Zugang, weshalb für sie eine Annäherung an die Gedanken und Gefühle von Politikerinnen und Politikern eher schwierig ist. Demgegenüber fällt ihnen der Wechsel zur Verallgemeinerung des Politischen leichter als bei Beispielen aus ihrer eigenen Lebenswelt. Denkbar sind auch Mischformen beider Zugänge. Von der verallgemeinerten Ebene aus kann ein erneuter Bezug zum Einzelfall erfolgen, um beispielsweise Auswirkungen von politischen Entscheidungen auf konkrete Lebensbedingungen aufzuzeigen.

Beispiel: Jugendliche setzen sich mit den Lebensbedingungen erwerbsloser, alkoholabhängiger Erwachsener auseinander, die sich häufig in einer neben der Schule liegenden Parkanlage aufhalten. Über eine *Innenperspektive* versuchen sie, sich in die Lebenslage eines dieser Männer hineinzuversetzen. Weshalb lebt er auf der Strasse, hat keine Arbeit und ist Alkoholiker? Wie sieht er selber seine Lage, was empfindet er dabei? Was halten die Jugendlichen selber von einer solchen Lebensart? Die Jugendlichen können auch eine *Außenperspektive* einnehmen und nach den äußeren Umständen fragen, die den Mann in diese Situation geführt haben (der einst erfolgreiche Unternehmer verlor sein Unternehmen, als selbstständig Erwerbender konnte er die Sozialversicherungen nur bedingt nutzen, wurde zum Alkoholiker und hat mit der Gesellschaft gebrochen). Auf einer abstrakteren Ebene setzen sich die Jugendlichen mit dem Arbeitsrecht und der Sozialgesetzgebung auseinander. Im Sinne einer Rekonkretisierung greifen sie einzelne Gesetze heraus und fragen nach ihrer Bedeutung für die Lebenswelt des im Fallbeispiel thematisierten Mannes.

Eine Verallgemeinerung ist nur dann möglich, wenn sich die Schülerinnen und Schüler bewusst sind, was ein *politisches Problem* ist. Hat der genannte Unternehmer seine bürgerliche Existenz aufgrund rein privater Probleme verloren, eignet sich dieser Fall nur bedingt für den Unterricht (allenfalls, um die Durchlässigkeit eines Gesellschaftssystems und um die Unterschiede in der Gesetzgebung für Selbstständige und für Angestellte aufzuzeigen). Verlieren demgegenüber viele Selbstständige beispielsweise wegen einer Inflation ihre Existenzgrundlage, handelt es sich um ein Problem von gesamtgesellschaftlicher Bedeutung mit politischer Tragweite.

Yvonne Leimgruber, in: http://www.politische-bildung.ch (Zugriff: 20.4.2011)

M 19 Verlaufsstruktur des Lernprozesses

Die Lernenden durchlaufen während der Fallbearbeitung einen Entscheidungs- und Problemlösungsprozess, der sich in sechs Phasen gliedern lässt:

1. Konfrontation mit dem Fall: Was ist passiert?
Die Lernenden werden mit einer Problemsituation konfrontiert, die einen Bezug zu ihrer gegenwärtigen und/oder zukünftigen Lebenssituation hat und die damit für sie persönlich bedeutsam ist. Wesentlich ist hier, dass die Lernenden das Problem verstehen, da nur so eine erfolgreiche Fallbearbeitung möglich ist. Deshalb ist auf der Grundlage des zur Verfügung gestellten Materials bzw. eigener Recherchen eine Problem- und Konfliktanalyse durchzuführen und im Rahmen einer Normen- und Zielanalyse zu diskutieren, inwieweit die unterschiedlichen Interessen im dargestellten Fall im Hinblick auf ein Ziel in Einklang zu bringen sind.

2. Information über das bereitgestellte Fallmaterial und durch selbständiges Erschließen von Informationen: Welche Informationen brauchen wir? Wo und wie bekommen wir sie?
Ziel ist es, dass die Lernenden die ihnen zur Verfügung stehenden Informationen analysieren, bewerten und für die Falllösung nutzbar machen können. Ggf. sind weitere Informationen durch Erkundungen vor Ort, Befragung der Lehrkraft, Studium schriftlicher Quellen, Internetrecherchen etc. zu beschaffen.

3. Exploration, d. h. Diskussion alternativer Lösungsmöglichkeiten: Welche Lösungen sind denkbar?
Es geht darum, mögliche Falllösungen zu erarbeiten. Die Lernenden sollen dazu angehalten werden, unterschiedliche Handlungsmöglichkeiten zu entwickeln und zu bewerten.

4. Resolution, d. h. Treffen der Entscheidung in Gruppen: Welche Folgen hat die getroffene Entscheidung?
Die Vor- und Nachteile sowie die Konsequenzen der gefundenen Handlungsmöglichkeiten werden gegeneinander abgewogen und bewertet. Ziel ist es, eine Entscheidung zu treffen und diese zu begründen.

5. Disputation, d. h. die einzelnen Gruppen verteidigen ihre Entscheidung: Was spricht für, was gegen die von uns getroffene Entscheidung?
In dieser Phase präsentieren die Gruppen ihre Entscheidung vor dem Plenum und stellen sie zur Diskussion. Ziel dieser Phase ist es, dass die Gruppen ihre Entscheidung gegen Argumente des Plenums verteidigen und so prüfen können, ob ihre Entscheidung der Kritik standhält.

6. Kollation, d. h. Vergleich der Gruppenlösungen mit der in der Wirklichkeit getroffenen Entscheidung: Welche Entscheidung wurde in der Realität getroffen?
Es erfolgt ein Vergleich der schulischen Lösung mit in der Praxis getroffenen Entscheidungen. Die Schüler können somit erkennen, dass hier nicht immer eine Übereinstimmung vorliegt, da Entscheidungen immer von Menschen, die fehlbar sind, getroffen werden. Diese Verlaufsstruktur stellt einen idealtypischen Verlauf eines Entscheidungsprozesses dar. Das bedeutet, dass der Lernprozess nicht zwangsläufig in dieser idealtypischen Reihenfolge ablaufen muss. Es kann Vor- und Rückgriffe geben, einzelne Phasen können schneller, andere langsamer durchlaufen, wiederholt oder auch übersprungen werden

Franz-Josef Kaiser: Die Fallstudie, Bad Heilbrunn 1983, S. 28 f.

M 20 Phasen einer Fallanalyse

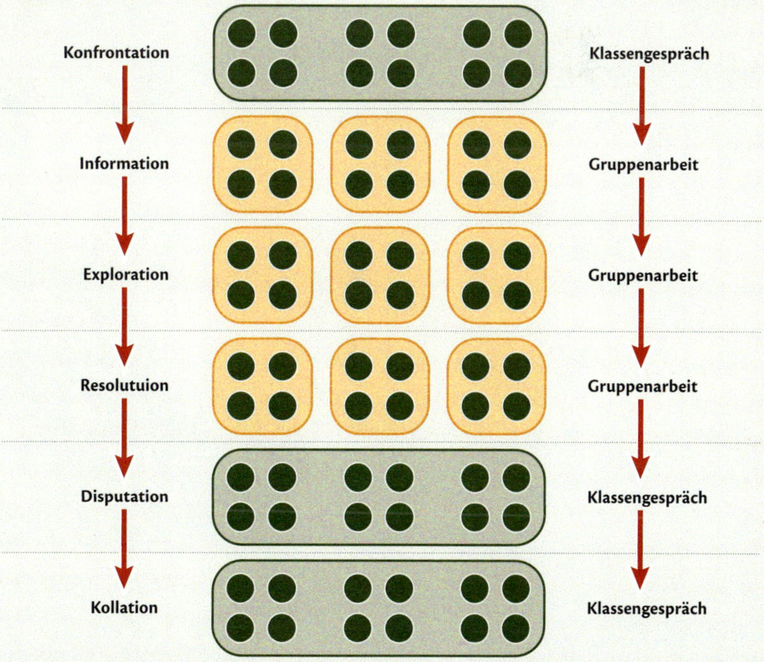

Nach: http://www.sn.schule.de/~sud/methodenkompendium/module/3/6_1.htm (Zugriff: 20.2.2012)

Analyse von Karikaturen

M21 Fünf Schritte der Analyse von Karikaturen

1. Beschreiben:
Grundvoraussetzung für das Verständnis einer Karikatur ist, dass die bildliche Darstellung genau erkannt und in ihren Details (Haltung, Mimik, Gestik, Details der Darstellung usw.) präzise erfasst wird. Eine Beschreibung dessen, was zu sehen ist, steht am Anfang. Sie sollte zunächst von den weiteren Schritten getrennt werden, damit Details nicht verloren gehen oder einseitig interpretiert werden.

2. Verstehen:
Die Symbole müssen nicht nur erkannt werden, sie müssen auch in ihrer Bedeutung bekannt sein. Ikonische (bildhafte) Zeichen sind aufgrund ihrer Darstellung normalerweise aus sich selbst heraus verständlich (z. B. Fessel für Unfreiheit, Pferdegeschirr für Lenkung und Unterdrückung). Die Bedeutung arbiträrer (*willkürlicher*) Zeichen beruht auf gesellschaftlicher Konvention, die man kennen muss (z. B. Michel für die Deutschen bzw. Deutschland, Hahn für Frankreich, Waage für Gerechtigkeit).

3. Anwenden:
Der Sachverhalt, auf den sich die Karikatur bezieht, muss in den Grundzügen bekannt sein und benannt werden. Die politischen Umstände und gesellschaftlichen Bezüge müssen Erwähnung finden. Evtl. muss eine Recherche über die Umstände stattfinden, unter denen die Karikatur entstanden ist.

4. Erklären:
Die Karikatur geht über das Aufdecken charakteristischer Wesenszüge einer Situation hinaus, sie wertet und kommentiert das Geschehen, was aufgedeckt werden muss.

5. Urteilen:
Die Qualität einer Karikatur hängt entscheidend davon ab, inwieweit es dem Autor gelungen ist, seine Kritik angemessen ins Bild umzusetzen. Die Beurteilung der Karikatur muss sich auf den Zusammenhang mit dem Karikierten beziehen.

Nach: Manfred Faust: Politische Karikaturen im Geschichtsunterricht der Sekundarstufe I, in: GWU H. 12 (1980), S. 739–753

M22 Karikatur

Zeichnung: Sakurai

1 Analysieren Sie die Karikatur anhand der Arbeitsschritte.

Eine Debatte führen

M23 Strukturen einer Debatte

Grundidee

Derjenige wird beim Debattieren überzeugen, der seine eigene Position mit den Interessen der anderen vermitteln kann. In dieser Fähigkeit liegt die Basis gemeinsam getragener Entscheidungen und ein Fundament der Demokratie. Debatten sind regelgeleitete Diskussionen, in denen Schüler wichtige Demokratiekompetenzen lernen können:

- die Bereitschaft zum Perspektivenwechsel,
- die Achtung des/der Andersdenkenden,
- das gegenseitige Zuhören,
- und das Definieren eigener Positionen.

Ziel des Debattierens

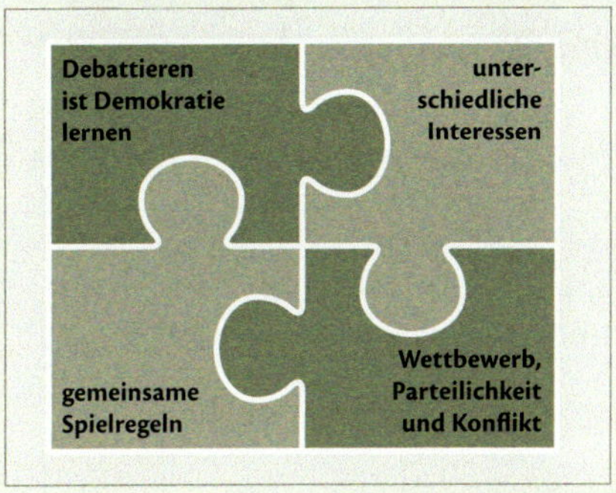

Durchführung

Makrostruktur Modell I: Debattiermodell British Parliamentary (...):

- Als erstes gilt es, ein zum Debattieren geeignetes Thema zu finden (z. B.: Dieses Parlament glaubt, dass auch Frauen Wehrdienst oder Zivildienst leisten müssen).
- Alle potenziell an der Debatte Beteiligten sollten in den Prozess der Themenfindung eingeschlossen werden, um eine nur für wenige zugängliche Fachdebatte zu vermeiden (...).
- Im Anschluss an die Themenfindung werden die zu debattierenden *Meinungen* (Pro bzw. Kontra) den Debattanten zugelost. Man spricht auch von der Pro-Fraktion und der Kontra-Fraktion.
- Den Debattanten bleiben nun 15 Minuten Vorbereitungszeit, um sich auf die Debatte vorzubereiten.
- Ein Präsident hat den Vorsitz der Debatte. Ihm werden die Juroren beigestellt. Sie bilden zusammen das Präsidium.
- Der Präsident eröffnet die Debatte mit einleitenden und begrüßenden Worten an die Debattanten und die Zuschauer. Es wird dabei das Thema der Debatte genannt und sogleich dem ersten Redner das Wort erteilt.
- Jeder der acht Redner hält eine Rede an einem Rednerpult o. ä. stehend.
- Die Debatte wird von der Pro-Fraktion, mit der Rede des Premier-Ministers, eröffnet. Es schließen sich die übrigen Fraktionen im Wechsel an.
- Jede Rede dauert einheitlich lange (ca. 7 Min.), worüber das Präsidium mittels Stoppuhr und Glocke wacht. In der ersten und in der letzten Minute einer Rede dürfen die Mitglieder der gegnerischen Fraktion keine Zwischenfragen an den Redner stellen. Von der zweiten bis zum Ende der sechsten Minute dürfen Zwischenfragen an den Redner gestellt werden. Der Redner hat das Recht, die Fragen anzunehmen oder abzulehnen.
- Nach der letzten Rede, dem Opposition Whip, schließt das Präsidium die Debatte und zieht sich zur Beratung zurück.
- Anschließend werden die Reden durch das Präsidium ausgewertet:
  - Inhalt: Wie stichhaltig waren die Argumente? Wie gut waren sie gegliedert?
  - Form: Wie wirkte der Redner? War die Redeweise der Situation angemessen?

M24 Makrostruktur Modell I: Debattiermodell British Parliamentary Debate

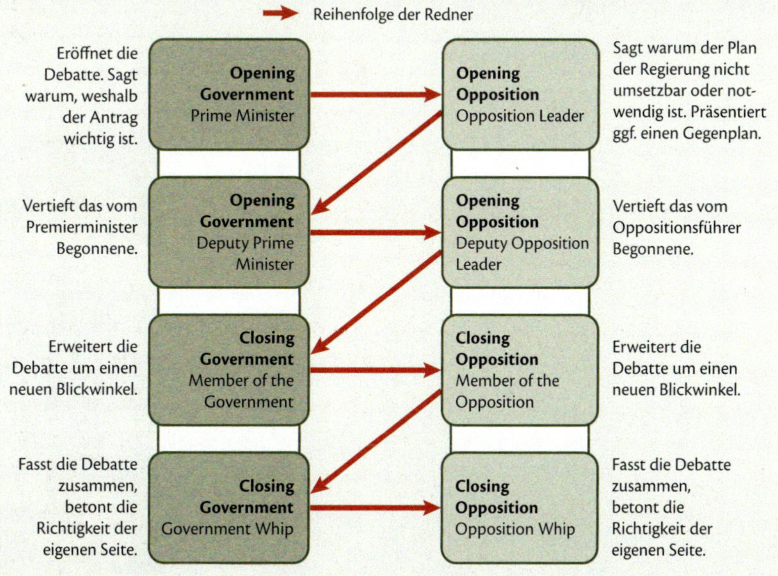

Sächsisches Institut für Lehrerfortbildung, in: www.sn.schule.de (Zugriff: 28.8.14)

Gruppenpuzzle (Jigsaw)

M25 Form kooperativen Lernens

Die Jigsaw-Methode (auch: *Mosaikspiel*) wurde 1978 vom Sozialpsychologen Elliot Aronson in den USA entwickelt und wird auch als Puzzle-Methode oder Gruppenpuzzle bezeichnet. Als Methode für die Textarbeit in Gruppen wurde sie ursprünglich im schulischen Kontext eingesetzt, eignet sich aber auch für die Verwendung in der Hochschullehre.

Bei der Jigsaw-Methode handelt es sich um eine Form kooperativen Lernens, welche „durch die Verschränkung dreier pädagogischer Prinzipien (Kooperation, Interdependenz, Lernen durch Lehren) den Zusammenhalt und die Ergebnisse einer Lerngruppe verbessern" soll. Ziel der Methode ist, Lernen durch Lehren zu initiieren. Deshalb erfolgt bei der Textarbeit nach der Jigsaw-Methode ein Wechsel zwischen verschiedenen Rollen der Lernenden und der Sozialformen, sodass die Lernenden Erfahrungen auf verschiedenen Ebenen erwerben können. Sie nehmen die Rolle des Lernenden, aber auch die des Lehrenden ein und arbeiten in verschiedenen Gruppenzusammensetzungen auch in Einzelarbeit.

Die Abfolge der verschiedenen Phasen der Jigsaw-Methode verläuft in folgenden sechs Schritten:

1. Schritt: Textauswahl und Textaufteilung:
Der Dozent wählt den Text aus und teilt diesen in die durch die Lernenden zu bearbeitenden Abschnitte auf.

2. Schritt: Erläuterung der Methode und Bildung der Stammgruppen (SG):
Die Lernenden werden vom Dozenten über die nun zum Einsatz kommende Jigsaw-Methode und die damit verbundenen Lernziele informiert. Das Plenum wird in sogenannte Stammgruppen aufgeteilt.

3. Schritt: Verteilen der Texte und Bildung der Expertengruppen (EG):
Der Dozent übergibt jeder SG einen Satz der Texte, d. h. jede SG hat die gleiche Textgrundlage. Innerhalb der SG einigen sich die Gruppenmitglieder, wer welchen Textabschnitt bearbeiten wird. Mit der Aufteilung der Texte innerhalb der SG werden automatisch die EG gebildet, sie setzen sich jeweils aus den Personen der verschiedenen SG zusammen, die den gleichen Textabschnitt zur Bearbeitung gewählt haben.

4. Schritt: Selbststudium der Texte:
Jeder Lernende liest nun seinen Text und eignet sich ihn mit dem Ziel an, ihn zu verstehen, um ihn später den Mitgliedern seiner SG vermitteln zu können.

5. Schritt: Textarbeit in den EG:
Die Lernenden diskutieren den Text in den EG, erarbeiten ein gemeinsames Textverständnis und überlegen, wie sie dies als Experten in den SG vermitteln können.

M26 Die einzelnen Phasen

Nach: http://lehrerfortbildung-bw.de (Zugriff: 22.2.2012)

6. Schritt: Wissensvermittlung der Experten in den Stammgruppen:
Die Experten kehren in ihre SG zurück. Nun geben alle ihr Expertenwissen aus ihren Texten an die anderen Mitglieder der SG reihum weiter.
www.wikipedia.de (Zugriff: 22.2.2012)

M27 Die grundlegende Vorgehensweise des Kooperativen Lernens

Think–Pair–(Square)–Share

- Zunächst die individuelle Auseinandersetzung mit einer Aufgabe/Anforderung festlegen;
- danach im Paar austauschen, sich wechselseitig ergänzen, das eigene Verständnis im sicheren Kontakt mit dem Partner kontrollieren und dann in der Vierer-Gruppe
- am Schluss in die Öffentlichkeit der Klasse gehen und das Gelernte vor den kritischen Augen der ganzen Lerngruppe und des Lehrers vortragen und präsentieren.

1. Schritt: Think (Denken)

Die Schülerin oder der Schüler wird beauftragt, einen Text zu lesen, ein Bild zu deuten oder sich dazu Gedanken zu machen, ein erweitertes Namensschild zu erstellen u. ä. In dieser Phase erhalten alle Schülerinnen und Schüler in der Regel eine Aufgabe, die im darauf folgenden Schritt einen Austausch ermöglicht.
Die Lehrerin/der Lehrer hat hierfür eine knapp bemessene Zeit, um eine angemessene Arbeitshaltung zu erzeugen.
Nach der angekündigten Zeitspanne folgt der nächste Schritt:

2. Schritt: Pair (Paare bilden)

Nun werden die Schülerinnen und Schüler paarweise zusammengesetzt. Sie werden darüber informiert, dass jeder nach dieser Phase in der Lage sein soll, den Bericht ihres Partners der Gesamtgruppe zu präsentieren.
Dann tauschen sich die Paare über ihre Arbeitsergebnisse aus: Zuerst stellt der Partner A seine Aufgabe und sein Arbeitsergebnis vor, und Partner B macht sich Notizen, danach umgekehrt.
Die Lehrperson wird die Arbeit der Paare genau beobachten und am Ende bitten, über die Arbeitsergebnisse des Partners Auskunft zu geben.

3. Schritt: Square (Vierergruppen bilden)

In diesem Schritt verbinden sich je zwei Paare zu einer Vierergruppe. In dieser stellt jedes Mitglied seinen Paar-Partner mit seinen Arbeitsergebnissen knapp vor.
Dieser Weg ist dann wichtig, wenn eine neue Gruppenbildung angestrebt wird. Er ist sehr nützlich, weil hier die Chance besteht, Kontakt-Aktivität und inhaltliche Arbeit problemlos zu verknüpfen.

4. Schritt: Share (sich aufteilen)

In diesem Schritt präsentieren die Schülerinnen und Schüler die Ergebnisse der früheren Arbeitsphasen der gesamten Lerngruppe: entweder indem nach der Partnerarbeit einzelne Schülerinnen und Schüler jeweils die Arbeitsergebnisse ihres Partners vorstellen oder indem nach einer Gruppenarbeitsphase Schülerinnen und Schüler als Sprecher der einzelnen Gruppen die Gruppenergebnisse präsentieren.
Es ist jedoch stets so, dass die Präsentatoren Arbeitsergebnisse vorstellen, die sie nicht allein zu verantworten haben.

Autorentext

Placemat

Bei der Placemat-Methode handelt es sich um eine Form des kooperativen Lernens, bei der die Lernenden zunächst die Möglichkeit haben, zu einer bestimmten Fragestellung eigene Gedanken zu entwickeln, um anschließend in eine schriftliche Diskussion mit den anderen Lernenden zu treten. Dazu wird ein Bogen Papier entsprechend der Anzahl der Diskutierenden in gleich große Teile geteilt. In der Mitte des Papiers wird Platz gelassen für die abschließend konsensuell ermittelte Antwort der gesamten Gruppe auf die eingangs gestellte Frage, Aufgabe oder These.

M28 Beispiele

Ein Beispiel für ein unausgefülltes Placemat für eine Vierergruppe sieht so aus:

Ein Beispiel für ein unausgefülltes Placemat für eine Dreiergruppe sieht so aus:

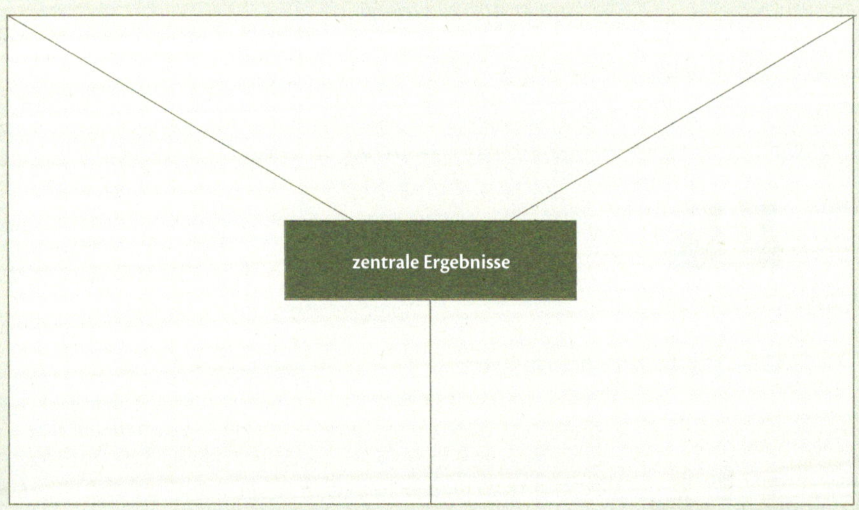

M29 Ablauf des Placemat-Verfahrens

Wenn Sie den Dreischritt „Denken-Austauschen-Vorstellen" im Unterricht umsetzen. dann bietet es sich oftmals an, dies mit einer grafischen Struktur zu machen, die als „Placemat Activity" bekannt ist. Placemat bedeutet so viel wie Tischset oder Platzdeckchen. Im Grunde handelt es sich bei dieser Aktivität aber nicht einmal um eine eigenständige Methode, sondern nur um ein besonders wirksames Verfahren, wie kooperative Arbeitsabläufe strukturiert und Ergebnisse verglichen und zusammengetragen werden können.

Vorgehen

Die Schüler setzen sich in Vierer- oder Dreiergruppen zusammen. Jede Gruppe erhält einen großen Bogen aus Papier und teilt den Bogen so auf, dass jeder Schüler dann ein eigenes Feld vor sich hat und in der Mitte ein Feld für die Gruppenergebnisse frei bleibt *(s. M 40)*.

1. In der ersten Phase (Denken) notieren die Schülerinnen und Schüler ihre Gedanken, Ergebnisse oder Fragen, die sie in der Einzelarbeit entwickelt haben, in ihr Feld.
2. In der zweiten Phase (Austauschen) werden die individuellen Ergebnisse ausgetauscht und verglichen. Dazu kann in der Gruppe der Bogen im Uhrzeigersinn gedreht werden, sodass alle Gruppenmitglieder am Ende die anderen Ergebnisse gesehen und nachvollzogen haben. Ebenso gut können die Schülerinnen und Schüler jeweils den Platz im Uhrzeigersinn wechseln, sodass jeder Schüler am Ende wieder auf seinem Platz ist und auch alle Ergebnisse gesehen hat. In dieser Phase können die Schüler dann ihre eigenen Ergebnisse bestätigen, verbessern oder revidieren und über Widersprüche und Probleme ins Gespräch kommen, um so vielleicht ein gemeinsames Gruppenergebnis zu entwickeln. Dieses Ergebnis wird in das zentrale Feld in der Mitte eingetragen.
3. In der dritten Phase (Vorstellen) stellen die Schüler ihre Gruppenergebnisse in der Klasse vor. Dazu können sie auf die Aufzeichnungen im Mittelfeld des Bogens zurückgreifen.

Hubert Mitter: Methodensammlung: Placemat, 2009, in: http://www.phsalzburg.at/hubert.mitter/Aktualisierung_Dateien/07-Plattform1/unterlagen/Methodensammlung_Placemat.pdf (Zugriff: 24.9.2012)

1 Erstellen Sie in arbeitsgleicher Arbeit Placemats zu einem von Ihnen im Kurs gewählten Thema.

2 Vergleichen Sie Ihre erstellten Placemats.

3 Beurteilen Sie den Einfluss der folgenden Faktoren auf die von Ihnen erarbeiteten Placemats:
- Sachkompetenz der Ersteller,
- soziale Handlungsfähigkeit der Ersteller,
- evtl. Störungen.

Pro-Kontra-Debatte

In der Pro-Kontra-Debatte wird ein für den Unterrichtszusammenhang relevantes Thema „antithetisch" diskutiert. Für die Pro-Kontra-Debatte eignen sich deshalb Themen, die auf einer Entscheidungsnotwendigkeit beruhen, etwa: Soll man eine Finanztransaktionssteuer einführen oder nicht?

M 30 Ablauf

Phase	Handlungsorientierung	Zeit
	Begrüßung durch den Moderator	
1	Hinweis auf Spielregeln Nennung des Themas	5 Min.
2	Erste Abstimmung des Publikums	5 Min.
3	Pro-Anwalt: Eingangsplädoyer Kontra-Anwalt: Eingangsplädoyer	1 Min. 1 Min.
4	Abwechselnde Befragung des Sachverständigen durch die Anwälte Abwechselnde Befragung des zweiten Sachverständigen durch die Anwälte Dritter Sachverständiger usw. (max. vier Sachverständige)	5 Min. 5 Min. 5 Min.
5	Kontra-Anwalt: Schlussplädoyer Pro-Anwalt: Schlussplädoyer	1 Min. 1 Min.
6	Schlussabstimmung des Publikums	5 Min.
7	Auswertung der Pro-Kontra-Debatte	20–30 Min.

Nach: Peter Massing: Handlungsorientierter Politikunterricht, Schwalbach/Ts. 1998, S. 149

M 31 Aufbau

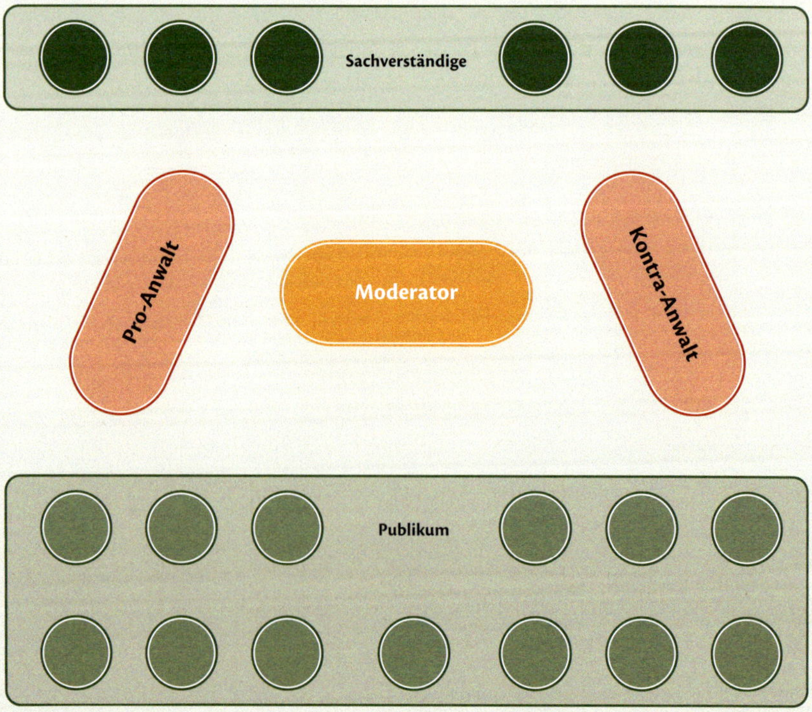

Nach: ebd.

M 32 Rollen für die Pro-Kontra-Debatte

- Ein Moderator: Er führt die Abstimmung durch und achtet darauf, dass die Spielregeln und Zeitvorgaben eingehalten werden. Er trägt die Verantwortung für einen regelkonformen Ablauf.
- Zwei Anwälte (je einer für Pro, je einer für Kontra): Sie halten das Eingangs- und Schlussplädoyer und befragen die Sachverständigen. Es ist durchaus erwünscht, Meinungen zu vertreten, die nicht der eigenen entsprechen, um festgefahrene Positionen aufzubrechen und die Thematik neu zu durchdenken. Die Rollen der Anwälte sind die schwierigsten Rollen. Diese Rollen können nur ausgefüllt werden, wenn leistungsstarke Lernende sie übernehmen und in den Arbeitsgruppen sorgfältig darauf vorbereitet werden.
- Zwei bis vier Sachverständige: Sie artikulieren keine eigene Position, sondern bieten nur Informationen, Erfahrungen und Wissen zu Begründungen für einzelne Positionen. Die Rollen der Sachverständigen müssen in Arbeitsgruppen intensiv vorbereitet werden.
- Das Publikum: Das Publikum hat die konkrete Beobachtungsaufgabe, die vorgetragenen Argumente zu sammeln und deren strategisch-taktische Relevanz für den Debattenverlauf zu beurteilen.

Sächsisches Institut für Bildung und Schulentwicklung (Hg.): Schulleben und Unterricht demokratisch gestalten, in: www.sn.schule.de (Zugriff: 7.10.2012)

M 33 Auswertung

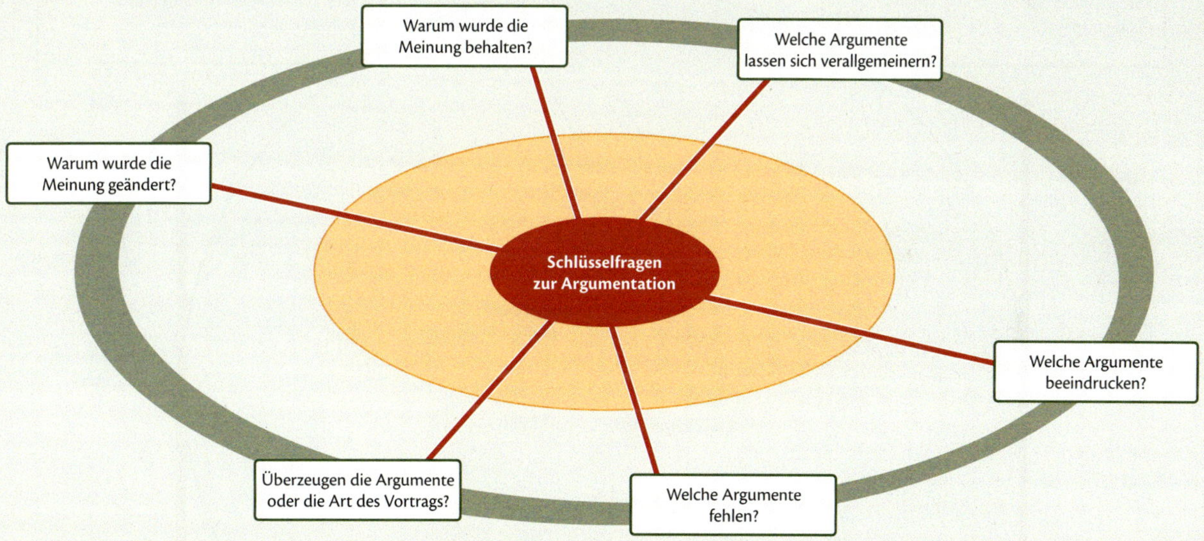

Nach: http://www.sn.schule.de/~sud/methodenkompendium/module/2/1_3.htm (Zugriff: 20.2.2012)

1 Führen Sie eine Pro-Kontra-Debatte zu dem Thema durch, ob die Bundesregierung eine aktive Konjunkturpolitik betreiben soll.

Politische Urteilsbildung

M34 Politisches Urteilen

Das politische Urteilen ist eine Kunst, die man erlernen kann. Auf dieser Methodenseite finden sich Hinweise, nach denen etwa die Aufgabe des Beurteilens eines Sachverhalts oder einer These besser bewältigt werden kann.

Das Urteil ist ganz allgemein eine begründete Stellungnahme zu einer Frage oder einem Problem. Die Urteilsbildung, also der Prozess der Begründung, steht dabei im Mittelpunkt. Vier Komponenten sind für ein politisches Urteil wichtig:

- Kriterien müssen verfügbar sein, mittels derer Stellungnahmen geäußert werden können;
- Kategorien sind Leitbegriffe, die es ermöglichen, Kriterien zu ordnen und einzuordnen;
- Betrachtungsebenen verdeutlichen, für welchen Ausschnitt der Realität die gefällten Urteile gelten sollen;
- Perspektiven berücksichtigen die Tatsache, dass es unterschiedliche Sichtweisen auf ein und dieselbe Sache gibt.

M35 Aspekte politischer Urteilsbildung

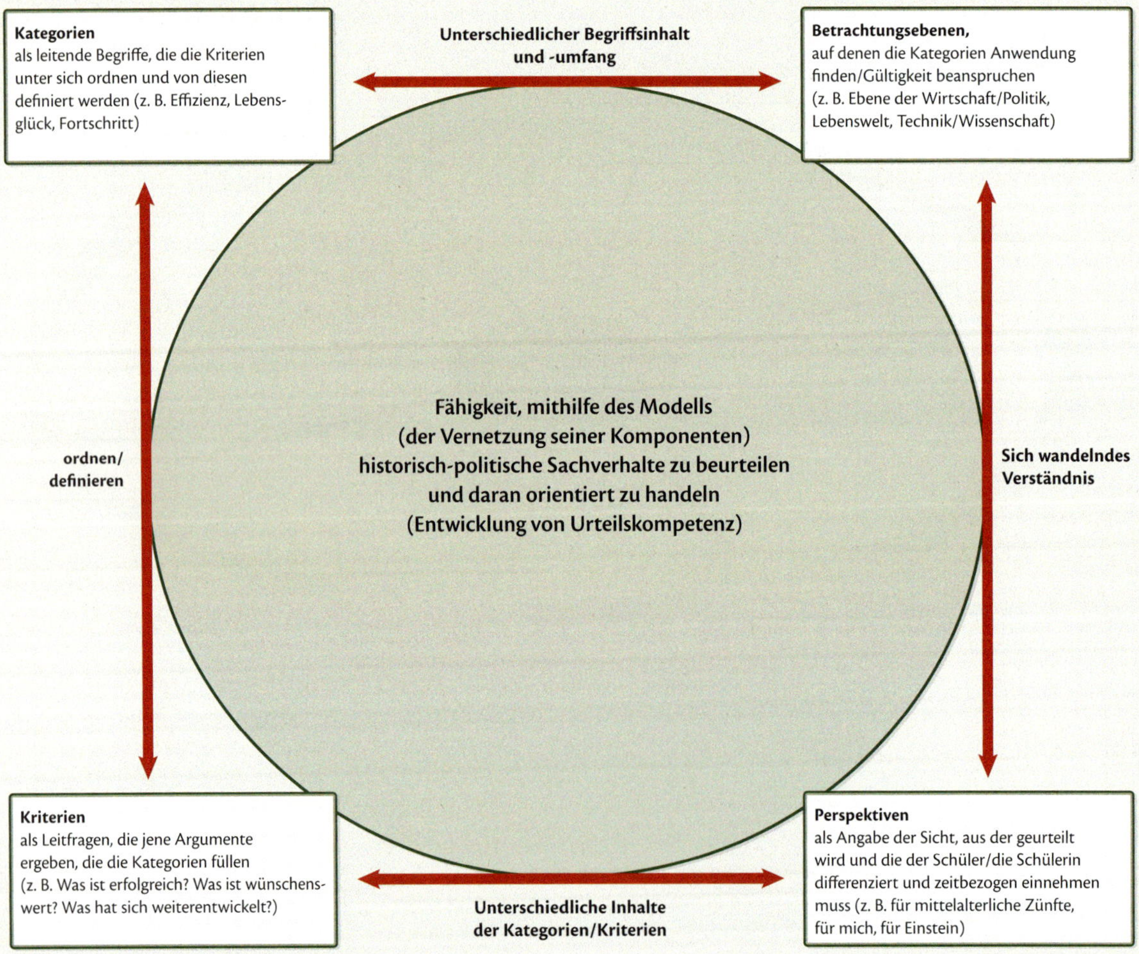

Quelle: J. Kayser/U. Hagemann (Hg.): Urteilsbildung im Geschichts- und Politikunterricht, Berlin 2005, S. 42

M36 Stufen des moralischen Urteilens nach Kohlberg

I. Das präkonventionelle Stadium

Moralische Wertung beruht auf äußeren (...) Geschehnissen, schlechten Handlungen oder auf quasi-physikalischen Bedürfnissen statt auf Personen und Normen.

Stufe 1: Orientierung an Bestrafung und Gehorsam. Egozentrischer Respekt vor überlegener Macht oder Prestigestellung bzw. Vermeidung von Schwierigkeiten. Objektive Verantwortlichkeit.

Stufe 2: Naiv egoistische Orientierung. Richtiges Handeln ist jenes, das die Bedürfnisse des Ich und gelegentlich die der anderen instrumentell befriedigt. Bewusstsein für die Relativität des Wertes der Bedürfnisse und der Perspektive aller Beteiligten. Naiver Egalitarismus und Orientierung an Austausch und Reziprozität.

II. Das konventionelle Stadium

Moralische Wertung beruht auf der Übernahme guter und wichtiger Rollen, der Einhaltung der konventionellen Ordnung und der Erwartung anderer.

Stufe 3: Orientierung am Ideal des „Guten Jungen". Bemüht, Beifall zu erhalten und anderen zu gefallen und ihnen zu helfen. Konformität mit stereotypischen Vorstellungen vom natürlichen oder Mehrheitsverhalten, Beurteilung aufgrund von Intentionen.

Stufe 4: Orientierung an Aufrechterhaltung von Autorität und sozialer Ordnung. Bestrebt, „seine Pflicht zu tun", Respekt vor der Autorität zu zeigen und die soziale Ordnung um ihrer selbst willen einzuhalten. Rücksicht auf die Erwartungen anderer.

III. Das postkonventionelle Stadium

Moralische Wertung beruht auf Konformität des Ich mit gemeinsamen (oder potenziell gemeinsamen) Normen, Rechten oder Pflichten.

Stufe 5: Legalistische Vertragsorientierung. Anerkennung einer willkürlichen Komponente oder Basis von Regeln und Erwartungen als Ausgangspunkt der Übereinstimmung. Pflicht definiert als Vertrag, allgemein Vermeidung der Verletzung von Absichten oder Rechten anderer sowie Wille und Wohl der Mehrheit.

Stufe 6: Orientierung an Gewissen oder Prinzipien. Orientierung nicht nur an zugewiesenen sozialen Rollen, sondern auch an Prinzipien der Entscheidung, die an Universalität und Konsistenz appellieren. Orientierung am Gewissen als leitendem Agens und an gegenseitigem Respekt und Vertrauen.

Lawrence Kohlberg: Zur kognitiven Entwicklung des Kindes. Frankfurt 1974. S. 60; zit. nach: Sybille Reinhardt: Werte-Wandel und Werte-Erziehung. Perspektiven politischer Bildung. In: Silvia Buchen, Elke Weise (Hg.): Schule und Unterricht vor neuen Herausforderungen, Weinheim 1995, S. 138 f.

M37 Sieben Regeln der Urteilsbildung

1. Regel: Das zu bearbeitende Problem sollte ein praktischer, in der Gegenwart bedeutsamer und politisch strittiger Konflikt- oder Entscheidungsfall sein, der aus der Sicht der Handelnden relevant und in überschaubarer Zeit vorläufig entscheidbar ist. (...)

2. Regel: Die Kriterien zur Beurteilung des konkreten Falles sind so zu wählen, dass sie auch für die Beurteilung ähnlicher Fälle Gültigkeit beanspruchen können. Hierfür ist die praktische Vernunft zuständig. (...)

3. Regel: Die für die Bearbeitung des Falles relevanten Aussagen über die Wirklichkeit (Sachverhaltsfeststellungen) müssen auf sachliche Richtigkeit, auf ihren Wahrheitsgehalt hin überprüft werden. Hierfür ist die theoretische Vernunft zuständig. (...)

4. Regel: Die Passung von Beurteilungskriterien und Aussagen auf die Wirklichkeit ist schrittweise zu verbessern. Der Primat liegt bei der praktischen Vernunft (Dialektik zwischen theoretischer und praktischer Vernunft). (...)

5. Regel: Die Gesamtentscheidung ist so zu fällen, dass die Einzelurteile angemessen berücksichtigt werden (Gesamturteil.) (...)

6. Regel: Urteile sind zu veröffentlichen. Bei der Veröffentlichung des Urteils ist darauf zu achten, dass Unsicherheiten und Widersprüche in der Urteilsbildung nicht kaschiert, sondern sichtbar werden. (...)

7. Regel: Setze die Regeln 1-6 in Kraft – z. B. dadurch, dass sie von denen, die gemeinsam an einem Entscheidungskonflikt arbeiten, beschlossen und bei der Bearbeitung des Falles beachtet werden.

W. Sander/C. Igelbrink/F. Brüggen (Hg.): Urteilsbildung – eine lösbare pädagogische Herausforderung. Theoretische Grundlagen und praktische Hinweise, Berlin (Lit) 2014, in: www.pb-netz.de (Zugriff: 31.3.2014)

Planspiel

Das Planspiel ist eine Methode der Simulation von Realität, mit der sich komplexe Situationen vorbereiten und einüben lassen. So werden Planspiele in militärischen und wirtschaftlichen Bereichen angewandt, um Schwierigkeiten und mögliche Problemlösungen zu erkennen, bevor sie in einer realen Situation auftreten.

M38 Organisation der Planspiels

(*Der Pädagoge Heinz*) Klippert definiert das Planspiel als „eine relativ offene politische oder ökonomische Problemsituation, die pädagogisch-didaktisch vereinfacht ist und nach einer irgendwie gearteten Lösung verlangt." Das Problem soll konkret in Interaktion aller Lerner gelöst werden.

Entscheidend für Planspiele ist eine relativ freie Ziel- und Zeitvorgabe. So wird den Teilnehmern eine Lernumgebung geschaffen, die sich insbesondere durch Gruppenautonomie, selbstständige Erarbeitung von fachbezogenem Wissen, Flexibilität, Interaktion, Hypothesenbildung, Offenheit, Ungewissheit und nicht zuletzt einer „Quasi-Realität" auszeichnet. Ein besonders wichtiger Aspekt ist dabei der Realitätsbezug – die Simulation einer Praxissituation und die damit verbundene Bewältigung von Anforderungen und Problemen, wie sie auch in der Realität auftreten könnten. Dabei verlangt das Planspiel in der Umsetzung von den Teilnehmern ein großes Maß an planerischen, strategischen und kreativen Fähigkeiten zur Lösung des Problems. Zudem stellt das Planspiel hohe Anforderungen an die soziale Kompetenz der Teilnehmer, welche in der Interaktion mit der Gruppe von Bedeutung ist. Dabei werden gemeinsam Entscheidungen getroffen, Meinungsverschiedenheiten diskutiert, Gespräche und Verhandlungen geführt, Auswertungen der Ergebnisse vorgenommen, und zuletzt erfolgt die Auswertung und Präsentation der gemeinsamen Ergebnisse in sehr unterschiedlichen Formen (die auch selbst wieder gespielte Situationen sein können).

Zur Durchführung eines Planspiels (z. B. im Unterricht) müssen folgende Unterlagen vorbereitet/bereitgestellt werden:

- eine Fallstudie, in der kurz die vorherrschende Problemsituation skizziert wird;
- eine Arbeitskarte mit Erläuterungen zum Spielverlauf;
- Rollenkarten, durch welche den Teilnehmern spezifische Rollen übertragen werden (Informationen zum Rollenverständnis von Betriebsrat, Unternehmensleitung, Aktionären, Mitarbeitern, Kunden, Bürgerinitiativen, Ministerium u. a.)
- Ereigniskarten, die als Impulskarten durch den Spielleiter in die Gruppen gereicht werden können (…),
- Arbeitsmittel wie Büromaterial und Nachschlagewerke.

Der idealtypische Verlauf eines Planspiels

Die Phasen sind im Überblick abgebildet (M 39). In den einzelnen Phasen sollten (…) folgende Aspekte beachtet werden:

1. Spieleinführung
2 Informations- und Lesephase
3. Meinungsbildung und Strategieplanung innerhalb der Gruppe
4. Interaktion zwischen den Gruppen
5 Vorbereitung eines Plenums/Konferenz
6. Durchführung eines Plenums/Konferenz
7. Spielauswertung

K. Reich (Hg.): Methodenpool, in: http://methodenpool.uni-koeln.de (Zugriff: 28.8.2014)

M39 Die Phasen des Planspiels

1. Spieleinführung

- Das Planspiel, sowie die Spielmaterialien und die einzunehmenden Rollen werden vorgestellt.
- Verständnisfragen werden geklärt.
- Die Arbeitsgruppen werden eingeteilt.
- Der Spielleiter schildert kurz das Problem und stellt das Material bereit (intensive Vorbereitung erforderlich!).

2. Informations- und Lesephase

- Es werden die Plätze an den Gruppentischen mit der entsprechenden rollenspezifischen Bezeichnung eingenommen.
- Die Gruppenmitglieder erhalten die Arbeitskarten (die für alle Gruppen gleich sind) und unterschiedliche Rollenkarten.
- Das Informationsmaterial wird durchgelesen.

- Verständnisfragen werden geklärt.
- Der Spielleiter verteilt die Arbeits- und Rollenkarten.

3. Meinungsbildung und Strategieplanung innerhalb der Gruppe
- Die Informationen werden gruppenintern strukturiert und anschließend wird die Ausgangssituation analysiert.
- Es werden Handlungsoptionen besprochen und diskutiert sowie möglichst kreative Ideen und Strategien entwickelt.
- Hilfestellungen werden nur in Notsituationen geleistet.
- Der Spielleiter beobachtet und berät bei Rückfragen.

4. Interaktion zwischen den Gruppen
- Diese Phase ist die intensivste Spielphase.
- Die Gruppen agieren (Versenden von Briefen und Faxen an die übrigen Gruppen, Besuche, das Führen von Gesprächen und Verhandlungen) und reagieren ebenso auf die Anfragen der anderen Gruppen.
- Durch Ereigniskarten können gezielt Impulse und Veränderungen ins Spiel eingebracht werden.
- Der Spielleiter beobachtet lediglich!

5. Vorbereitung eines Plenums/einer Konferenz
- Diese Phase ist meist die spannendste im Spielverlauf und bildet damit den Höhepunkt.
- Die Gruppe trägt intern ihre Ergebnisse zusammen und verarbeitet und bewertet ihre erreichten Ergebnisse.
- Es wird der Verlauf des Plenums geplant, die zu vertretenden Positionen besprochen, mögliche Argumente und Strategien sowie die Einstiegsstatements und der jeweilige Gruppensprecher bestimmt.
- Der Spielleiter berät bei Rückfragen.

6. Durchführung eines Plenums/einer Konferenz
- Am Plenum nehmen i. d. R. alle Teilnehmer teil.
- In dieser Phase werden die Ergebnisse einer jeden Gruppe vor dem Plenum zusammengetragen und durch den Gruppensprecher bzw. unterstützend durch die Gruppenmitglieder präsentiert.
- Bleiben offene Fragen oder wird kein Konsens erzielt, da die Interessen nicht zu vereinbaren sind, werden die Teilnehmer auf die Phase der Spielauswertung verwiesen.
- Der Spielleiter fungiert als Konferenzvorsitzender.

7. Spielauswertung
- In dieser Phase werden Zusammenfassungen und Analysen zum inhaltlichen, aber auch zum formalen Spielverlauf vorgenommen, wobei die Teilnehmer den Spielverlauf und die erzielten Spielergebnisse reflektieren und anschließend konstruktiv Kritik äußern sollen.
- Der Spielleiter leitet das Gespräch in der Rolle des neutralen Moderators.

Die hier dargestellte Abfolge ist idealtypisch und kann im Einzelfall variieren. In der Praxis ist darauf zu achten, dass die eingenommen Rollen tatsächlich gespielt und ernst genommen werden:
Die Teilnehmer übernehmen Verantwortung für ihre eigenständig erarbeiteten Ergebnisse und damit für ihren Lernerfolg. Sie arbeiten zwar im Team, aber als solches zugleich selbstständig. Durch die Präsentation der Ergebnisse im Plenum sind die Teilnehmer meist höchst motiviert, da das Plenum die jeweiligen Präsentationen aufmerksam verfolgt und beurteilt. Dies fördert neben der Motivation die Lernintensität, da die Teilnehmer während der Diskussion informiert sein wollen, um am Ende als „beste Gruppe" dazustehen (z. B. den höchsten Spekulationsgewinn an der Börse, den größten Unternehmensgewinn, den Gemeindezuschuss o. Ä. zu verzeichnen). Diese Anerkennung vor der Gesamtgruppe ist natürlich für viele Teilnehmer ein großer Ansporn.
Die Spielleiter trauen den Teilnehmern etwas zu und räumen ihnen damit große Freiräume ein. Diese zeichnen sich z. B. durch das Zulassen von Fehlern und Lernumwegen aus. Die Aufgabe des Spielleiters besteht hauptsächlich aus der Organisation des Materials und der Moderation der Spielphasen. Die Teilnehmer werden nur beraten, wenn sie den Spielleiter explizit dazu auffordern. Während der Gruppenaktivitäten hält sich der Spielleiter im Hintergrund, achtet jedoch auf die grobe Einhaltung der Zielvorgaben.

Heinz Klippert: Planspiele, 5. Aufl. Weinheim 2008

Szenariotechnik

Die Szenariotechnik ist eine Methode der strategischen Planung, die auf der Analyse möglicher Entwicklungen der Zukunft beruht. Untersucht werden etwa die Analyse von Extremszenarios oder besonders relevanter oder typischer Szenarios. Die Szenariotechnik hat militärische Wurzeln, findet aber seit einiger Zeit auch Anwendungsmöglichkeiten in ökonomischen, gesellschaftlichen und politischen Fragestellungen.

M 40 Unterschiedliche Verständnisse von Zukunft

Mithilfe der Szenario-Methodik wird versucht, durch die Konstruktion von verschiedenen möglichen Zukünften Orientierungswissen zu generieren, um gegenwärtiges Handeln daran auszurichten. Es gibt jedoch ein unterschiedliches Verständnis davon, wie die Zukunft sich in Hinblick auf Gegenwart und Vergangenheit verhält. Idealtypisch können drei Sichtweisen unterschieden werden. Das jeweilige Zukunftsverständnis wiederum hat einen entscheidenden Einfluss darauf, wie man von einer gegenwärtigen Position auf die Zukunft zugreift:

Erstes Verständnis: „Zukunft ist berechenbar". Was in Zukunft geschehen wird, lässt sich aus dem Wissen um Gegenwart und Vergangenheit (zumindest prinzipiell) berechnen. Je mehr gegenwärtiges Wissen angesammelt wird, desto sicherer ist die Prognose des zukünftigen Verlaufs. Diese Sicht auf die Zukunft führt dazu, sich vor allem auf statistische Trendextrapolationen zu stützen. In diesem Paradigma wird die Zukunft als vorhersagbar und kontrollierbar angesehen.

Zweites Verständnis: „Zukunft ist evolutiv". Diese Sichtweise sieht gegenwärtiges Wissen als nicht hinreichend an, um zukünftige Entwicklungen vorherzusagen. Der Verlauf der Zukunft passiert chaotisch, unkontrolliert und zufällig. Dieses Paradigma geht davon aus, dass eine bewusste Steuerung des zukünftigen Verlaufes nicht möglich ist und dass stattdessen emergente Strategien und ein intuitive muddling through zukünftige Verläufe angemessen behandeln.

Drittes Verständnis: „Zukunft ist gestaltbar". Der Verlauf der Zukunft ist weder vorhersagbar, noch entwickelt sie sich völlig chaotisch. Die zukünftige Entwicklung ist der intentionalen Gestaltung offen und somit (teilweise) durch unser Handeln beeinflussbar. Dieses Paradigma setzt auf die Strategien zur zukunftsgestaltenden Intervention, die die Rolle der Akteure und ihrer Ziele und Entscheidungen in der Zukunftsbildung betonen. (...)

Die Szenario-Methodik ist in ihrer Vielfalt nicht eindeutig einem einzigen der drei genannten Zukunftsverständnisse zuzuordnen. Das der Szenario-Methodik zugrundeliegende Zukunftsverständnis ist vor allem dadurch geprägt, dass nicht von einer notwendigen Zukunft, sondern von mehreren möglichen Zukünften ausgegangen wird. Das Konzept „Szenario" steht für die Idee einer möglichen Zukunft und verweist somit implizit immer auf die Möglichkeit weiterer, alternativer Zukünfte.

Als Veranschaulichung dieser Offenheit und Multiplizität der Zukunft und ihrer Antizipation durch Szenarien hat sich das so genannte Trichtermodell etabliert (s. M 55).

Robert Gassner/Hannah Kosow: Methoden der Zukunfts- und Szenarioanalyse – Werkstattbericht Nr. 103, IZT, 2008

emergent: unerwartet, neu auftretend
intuitive muddling through: intuitives Durchwursteln

M 41 Der Szenariotrichter und die drei Grundtypen des Szenarios

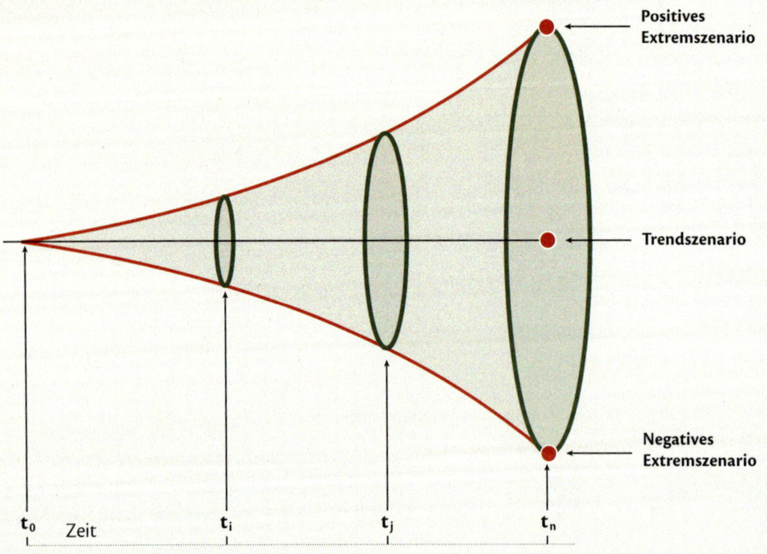

Nach: Peter Weinbrenner: Szenariotechnik, in: http://www.laum.uni-hannover.de/ilr/lehre/Ptm/Ptm_Szenario.htm (Zugriff: 10.7.2008)

M42 Vorgehen

Der Szenarioprozess läuft idealtypisch über die fünf Phasen Szenariofeldbestimmung, Bestimmung von Schlüsselfaktoren, Analyse von Schlüsselfaktoren, Szenario-Generierung und ggf. Szenario-Transfer:

Phase 1: Szenariofeldbestimmung
Im ersten Schritt jedes Szenarioprozesses wird definiert, was genau der Gegenstand ist, für den Szenarios entwickelt werden sollen. „Worum soll es im Einzelnen gehen? Was ist das Thema, was ist das zu behandelnde Problem, wie wird das Szenariofeld definiert, was wird integriert? Und genauso wichtig: Wo sind die Grenzen, was wird nicht betrachtet? (...)
In dieser Phase wird festgelegt, welche Perspektive in Hinblick auf den Untersuchungsraum gewählt wird. (...)

Phase 2: Identifikation der Schlüsselfaktoren
Anschließend wird das Szenariofeld über Schlüsselfaktoren beschrieben. Schlüsselfaktoren, teils auch als „Deskriptoren" bezeichnet, sind die zentralen Größen, die das Szenariofeld beschreiben bzw. die auf das Feld wirken und/oder über die das Feld nach außen wirkt. Schlüsselfaktoren sind diejenigen Variablen, Parameter, Trends, Entwicklungen und Ereignisse, die im weiteren Verlauf des Szenarioprozesses zentral betrachtet werden. Zur Identifikation von Schlüsselfaktoren sind Kenntnisse über das Szenariofeld und die Wirkungsbeziehungen zwischen den verschiedenen Schlüsselfaktoren notwendig. Wie Schlüsselfaktoren tatsächlich im Rahmen von Szenarioprozessen identifiziert werden, ist im Einzelfall sehr unterschiedlich. Das Wissen über Schlüsselfaktoren wird teils durch sehr analyseintensive empirische und theoretische Vorarbeit in den Szenarioprozess eingespeist, teils aber auch partizipativ im Rahmen von Workshops oder Befragungsrunden generiert. Die erste Vorgehensweise setzt dabei vor allem auf die theoretische Fundierung der Szenarios sowie auf Analysetiefe; die zweite Vorgehensweise legt den Fokus vor allem auf die Fundierung von Szenarios über intuitives und implizites Wissen der Beteiligten sowie auf Überblick und Synthesekraft. (...)

Phase 3: Analyse der Schlüsselfaktoren
Nun erfolgt derjenige Schritt, der für die Szenariotechnik besonders typisch ist und diese Methode von anderen Methoden abgrenzt: Der Szenariotrichter (*M 55*) wird aufgespannt. Die einzelnen Schlüsselfaktoren werden daraufhin analysiert, welche möglichen zukünftigen Ausprägungen jeweils vorstellbar sind. Es wird sozusagen für jeden Faktor ein eigener Zukunftstrichter aufgespreizt, indem diejenigen Ausprägungen ausgewählt werden, die in die Szenario-Bildung einfließen sollen. Dieser Schritt kann auf vielfältige Weise durchgeführt werden, enthält aber immer auch intuitiv-kreative Aspekte, die notwendig sind, sich verschiedene zukünftige Entwicklungen eines Schlüsselfaktors vorzustellen.

Phase 4: Szenario-Generierung
Aus dem „Querschnitt" des Szenariotrichters zum gewählten Projektionszeitpunkt in der Zukunft werden Szenarien herausgeschält und verdichtet. Hier werden konsistente Faktorenbündel zusammengestellt, ausgewählt und zu Szenarien ausgearbeitet. (...)

Optional: Phase 5: Szenario-Transfer
Diese Phase beschreibt die weitere Verwendung und/ oder Verarbeitung der erstellten Szenarios. Sie wird nur bei einigen Szenariotechniken explizit zum Szenarioprozess selbst gezählt. Hier besteht wiederum eine große Anzahl von Möglichkeiten, was mit fertigen Szenarios gemacht werden kann, so z. B. Wirkungsanalysen, Akteursanalysen, Strategiebewertung und -entwicklung usw. Nach den generellen Gemeinsamkeiten im Szenarioprozess sollen jetzt der Fokus auf Unterschiede zwischen verschiedenen Szenarios gelegt und Merkmale zur Unterscheidung und Charakterisierung verschiedener Szenarioansätze vorgestellt werden.
Hannah Kosow/Robert Gaßner: Methoden der Zukunfts- und Szenarioanalyse, a. a. O., S. 6 ff.

1 Fertigen Sie ein Szenario zum Thema „Wirtschaft in Deutschland im Jahr 2050".

Klausuren

Klausuren im Fach Sozialwissenschaften sind in aller Regel in einem Dreischritt aufgebaut. Es sollen nämlich drei verschiedene Anforderungsbereiche geprüft werden: die Reproduktions-, die Reorganisations- und die Reflexionsleistung. Die drei Anforderungsbereiche sind in ihrem Schwierigkeitsgrad steigernd angelegt. Die Reproduktion gilt als die einfachste Art der Leitung. Deshalb wird es in der Regel nicht ausreichen, einen Text oder anderes Material einfach nur wiederzugeben. Vielmehr muss es analysiert, eingeordnet, in einen Zusammenhang gestellt werden usw. Auf keinen Fall wird es für eine mindestens ausreichende Leistung hinreichen, sich ausschließlich auf das in der Klausur vorgelegte Material zu beziehen. Im Zentralabitur beispielsweise wird in aller Regel ausdrücklich Wissen aus dem Unterricht der Qualifikationsphase der gymnasialen Oberstufe eingefordert und mit entsprechend hoher Punktzahl bewertet.
Die Operatoren helfen die Anforderungen zu verstehen und einzuordnen.

M43 Operatoren

Operatoren, die Leistungen im *Anforderungsbereich I* (Reproduktion) verlangen:	
aufzählen nennen wiedergeben zusammenfassen	Kenntnisse (Fachbegriffe, Daten, Fakten, Modelle) und Aussagen in komprimierter Form unkommentiert darstellen
benennen bezeichnen	Sachverhalte, Strukturen und Prozesse begrifflich präzise aufführen
beschreiben darlegen darstellen	Wesentliche Aspekte eines Sachverhaltes im logischen Zusammenhang unter Verwendung der Fachsprache wiedergeben

Operatoren, die Leistungen im *Anforderungsbereich II* (Reorganisation und Transfer) verlangen:	
analysieren	Materialien oder Sachverhalte kriterienorientiert oder aspektgeleitet erschließen, in systematische Zusammenhänge einordnen und Hintergründe und Beziehungen herausarbeiten
auswerten	Daten oder Einzelergebnisse zu einer abschließenden Gesamtaussage zusammenführen
charakterisieren	Sachverhalte in ihren Eigenarten beschreiben und diese dann unter einem bestimmten Gesichtspunkt zusammenführen
einordnen	Eine Position zuordnen oder einen Sachverhalt in einen Zusammenhang stellen
erklären	Sachverhalte durch Wissen und Einsichten in einen Zusammenhang (Theorie, Modell, Regel, Gesetz, Funktionszusammenhang) einordnen und deuten
erläutern	Wie „erklären", aber durch zusätzliche Informationen und Beispiele verdeutlichen
herausarbeiten ermitteln erschließen	Aus Materialien bestimmte Sachverhalte herausfinden, auch wenn sie nicht explizit genannt werden, und Zusammenhänge zwischen ihnen herstellen
interpretieren	Sinnzusammenhänge aus Materialien erschließen
vergleichen	Sachverhalte gegenüberstellen, um Gemeinsamkeiten, Ähnlichkeiten und Unterschiede herauszufinden
widerlegen	Argumente anführen, dass Daten, eine Behauptung, ein Konzept oder eine Position nicht haltbar sind

Operatoren, die Leistungen im *Anforderungsbereich III* (Reflexion und Problemlösung) verlangen:	
begründen	Zu einem Sachverhalt komplexe Grundgedanken unter dem Aspekt der Kausalität argumentativ und schlüssig entwickeln
beurteilen	Den Stellenwert von Sachverhalten oder Prozessen in einem Zusammenhang bestimmen, um kriterienorientiert zu einem begründeten Sachurteil zu gelangen
bewerten **Stellung nehmen**	Wie „beurteilen", aber zusätzlich mit Reflexion individueller und politischer Wertmaßstäbe, die Pluralität gewährleisten und zu einem begründeten eigenen Werturteil führen
entwerfen	Ein Konzept in seinen wesentlichen Zügen erstellen
entwickeln	Zu einem Sachverhalt oder zu einer Problemstellung ein konkretes Lösungsmodell, eine Gegenposition, ein Lösungskonzept oder einen Regelungsentwurf begründend skizzieren
erörtern	Zu einer vorgegebenen Problemstellung eine reflektierte, kontroverse Auseinandersetzung führen und zu einer abschließenden, begründeten Bewertung gelangen
gestalten	Produktorientierte Bearbeitung von Aufgabenstellungen. Dazu zählen unter anderem das Entwerfen von eigenen Reden, Strategien, Beratungsskizzen, Karikaturen, Szenarien, Spots und von anderen medialen Produkten sowie das Entwickeln von eigenen Handlungsvorschlägen und Modellen
problematisieren	Widersprüche herausarbeiten, Positionen oder Theorien begründend hinterfragen
prüfen **überprüfen**	Inhalte, Sachverhalte, Vermutungen oder Hypothesen auf der Grundlage eigener Kenntnisse oder mithilfe zusätzlicher Materialien auf ihre sachliche Richtigkeit bzw. auf ihre innere Logik hin untersuchen
sich auseinandersetzen **diskutieren**	Zu einem Sachverhalt, zu einem Konzept, zu einer Problemstellung oder zu einer These etc. eine Argumentation entwickeln, die zu einer begründeten Bewertung führt

Kultusministerium des Landes Nordrhein-Westfalen: Sozialwissenschaften und Sozialwissenschaften/Wirtschaft, 2007, in: http://www.standardsicherung.schulministerium.nrw.de (Zugriff: 16.8.2012)

Glossar

A

Abschwung: Phase der Konjunkturentwicklung, in der die wirtschaftlichen Tätigkeiten zurückgehen. Es sinken Güternachfrage und Güterproduktion, Einkommen, Investitionen und Gewinne. Hingegen steigt die Zahl der Arbeitslosen, der Kurzarbeiter und der Unternehmenskonkurse.
Abwertung: Wertverlust einer Währung im Vergleich zu einer anderen Währung.
Agenda 2010: Konzept zur Reform des deutschen Sozialsystems und Arbeitsmarktes, das von 2003 bis 2005 von der aus SPD und Bündnis 90/Die Grünen gebildeten Bundesregierung weitgehend umgesetzt wurde. Kern der Agenda 2010 waren Neuregelungen für den Arbeitsmarkt, die Zusammenlegung von Arbeitslosen- und Sozialhilfe sowie die Reform der gesetzlichen Krankenversicherung. Ergänzt wurden diese Maßnahmen durch das teilweise Vorziehen der letzten Stufe der Einkommensteuerreform um ein Jahr und die Rentenreform, die den so genannten Nachhaltigkeitsfaktor und die nachgelagerte Besteuerung von Alterseinkünften einführte.
Agenda 21: Nachhaltiges entwicklungs- und umweltpolitisches Aktionsprogramm für das 21. Jahrhundert. Die Agenda wurde von 172 Staaten auf der Konferenz für Umwelt und Entwicklung der Vereinten Nationen (UNCED) in Rio de Janeiro 1992 beschlossen. Neben Regierungsvertretern nahmen an dieser Konferenz auch viele nichtstaatliche Organisationen teil. Die kommunale Umsetzung ist die Lokale Agenda 21.
Agrarpolitik: Teilgebiet der Wirtschaftspolitik, dessen Gegenstand das politische Handeln im Agrarbereich ist.
Aktiengesellschaft (AG): Unternehmungsform, bei der für die Verbindlichkeiten für die Gläubiger nur in Höhe des Gesellschaftsvermögens Haftung besteht. Die Gesellschafter (Aktionäre) sind mit Einlagen an dem Aktienkapital beteiligt. Das Grundkapital der AG wird meist von einer größeren Zahl von Kapitalgebern aufgebracht.
Aktionär: Inhaber von Aktien einer AG. Er hat Anspruch auf einen Anteil am Reingewinn (Dividende) sowie Stimm- und Auskunftsrecht in der Hauptversammlung.
Allgemeines Zoll- und Handelsabkommen (GATT, General Agreement on Tariffs and Trade): Vorgängerabkommen, das in der World Trade Organization (WTO) gipfelte, die zum 1.1.1995 gegründet wurde.
Allokation: Zuordnung (Verteilung und „Verortung") von Gütern, insbesondere Produktionsfaktoren, auf unterschiedliche Verwendungszwecke, z. B. auf bestimmte Unternehmen in bestimmten Regionen/ Standorten.
Allokationspolitik: Wirtschaftspolitik, die auf einen effizienten Einsatz der Ressourcen zielt.
Angebot: Menge an Gütern, die zum Verkauf oder Tausch angeboten wird.
Angebotsorientierte Wirtschaftspolitik: Sie hat zum Ziel, die Angebotsbedingungen in der Wirtschaft zu verbessern. Dazu dienen ihr z. B. Forderungen nach Abbau der Staatstätigkeit, Reduzierung der Steuerbelastungen, v. a. von Unternehmen, und Senkung der Lohnkosten.
Antizyklische Wirtschaftspolitik: Wirtschaftspolitische Maßnahmen, die unerwünschten Entwicklungen, wie sie im Konjunkturverlauf auftreten, entgegenwirken sollen.
Arbeitsförderungsgesetz (AFG): Mit diesem Gesetz soll im Rahmen der Arbeitsmarktpolitik ein hoher Beschäftigungsstand realisiert, die Beschäftigungsstruktur verbessert und das Wachstum der Wirtschaft gefördert werden.
Arbeitskosten: Alle Aufwendungen oder Kosten, die durch den Einsatz menschlicher Arbeitskraft im Betrieb entstehen. Dies sind Löhne und Gehälter sowie Sozialkosten, Zuschläge, Urlaubsgelder, Unterstützungsbeihilfen usw.
Arbeitslosenquote: Anteil der beim Arbeitsamt registrierten Arbeit suchenden Personen an der Zahl der Erwerbspersonen. Welche Personen in der amtlichen Statistik der Bundesagentur für Arbeit als Arbeitslose erfasst werden, regelt das Arbeitsförderungsgesetz (AFG).
Arbeitsmarkt: Zusammentreffen von Arbeitsangebot und Arbeitsnachfrage.
Aufschwung: Konjunkturbelebung.
Außenbeitrag: Überschuss der Leistungsbilanz einer Volkswirtschaft.
Außenwirtschaftliches Gleichgewicht: Außenwirtschaftliches Gleichgewicht liegt vor, wenn die vom Ausland empfangenen Zahlungseingänge den Zahlungsausgängen entsprechen, die im gleichen Zeitraum ins Ausland geflossenen sind. Das außenwirtschaftliche Gleichgewicht ist eines der Ziele des Stabilitäts- und Wachstumsgesetzes (s. dort).

B

Beschäftigungspolitik: Maßnahmen der Wirtschaftspolitik, die das Ziel haben, Vollbeschäftigung zu erreichen und Arbeitslosigkeit abzubauen.
Binnenmarkt: Abgegrenztes Wirtschaftsgebiet, das durch den freien Verkehr von Waren, Dienstleistungen, Kapital und Arbeitskräften sowie durch eine angeglichene Rechtsordnung gekennzeichnet ist.
Börse: Staatlich genehmigte Marktveranstaltung, auf der sich regelmäßig zu bestimmten Zeiten an bestimmten Örtlichkeiten Kaufleute treffen, um Effekten, Waren oder Devisen, die nicht im Börsenraum körperlich vorhanden sind, zu standardisierten Börsen- und Vertragsbedingungen zu handeln. Es werden Waren-, Devisen- und Wertpapierbörsen unterschieden.
Boom: Phase der Hochkonjunktur.
Bruttoinlandsprodukt (BIP): Wert aller Güter und Dienstleistungen, die in einem Jahr innerhalb der Landesgrenzen einer Volkswirtschaft erwirtschaftet werden.
Bürgerarbeit: Gemeinnützige Arbeit und freiwillige Tätigkeit von Bürgerinnen und Bürgern bei geringer Bezahlung oder ganz ohne Entgelt.
Bundesagentur für Arbeit (BA):w Sie ist vor allem betraut mit der Durchführung von Arbeitslosenversicherung, Arbeitslosengeld, Arbeitsvermittlung, Berufsberatung, Förderung der beruflichen Bildung, Gewährung von Winterausfallgeld, Kurzarbeitergeld, Konkursausfallgeld und berufsfördernden Leistungen zur Rehabilitation. Darüber hinaus trägt sie zur Beseitigung von Schwierigkeiten auf dem Arbeitsmarkt, zur Unterstützung der beruflichen Anpassung der Arbeitnehmer und zur Schaffung und Strukturierung von Arbeitsplätzen im Rahmen der Sozial- und Wirtschaftspolitik der Bundesregierung bei. Die BA steht unter der Rechtsaufsicht des Bundesministeriums für Arbeit und Sozialordnung.
Bundesministerium für Wirtschaft und Energie: Das Bundesministerium soll die Bedingungen für wirtschaftliches Handeln auf der Basis von persönlicher und unternehmerischer Freiheit, Wettbewerb und Stabilität herstellen und außerdem einen angemessenen Schutz der Arbeitnehmer und Förderung der Beschäftigung der Arbeitnehmer gewährleisten.

C

Chancengleichheit: Sozialpolitischer Grundsatz, der für alle Bürger unabhängig von ihrer sozialen Herkunft das Recht auf gleiche Lebens- und Sozialchancen in Ausbildung und Beruf zum Ziel hat.
Club of Rome: 1968 gegründete nichtkommerzielle Organisation, die einen globalen Gedankenaustausch zu verschiedenen internationalen politischen Fragen betreibt. Der Club of Rome hat 66 Vollmitglieder. Dabei handelt es sich um Ökonomen, Industrielle, Wissen-

schaftler und andere Persönlichkeiten des öffentlichen Lebens. Mit dem 1972 veröffentlichten Bericht „Die Grenzen des Wachstums" erlangte der Club of Rome weltweite Beachtung.

CO_2-Emissionen: Ausstoß/Abgabe von Kohlendioxid an die Umgebung.

D

Deficit spending: Zusätzliche Staatsausgaben zur Ankurbelung der Konjunktur, die ein Haushaltsdefizit verursachen; diese Zusatzausgaben sind also nicht durch ordentliche Staatseinnahmen (Steuern) gedeckt, sondern werden durch Kredite (von der Zentralbank oder vom Kapitalmarkt) finanziert.

Deflation: Sinkendes Preisniveau (Gegenbegriff: Inflation, s. dort). Eine deflationäre Preisentwicklung kann sich in einer Rezession oder „Depression" ergeben, wenn bei geringer Gesamtnachfrage die Güterpreise sinken. Bei Deflation steigt der Geldwert (die Kaufkraft des Geldes).

Depression: Anhaltender Rückgang der gesamtwirtschaftlichen Wertschöpfung (schrumpfendes BIP); es handelt sich um eine Wirtschaftskrise, die mit Massenarbeitslosigkeit und sinkenden Einkommen verbunden ist.

Deregulierung: Abbau staatlich-bürokratischer Vorschriften, Auflagen und Bestimmungen (Regulierungen) mit dem Ziel, mehr Wettbewerb zuzulassen und die Marktdynamik zu entfesseln. Mit der Deregulierung können allerdings auch Schutzvorkehrungen entfallen (z. B. Umweltschutz, Kündigungsschutz etc.).

Deutsche Bundesbank: Währungs- und Notenbank der Bundesrepublik Deutschland und seit Errichtung der Währungsunion Teil des Europäischen Systems der Zentralbanken (ESZB) sowie des Eurosystems. Die Bundesbank wirkt dabei mit, das vorrangige Ziel des Eurosystems – Preisstabilität – zu gewährleisten. Darüber hinaus setzt sie die Geldpolitik in Deutschland um, ist an der Bankenaufsicht beteiligt, arbeitet für ein stabiles Finanz- und Währungssystem, sorgt für einen reibungslosen bargeldlosen Zahlungsverkehr, verwaltet die deutschen Währungsreserven und bringt Bargeld in Umlauf. Die Zentrale der Bundesbank befindet sich in Frankfurt am Main.

Devisen: Zahlungsmittel in ausländischer Währung, im engeren Sinne Guthaben von Inländern in ausländischer Währung.

Dienstleistungen: Im Unterschied zur Produktion von materiellen Gütern (Warenproduktion) handelt es sich bei Dienstleistungen um immaterielle Güter, die in der Regel unmittelbar verbraucht werden (z. B. Zahnbehandlung). In der volkswirtschaftlichen Gesamtrechnung bilden Dienstleistungen den dritten Sektor. In entwickelten Industriegesellschaften dehnt sich der Dienstleistungsbereich immer stärker aus.

Distribution: Räumliche Verteilung von Produkten, z. B. von den Produktionsstandorten an die Abnehmer (Logistik), oder auch Verteilung der Einkommen: distributive Gerechtigkeit = Gerechtigkeit der Einkommensverteilung.

Dividende: Anteil eines Gesellschafters am Reingewinn der Aktiengesellschaft, ausgedrückt in Prozenten des Nennwertes der Aktie.

Duales Ausbildungssystem: System der Berufsausbildung in Deutschland, das auf den beiden (dualen) Säulen der betrieblichen Lehre und der parallel dazu besuchten Berufsschule beruht.

E

Emissionshandel: Umstrittenes Instrument der Umweltpolitik mit dem Ziel, Schadstoffemissionen mit möglichst geringen volkswirtschaftlichen Kosten zu verringern: Seit 2004 werden in der EU Emissionsrechte für CO_2 an Unternehmen vergeben. Nicht genutzte Emissionsrechte können verkauft werden.

Energiepolitik: Staatstätigkeit, die verbindliche Regelungen des Systems der Aufbringung, Umwandlung, Verteilung und Verwendung von Energie zum Ziel hat.

Erwerbstätige: Personen, die nicht erwerbslos sind, sondern eine Tätigkeit ausüben. Sie können aufgeteilt werden in abhängig Beschäftigte (Arbeiter, Angestellte, Auszubildende, Beamte, Soldaten) und Selbstständige bzw. mithelfende Familienangehörige.

Europäische Gemeinschaft (EG): Supranationale Organisation von europäischen Mitgliedstaaten, die 1967 aus der 1957 gegründeten Europäischen Wirtschaftsgemeinschaft (EWG) hervorging und 1993 in Europäische Union (EU) umbenannt wurde.

Europäische Union (EU): Stufe im Einigungsprozess Europas seit 1993 mit dem Ziel, über die wirtschaftliche Integration im Rahmen des Binnenmarktes („erste Säule") hinaus schrittweise auch eine politische Union anzustreben, zunächst über die sog. Gemeinsame Außen- und Sicherheitspolitik (GASP, „zweite Säule") hin zur „Vergemeinschaftung" der Innen- und Rechtspolitik („dritte Säule").

Europäische Zentralbank (EZB): Die EZB mit Sitz in Frankfurt/M. ist die Zentralbank der europäischen Wirtschafts- und Währungsunion. Sie ist bei ihren geldpolitischen Entscheidungen völlig weisungsunabhängig und hat ihre Entscheidungen am Ziel der Erhaltung der Geldwertstabilität auszurichten. Eine Unterstützung der allgemeinen Wirtschaftspolitik in der Gemeinschaft ist nur dann und nur insoweit zulässig, wie dies ohne Beeinträchtigung des Ziels der Geldwertstabilität möglich ist. Aufbau und Kompetenzen der EZB sind dem Vorbild der Deutschen Bundesbank nachempfunden.

Europäischer Binnenmarkt: Seit 1993 europäischer „Raum ohne Binnengrenzen", in dem die vier sog. Grundfreiheiten gewährleistet sind (freier Verkehr von Waren, Personen, Dienstleistungen und Kapital).

Externe Effekte: Wirkungen, die außerhalb von Marktbeziehungen auftreten, etwa in Form von Nachteilen durch Umweltbeeinträchtigungen, die vom Verursacher nicht ausgeglichen werden.

F

Fed (Federal Reserve Bank): Zentralbanksystem der USA.

Fehlallokation: Wenn Güter (z. B. Umweltgüter Luft, Wasser, Boden) keinen Preis oder zu niedrige Preise haben, dann kommt es zu einer Fehlallokation, d. h. zu einer verfehlten Verwendung dieser Güter. Sie werden übermäßig nachgefragt und genutzt, mit der Folge von Umweltschädigungen (s. Allokation).

Finanzpolitik: Staatliche Politik, die das Ziel verfolgt, Struktur und Höhe des Sozialprodukts einer Volkswirtschaft mithilfe öffentlicher Einnahmen und öffentlicher Ausgaben zu beeinflussen.

Fiskalisten: Vertreter der Keynesschen Lehre, die davon ausgehen, dass sich konjunkturelle Schwankungen mittels Fiskalpolitik vermeiden bzw. wenigstens dämpfen lassen.

Fiskalpolitik: Alle finanzpolitischen Maßnahmen des Staates im Dienst der Konjunkturpolitik. Es geht vor allem um eine antizyklische Finanzpolitik (antizyklische Wirtschaftspolitik), die die gesamtwirtschaftliche Nachfrage gemäß der keynesianischen Theorie beeinflussen soll und häufig mit einer Verschuldungspolitik (Deficit spending, s. dort) verbunden ist.

G

Geldpolitik: Gesamtheit der staatlichen Maßnahmen, die das Ziel haben, das Geldwesen zu gestalten und vor allem den Geldwert zu stabilisieren.

Gesetz gegen Wettbewerbsbeschränkungen (GWB): Grundlage des deutschen Kartell- und

Wettbewerbsrechts. Ziel des Gesetzes ist es, einen funktionierenden, ungehinderten und möglichst vielgestaltigen Wettbewerb zu erhalten. Deshalb reglementiert und bekämpft es vor allem die Anhäufung und den Missbrauch von Marktmacht.

Globalisierung: Prozess der zunehmenden weltweiten Verflechtung und Angleichung vor allem in Wirtschaft, Politik, Kommunikation und Kultur.

H

Hartz-Kommission: Von der Bundesregierung eingesetzte Expertenkommission zur Ausarbeitung eines Reformkonzepts für die Arbeitsverwaltung.

Human Development Index (HDI): Von der UNO verwendeter Index zur Messung des Wohlstands von Gesellschaften.

Humankapital: Das von einem Menschen durch Schule, Ausbildung, Studium etc. angesammelte „Kapital" an produktiven Fähigkeiten (Qualifikationen, Fertigkeiten, Motivationen etc.).

I

Inflation: Dauerhafter Anstieg des gesamtwirtschaftlichen Preisniveaus.

Inflationsrate: Prozentsatz, der den Anstieg des Preisniveaus in einem bestimmten Zeitraum (meist ein Jahr) ausdrückt. Dazu werden Preisveränderungen, die ein definierter Warenkorb aus Gütern und Dienstleistungen erfährt, mit den Preisen eines Basisjahres verglichen.

Interessenverband: Auf Dauer angelegter Zusammenschluss von Personen, der das Ziel hat, den politischen Willensbildungsprozess und das staatliche Handeln – vor allem die Gesetzgebung – zu beeinflussen. Die Tätigkeit eines Interessenverbands wird als Lobbyismus bezeichnet.

Internalisierung externer Kosten: Anlastung von externen Kosten – z. B. der Umweltverschmutzung – beim Verursacher.

Internationaler Währungsfonds (IWF) engl. International Monetary Fund (IMF): Internationale Organisation zur Schaffung geordneter Währungsbeziehungen.

Investition: Zielgerichtete, meist langfristige Kapitalbindung zur Erwirtschaftung zukünftiger Erträge.

K

Kapitalakkumulation: Ansammlung von Kapital (Sachkapital und Vermögen) durch die Wiederanlage von Gewinnen (Re-Investitionen). Dieses Prinzip führt dazu, dass sich dort Vermögen anhäuft, wo bereits Vermögen vorhanden ist.

Keynesianismus: Wirtschaftswissenschaftliche Denkschule (Begründer: John Maynard Keynes, 1883–1946), die dem Staat die Aufgabe der Stabilisierung der Wirtschaftsentwicklung zuweist.

Konjunkturpolitik: Maßnahmen der Wirtschaftspolitik, die konjunkturelle Schwankungen der gesamtwirtschaftlichen Nachfrage vermindern sollen. Konjunkturpolitik hat zum Ziel, eine möglichst stetige Produktionsentwicklung mit geringen Schwankungen in der Produktion herbeizuführen. Es werden alle Maßnahmen des Staates als Konjunkturpolitik bezeichnet, die zur Erreichung des Stabilitätsziels durchgeführt werden.

Konjunkturzyklus: Der gesamte Zeitraum, in dem die wirtschaftliche Entwicklung die einzelnen Konjunkturphasen von einem Aufschwung bis zum nächsten Aufschwung durchläuft. Dieser Prozess vollzieht sich relativ regelmäßig in Wellenbewegungen bzw. zyklischen Schwankungen (Konjunkturschwankungen). Der Verlauf eines Zyklus wird unterteilt in Tief (Depression, Stagnation), Aufschwung (Wiederbelebung, Expansion), Hoch (Boom) und Abschwung (Krise, Rezession).

Konsolidierung: Begrenzung und Rückführung von Defiziten in öffentlichen Haushalten.

Konzern: Durch Kapitalverflechtung vollzogener vertraglicher Zusammenschluss von Unternehmen, die rechtlich selbstständig bleiben, aber ihre wirtschaftliche Eigenständigkeit vollständig aufgegeben haben.

L

Liquidität: Fähigkeit und Bereitschaft, bestehenden Zahlungsverpflichtungen termingerecht und betragsgenau nachzukommen.

Lohnnebenkosten (Personalnebenkosten): Kosten für die Beschäftigung von Arbeitnehmerinnen und Arbeitnehmern, die für den Arbeitgeber neben Lohn bzw. Gehalt anfallen, z. B. Arbeitgeberbeiträge zur Sozialversicherung, Weihnachtsgeld, Urlaubsgeld, Zuschüsse zum Kantinenessen usw.

Lohnquote: Kennzahl für den Anteil unselbstständiger Arbeit am Volkseinkommen.

Lombardsatz: Zinssatz, den die Zentralbank auf die Beleihung von Wertpapieren von Geschäftsbanken erhebt.

Lorenzkurve: Grafische Veranschaulichung einer Verteilung, z. B. der Einkommens- und Vermögensverteilung. Die Abweichung von einer 45°-Linie ist ein Maß für die Ungleichheit der Verteilung.

M

Magisches Sechseck: s. magisches Viereck.

Magisches Viereck: Ausdruck für den Zusammenhang der vier im Stabilitäts- und Wachstumsgesetz (s. dort) genannten Ziele der Wirtschaftspolitik: Preisniveaustabilität, hoher Beschäftigungsstand, außenwirtschaftliches Gleichgewicht und angemessenes und stetiges Wirtschaftswachstum. Das magische Viereck wurde in den letzten Jahrzehnten um zwei Ziele erweitert: Erhaltung einer lebenswerten Umwelt und gerechte Einkommens- und Vermögensverteilung. Nach Erweiterung des Zielkatalogs sprach man dann vom „Magischen Sechseck".

Makroökonomisch: Die gesamte Volkswirtschaft betreffend.

Marktversagen: Situation, in der die Koordination über den Markt nicht zu einer optimalen Allokation der Ressourcen führt. Dies zeigt einen wirtschaftspolitischen Handlungsbedarf an.

Marktwirtschaft: Wirtschaftssystem des freien Wettbewerbs, in dem die Wirtschaftsprozesse dezentral geplant und über die Preisbildung auf den Märkten gelenkt werden. Grundvoraussetzungen sind Gewerbe- und Vertragsfreiheit sowie die freie Wahl des Berufs bzw. des Arbeitsplatzes.

Mikroökonomisch: Die einzelnen Unternehmen betreffend.

Mindestlohn: In der Höhe festgelegtes kleinstes rechtlich zulässiges Arbeitsentgelt. In Deutschland hat der Bundestag am 3. Juli 2014 mit Wirkung vom 1. Januar 2015 einen gesetzlichen Mindestlohn von mindestens 8,50 Euro pro Stunde mit einigen Ausnahmen beschlossen. Der Beschluss wurde am 11. Juli 2014 vom Bundesrat bestätigt.

Mindestreservepolitik: Geldpolitisches Instrument der Zentralbank, das die Kreditschöpfungsmöglichkeit der Geschäftsbanken durch Hinterlegungsverpflichtungen begrenzt.

Mittelstandspolitik: Die wirtschaftspolitischen Maßnahmen des Staates, deren Gegenstand die Sicherung und Stärkung der mittelständischen Wirtschaft ist – also der kleineren und mittleren Unternehmen des Handwerks, der Industrie, des Dienstleistungsbereichs sowie der freien Berufe. Mittelstandspolitik hat zum Ziel die Erhaltung und Verbesserung der Wettbewerbsfähigkeit mittelständischer Betriebe gegenüber Großunternehmen, die Erleichterung der Anpassung an Veränderungsprozesse in der Wirtschaft oder die Stärkung und Förderung der Leistungsfähigkeit kleiner und mittlerer Unternehmen. Mittel-

standspolitische Maßnahmen sind z. B. Förderungen oder die Berücksichtigung von Interessen der mittelständischen Wirtschaft im Steuerrecht, Arbeitsrecht oder Wettbewerbsrecht.
Monetarismus: Liberale wirtschaftswissenschaftliche Denkschule (Begründer: Milton Friedman, 1912–2006), die sich als Gegenbewegung zum „Keynesianismus" (s. dort) versteht. Monetaristen schreiben der Geldmenge die entscheidende Rolle für die Wirtschaftsentwicklung zu.
Monopol: Marktform, bei der auf der Seite der Nachfrage oder auf der Seite des Angebots nur ein Käufer oder Verkäufer vorhanden ist.

N

Nachfrage: Bezeichnung für die Absicht und der finanziellen Möglichkeit von Haushalten, Güter und Leistungen auf Märkten zu erwerben.
Nachfrageorientierte Konjunkturpolitik: Auf John Maynard Keynes (1883–1946) zurückgehender wirtschaftspolitischer Ansatz, wonach mangelnde private Nachfrage die Ursache von Massenarbeitslosigkeit ist und nur durch zusätzliche staatliche Nachfrage beseitigt werden kann.
Nachhaltigkeit: Handlungsprinzip für den wirtschaftlichen Umgang mit begrenzten Ressourcen, deren möglichst dauerhafte Nutzung auch künftigen Generationen ermöglicht werden soll.
Nicht-tarifäre Handelshemmnisse: Hemmnisse, die nicht durch Zölle (engl.: tariffs) bedingt sind, sondern z. B. durch technische Bestimmungen, Sicherheitsvorschriften etc.
Nominallohn: In Geld ausgedrücktes Einkommen ohne Rücksicht auf die Kaufkraft dieses Einkommens.

O

Obsoleszenz: Veralterung eines Gutes, weil es technisch überholt ist oder weil neue Ersatz-Güter (oft nur mit neuem Design) auf den Markt kommen.
Ökobilanz: Systematische Berechnung der Umweltwirkungen eines Produkts oder eines Vorgangs. Dabei werden möglichst umfassend der gesamte Produktlebensweg und die zugehörigen ökologischen Auswirkungen analysiert und die während des Lebenswegs auftretenden Stoff- und Energieumsätze und die daraus resultierenden Umweltbelastungen bewertet.
Offenmarktpolitik: Mittel der Geldpolitik, bei dem durch Ankauf und Verkauf von festverzinslichen Wertpapieren die Geldmenge in der Volkswirtschaft erhöht oder gesenkt wird.
Ordnungspolitik: Sie soll die gewünschte Wirtschaftsordnung gestalten. Hierfür sind die institutionellen Rahmenbedingungen für das individuelle, einzelwirtschaftliche Handeln so zu gestalten, dass ein gesamtwirtschaftlich integrierter Prozess zustande kommt und die wirtschaftlichen Ziele der Gesellschaft bestmöglich verwirklicht werden.
Ordoliberalismus: Konzept für eine marktwirtschaftliche Wirtschaftsordnung, in der ein staatlicher Ordnungsrahmenden ökonomischen Wettbewerb und die Freiheit der Bürger auf dem Markt gewährleisten soll

P

Phillips-Kurve: Grafische Darstellung der Beziehung zwischen Arbeitslosenquote und Inflationsrate. Nach der Theorie, die dieser Kurve zugrunde liegt, sollen niedrige Arbeitslosenquoten mit relativ hohen Inflationsraten verbunden sein.
Produktionsfaktoren: Alle materiellen und immateriellen Mittel und Leistungen, die an der Produktion von Gütern mitwirken. Die klassische Volkswirtschaftslehre betrachtet die Faktoren Arbeit, Kapital und Boden als Produktionsfaktoren. Neuerdings werden aber auch häufig Wissen (Humankapital), die Führung eines Unternehmens und Energie als Produktionsfaktoren gesehen.
Produktivität: Verhältnis zwischen dem Produktionsergebnis und den Mengen der eingesetzten Produktionsfaktoren.
Prozesspolitik: Sie soll nicht die Rahmenbedingungen des Wirtschaftens beeinflussen und steuern, sondern die einzelnen wirtschaftlichen Prozesse und seine Ergebnisse.

R

Reallohn: Entgelt für geleistete Arbeit unter Berücksichtigung der Inflationsrate. Der Reallohn ist damit Indikator für die reale Kaufkraft des Nominallohns.
Rendite: Jahresertrag eines eingesetzten Kapitals.
Rentabilität: Das prozentuale Verhältnis zwischen dem Gewinn einer Unternehmung und dem eingesetzten Kapital.
Ressource: In ökonomischer Hinsicht werden darunter Betriebsmittel, Geldmittel, Boden, Rohstoffe, Energie oder Personen und (Arbeits-) Zeit verstanden, also alle Mittel, die in die Produktion von Gütern und Dienstleistungen eingehen. Es werden regenerierbare (erneuerbare, nachwachsende) und nicht regenerierbare Ressourcen unterschieden.
Rezession: Konjunkturabschwung.
Risikogesellschaft: Nach der Tschernobyl-Katastrophe (1986) eingeführter Begriff, der die neuartigen Risiken bezeichnet, die durch die Entwicklung neuer Technologien (Atomenergie, Bio- und Gen-Technologien, chemische Waffen etc.) entstehen. Diese Technologien produzieren Folgen und Fernwirkungen, deren Risiken sich nicht mehr vollständig überblicken und beherrschen lassen. Dadurch bringen sich nicht nur einzelne Regionen oder Gesellschaften, sondern die Weltgesellschaft insgesamt in Gefahr.

S

Sachverständigenrat zur Begutachtung der gesamtwirtschaftlichen Entwicklung: Gremium der wirtschaftswissenschaftlichen Politikberatung mit dem Ziel einer periodischen Begutachtung der gesamtwirtschaftlichen Entwicklung und zur Erleichterung der Urteilsbildung bei allen wirtschaftspolitisch verantwortlichen Instanzen sowie in der Öffentlichkeit.
Soziale Marktwirtschaft: Wirtschaftspolitisches Leitbild, das ab 1948 in der Bundesrepublik Deutschland verwirklicht worden ist. Es greift die Forderung des Ordoliberalismus nach staatlicher Gewährleistung einer funktionsfähigen Wettbewerbsordnung auf, ergänzt jedoch den Katalog wirtschaftspolitischer Staatsaufgaben unter Betonung sozialpolitischer Ziele.
Sozialpartnerschaft: Kooperatives Verhältnis der Sozialpartner – vor allem der Arbeitgeber- und Arbeitnehmerverbände –, das Interessengegensätze durch Konsenspolitik lösen und offene Konflikte eindämmen soll.
Sozialpolitik: Gesamtheit der staatlichen und privaten Maßnahmen zur Sicherung eines Minimums an sozialer Sicherheit. Angestrebt wird ein menschenwürdigen Leben für alle Mitglieder der Gesellschaft, aber auch die Herstellung gleicher Startchancen für alle. Die Sozialpolitik ist in Deutschland zu einem Verfassungsprinzip erhoben (Sozialstaatsgebot des Grundgesetzes in Art. 20 und 28).
Sozialprodukt: Bezeichnung für die wirtschaftliche Leistung einer Volkswirtschaft. Das Bruttosozialprodukt ist die gesamte Wertschöpfung einer Volkswirtschaft während einer Periode, einschließlich der Investitionen. Vermindert man diese Größe um die Abschreibungen, so spricht man vom Nettosozialprodukt. Wird der gesamte von Inländern erwirtschaftete Produktionswert berechnet, so spricht man vom Inlandsprodukt. Das Nettoinlandsprodukt entspricht dabei dem Volkseinkommen.

Staatsquote: Verhältnis der öffentlichen Ausgaben zum Sozialprodukt.
Staatsverschuldung: Die vom Staat an Dritte geschuldeten Verbindlichkeiten.
Stabilitäts- und Wachstumsgesetz (StWG): Kurzbezeichnung für das Gesetz zur Förderung der Stabilität und des Wachstums der Wirtschaft vom 8.6.1967. Das Gesetz verpflichtet Bund und Länder, bei ihren wirtschafts- und finanzpolitischen Maßnahmen die Erfordernisse des gesamtwirtschaftlichen Gleichgewichts zu beachten. Die Maßnahmen gemäß diesem Gesetz sollen so getroffen werden, dass sie im Rahmen der marktwirtschaftlichen Ordnung gleichzeitig zur Stabilität des Preisniveaus, zu einem hohen Beschäftigungsstand, zum außenwirtschaftlichen Gleichgewicht und zu einem stetigen und angemessenen Wirtschaftswachstum beitragen (s. auch magisches Viereck).
Strukturpolitik: Alle politische Maßnahmen der verschiedenen staatlichen Ebenen (EU, Bund, Länder, Kommunen), die zum Ziel haben, die Wirtschaftsstruktur so zu beeinflussen bzw. zu verändern, dass sie die raschen wirtschaftlichen und technischen Veränderungen – heute insbesondere den globalen Wettbewerb – bewältigen können.
Subsidiarität: Grundsatz, wonach staatliche Aufgaben auf der niedrigstmöglichen Ebene (EU, Bund, Land, Gemeinde) erledigt werden sollten, die dafür noch geeignet ist oder dafür von einer höheren Ebene instand gesetzt werden kann.
Substitutionsgüter: Güter, die einander ersetzen können.
Subvention: Finanzhilfen bzw. Steuervergünstigungen zur Unterstützung privater Unternehmen.

T

Tarifvertrag: Befristeter Vertrag zwischen Tarifvertragsparteien (z. B. Gewerkschaften und Arbeitgeberverbänden) über Lohnhöhen, Arbeitszeiten, Urlaubsregelungen usw.

U

Umweltpolitik: Alle institutionellen, rechtlichen und politischen Maßnahmen zur Erhaltung und Verbesserung der natürlichen Lebenswelt der Menschen.
Umweltzertifikat: Verbrieftes und übertragbares Nutzungsrecht an natürlichen Ressourcen bzw. Recht zur Emission einer vorgegebenen Menge eines Schadstoffes in einer bestimmten Region (Emissionsrecht, Emissionszertifikat).

V

Verbraucherpolitik: Alle Maßnahmen, die die Interessen der Verbraucher schützen – insbesondere die Aufklärung und Beratung der Verbraucher.
Volkswirtschaftliche Gesamtrechnung (VGR): Quantitative Darstellung des wirtschaftlichen Geschehens einer Volkswirtschaft in einer abgelaufenen Periode.

W

Wachstum: Volkswirtschaftlicher Begriff, der die Veränderung der Produktion von Gütern und Dienstleistungen eines Jahres im Vergleich zum Vorjahr angibt. Zuwachs (positives Wachstum) bzw. Abnahme (negatives Wachstum) der volkswirtschaftlichen Leistung spiegeln sich im Bruttoinlandsprodukt. Technischer Fortschritt, die Zunahme der Erwerbsbevölkerung und die Höhe des Kapitaleinsatzes sind wachstumsbestimmende Faktoren.
Wachstumspolitik: Wirtschaftspolitische Maßnahmen zur Sicherung und Förderung des wirtschaftlichen Wachstums.
Warenkorb: Zusammenfassung der für die Berechnung des Preisindex für die Lebenshaltung ausgewählten Güter.
Wettbewerbspolitik: Alle staatlichen Maßnahmen, die der Aufrechterhaltung eines funktionsfähigen unternehmerischen Wettbewerbs dienen.
Wirtschaftssubjekt: Träger wirtschaftlicher Entscheidungen, wie Haushalte und Unternehmungen.
World Trade Organization (WTO): Weltorganisation zur Regelung des Warenhandels, des Handels von Dienstleistungen und für Fragen des geistigen Eigentums.

Z

Zielkonflikte in der Wirtschaftspolitik: Wirtschaftspolitische Konflikte, die darin bestehen, dass verschiedene Ziele in Konflikt miteinander stehen und ein Ziel nur erreichbar ist, wenn man die Erreichung eines anderen Zieles dafür opfert oder einschränkt.

Register

A

B

C

D

E

F

G

P

R

S

T

U

V

W

Z

Bildquellenverzeichnis

dpa-picture alliance, 7 Mitte o.; Ole spata/dpa-picture alliance, 7 o.re.; dpa-picture alliance, 7 u. li.; Boris Roessler/dpa-picture alliance, 7 u. re.; dpa-picture alliance, 8; Marc Müller/dpa-picture alliance, 10; Fredrik von Erichsen/ dpa-picture alliance, 12; Frank Rumpenhorst/dpa-picture alliance, 25; picture-alliance/United Archiv, o. li. 41; dpa-picture alliance, o. Mitte, 41; picture-alliance/maxppp, o.re. 41; Nico Pointner/dpa-picture alliance, u. li. 41; action press, u. Mitte, 41; dpa-picture alliance, u. re. 41; dpa-picture alliance, 51; dpa-picture alliance, 55; AP Photo/Reed Saxon/dpa-picture alliance, 58; Rainer Jensen/dpa-picture alliance, 60; picture-alliance/United Archiv, 63; Peter Popp/dpa-Report/dpa-picture alliance, 67; AP Photo/Suzanne Vlamis/ dpa-picture alliance, 74; dpa-picture alliance, 80; Wolfgang Mini/ dpa-picture alliance, o. li., 83; Federico Gambarini/dpa-Report/ dpa-picture alliance, o. Mitte, 83; Hans Ringhofe/dpa Picture-alliance o. re. 83; Ole Spata/dpa picture-alliance u. li. 83; Jan peter Kasoer/FSU dpa picture-alliance u. Mitte, 83; Julian Stratenschulte/ dpa-picture alliance, u. re., 83; Jens Kalaene/dpa picture-alliance 103; dpa picture alliance/AA, Mehmet Kaman/Anadolu Agency 104; dpa picture alliance/ZB, Hendrik Schmidt o. 107; dpa picture alliance/Wolfgang Mouc Mitte, 107; dpa picture-alliance o. 109; dpa picture alliance/Fredrik von Erichsen, Mitte 109; dpa picture alliance/ZB, Peter Endig u. 109; dpa picture-alliance/Andreas Franke, 111; dpa picture-alliance/Robert B. Fishman 120; dpa picture-alliance/SZ, 128; dpa picture-alliance/EPA/Daniel Hambury © dpa-Report 131; dpa picture-alliance/Becker & Bredel, 147; dpa picture-alliance/Maurizio Gambarin/dpa 149; dpa picture-alliance/Wolfram Steinberg, 156; dpa picture-alliance 160; picture-alliance/ZUMAPRESS.com, o. li. 163; dpa picture-alliance/Doreen Fiedler/dpa, o. Mitte, 163; dpa picture-alliance/Demotix, o. re. 163; dpa picture-alliance/EPA/Salvatore di Nolfi, u. li. 163; dpa picture-alliance/Daniel Kalker, u. Mitte, 163; dpa picture-alliance/Berliner Verlag/Steinach, u. re.163; dpa picture-alliance/Bibliographis, 168; dpa picture-alliance, 170; dpa pictue-alliance/AP Photo/Alex Brandon, 184; dpa picture-alliance/Nicolas Fauque/ABACAPRESS. COM, 187; dpa picture-alliance/Bildagentur-o, 192; dpa picture-alliance/Eibner, 199; dpa picture alliance/nordphoto/Rust, 203.